新编21世纪市场营销系列教材

市场营销学

数字教材版

冯　蛟　张淑萍　康凌翔　编著

Marketing

中国人民大学出版社
·北京·

内容简介

本书涵盖了市场营销学的基本概念、方法和原理，紧密结合当下市场环境变化，融入最新的营销理念与实践案例。

理论与实践紧密结合。在阐述理论知识的同时，引入了来自不同行业、不同规模企业的丰富案例，生动形象地展示了市场营销理论在企业实践中的具体运用。

注重培养营销思维。本书通过引导读者对各种营销现象和案例进行深入思考和分析，帮助读者建立起以消费者为中心、注重市场导向、强调创新与差异化的营销思维模式，使其能够在复杂多变的市场环境中灵活应对各种挑战。

紧跟时代发展步伐。本书对数字化技术、社交媒体平台等在市场营销中的应用进行了介绍，并对由此带来的变革和机会进行了深入探讨。

主要作者简介

冯　蛟　教授、硕士生导师。宁夏大学创新创业学院院长，兼任宁夏大学科学技术研究院副院长、数字经济与智慧管理研究中心负责人，市场营销一流专业负责人。入选宁夏高校“双导师互聘”计划，主要从事数字营销、数字经济和创新创业领域的教学与科研工作。宝钢优秀教师奖获得者、宁夏哲学社会科学领军人才。中国高等院校市场学研究会常务理事、中国高等教育学会产教融合研究分会常务理事。主持国家级/省部级课题14项，发表论文50余篇。

前言

党的二十大报告指出，高质量发展是全面建设社会主义现代化国家的首要任务。市场营销教学应注重培养学生的质量意识和市场导向思维，引导学生关注市场需求变化，理解消费者行为心理，思考如何通过市场营销策略提升市场竞争力。

市场营销学作为一门研究如何满足消费者需求、建立有利可图的顾客关系并从顾客身上获取价值回报的学科，在这个瞬息万变且竞争激烈的商业世界中扮演着愈发关键的角色。无论是大型跨国企业、小型初创公司，还是非营利组织，都已意识到理解市场、洞察消费者以及制定有效的营销策略，是实现目标、在市场中立足并取得成功的必要条件。《市场营销学》（数字教材版）正是为帮助读者系统地学习和掌握市场营销理论与实践而精心编写的。

本书内容丰富且全面，不仅涵盖了市场营销学的基本概念、原理和经典理论，而且紧密结合当下市场环境变化，融入新的营销理念与实践案例，从市场营销的核心概念等基础内容讲起，逐步深入市场营销战略的制定、市场调研、目标市场选择、营销组合策略（产品、价格、渠道、促销）等关键领域。同时，也补充了绿色营销、可持续营销等营销趋势的相关介绍，确保读者能够紧跟时代步伐，掌握市场营销领域的新动态与创新实践方法。

本书具有以下显著特点：

（1）理论与实践紧密结合。在阐述市场营销学理论知识过程中，穿插了大量来自不同行业、不同规模企业的营销实践案例，生动形象地展示了理论知识在实际营销活动中的运用，帮助读者更好地理解和吸收知识，同时培养读者运用所学理论解决实际营销问题的能力。

（2）注重培养营销思维。市场营销学不仅仅是关于方法和技巧的学科，它还提供了一种思维方式。本书通过引导读者对各种营销现象和案例进行深入思考和分析，帮助读者逐步建立起以消费者为中心、注重市场导向、强调创新与差异化的营销思维模式，使其能够在复杂多变的市场环境中灵活应对各种市场营销挑战。

（3）紧跟时代发展步伐。随着科技的飞速发展和社会的不断进步，市场营销环境发生了深刻的变革。为了让读者能够掌握新的营销动态和前沿知识，本书及时更新内容，对数字化技术、社交媒体平台等在市场营销中的应用进行了介绍，并对由此带来的营销变革和新的营销机会进行了深入探讨。

（4）内容结构清晰合理。本书在编写过程中，充分考虑了读者的学习规律和认知特点，内容结构安排由浅入深、循序渐进。各章节精心设计“营销观察”“素养园地”“案例分析”“营销实战”等模块，以辅助式教学法促进读者对市场营销核心概念的深入理解。

本书适用于高等院校市场营销、工商管理及相关专业的本科生和研究生教学，也可作为企业营销管理人员、市场营销从业人员以及对市场营销学感兴趣的读者的自学参考书。

希望通过阅读本书，读者能够对市场营销学有一个全面而深入的理解，掌握市场营销的基本理论和方法，培养敏锐的市场洞察力和创新的营销思维，为今后从事市场营销相关工作或进一步深入研究市场营销学奠定坚实的基础。同时，也希望本书能够激发读者对市场营销学这门学科的兴趣与热爱，在充满挑战与机遇的市场营销领域发挥自己的聪明才智，创造出卓越的业绩。

在编写本书的过程中，我们参考了大量国内外的市场营销学教材、学术论文、研究报告以及企业的实际营销案例，在此向所有文献的作者表示衷心的感谢。由于作者水平有限，书中难免存在不足之处，恳请广大读者和同行批评指正。

目录

第1章 市场营销导论

第2章 市场营销环境

第 12 章 促销策略

第 13 章 未来市场营销的发展趋势

第1章
市场营销导论

知识目标

- 理解市场的概念，识别市场的类型。
- 理解市场营销的概念，掌握市场营销的核心概念。
- 掌握市场经营理念的演变过程。
- 明白如何为顾客创造价值。
- 了解市场营销面临的机遇与挑战。
- 了解市场营销学的发展概况。

能力目标

- 培养对不同种类市场进行有效界定的能力。
- 能够详细了解不同市场经营理念产生的背景。
- 能够深入分析不同市场经营理念下企业的行为特征。
- 能够理解顾客价值的构成及如何为顾客创造价值。

价值目标

结合案例，引导学生形成家国情怀，树立社会主义核心价值观。

关键词

市场　　市场营销　　市场营销学　　市场经营理念

思维导图

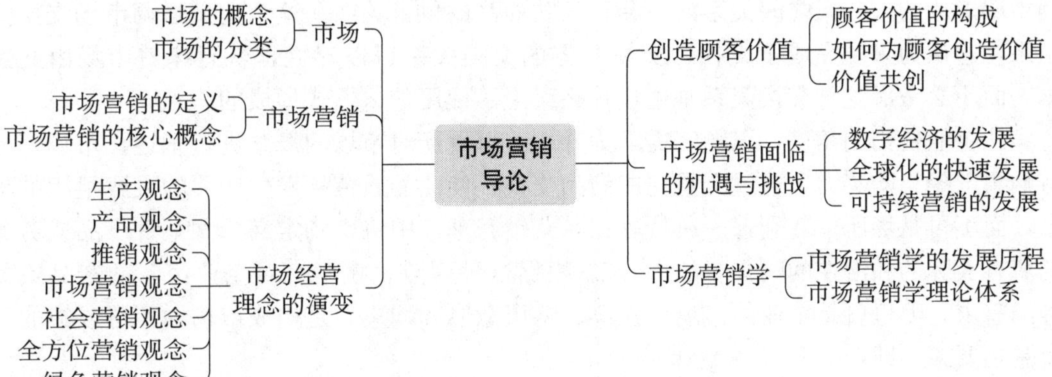

营销观察

逼真的老鼠

很久以前，有个国王请两个木匠雕刻老鼠，两个木匠手艺高超，雕得惟妙惟肖、栩栩如生。国王不知道如何选择，最后想凭感觉判第一名木匠胜出。第二名木匠提出抗议，并且提出老鼠雕得像不像，应该让猫来判断。国王一听觉得有道理，于是让人带来三只猫。结果，三只猫都不约而同扑向第二名木匠雕的老鼠。国王大惑不解，第二名木匠是怎么做的呢？答案很简单，他的老鼠是用鱼骨雕的。

营销启示

所有真正的、有效的营销，必然是基于客户的需求来开展的，即向客户提供合理的产品或服务，帮客户解决需求问题。研究客户的需求，引导客户的需求，满足客户的需求，这是实现产品销售最有效的营销手段。

第1节　市　场

市场是企业市场营销的出发点和落脚点。怎样认识市场、发现市场、创造市场，进而巩固市场，是市场营销研究的中心课题，市场营销的一切研究首先基于对市场的准确理解。

一、市场的概念

成功的营销者，总是会有驾驭市场的强烈欲望，但这种欲望是否能成为现实，则取决于如何认识和把握市场规律。随着商品经济的不断发展，市场的概念和内容也逐渐丰富和完善起来。

市场是指买卖双方购买或出售商品，进行交易活动的地点或地区，如集市、商场、超市等。这是人们从时间和空间角度对市场进行的习惯界定，是狭义的市场概念。

经济学家从揭示经济实质的角度提出市场概念，他们认为市场是交易双方在交换过程中所形成的人与人之间关系的总和，反映商品的供求关系。这个定义强调市场交换的结果，它认为只要完成了交换，交易双方的交换关系得以建立，就意味着市场由此建立，而不必考虑这种交换关系是通过什么渠道、使用什么方式形成的。

从企业营销的角度，以顾客需求为导向，可重新对市场的概念进行阐述。市场是指有购买欲望、购买力，通过交易完成商品交换，使商品或劳务发生转移的人或组织的集合，而不再是场所。菲利普·科特勒在《营销管理》中将市场定义为“某种产品或劳务的所有实际的和潜在的购买者的集合”。根据这种观点，哪里有对企业经营的产品或劳务的需求，哪里就是企业的市场。人群、购买意愿和购买力是构成市场的不可或缺的三个基本要素。即：

市场＝人群＋购买意愿＋购买力

20 世纪 80 年代以后，有的学者从“关系营销”的角度将市场界定为“所有利益相关者的集合”。企业市场营销中所涉及的利益相关者主要包括顾客、供应商、企业内部、竞争者、分销商、其他相关利益者。它们的存在与作用会直接或间接地影响企业现实与潜在市场的大小。对某种特定商品具有需求的购买者（顾客）构成总体市场，企业与其利益相关者的关系状况则是影响该企业市场大小的重要因素。

这种理论是从企业经营的角度出发，研究的重点是企业所经营的商品可能进入的潜在市场。通过对企业市场营销活动中各个利益相关者的广泛关注，可进一步拓展企业对市场概念的理解，有助于企业制定更为有效的营销策略。

综上所述，市场的不同定义对企业来说有不同意义。市场竞争的本质在于为企业赢得生存和发展的空间，而企业生存和发展的空间就是市场。企业要想达到自己的经营目标，就需要在明确市场含义的基础上合理地选择、界定自己的市场，这是成功的开始。

二、市场的分类

从市场营销实务来看，可以从交易主体、交易对象和市场特征等方面对市场进行多种划分。按企业在市场中扮演的角色不同可分为购买市场和销售市场；按购买者目的的不同可分为消费者市场与组织市场；按市场主体面临的竞争状况可分为完全竞争市场、完全垄断市场、垄断竞争市场、寡头垄断市场；按交易对象的性质可分为有形市场与无形市场；按交易对象的内容可分为商品市场、技术市场、劳动力市场、金融市场、信息市场等；按交易的时间标准不同可分为现货市场和期货市场；按市场的成熟度不同可分为现实市场、潜在市场和未来市场。

第 2 节　市场营销

市场营销无定式。市场营销具有很强的科学性，同时又具有很强的艺术性，但本质上市场营销是一种实践。随着营销实践的发展，人们对市场营销的认识会不断深化，深化了的认识又必然会将市场营销实践推向新的境界。

一、市场营销的定义

市场营销译自英文“marketing”一词。国内学者对其翻译并不统一，目前比较流行的翻译是“市场营销”。在市场营销发展的不同阶段，营销学家们从不同角度对市场营销进行了界定。

其中最具有代表性、最能体现学科发展阶段性的是美国市场营销协会（American Marketing Association，AMA）所下的四个经典定义。①

---

① 科特勒，凯勒．营销管理：第 12 版．上海：上海人民出版社，2006：6.

定义 1（1960 年）：市场营销是将货物和劳务从生产者流转到消费者过程中的一切企业活动。这一定义将市场营销界定为商品流通过程中的企业活动。在此定义下，“市场营销”等同于“销售”，它只是企业在产品生产出来以后，为产品的销售而做出的种种努力。

定义 2（1985 年）：市场营销是指通过对思想、货物、劳务的构想、定价、分销、促销等方面进行计划和实施，实现个人和组织的预期目标的交换过程。根据这一定义，市场营销活动已超越了流通过程，是一个包含了分析、计划、执行和控制等活动的管理过程。

定义 3（2004 年）：市场营销是一项有组织的活动，它包括发现和创造价值，将价值传递给顾客，以及维系、管理公司与顾客间的关系，从而使公司及其相关者获得收益的一系列过程。这一具有开创性的定义，明确界定了整个市场营销活动的实质是发现价值、创造价值、传递价值、实现价值，从而将对市场营销的认识提升到了一个新的高度。

定义 4（2008 年）：市场营销就是创造、传播、传递和交换对顾客、客户、合作者和整个社会有价值的市场供应物的活动、制度和过程。

二、市场营销的核心概念

市场营销的核心工作就是深入理解顾客的需要、欲望和需求，进而开发出能够提供卓越价值的产品、服务，或者是创造独特的顾客体验，并且在有意识地实现顾客价值、降低营销成本、创造顾客满意的基础上进行定价、分销和促销，最终实现供需双方的互利交换，并由此建立买方与卖方之间的永久性合作关系。图 1－1 显示了市场营销的核心概念及其相关性。

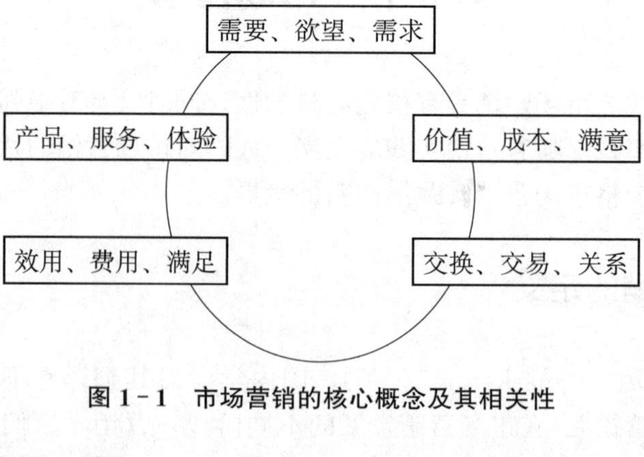

图 1－1　市场营销的核心概念及其相关性

（一）需要、欲望、需求

需要是市场营销中最基本的概念。需要是指人由于感受到某种不足或缺乏而对某个目标产生渴求的心理状态，是人与生俱来的本能反应。比如，人因饥饿而需要食物，因口渴而需要喝水。需要存在于人类自身的生理活动和社会活动之中，市场营销者可用不同方式去满足它，但不能凭空创造它。

欲望是指得到能够满足需要的具体物品的愿望，是个人受不同文化及社会环境影响而表现出来的对需要的特定追求。如“饿了想吃饭，渴了要喝水”。从这个意义上而言，消费者的不同欲望构成了企业之间竞争的焦点，也为企业的市场选择提供了更为广阔的想象空间。市场营销者无法创造需要，但可以影响欲望，并通过创造、开发及销售特定的产品和服务来满足欲望。

需求是指人们有支付能力并愿意购买某个具体产品的欲望。需要与需求是有区别的，需要是人与生俱来的，不是由他人创造出来的。而需求不是与生俱来的，是可以创造的，可以通过企业加以引导而产生。例如，当没有电视机时，人们不知道要购买它，当电视机出现在商店货架上时，人们才产生购买需求。

具备杰出营销能力的公司都理解自己顾客的需要、欲望和需求。这些公司经常开展消费者调研活动，分析海量的销售、顾客投诉和服务等方面的数据，观察对比本公司产品与竞争产品的顾客，以了解他们的喜好。同时，它们还会对销售人员进行培训以使他们能发现顾客尚未得到满足的欲望。

（二）产品、服务、体验

在营销学中，产品特指能够满足人的需要和欲望的任何事物。产品的价值在于它能给人们带来欲望的满足。人们购买轿车不是为了得到一种机械，而是要得到它为出行提供的便利。消费者购买了产品仅仅意味着销售工作的开始而不是结束，企业不仅关心产品的成功售出，更注重消费者对企业通过产品所提供的服务的感受。因此，聪明的营销者超越了他们所销售产品或服务的具体属性，而竭力为消费者创造品牌内涵和品牌体验。例如，苹果公司就是用这种方式来贴近更多的消费者，为用户带来不一样的感受，增强其对苹果产品的认知。苹果商店精心设计了“数字生活中枢”作为用户体验场，为了实现产品与顾客生活体验的契合，店里没有晃眼的灯光、嘈杂的音乐，顾客可以摆弄各种产品，店里设有一对一的售货员，通过面对面的私人培训讲授产品使用的基础知识。

（三）价值、成本、满意

顾客感知价值是企业建立顾客关系的基石。顾客感知价值是指企业让渡给顾客，且能让顾客感受到的实际价值。一般表现为顾客购买总价值与顾客购买总成本之间的差额。顾客购买总价值由产品价值、服务价值、人员价值和形象价值构成，其中每一项价值的变化均对总价值产生影响。顾客购买总成本不仅包括货币成本，而且包括时间成本、精神成本、体力成本等非货币成本。所谓顾客满意，是指顾客对一件产品满足其需要的效果与期望进行比较所形成的感觉状态。

顾客感受的效果＜期望，不满意

顾客感受的效果＝期望，满意

顾客感受的效果＞期望，非常满意

从价值成本的角度考虑，为了使消费者尽可能满意，企业在制定市场营销决策时，应综合考虑顾客购买总价值与顾客购买总成本的各项因素的相互影响，根据不同顾客的需求特点，有针对性地提高顾客购买总价值，降低顾客购买总成本。

(四) 效用、费用、满足

效用是消费者对产品满足其需要的整体能力的评价，而费用是消费者为获得产品价值或效用支付的成本。消费者通常根据对产品价值的主观评价和所需支付的费用来做出购买决策。如某人为解决每天上下班的交通需要，可能会对产品选择组合（如自行车、摩托车、汽车、出租车等）和他的需要组合（如速度、安全、方便、舒适、节约等）进行综合评价，以决定哪一种或哪几种产品能提供最大的满足。假如他主要对速度和舒适感兴趣，也许会考虑购买汽车。但是，汽车购买与使用的费用要比自行车高许多。因此，他将全面衡量产品的费用和效用，选择购买能使花费带来最大效用的产品。

(五) 交换、交易、关系

交换是指从他人处取得所需之物，而以自己的某种东西作为回报的行为。人们获得满足需求或欲望之物，可以有多种方式，如自产、交换等。营销的全部内容都体现在交换的概念之中。交易是交换的基本组成单位，是交换双方之间的价值交换。交换是一种过程，在这个过程中，如果双方达成一项协议，我们就称之为发生了交易。交易通常有两种方式：一是货币交易，如甲支付400元给商店而得到一台微波炉；二是非货币交易，包括以物易物、以服务易服务的交易等。为使企业获得较交易营销所得更多的收益，就需要关系营销。

第3节　市场经营理念的演变

市场经营理念的核心在于正确处理企业、顾客、社会三者之间的利益关系。随着营销实践的发展和企业营销意识的增强，市场经营理念经历了由以企业为中心的传统营销观向以满足市场需求为中心的顾客导向营销观的转变，最终又发展到以社会长远利益为主导的社会营销价值观。

一、生产观念

生产观念是一种最古老的市场经营理念。生产观念认为，消费者总是接受任何他能买到并且买得起的产品。因此，企业应当集中精力提高生产效率和扩大分销范围，以便增加产量、降低成本。以生产观念为导向的企业，其典型口号是：“我们生产什么，就卖什么。”一般而言，在商品经济不发达、产品供不应求的情况下，经营者往往以生产观念来指导企业的营销活动。

生产观念在西方盛行于19世纪末20世纪初。当时，资本主义国家处于工业化初期，市场需求旺盛，整个社会产品供应能力相对不足。企业只要提高产量、降低成本，便可获得丰厚利润。因此，企业的中心问题是如何生产更多物美价廉的产品，而不必过多关注市场需求差异。在这种情况下，生产观念为众多企业所接受。如福特汽车公司 1908 年开始生产的 T 型车，就是在福特的"生产导向"经营哲学（使 T 型车生产效率迅速提升、成本降低，让更多人买得起）指导下创造奇迹的。到 1921 年，福特 T 型车在美国汽车市场上的占有率达 56%。

生产观念是一种重生产、轻市场的观念。在物资紧缺的年代也许能"创造辉煌"，但随着生产的发展、供求形势的变化，这种观念必然使企业陷入困境。

二、产品观念

产品观念是以产品的改进为中心，以提高现有产品的质量和增加其功能为重点的营销观念。当市场供求关系发生变化，供不应求局面得到缓解之时，一些企业会转向以产品观念指导企业的营销活动。以产品观念为指导的营销者认为，消费者喜欢那些质量优良、功能齐全、具有特色的产品，因此，企业应当致力于提高产品的质量，增加产品的功能，不断改进产品。

产品观念相对于生产观念来讲，有了一定的进步。在只抓产量不抓质量、大批劣质产品充斥市场的情况下，产品观念对于提高产品的质量、改善企业的形象起到了一定的作用。然而，不顾市场的实际需要，一味地提高产品的质量、增加产品的功能，无论对消费者、企业，还是对整个社会都有不利的一面。西方营销学家也纷纷对产品观念提出了批评。菲利普·科特勒指出，那些以产品观念为指导的组织"应当朝窗外看的时候，却总是朝镜子里面看"。美国哈佛大学的西奥多·莱维特（Theodore Levitt）教授指出，产品观念容易导致"市场营销近视症"（marketing myopia）。

营销观察　市场营销近视症

三、推销观念

推销观念是以产品的生产和销售为中心，以激励销售、促进购买为重点的营销观念。20 世纪 30 年代以后，工业、科技的发展及科学方法的推广，使市场上产品数量大大增加，产品品种增多，并开始出现供过于求的现象，企业之间竞争加剧。企业在注重生产的同时，开始重视产品的推销，推销观念广泛地被西方企业所接受和运用。

在推销观念指导下，企业相信产品是被卖出去的，而不是被买去的。它们致力于产品的推广和广告活动，以求说服甚至强制消费者购买，而不注重市场需求的多少和满足，不注重消费者的利益和社会利益。强行推销不仅会引起消费者的反感，影响营销效果，而且可能会使消费者在不自愿的情况下购买了不需要的商品，严重损害消费者利益。

与前两种观念一样，推销观念建立在以企业为中心，“以产定销”，而不是满足消费者的真正需要的基础之上，所以推销工作只是市场营销的一部分，而且不是最重要的部分。正如菲利普·科特勒所言：“推销只不过是营销冰山的顶峰。推销要变得有效，必须以其他营销功能为前提。”由此可见，推销作为市场营销活动的一种职能，在企业的市场营销中发挥着一定的作用。但是，推销观念作为企业营销的一种指导思想已渐渐不适应社会发展的需要。因此，现代企业的市场营销，必须树立以消费者需求为导向的现代市场营销观念。

四、市场营销观念

市场营销观念形成于20世纪50年代。随着第三次科学技术革命的兴起，西方各国企业更加重视研究和开发，大量军工企业转向民用品生产，使新产品竞相上市，社会产品供应量迅速增加，市场竞争更加激烈。同时，政府相继推行高福利、高工资、高消费政策，社会经济环境也出现快速变化。消费者有了较多的可支配收入和闲暇时间，对生活质量的要求提高，消费需求变得更加多样化，购买时更为精打细算，要求也更高。这种形势迫使企业改变以卖方为中心的思维方式，将重心转向认真研究消费需求，正确选择目标市场，以满足目标顾客的需要，即从以企业为中心转变为以消费者（顾客）为中心。

市场营销观念认为，实现企业营销目标的关键在于正确地掌握目标市场的需求，并从整体上去满足目标市场的需求。因此，企业必须生产、经营市场所需要的产品，通过满足市场需求获取长期利润。市场营销观念的基本要点如下。

首先，注重顾客需求。市场营销观念要求企业不仅要将顾客的需求作为企业营销的出发点，而且要将满足顾客的需求贯穿于企业营销的全过程，渗透于企业的各部门；不仅要了解和满足顾客的现实需求，而且要了解和满足顾客的潜在需求；根据市场需求的变化趋势调整企业的营销战略，以适应市场的变化，求得企业的生存与发展。

其次，坚持整体营销。市场营销观念要求企业在市场营销中以企业总体目标为基础，综合运用4P（产品、价格、渠道、促销）组合策略，从各个方面来满足顾客的整体需求。

最后，谋求长远利益。市场营销观念要求企业不仅注重当前的利益，更注重长远利益。

市场营销观念不是传统观念下的“生产并销售”理念，而是一种以顾客为中心的“认识并响应”的营销原则。市场营销观念的产生，是市场营销哲学质的飞跃和革命，它不仅改变了传统观念的逻辑和思维方式，而且在经营策略和方法上也有很大突破。它要求企业营销管理贯彻“顾客至上”的原则，将管理重心转向发现和了解目标顾客的需要，并千方百计去满足它，从而实现企业目标。

从生产观念、产品观念、推销观念到市场营销观念的变化，是企业从“以产定销”的传统营销观念转变为“以需定产”的现代营销观念的一个重大的、带有转折性的变化。这被称为“营销革命”。从此，企业进入了以消费者利益为中心的营销新时代。

五、社会营销观念

从20世纪70年代起，随着全球环境破坏、资源短缺、人口爆炸、通货膨胀和忽视社会服务等问题日益严重，要求企业顾及消费者整体利益与长远利益的呼声越来越高。在这种背景下，以美国为代表的西方国家消费者利益运动高涨。为了保护自身的利益，消费者纷纷成立消费者协会等组织，以游行、请愿等方式抗议黑心企业对消费者利益的侵害，呼吁政府出面干预企业的不正当行为。与此同时，市场营销学家也纷纷行动起来，反思现有市场营销理论的缺陷，并提出了一系列新的营销观念，如理智消费观念、生态观念等。其共同点是，认为企业生产经营不仅要考虑消费者需要，而且要考虑消费者和整个社会的长远利益。这类观念统称为社会营销观念。

1971年，杰拉尔德·萨尔特曼（Gerald Zaltman）和菲利普·科特勒提出了“社会营销”（social marketing）的概念，促使人们将营销学运用于环境保护、公共场合禁烟、使用汽车安全带以及遵守限速规定等诸多具有重大推广意义的社会目标。此后，社会营销观念在社会各界得到了广泛推广和应用。

社会营销观念认为，企业的营销活动不仅要满足消费者的需求和欲望，而且要符合消费者和全社会的长远利益，要从“以消费者需求为中心”转变为“以社会利益为中心”。在市场营销活动中，企业一方面要满足市场需求，另一方面还要发挥自身的优势，同时注重社会效益。企业要确保消费者的健康和安全，确保社会资源的合理、有效利用，防止环境污染。企业要将市场需求、企业优势与社会利益三者结合起来确定企业的经营重点，如图1-2所示。

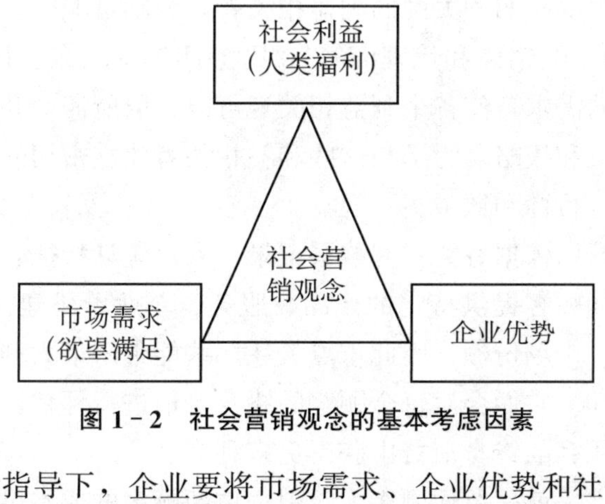

图1-2 社会营销观念的基本考虑因素

在社会营销观念指导下，企业要将市场需求、企业优势和社会利益的结合点作为经营重点。首先，企业要做好市场调查研究，不仅要调查了解市场的现实需求和潜在需求，还要了解市场需求的满足情况，以避免重复引进、重复生产带来社会资源浪费。此外，还要了解企业的营销效果。其次，企业要注重自身和竞争对手的优劣势分析，充分发挥自身的优势来做好营销工作。最后，企业要注重营销的社会利益分析，发展有利于社会利益和人民健康的业务，放弃那些高能耗、高污染、损害公众健康的业务。

社会营销观念是对单纯市场营销观念的进一步发展和完善，强调企业营销不仅要以消费者为中心，更要以社会为中心，注重社会的整体利益；不仅要注重企业的微观效益，更要注重全社会的宏观效益。社会营销观念的提出，是企业营销观念的又一大进步。企业应自觉以社会营销观念为指导，将市场需求、企业优势和社会利益的有机结合作为企业决策的依据，全方位提高企业的营销效益，在实现企业增长的同时，履行企业的社会责任。

六、全方位营销观念

全方位营销观念以开发、设计和实施营销计划、营销过程及营销活动为基础，深刻认识到了营销计划、营销过程和营销活动的广度，以及彼此之间的依赖性。全方位营销观念认为营销实践中的每个细节都特别重要，广泛、整合的视角不可或缺。

全方位营销试图认识和协调营销活动的范围与复杂度。它有四个主题：关系营销、整合营销、内部营销和绩效营销。

（一）关系营销

关系营销（relationship marketing）的关键目标集中于与相关组织和个体建立密切的、持久的关系。这里所说的组织和个体是指那些对组织的营销活动产生直接或间接影响的组织和个体。关系营销旨在与关键的利益相关者建立起彼此满意的长期关系，以赢得和维持业务。

在关系营销中，主要有四种关键的利益相关者，分别是顾客、员工、营销合作伙伴（细分市场上的供应商、经销商和代理商等）、财务团体（股东、投资人等）。营销人员应该明确利益相关者的需求，使各个利益相关者可以各取所需，并制定出可以平衡关键利益相关者收益的政策和战略。为了与这些利益相关者建立密切的关系，必须了解它们的能力、资源、需要、目标和欲望。

越来越多的企业开始依据有关顾客购买记录、人口统计特征、心理特征、媒体和分销偏好的信息，为不同顾客提供特定的产品、服务。企业希望建立较高的顾客忠诚度，获得更大的客户基础、市场份额，因此重点关注那些能带来最大利润的顾客、产品和渠道，以获得更多的利润。它们会对每个顾客的终身价值进行评估，然后设计市场供应物和制定价格，以期从顾客的终身消费中获得更多利润。

关系营销的目标之一就是留住顾客。吸引一位新顾客的成本可能是挽留一位老顾客成本的五倍。通过向现有顾客提供种类繁多的产品，企业可以进一步扩大顾客份额。许多企业还对员工进行培训，进一步提升其交叉销售和向上销售的能力。企业在营销过程中不仅要有技巧地进行客户关系管理，还应该学会伙伴关系管理。许多企业都在强化与关键供应商和分销商之间的关系，把它们看作自己的合作伙伴，从而使每个参与者都受益良多。

(二) 整合营销

在整合营销中，营销人员的任务就是设计营销活动，全面整合营销计划，为消费者创造、传播和交付价值，从而使一加一大于二。整合营销一般涉及两方面的问题：一是营销活动要能够传播和交付价值；二是营销人员在设计和执行任何一项营销活动时都必须考虑周全，例如销售产品的同时要做好安装、维护和培训服务。

企业必须对所有传播活动进行整合。应用整合营销策略，就意味着所选择的各种传播方式都要相互强化、相互补充。营销人员可以有选择地使用电视、广播、印刷广告、公共关系、事件营销和网络传播等方式，合适的传播方式可以发挥自己的优势，产生良好的效果。此外，所有传播方式还必须在每个顾客接触点上都传递一致的品牌信息。

同时，企业必须制定渠道整合策略，具体而言，就是要评估每个渠道的选择对产品销售和品牌资产的直接影响，并评估某一渠道与其他渠道的交互作用。营销人员必须对较多的渠道选择（可能导致渠道成员之间的冲突）和偏少的渠道选择（可能导致错失市场机会）进行权衡。

(三) 内部营销

全方位营销中的内部营销（internal marketing）是指雇用、培养、激励那些想要为顾客提供优质服务而且有能力这样做的员工。

如今，营销不再只是一个部门的责任，而是全公司范围内的活动，即公司的所有部门共同推动企业的愿景、使命和战略规划。只有当所有部门共同努力实现顾客目标（见表 1-1）时，企业才可能获得成功：研发部门设计合适的产品；财务部门分配适当数量的资金；采购部门购买合适的原材料；制造部门在正确的时间生产出合适的产品；会计部门用正确的方法测算利润；等等。不过只有当管理层清楚地传递公司的营销理念和导向以及服务顾客的哲学时，这种跨部门的协作才能成为现实。

表 1-1　公司部分部门顾客导向评价表

研发部门	销售部门
1. 花时间会见顾客，倾听他们的问题 2. 欢迎营销、制造和其他部门参与每一个新项目 3. 对比竞争对手的产品，力图找出最佳解决方案 4. 在项目推进过程中，征求顾客的意见 5. 根据市场反应持续改进和完善产品	1. 对顾客所处行业了如指掌 2. 力求给顾客提供最佳解决方案 3. 只承诺自己力所能及的事情 4. 将顾客的需要和意愿转达给负责产品开发的部门
采购部门	**物流部门**
1. 积极主动地寻找最好的供应商 2. 与少数值得信赖、能提供高质量产品的供应商保持长期的关系 3. 不会为节省开支而降低产品质量	1. 为交付制定高标准，并严格遵守 2. 建立业务熟练、态度友好的顾客服务部门，以令顾客满意的方式及时回答问题、处理抱怨、解决问题

续表

制造部门	会计部门
1. 邀请顾客来访问和参观工厂 2. 参观供应商的工厂 3. 按期交货 4. 不断寻找提高生产效率和降低成本的方法 5. 不断改进产品质量，目标是达到零缺陷 6. 尽可能满足顾客定制化的需求	1. 根据产品、细分市场、人口统计因素、订单数量、渠道和消费者情况，定期提供利润报告 2. 根据顾客要求提供发票，并礼貌、及时地回答顾客问题 3. 对顾客信誉做出快速判断
营销部门	**财务部门**
1. 研究特定细分市场中顾客的需要和欲望 2. 依据目标细分市场的长期潜在利润分配营销资源 3. 为每一个目标细分市场提供能获利的产品 4. 持续地衡量企业形象和顾客满意度 5. 持续收集和评估有关新产品、产品改进、服务的意见 6. 敦促企业所有部门和员工建立以顾客为中心的观念	1. 根据顾客财务需求为其定制财务套餐，理解并支持建立顾客长期偏好和忠诚所需的营销开支（如形象广告） 2. 对顾客信誉做出快速判断
公共关系部门	
1. 扮演企业内部顾客和公众支持者的角色，帮助企业改进政策和实践 2. 宣传对企业有利的消息，尽量消除对企业不利的消息的影响	

（四）绩效营销

在进行绩效营销（performance marketing）时，企业需要了解市场营销活动和方案为企业和社会带来的财务收益和非财务收益，同时也要从更广泛的角度来考虑问题以及法律、道德、社会和环境因素的影响。高层管理人员不仅要重视销售收入，还应该关注营销计分卡中的各项指标，了解市场占有率、顾客流失率、顾客满意度、产品质量和其他绩效指标的具体水平。

营销人员不应该仅仅基于品牌和顾客基础的建立来评价投资回报水平，还应该从财务与利润的视角来评判投资回报率。所以，他们采用广泛的财务指标来评估营销活动所带来的直接价值和间接价值。同时，他们也意识到企业的市场价值主要源于无形资产，特别是顾客基础、员工、与分销商和供应商的关系以及智力资本。

七、绿色营销观念

20 世纪 90 年代以后，生态环境的不断恶化和自然资源的日益短缺已经严重影响了人类的生存和发展。随着世界经济的发展和人口的持续增长，能源紧张状况愈加严重。全球范围内的环境污染也越来越严重，如水污染、空气污染和生活垃圾污染等。环境污染已对人类的生存和发展造成了严重威胁，成为当今人类社会面临的三大问题（另外两个为资源问题、人口问题）之一。鉴于此，世界各国纷纷开始重视生态环境的保护，企业界也以保护地球生态环境、促进人类社会的可持续发展为宗旨提出了绿色营销（green marketing）观念。

绿色营销观念是绿色营销环境条件下企业生产经营的指导思想。传统营销观念认为，企业在市场经济条件下生产经营，应当时刻关注与研究的中心问题是消费者需求、企业自身条件和竞争者状况，并且认为满足消费需求、改善企业自身条件、创造比竞争者更有利的优势，便能取得市场营销的成效。而绿色营销观念却在传统营销观念的基础上增添了新的内容。

第一，企业生产经营研究的首要问题不是在传统营销条件下，通过协调三方面关系使自身取得利益，而是与绿色营销环境的关系。企业营销决策的制定必须首先建立在有利于节约能源和资源、保护自然环境的基础上，促使企业市场营销的立足点转移。

第二，对消费者需求的研究，是在传统需求理论基础上，着眼于绿色需求的研究，并且认为对于绿色需求，不仅要考虑现实需求，更要放眼于潜在需求。

第三，企业与同行竞争的焦点，不再是传统营销要素的较量，而是保护生态环境的最佳营销措施，并且认为这些措施的不断形成和完善，是企业实现长远经营目标的需要，它能形成和创造新的目标市场，是竞争制胜的法宝。

绿色营销观念注重节能与环保，立足于可持续发展，放眼于社会经济的长远利益与全球利益。

企业在推行绿色观念的过程中，要将绿色观念融入企业的生产经营管理活动中。目前，国际上比较通行的是“5R”原则：研究（research），即把环保纳入企业的管理决策，重视对于环保的研究及制定相关环境对策；减少（reduce），即通过采用新技术、新工艺、新材料，减少有害废弃物的排放；再开发（rediscover），即积极进行科研活动，使普通产品转变为绿色产品，积极创造绿色品牌；循环（recycle），即对废旧产品进行回收处理，循环利用；保护（reserve），即积极参与环境整治活动，培养员工的环保意识，树立企业的绿色形象。

绿色营销是适应 21 世纪的消费需求而产生的一种新型市场经营理念，也就是说，绿色营销还不可能脱离原有的营销理论基础。因此，绿色营销模式的制定和方案的选择及相关资源的整合也不可能脱离原有的营销理论基础。可以说，绿色营销是在人们追求健康、安全、环保的基础上发展起来的新的营销方式和方法。经济发达国家的绿色营销已经基本上形成了以绿色需求→绿色研发→绿色生产→绿色产品→绿色价格→绿色市场开发→绿色消费为主线的链条。

第 4 节　创造顾客价值

一、顾客价值的构成

（一）顾客感知价值

顾客感知价值是顾客所感知到的有形利益、无形利益与成本的综合反映，往往可以看作质量、服务和价格的某种组合，因此又称为“顾客价值三角形”。市场营销可以看作识别、创造、传播、交付和监督顾客价值的过程，为顾客提供更大的顾客感知价值，是企业建立顾客关系的基石。顾客感知价值一般表现为顾客购买总价值与顾客购买总成本之间的差额。顾客购买总价值，是指顾客购买某一产品和服务所期望获得的一系列利益；顾客购买总成本，是指顾客为购买某一产品所耗费的时间、精神、体力及所支付的货币等成本之和。顾客价值的构成如图 1－3 所示。

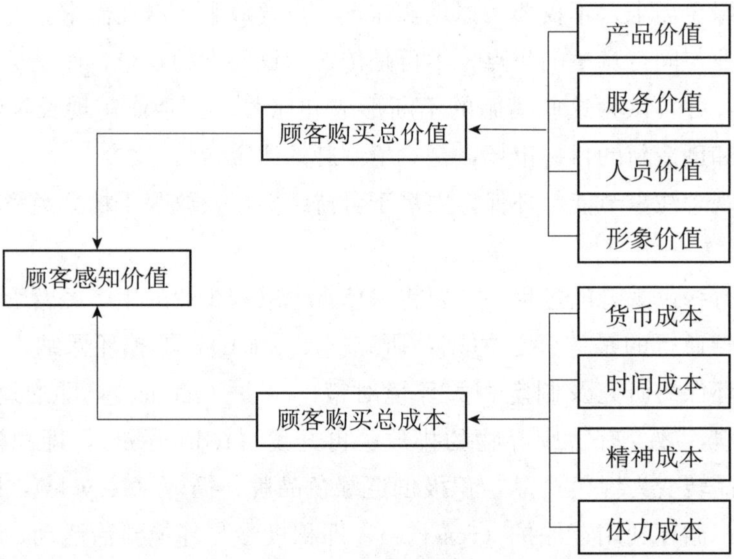

图 1－3　顾客价值的构成

顾客在购买时，总是希望有较高的顾客购买总价值和较低的顾客购买总成本，以期获得更多的价值，使自己的需要得到最大限度的满足。因此，顾客在做出购买决策时，往往从价值与成本两个方面进行比较和分析，从中选择那些预期价值最高、购买成本最低，即顾客感知价值最大的产品作为优先选购对象。

企业为了在竞争中战胜对手，吸引更多的顾客，就必须向顾客提供比竞争者具有更高的顾客感知价值的产品，获得更高的顾客满意度。为此，企业可从两个方面改进：一是通过改进产品，树立良好的企业形象，提高人员素质，提高产品的总价值；二是通过改善服务及促销和分销系统，减少顾客购买产品的时间、精神与体力等耗费，降低货币与非货币成本。

（二）顾客购买总价值

获得更大顾客感知价值的途径之一，是提高顾客购买总价值。顾客购买总价值由产品价值、服务价值、人员价值和形象价值构成。其中每一项价值的变化均会对总价值产生影响。

1. 产品价值

产品价值是由产品的功能、特性、品质、品种与式样等产生的价值，是顾客需要的中心内容和选购产品的首要考虑因素。一般情况下，产品价值是决定顾客购买总价值大小的关键和主要因素。产品价值是由顾客需求来决定的，分析产品价值时应注意以下两点：

（1）在经济发展的不同时期，顾客对产品有不同的要求。构成产品价值的要素及各种要素的相对重要程度，会有所不同。

（2）在经济发展的同一时期，不同类型的顾客对产品价值也会有不同的要求。他们在购买行为上显示出极强的个性以及明显的需求差异性。

因此，企业必须认真分析不同发展时期顾客需求的特点以及同一时期不同类型顾客需求的个性特征，并据此进行产品设计和开发，增强产品的适应性。

2. 服务价值

服务价值是指伴随产品实体的出售，企业向顾客提供的各种附加服务，包括产品介绍、送货、安装、测试、调换、维修、技术培训、质量保证等所产生的价值。

服务价值是构成顾客购买总价值的重要因素。在营销实践中，随着消费者收入水平的提高和消费观念的变化，消费者选购产品时不仅注意产品本身价值的高低，而且重视产品附加价值的大小。特别是在同类产品质量与功能大体相同或类似的情况下，企业向顾客提供的附加服务越完备，产品的附加价值越大，顾客获得的实际利益就越大，因而购买总价值越大，反之则越小。因此，在提供优质产品的同时，向消费者提供完善的服务，已成为现代企业竞争的新焦点。

3. 人员价值

人员价值是指企业员工的思想观念、知识水平、业务能力、工作效率与质量、应变能力等所产生的价值。员工直接决定着企业为顾客提供的产品与服务的质量，影响着顾客购买总价值的大小。一个综合素质较高又具有顾客导向思维的工作人员，会比一个知识水平低、业务能力差、思想观念落后的工作人员为顾客创造出更高的价值，从而带来更多满意的顾客，进而为企业创造市场。人员价值对企业、顾客的影响是巨大的，并且这种影响往往是潜移默化、不易度量的。因此，高度重视企业人员综合素质与能力的培养，加强对员工日常工作的激励、监督与管理，使其始终保持较高的工作质量与水平就显得至关重要。

4. 形象价值

形象价值是指企业及其产品在社会和公众中形成的总体形象所产生的价值，包括企业的产品、品牌、技术、质量、包装、工作场所等构成的有形形象所产生的价值，公司及其员工的职业道德行为、经营行为、服务态度、作风等行为形象所产生的价值，以及企业的价值观念、管理哲学等理念形象所产生的价值，等等。形象价值与产品价值、服务价值、人员价值密切相关，在很大程度上是上述三个方面价值的综合反映。良好的形象价值会对企业的产品产生巨大的支持作用，带给顾客精神上和心理上的满足感、信任感，使顾客需要获得更高层次和更大程度的满足，从而提高顾客购买总价值。因此，企业应高度重视自身形象塑造，为顾客和企业带来更大的价值。

（三）顾客购买总成本

使顾客获得更大感知价值的另一途径，是降低顾客购买总成本。顾客购买总成本不仅包括货币成本，还包括时间成本、精神成本、体力成本等非货币成本。一般情况下，顾客购买时首先要考虑货币成本的大小，因此货币成本是决定顾客购买总成本大小的主要和基本因素。在货币成本相同的情况下，顾客还要考虑购买所花费的时间、精神、体力等，这些支出也是顾客购买总成本的重要构成因素。

1. 时间成本

在顾客购买总价值与其他成本一定的情况下，时间成本越低，顾客购买总成本越小，顾客感知价值也就越大。以服务业为例，顾客为获得餐馆、旅馆、银行等提供的服务，常常需要等候一段时间，才能进入正式购买或消费阶段，在营业高峰期更是如此。在服务质量相同的情况下，顾客等候的时间越长，所花费的时间成本越高，购买总成本就会越大。同时，等候时间越长，越容易引起顾客不满，中途放弃购买的可能性越大。因此，努力提高工作效率，在保证产品与服务质量的前提下，尽可能减少顾客的时间支出，也是创造更大的顾客感知价值、增强企业竞争力的重要途径。

2. 精力成本（精神成本与体力成本）

精力成本是指顾客购买时，在精神、体力方面的耗费与支出。在顾客购买总价值与其他成本一定的情况下，精神与体力耗费越小，顾客为购买所支出的总成本就越低，顾客感知价值也就越大。因为消费者购买是一个从产生需要、搜集信息、判断选择、决定和实施购买到产生购后感受的过程，各个阶段均需耗费一定的精神与体力。消费者对某种产品产生了购买意愿后，需要搜集该种产品的有关信息。消费者为搜集信息付出的精神与体力的多少，会因购买情况的复杂程度有所不同。在复杂的购买行为中，消费者需要广泛搜集信息，付出较多的精神与体力。对于这类产品，如果企业能通过多种渠道，向潜在顾客提供全面、详尽的信息和相关服务，就可以减少顾客花费的精神与体力，从而降低顾客购买总成本。

二、如何为顾客创造价值

为顾客创造价值，首先必须考虑什么样的顾客才是能盈利的顾客。盈利的顾客是指能不断产生收入流的个人、家庭或企业，其收入应该能超过企业吸引、销售和服务于该顾客所花费的成本。这里的收入是指长期收入，而不是某一笔交易所产生的收入。

（一）顾客盈利能力分析

对顾客盈利能力进行分析是非常有必要的，对于非盈利顾客，我们要利用一些方法使其转变为盈利顾客。表 1－2 呈现了一种对顾客盈利能力进行分析的方法：顾客-产品盈利分析。

表 1－2　顾客-产品盈利分析

		顾客			
		C_1	C_2	C_3	
产品	P_1	＋	＋	＋	高利润
	P_2	＋			盈利
	P_3		－	－	亏损
	P_4	＋		－	无盈利
		高利润	无盈利	亏损	

表 1－2 中的顾客 C_1 买了 3 个盈利产品，是高利润顾客，顾客 C_2 购买了 1 个盈利产品和 1 个亏损产品，是无盈利顾客；顾客 C_3 购买了 1 个盈利产品和 2 个非盈利产品，是亏损顾客。对于无盈利顾客/产品和亏损顾客/产品，企业应该：

（1）提高无盈利产品价格或者停止销售这种产品；

（2）尽力向未来有利可图的顾客推销其他盈利产品；

（3）鼓励无利可图的顾客转向竞争企业。

（二）衡量顾客终身价值

顾客终身价值（customer lifetime value，CLV）指的是每个购买者能够为企业带来的收益总和，通过预期收入减去用来吸引和服务顾客以及销售所花费的预期成本来计算。

CLV 为营销者提供了一个长期视角的正式的定量框架。构建该框架的主要步骤如下：

（1）收集顾客资料和数据；

（2）定义和计算顾客终身价值；

（3）进行顾客投资与利润分析；

（4）顾客分组；

（5）开发相应的营销策略。

（三）为顾客创造价值的其他方法

1. 强化顾客的感知

顾客感知价值只是顾客的一种感受和体验，是不可准确计算的。强化顾客感知关键是要强化有形证据在顾客服务中的作用。产品的适宜性、价格的合理性、品牌的优异性、服务的水平是决定顾客感受的主要因素。企业可以在这些方面做出调整以达到强化顾客感知的目的。

2. 提供独特的服务

在激烈的竞争中，唯有尽力在不同的方面为顾客提供独特的服务才能避免陷入恶性的价格战中。提供独特服务的关键方法之一是关注细节。只有完善的细节才能显示出企业服务到位，才能让顾客感到获得了更多的价值。

3. 协助顾客解决问题

企业在提供产品或服务后，要协助顾客达到使用产品或服务的目的，这种基于双赢的伙伴型关系策略会使企业与顾客建立起良好、稳定的关系。

4. 进行顾客价值创新

顾客价值创新是现代企业竞争的一个新理念，被认为是提高顾客忠诚度、保持企业持久竞争优势的重要手段。它不是单纯提高产品的技术竞争力，而是通过为顾客创造更多的价值来争取顾客，赢得企业的成功。顾客价值创新的战略焦点不在于竞争而在于顾客，不是为了击败竞争对手，也不是要比竞争对手做得更好，而是为顾客提供更具价值的产品或服务，以满足不断变化的顾客需求与偏好。以优异的产品质量和服务赢得用户的忠诚，已成为企业增强竞争力的有效策略。

三、价值共创

（一）价值共创的概念

拉米雷兹（Ramirez）于 1999 年提出价值共创（value co-production，也译作价值共同生产）的概念，指出企业并不是价值的唯一生产者，顾客不仅是价值的接受者，也参与价值的生产，因此价值是由企业与顾客共同创造的。目前国内外关于价值共创内涵的界定大致聚焦于以下几个方面。

（1）基于商品主导逻辑，认为顾客与企业是价值的共同生产者，顾客参与企业生产领域的一系列活动，与企业共同生产价值。

（2）基于服务主导逻辑，提出一切企业都以服务为核心，价值是企业与顾客共同创造的，企业是价值创造的主导者，而顾客是协同创造者。

（3）基于顾客主导逻辑，提出顾客是价值创造的主体，企业是协同创造者。

由此可知，价值共创的本质是企业和顾客共同参与价值创造，具体来说就是核心企业根据自身资源状况和战略目标，协同各参与者制定并实施一系列价值捕获措施。

（二）如何实现价值共创

（1）研究并熟悉顾客的需求及消费行为（购买行为和使用行为），从而判断顾客“理想产品”标准，向顾客提供优于竞争对手的具有高顾客价值的产品；

（2）做好对顾客的售前、售中和售后服务工作；

（3）及时、妥善地处理顾客的投诉、质询、批评及纠纷；

（4）为顾客获得产品信息和购买产品提供便利，减轻顾客获得产品过程中的精神和心理负担，减少顾客为获得产品所付出的代价；

（5）顾客需求会不断变化，顾客满意水平也会发生变化，应定期开展调查，征求顾客的意见与建议。

第 5 节　市场营销面临的机遇与挑战

一、数字经济的发展

随着互联网、大数据、云计算、人工智能、区块链等新一代信息技术的快速发展，数字化正成为重组全球资源要素、重塑全球经济环境、改变全球竞争格局的重要手段。

数字化技术的发展使企业能够基于网络环境，搜集营销过程中丰富的交易信息和与顾客相关的数据并存储在数据库中，通过对数据的挖掘和深加工，精确地了解顾客的需求、购买欲望及购买能力等信息，在此基础上制定出更加符合顾客需要的、个性化的营销方案和营销策略，为顾客提供一对一的服务，达到满足顾客需求与企业盈利的双赢目的。

在数字时代，社交媒体已成为企业数字营销的重要工具。社交媒体是指基于互联网的互动平台，如微博、微信、脸书、推特等。这些平台提供了交流和分享信息的空间，用户可以在这里发布、分享、评论和转发各种内容，如文字、图片、视频等。社交媒体的用户数量庞大，而且用户活跃度高，因此成为企业推广产品和服务的重要渠道。借助社交媒体平台进行市场营销，不仅可以扩大品牌影响力，还可以提高顾客忠诚度、增加销售额、提高品牌知名度等。

二、全球化的快速发展

21 世纪以来，人类进入了知识经济和全球化时代，跨国公司和以信息网络技术为核心的高科技的发展深刻地改变了人类的生产方式、交往方式、思维方式。各国、各地区之间的经济和文化合作交流不断加强，由此世界经济和科技的竞争也更为激烈。随着科技的不断进步，世界巨头企业也开始扩大海外市场，苹果、华为、谷歌、雀巢、丰田等企业在世界各地生产和营销产品。截至 2023 年 5 月，丰田的卡罗拉系列全球销量超 5 000 万辆，覆盖全球 100 多个国家和地区。

三、可持续营销的发展

自 20 世纪 70 年代以来，经济的高速增长一方面极大地丰富了人们的物质生活，另一方面则加剧了环境的破坏，物质生活水平得到普遍提高的人类逐渐将注意力转向与生活质量有关的环境保护、生态平衡、社会福利、健康与安全等方面。在社会伦理、道德与法律的引导与制约下，企业开始承担更多的社会责任，越来越重视可持续营销。

可持续营销并不单纯地将环境保护看作企业的一种责任，而是将全球环境问题及社会大众环境意识增强所带来的可持续消费需求看作企业发展的机遇。企业应通过创新来改变传统的破坏环境的经营模式，抓住机遇。如通过观念创新，树立全新的可持续营销观念；通过技术创新，开发与引入有利于环保的生产技术与工艺，开发环境治理与保护技术，形成技术上的战略优势；通过营销创新，促进可持续消费观念与需求的形成；通过产品创新，引导与满足日益增长的可持续消费需求。未来，市场营销需要不断探索新型的顾客关系，减少资源消耗和对环境的污染，在满足顾客需求的同时传递价值、产生利润。

第6节　市场营销学

市场营销从个别的经验积累到系统的科学理论，经历了一个漫长的演变过程，并最终形成了一门独立完整的学科。社会经济的复杂多样与市场竞争的动态变化，计算机和互联网技术的发展，以及企业经营环境、经营技术和经营方式的深刻变化，迫使企业的营销活动不断创新发展。因此，指导企业营销行为的营销理论也不断推陈出新，这就使得市场营销学的内容越来越丰富，知识越来越新，领域越来越广泛，体系越来越完整。

一、市场营销学的发展历程

最初的市场营销学是基于企业经营管理活动的大量实践经验的提炼和总结，随着社会经济尤其是市场经济的发展，市场营销学发生了根本性的变化：从简单的重视销售到重视建立全方位的客户关系；从涉及单一流通领域到涉及生产、分配、消费等各领域；从营利性组织扩展到非营利组织；从国内扩展到国外；从注重眼前利益到关注社会长远利益；从传统市场营销学演变为现代市场营销学；等等。每一次进步和完善都体现了理论界和企业界在认识和实践上的重大突破。

（一）市场营销学的形成

市场营销学于20世纪初产生于美国，后来传到欧洲、日本和其他国家，在实践中不断完善和发展。

19世纪末20世纪初，世界主要资本主义国家先后完成了工业革命，垄断组织加快了资本的积聚和集中，使生产规模迅速扩大。在这一时期，泰勒等人所倡导的以提高劳动生产率为主要目标的科学管理理论、方法应运而生，受到普遍重视。一些大型企业实施科学管理，结果产品迅速增加，要求对流通领域制定更高的标准，对市场进行更精细的经营。同时，科学技术的发展也使企业内部计划与组织变得更为完善，从而有可能运用科学的调查研究方法，预测市场变化趋势，制订有效的生产计划和销售计划，控制和调节市场销售量。在这种客观需要与可能条件下，市场营销学作为一门独立的经营管理学科诞生了。

1910年，美国威斯康星大学的巴特勒教授出版了《市场营销方法》一书；哈佛大学教授赫杰特齐走访了大企业，了解它们如何进行市场营销活动，于1912年出版了第一本市场营销学教材。

这一时期的市场营销理论同企业经营哲学相适应，即同生产观念相适应。因为传统的经济学是以供给为中心的，真正的市场营销观念尚未形成。然而，将市场营销从企业生产活动中分离出来做专门研究，无疑是一个创举。

（二）市场营销学的发展

1929—1933 年发生了第一次世界性的经济危机，各主要资本主义国家的市场上出现了供过于求的现象，生产严重过剩，产品严重积压，工厂停工，商店倒闭，工人失业严重，产品销售困难，市场一片萧条。在这样的背景下，企业界关心的首要问题已经不是如何扩大生产和降低成本，而是如何把产品销售出去。为了争夺市场、解决产品销售问题，企业家开始重视市场调查，提出了“创造需求”的口号，致力于扩大销路，并在实践中积累了丰富的资料和经验。与此同时，一些著名大学的教授将市场营销研究延伸到各个领域，运用了大量资料，形成了许多新的理论。

1937 年，美国全国市场营销学和广告学教师协会及美国市场营销学会合并组成美国市场营销协会。该协会在美国设立了多个分会，从事市场营销研究和营销人才的培养工作，出版市场营销专刊和市场营销调研专刊，对市场营销学的发展起到了重要的推动作用。

到第二次世界大战结束，市场营销学得到了长足发展，并在企业经营实践中获得广泛应用。这一时期的市场营销理论同企业经营过程中奉行的推销观念相适应，着眼于产品销路的扩大，应用范围基本上局限于商品流通领域。

（三）市场营销学的变革

第二次世界大战后，市场营销学从概念到内容逐渐发生了深刻的变化。战后的和平条件和科技进步促进了生产力的高度发展。社会产品数量剧增，花色品种日新月异，买方市场逐渐形成。社会经济的发达与繁荣，也促使西方发达国家普遍采取高工资、高福利、高消费的政策，使社会购买力迅速提高，并大大刺激了市场需求，使社会需求无论是在数量上还是在质量上都有很大程度的提高。消费者需求和欲望向更高层次转变，对社会供给提出了更高的要求。而传统的市场营销学已不能适应现实的要求，需要进行重大变革。企业主们在不断的营销实践中逐渐明白，必须根据市场需求来组织生产及其他企业活动，由此，“以消费者为中心”的营销理念逐步替代了“以生产者为中心”的营销理念。这一新概念所导致的市场营销学基本指导思想的变化，在西方被称为市场营销学的一次革命。

二战以后，市场营销学论著迅速增加，理论不断创新。市场营销学逐步建立起以“满足需求”“顾客满意”为核心内容的框架和体系，不仅在工商企业，而且在事业单位和行政机构中也得到了广泛运用。市场营销学领域每隔几年都会有一些有创见的新概念出现。这些概念推动了市场营销学从策略到战略、从顾客到社会、从外部到内部、从一国到全球的发展，并使其得到了全面系统的深化。

这一时期市场营销学同管理科学、行为科学、心理学、社会心理学等理论相结合，相继形成了很多市场营销的原理及研究方法，全面系统地反映了“以消费者为中心”的营销理念，逐渐指出营销管理的实质是需求管理，还提出市场营销是与市场有关的人类活动，既适用于营利性组织，也适用于非营利组织，扩大了市场营销理论的应用范围，使该理论更加成熟。

（四）市场营销学的完善

20 世纪 70 年代以后，伴随着计算机技术和互联网技术在各行各业的广泛应用，生产的自动化不断加速，生产效率进一步提高，生产规模进一步扩大，产品更加丰富。随着工业的发展，工业废水、废气和废渣排放量增加，污染了江河湖海、空气和土地，人类赖以生存的环境遭到污染，生态平衡遭到破坏，危及人类自身的身心健康。除此之外，以美国为首的资本主义国家还出现了资源短缺、通货膨胀、失业增加、消费者保护运动盛行等问题。在此背景下，人们对过去的市场营销理论进行了反思，认为过去的市场营销理论以消费者需求为导向，忽视了消费者需求和企业利益、社会利益的一致性，这是出现上述问题的根本原因。这就要求生产经营者转变观念，树立社会营销观念，也就是说生产经营者不仅要满足消费者需求和考虑企业的利益，还要考虑社会的长远利益。

随着营销实践和营销环境的不断变化，市场营销学这门学科出现了丰富和分化的趋势，其应用范围也在不断地扩展。1985 年，巴巴拉·本德·杰克逊提出了“关系营销”等新概念。1986 年，科特勒提出了“大市场营销”这一概念，提出了企业如何进入被保护的市场的问题。进入 20 世纪 90 年代以来，市场营销网络、市场营销决策支持系统、市场营销专家系统等新的理论与实践开始引起学术界和企业界的关注。进入 21 世纪，互联网的发展和应用推动了网上虚拟经营的发展，基于互联网的网络营销、精准营销也得到迅猛发展。

二、市场营销学理论体系

作为一门应用性经营管理学科，市场营销学在其发展过程中吸纳了经济学、管理学、社会学、行为学、心理学等多门学科的相关理论，并逐步形成了其核心概念、重点理论及系统方法论。

（一）市场营销学的学科性质

市场营销学经过几十年的演变，已不只是一门经济科学，它是建立在多种学科基础上的一门应用科学。

美国著名市场营销学家菲利普·科特勒指出：“市场营销学是一门建立在经济科学、行为科学、现代管理理论之上的应用科学。”因为经济科学提醒我们，市场营销是用有限的资源通过仔细分配来满足竞争的需要；行为科学提醒我们，市场营销涉及谁购买、谁组织，因此，必须了解消费者的需求、动机、态度和行为；现代管理理论提醒我们，如何组织才能更好地管理其营销活动，以便为顾客、社会及自己创造效用。现代市场营销学具有综合性、实践性、灵活性、创新性等特点。

（二）市场营销学的学科结构

市场营销学的构建从微观（企业）开始，逐步形成了宏观与微观两个分支。

宏观市场营销学从社会总体交换层面研究营销问题，它以社会整体利益为目标，研究营销系统的社会功能与效用，并通过这些系统引导产品和服务从生产领域进入消费领域，以满足社会需要。宏观市场营销学强调从整体经济、社会道德与法律的角度把握营销活动，并由社会（政府、消费者组织等）控制和影响营销过程，求得社会生产与社会需要之间的平衡，保证社会整体经济的持续、健康发展，同时保护消费者利益。

微观市场营销学从个人和组织交换层面研究营销问题，重点研究如何从顾客需求出发，将产品和服务从生产者转到消费者手中，从而实现企业的盈利目标。它是一种企业经济活动过程。微观市场营销活动主要围绕产品或价值的交换而展开。在这一过程中，营销者首先要通过调查研究了解消费者的特定需要，并据此开发能满足这种需要的产品；然后，在进一步了解消费者行为的基础上制订市场营销计划，实施适当的产品、渠道、价格与促销策略。

当代市场营销研究的主流仍然是微观市场营销学。为适应企业产品经营与销售业务的需要，微观市场营销学逐渐与经营决策和管理相结合，形成了市场营销原理和市场营销管理两大系列。本书采用理论、实务相结合的方式，形成了如图 1－4 所示的框架。

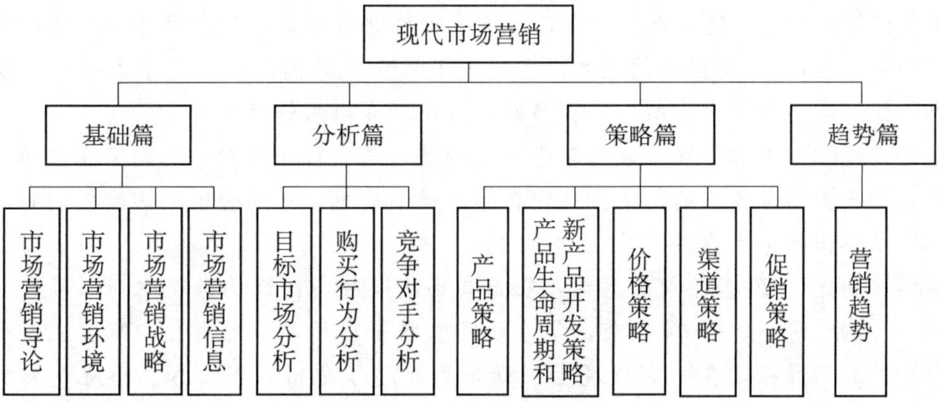

图 1－4　本书框架

素养园地　居安思危的华为

华为是一家善于反思的公司，任正非则是一位居安思危的企业家，他在内外部讲话中曾屡次提到冬天。外界最熟悉的一次是在 2000 年，任正非发表了著名的内部讲话《华为的冬天》，后来被无数企业家学习。但事实上，华为当时正处于高速发展期，年销售额达到了 220 亿元，利润 29 亿元，位居中国电子信息企业百强榜单首位。任正非之所以这么说，一方面是告诫内部员工在一片欢呼中保持危机意识，另一方面是互联网泡沫破裂，让他嗅到了危机，这必将对华为后两三年的通信和网络建设产生巨大影响。

任正非第二次提到冬天是在2004年，这一年的华为营收其实也创下历史新高。但任正非认为行业供给过剩，整个信息产业都在遭遇冬天。任正非做了一个长达万余字的讲话，称这场生死存亡的斗争本质是质量、服务和成本的竞争。但其后华为并未真正遭遇冬天，营收持续增长。

任正非第三次提到冬天是在2008年，众所周知，当年有国际金融危机，而且华为还面临着来自业内兼并的压力，爱立信兼并马可尼、阿尔卡特与朗讯合并、诺基亚与西门子成立合资公司。不过，到2009年，国内迟迟未发布的3G牌照终于落地，华为的日子也并不算艰难。2009年，华为销售额仍同比增长19%，达到1 491亿元。2013年，华为更是超过了爱立信，成为全球最大的电信设备商。

最近一次提到冬天是在2022年8月22日任正非的内部讲话中，这一次，华为面临的形势确实严峻。

一是华为的营收和净利润连续几个季度在减少。不过好消息是，2021年华为经营现金流有较大增长，达到597亿元人民币。这是衡量一家企业健康与否的核心指标。

二是华为的新业务突围并不明显。手机业务受美国打压后，一直未有弥补性业务出现，车BU还在布局突围中，云计算业务投入回报需要较长周期，信息与通信技术基础设施有自己的规律和周期，不会像手机出现爆发性增长。芯片供应链问题的解决目前看来是个漫长的过程。

三是作为国内科技企业的标杆，华为身上的担子和责任更重，华为不能大规模裁员，而且依然保持了一定比例的校招，为未来发展储备力量。2022年华为计划招聘1万多名应届毕业生，“只有优秀的人才能够解决华为现在的问题，使得华为进一步发展”。但不可否认，华为也在大量减少社招名额，只招聘专家级的员工。

四是内外形势更加严峻。以前华为面对的要么是同行业的竞争，大家在全球公平竞技，要么是华为内部治理的问题。但现在华为面临的是以美国为首的国家级的打压，在海外一些市场面临巨大挑战。

显然，相比于20多年前的冬天，任正非再次唤起了内部的危机意识，确实面临着完全不一样的大环境。20多年前，华为还可以壮士出征，奔赴海外。事实上，也正是海外市场的成功开拓，在一定程度上帮助华为渡过了危机。但如今，情况变得更加复杂，华为的体量也不可同日而语，截至2023年，华为在全球拥有超20万名员工。这一次，华为遇到了第二个真正的“冬天”。不过，也是这种清醒、不加任何修饰的自我反思的危机意识，让华为一次次渡过危机。

资料来源：赵艳秋，周路平．任正非的讲话与华为的“冬天”．（2022-08-25）．https：//new.qq.com/rain/a/20220825A00SM900.

本章小结

市场是企业市场营销的出发点和落脚点。可以从交易主体、交易对象和市场特征等方面对市场进行多种分类，对不同类型市场的深入分析和理解是成功营销的第一步。市场营销则是通过创造和交换产品及价值，来满足个人或群体的需求和欲望的一种社会过程和管理过程。其核心概念是交换，基本目标是满足需求和欲望，使顾客满意，并建立自己的竞争优势。市场经营理念是企业进行经营决策，组织管理市场营销活动的基本指导思想，也就是企业的经营哲学。伴随着社会经济的发展，以及消费者消费意识和方式的改变，企业市场经营理念经历了从最初只考虑企业利益的生产观念、产品观念和推销观念，发展为以满足消费者需求为目标，兼顾企业利益的顾客导向观念——市场营销观念，进而发展为兼顾企业、消费者和社会三方利益的社会营销观念、全方位营销观念、绿色营销观念的过程。创造顾客价值、实现价值共创是企业在竞争中胜出的有力手段。市场营销目前面临着数字经济的发展、全球化的快速发展和可持续营销的发展等机遇与挑战。市场营销学是一门起源于美国的应用性学科，并在各国的实践中不断丰富、完善和创新，形成了系统的理论、策略和方法论体系。市场营销学包含宏观和微观两大学科体系。从个人和组织交换层面研究营销问题的微观市场营销学是当前市场营销学研究的重点。

案例分析

农夫山泉是如何成功的

在饮料行业面临高度同质化、品类创新升级极度缓慢的困境之时，农夫山泉却脱颖而出，这不禁让很多人好奇：它究竟是靠什么制胜市场、名扬全国的？

一、以“天然水”营销理念打开市场，构建差异化认知

农夫山泉是不容小觑的饮用水品牌。1996年农夫山泉刚创立时，瓶装水市场份额第一的桂冠属于娃哈哈。然而，短短14年后，农夫山泉就赶超了娃哈哈，它是如何在红海中出圈的呢?

首先，要归功于其差异化的营销理念。农夫山泉营销的巧妙之处在于，它打造了“天然水”营销理念，并借此和整个瓶装水行业“开战”，迅速在我国瓶装水市场占得一席之地。围绕这一营销理念，农夫山泉先后打造了“农夫山泉有点甜”“我们不生产水，我们只是大自然的搬运工”“每一滴水都有它的源头”等知名广告语，让“天然水”的产品特性深入人心。

为了进一步诠释“天然水”的营销理念，强调其水源的优质，自2014年起，农夫山泉开始发布其在水源地实景拍摄的纪录片式广告，用直观的影视语言带领消费者探索农夫山泉水源的秘密。农夫山泉的纪录片式广告，在让消费者感受大自然的馈赠之余，进一步深化了消费者的认知，让真实成为农夫山泉的又一竞争力。

农夫山泉对品牌进行了差异化定位，采取了反其道而行之的营销策略。一方面，用“甜”和“纯净”对打；另一方面，用“天然”给“健康”赋值，告诉消费者，农夫山泉的水是“天然水”，里面有矿物质和微量元素，更好喝，对身体更有益处。凭借这种差异化营销，农夫山泉“天然水”的品牌形象赫然树立。

二、多种营销打法齐上阵，深度触达年轻人市场

随着时代的发展，“Z世代”（1995—2009年出生的一代人）逐渐成为消费的主力军，他们看重生活体验和生活品质，对他们中的许多人来说，“好玩比好用更重要”。面对这个新兴的消费者群体，农夫山泉是怎么做的呢？

（1）以“高颜值”吸引年轻一代的注意力。如今消费者对产品不只看重实用性，还强调包装的美观性。农夫山泉了解到消费者需求后，将产品的包装设计放在了重要位置，打造“高颜值”、重文化负载的瓶身，吸引了大量消费者的注意力。2016 年，十二生肖瓶横空出世，通过只送不卖的饥饿营销模式成功蹿红。另外，农夫山泉在高端玻璃瓶装水的包装中融入树叶、雪花、麋鹿等自然元素，极具趣味；同时，在组画包装中分别以蛙、鹿、熊、狸猫等形象与长白山的自然景象，描绘童话世界中的胜境，品牌策划与设计独具匠心。

（2）营销组合拳，助力品牌成功出圈。除了在产品包装上发力外，2017—2018 年，农夫山泉还同多个大热网络综艺联合营销，2022 年其苏打气泡水开启了与迪士尼的萌趣 IP 松松的联名，通过抖音、小红书、微博多维曝光，并以搜索微博同名话题“农夫山泉有点汽”作为彩蛋，以解锁快乐“圆宇宙”为话题开展花样营销。

（3）开拓新市场与新品类，发掘市场增长潜力。在农夫山泉的品牌版图中，形成了以瓶装水为核心，果蔬汁、茶饮料、功能性饮料等共同发力的多品类格局。农夫山泉还将消费者细分为中老年人、婴幼儿、学生等群体，开发了从老人水、幼儿水到高端水的产品矩阵，并开发了纯净水系列。除此之外，农夫山泉还布局咖啡市场、化妆品市场以及农产品市场，先后推出气泡＋咖啡碳酸风味咖啡饮料、面膜、爽肤水、橙子、苹果和大米等新产品。

资料来源：靳洪，刘翠．市场营销学：理论、案例与实训．北京：人民邮电出版社，2023.

思考题

1. 农夫山泉是如何体现差异化营销理念的？
2. 农夫山泉是如何针对年轻人开展营销的？
3. 通过案例分析饮料市场未来的发展方向。

理论思考

1. 如何从不同的角度认识和理解市场的内涵？
2. 简述市场经营理念的演变及其背景。
3. 为什么说价值交换是现代市场营销的本质？
4. 简述市场营销学的学科性质及发展历程。

营销实战

1. “营销是创造需要还是满足需要？”结合所学知识和企业实践，谈谈你的看法。

2. “企业不能像过去那样，只是生产东西，而要出售生活的智慧和快乐。”这个观点你是否认同？谈谈你的认识。

实训练习

实训目的：培养学生的市场营销思维。

实训内容：假如你负责一家奶茶店的经营，请从五种市场经营理念（生产观念、产品观念、推销观念、市场营销观念、社会营销观念）中选择一种，以此为指导进行该奶茶店的营销活动。

实训方式：小组讨论、调研，形成分析报告。

即测即评

扫描二维码可在线自测并查看答案。

第2章

市场营销环境

知识目标

- 了解市场营销环境的概念及特点。
- 理解市场营销环境分析的意义。
- 熟悉微观营销环境和宏观营销环境的主要构成。
- 掌握分析市场营销环境中的威胁与机会的基本方法。

能力目标

- 能够对微观、宏观营销环境的各种构成因素进行分析。
- 学会使用矩阵分析法。
- 能够明确企业面对市场营销环境变化应采取的对策。

价值目标

结合新时代特征，认识我国所处环境，正确处理个人、国家、社会与环境的关系，树立市场营销可持续发展的理念。

关键词

市场营销环境　微观营销环境　宏观营销环境　环境分析　营销对策

思维导图

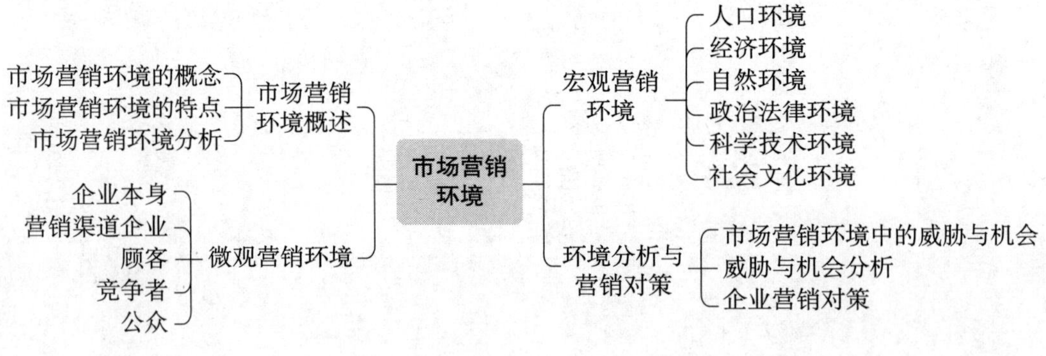

营销观察

老猫汤姆的新挑战

在一个遥远的森林里，住着一只聪明的老猫汤姆和一群鸟儿。汤姆以往总能凭借敏捷的身手和独特的策略捕捉到鸟儿，成为森林中的“捕鸟高手”。汤姆的方法很简单：它会在鸟儿常聚集的树下潜伏，利用树叶遮掩，等待时机一跃而起。这种方法在过去屡试不爽，让汤姆饱餐了一顿又一顿。

然而，随着时间的推移，鸟儿们逐渐变得警惕起来。它们开始在空中盘旋观察，不再轻易落在那几棵“危险”的树下。更糟糕的是，森林里来了一群新鸟儿，它们也听说了关于汤姆恶行的传闻，所有鸟儿都变得更加谨慎。汤姆尝试了无数次，却再也难以捕捉到鸟儿。它困惑不解，明明自己还是那样敏捷，策略也没有变，为何结果却大相径庭？

终于有一天，一只老练的鹦鹉告诉了汤姆真相：“环境变了，你的老方法已经不再适用。我们必须适应新环境，寻找新的生存之道。”

汤姆恍然大悟，它开始尝试新的捕猎方式，比如模仿鸟儿的叫声引诱它们，或者利用森林中的其他元素进行伪装。虽然起初并不顺利，但渐渐地，汤姆又找到了新的成功之道。

营销启示

市场环境的改变会影响企业营销的成败。市场环境的改变有时是潜在的、看不到的，环境变了，消费者的心理变了，企业原有的“成功”方法将不再适用。因此，虽然每个企业都有自己的营销模式，但是当市场发生变化的时候，企业应调整自己的营销策略来适应市场。

第 1 节　市场营销环境概述

企业开展市场营销活动会受到多种因素的制约和影响，这就要求企业必须顺应内部条件和外部环境的变化，与社会各方面相互协调，充分利用存在的市场机会，竭力规避可能出现的威胁，趋利避害，选择最佳途径谋求企业营销目标的实现。

一、市场营销环境的概念

环境是指事物外界的情况和条件。市场营销环境是指在营销活动之外，能够影响营销活动的各种力量和因素的集合。在分析市场营销环境时，企业营销人员主要回答“今天的环境如何”和“将来的环境如何”两个问题。环境的变化是不以企业的意志为转移的。

按照对营销活动影响时间的长短，可将市场营销环境分为长期环境与短期环境，前者持续时间较长或者相当长，后者对企业市场营销的影响则比较短暂。根据营销活动与营销环境的紧密程度来划分，市场营销环境一般可以分为两大类：微观环境和宏观环境。具体而言，与企业营销活动紧密相关的，且直接作用于企业营销活动的各种力量，包括企业本身及与企业经营活动有密切关系的供应商、中间商、顾客、竞争者和公众等，构成企业市场营销的直接环境，又称微观环境；与企业不存在直接的经济联系，但可能给企业带来市场营销机会或潜在威胁的主要社会力量，如人口、经济、自然、科学技术、政治法律以及社会文化等因素，构成企业市场营销的间接环境，又称宏观环境。这两种环境之间不是并列关系，而是相互作用的关系。微观环境要受宏观环境的制约，宏观环境则需要借助于微观环境发挥作用。市场营销环境的划分如图 2－1 所示。

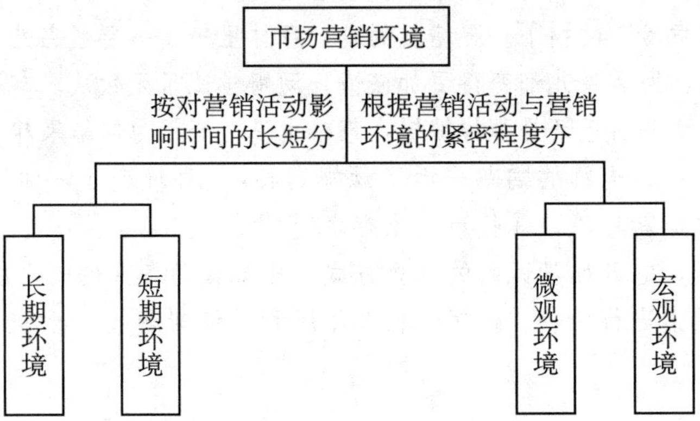

图 2－1　市场营销环境的划分

二、市场营销环境的特点

市场营销环境是一个多因素、多层次而且不断变化的综合体。概括地说，市场营销环境具有以下特点。

（一）客观性

客观性是市场营销环境的首要特征。构成市场营销环境的因素是多方面的，它们的存在并不以营销者的意志为转移，且每一个因素都随着社会经济的发展而不断变化。这就要求企业不断调整其营销策略，以顺应环境因素和条件的变化。如果企业主观臆断某些环境因素及其发展趋势，则会造成企业的盲目决策，使企业在市场竞争中遭受失败。

（二）差异性

市场营销环境的差异性不仅表现为不同企业受不同环境的影响，而且表现为同样一种环境因素的变化对不同企业的影响不相同。由于市场营销环境因素对企业作用的差异性，企业为应对环境的变化所采取的营销策略各有其特点。

（三）复杂性

企业面临的市场营销环境的复杂性，表现为各个环境因素之间经常存在着矛盾关系。如以 2022 年国内汽车市场为例，不少城市的新能源汽车市占率单月达到了 30%～40%，意味着每卖出 10 辆车，就有 3～4 辆是新能源车。仅仅一年时间，国内乘用车企业排名就发生了很大的变化。

（四）不可控性

相对于企业内部管理机能，如企业对自身的人、财、物等资源的分配使用来说，市场营销环境是企业外部的影响力量，是企业无法控制的。例如，无论是直接环境中的消费者需求特点，还是间接环境中的人口数量，都不可能由企业来决定。

（五）动态性

营销观察　互联网背景下企业市场营销环境的新变化

市场营销环境是不断变化的，尽管根据其变化程度的不同，可以分为较稳定的环境、缓慢变化的环境和急剧变化的环境，但变化是绝对的。例如，顾客的消费需求在变，宏观产业结构在调整。从总体上看，变化的速度呈现不断加快的趋势。每一个企业都与周围环境的各种力量保持着一种微妙的平衡关系。一旦环境发生变化，平衡被打破，企业就必须积极地反映和适应这种变化，否则就会被市场淘汰。

三、市场营销环境分析

市场营销环境是企业的生存空间，是企业营销活动的基础和约束条件。企业必须随着环境的变化不断做出适应各种环境的反应，即调整自身的组织、战略和策略等一切可以控制的因素，在不断从外界吸纳各种物质和信息资源的同时，通过企业自身的活动，输出产品、劳务和信息，对外界施加影响，以达到与周围环境的协调平衡。

市场营销环境分析，就是企业对于各种可能的营销机会和环境威胁进行了解，旨在预见环境变化的趋势和规律，制定能够充分利用营销机会并避开、消除环境威胁的营销战略。

市场营销环境分析对企业营销活动的重要意义具体表现在以下几个方面。

（一）市场营销环境分析是企业营销活动的基础

企业的营销活动是在复杂的市场营销环境中进行的。社会生产力水平、技术进步变化的趋势、消费者需求结构的改变、国家一定时期的政治经济政策等，都会直接或间接地影响企业的生产经营活动。成功的企业经营者，都十分注重市场调查与市场营销环境分析。忽视市场营销环境分析，通常会使企业生产经营活动遭受影响和冲击。例如，美国曾被称为“车轮上的国家”，其发达的汽车工业曾使无数的美国人引以为荣。20世纪70年代初期发生了石油危机，而美国汽车巨头们反应迟钝，在能源趋紧的环境下，依然生产体量大、能耗高的传统汽车，日本企业却适时地推出小型节能汽车，成功占领了美国国内汽车市场的“半壁江山”。因此，营销企业只有密切注意对营销环境进行调查、预测和分析，才能确定适当的生产经营战略，并相应调整企业的结构和管理体制，使之与变化了的市场环境相适应。

（二）市场营销环境分析有利于企业寻求新的营销机会

市场营销的机会和威胁恰似一枚硬币的两面，一面的存在以另一面的存在为前提，且在一定条件下可以相互转化。如果企业不注重市场营销环境的分析，它可能不仅会失去新的营销机会，而且会面临变化了的市场环境的威胁。如果对环境威胁十分重视，积极地寻求规避威胁的对策，不仅可能消除威胁，而且极有可能将威胁转化为企业发展的新机遇。比如，人类面临着日益严重的资源危机，对于某些高能耗的企业来说，这是一个威胁。但是，如果企业能够开发出低能耗的、利用可再生资源的替代品，这无疑会为企业的进一步发展提供良机。

（三）市场营销环境分析为企业科学决策提供了依据

企业的生产经营活动要受到各种环境因素的制约，企业的内部条件、外界环境与企业经营目标的动态平衡，是科学决策的必要条件。在风云变幻的营销环境和激烈的市场竞争中，“适者生存”同样是颠扑不破的真理。企业的各种活动与决策都应当具备一定的科学性，这种科学性主要来源于对市场营销环境的客观分析。企业只有认真分析自身的内部条件和外部的市场环境，充分了解自己所拥有的实力，才能找出自己的优势和不足，明确它们能够为企业带来哪些相对有利的条件以及企业可能面临的环境威胁，从而为企业的科学决策提供充分的客观依据，使企业资源在生产经营过程中得到最优配置，确保企业在激烈的市场竞争中立于不败之地。

第 2 节　微观营销环境

微观营销环境是指对企业营销活动过程和结果直接产生影响的各种力量，主要包括企业本身及其营销渠道企业、顾客、竞争者和公众，如图 2－2 所示。分析微观营销环境的目的在于更好协调企业与这些相关人员和组织的关系，促进企业营销目标的实现。

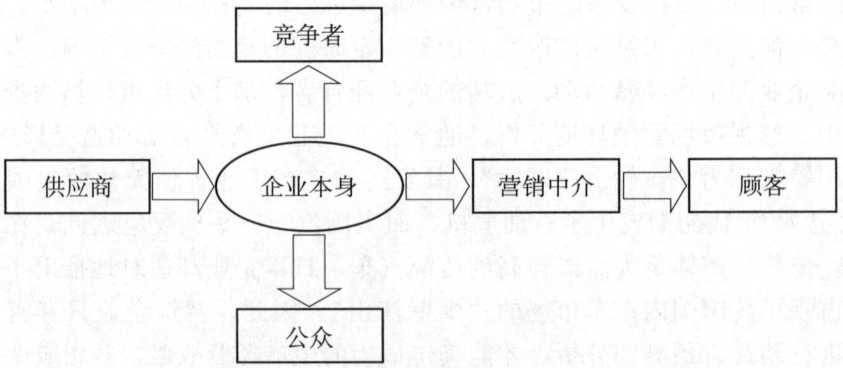

图 2－2　微观营销环境的构成

一、企业本身

企业开展营销活动要充分考虑到企业内部的环境力量和因素。企业是组织生产和经营的经济单位，是一个系统组织。企业内部一般设立采购、研发、生产、营销、财会、管理等职能部门。企业内部各职能部门的工作及其相互之间的关系，直接影响着企业的整个营销活动。

企业的营销部门都不是孤立存在的，与企业其他部门之间既有多方面的合作，也经常会产生业务上的冲突与矛盾。由于各部门各自的工作重点不同，有些矛盾难以解决。如生产部门关注的是长期生产的定型产品，要求品种规格少、批量大、订单标准化、质量管理稳定；而营销部门注重的是适应市场变化、满足目标消费者需求的“短、平、快”产品，则要求品种规格多、批量小、订单个性化、质量管理特殊化。所以，企业在制订营销计划、开展营销活动时，必须协调和处理好各部门之间的关系。这就要求各部门进行有效沟通，营造良好的企业环境，更好地实现营销目标。

二、营销渠道企业

任何企业市场营销活动的基本目标都是一致的，即通过满足目标市场顾客的各种需求来为企业获取利润。而“供应商—企业—营销中介—顾客”的渠道链条是实现这个目标的必要途径。其中，供应商与各种营销中介被称为营销渠道企业，它们与营销企业达成相互协作关系。

（一）供应商

供应商是向企业及其竞争者供应原材料、辅助材料、设备、能源和劳动力等资源的一切组织和个人，因此，供应商的资源供应能力直接影响企业的营销能力，其提供的资源的质量及售后服务的水平，是营销企业生产高质量产品以及为目标顾客提供良好服务的制约因素之一。供应商所提供资源的价格与数量，直接决定了营销企业产品的成本、价格水平、市场占有率以及利润的实现程度，所以，企业在选择供应商时，既要考虑资源的质量、价格，也要重视供应商在运输、信用、成本、风险等方面的组合状况。

（二）营销中介

营销中介是指那些协助企业进行促销、销售以及配销等经营活动的中介组织，是市场营销活动必不可少的中间环节。营销中介一般包括中间商、实体分配机构、营销服务机构、金融中介机构等。

1. 中间商

中间商是协助企业寻找客户并销售产品的商业性组织，也称流通企业。中间商分为两类，即代理中间商和经销中间商。中间商是联系企业和顾客的桥梁，它们的工作效率和服务质量直接影响到企业产品的销售状况。

2. 实体分配机构

实体分配机构指的是从事仓储、运输的所有机构。实体分配机构的作用在于使营销渠道中的物流畅通无阻，为企业创造时间和空间效益。近年来，随着仓储、运输手段的多元化和现代化，实体分配机构的功能日益健全，作用日益显著。

3. 营销服务机构

营销服务机构主要包括市场调研公司、广告公司、信息咨询公司等，它们提供的专业服务是企业营销活动不可缺少的。尽管有些企业设有相关的部门和人员，但许多企业还是委托专业的营销服务机构来完成某些营销工作。企业在选择营销服务机构时，应当比较各服务机构的服务特色、质量和价格，以获取最适合自己的有效服务。

4. 金融中介机构

金融中介机构主要包括银行、信贷公司、保险公司以及能够为企业提供金融支持或降低货物购销风险的各种机构。营销企业一般都需要同一家或数家金融机构建立联系，尤其是在现代经济生活中，企业的负债经营与购销活动中风险因素的增加，使得几乎每一个企业都不得不与金融机构保持一定的联系和业务往来。企业的贷款来源、银行的贷款利率和保险公司保费的变动，无一不直接影响着企业的整体利润水平和市场营销效果。

三、顾客

顾客是企业的服务对象，是企业产品和服务的直接购买者或使用者。企业营销的最终目的就是为目标顾客提供服务并与他们建立牢固的关系。所以，时刻了解顾客对企业及其竞争对手所提供的产品或服务的看法与态度，是企业极其重要的一项基础工作。企业的顾客来自不同的市场。从地域范围来看，他们来自国内市场和国际市场；从购买的目的来看，他们来自消费者市场和组织市场。市场类型的具体划分如图 2－3 所示。

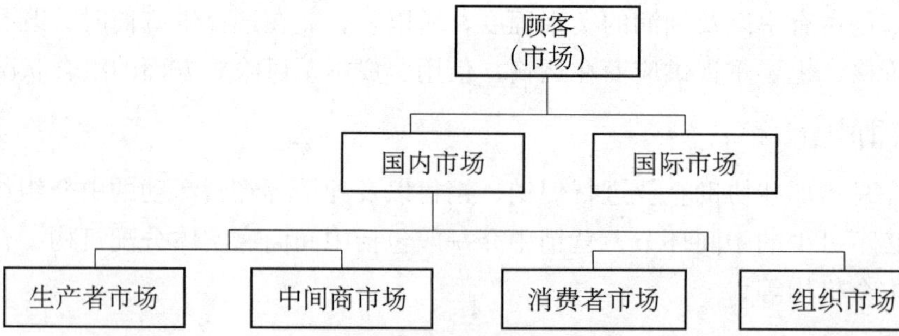

图 2－3　市场类型的具体划分

企业只有了解不同市场的顾客的需求特点与购买行为，才能在营销活动中进行适当的市场定位，从而制定出切实可行的营销战略。

四、竞争者

任何企业在进行营销活动时，都不可避免地面临来自竞争对手的挑战。在发育健全的市场中，不可能一个企业垄断整个市场，即使是高度垄断的市场，只要存在需求向替代产品转移的可能性，就可能出现潜在的竞争对手。所以，企业在某一目标市场上的营销努力总会受到其他企业类似努力的影响或威胁，这些和企业争夺同一目标市场的力量就是企业的竞争者。根据满足消费需求的标准进行划分，企业在营销活动中所面对的一系列竞争者大致可以分为五种类型，即欲望竞争者、属类竞争者、产品竞争者、品种竞争者及品牌竞争者，如图 2-4 所示。

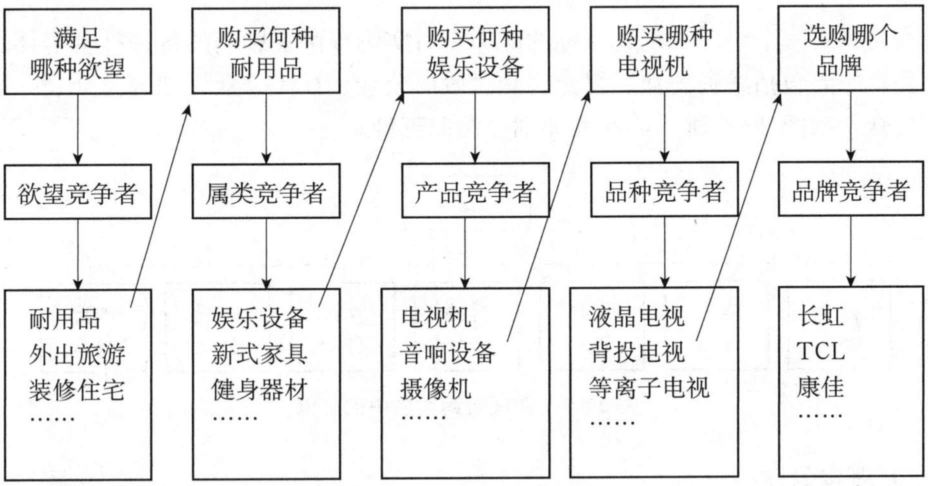

图 2-4 五种竞争者类型

(一) 欲望竞争者

欲望竞争者，即提供不同种类产品、满足不同消费欲望的竞争者。消费者的欲望是多方面的，但很难同时满足，这就出现了不同需要的竞争。例如，消费者在收入有较多增长后，为改善生活，可以添置耐用品，可以外出旅游，也可以装修住宅，等等，出现了许多不同的欲望，但就时间与财力来说，消费者只能选择力所能及的项目作为这一时期的欲望目标。

(二) 属类竞争者

属类竞争者，即提供不同种类产品、满足同一消费欲望的竞争者。属类竞争是消费者在决定了需要的产品类型之后出现的次一级竞争，也称平行竞争。例如，消费者需要购买耐用品，到底是购买娱乐设备，还是购买新式家具，抑或是购买健身器材，消费者要进行选择，以满足消费欲望。

(三) 产品竞争者

产品竞争者，即提供不同产品、满足同一欲望的竞争者。消费者在决定了需要的属类之后，还必须决定购买何种产品。例如，若消费者决定购买娱乐设备，那他还需决定是购买电视机还是音响设备或摄像机。

（四）品种竞争者

产品还有许多品种，如消费者决定购买电视机，市场上有液晶电视、背投电视、等离子电视等，他还要决定选择其中的哪一种。

（五）品牌竞争者

每一种电视机又有许多品牌，如长虹、TCL、康佳等，也需对此进行选择。

五、公众

公众是指对一个组织实现其目标的能力有着实际或潜在影响的各种社会群体。企业面对的公众主要包括融资公众、媒介公众、政府公众、社团公众、社区公众、一般公众和内部公众，如图 2-5 所示，此处详细介绍前五种。

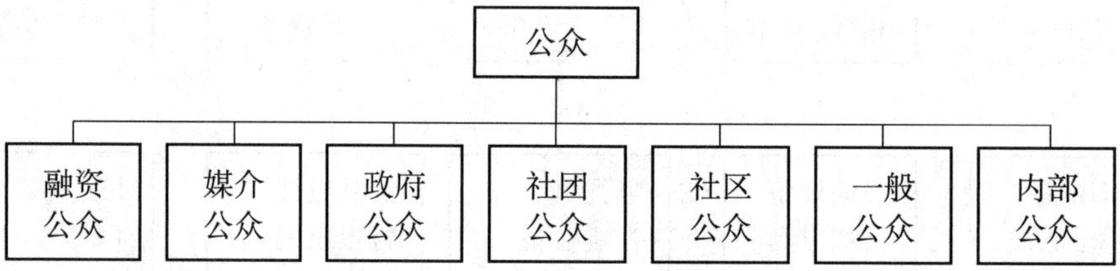

图 2-5 微观营销环境中的公众

（一）融资公众

融资公众指影响企业融资能力的金融机构，如银行、投资公司、证券经纪公司、保险公司等。

（二）媒介公众

媒介公众主要是指报纸、杂志、广播电台、电视台和网络以及各类新媒体等媒介传播载体。

（三）政府公众

企业的发展战略与营销计划必须和政府的发展计划、产业政策、法律法规保持一致，企业应注意咨询有关产品安全卫生、广告真实性等法律问题，倡导同业者遵纪守法，向有关部门反映行业的实情，争取有利于产业发展的立法。

（四）社团公众

社团公众包括消费者权益组织、环保组织等。企业营销活动关系到社会各方面的切身利益，必须密切注意来自社团公众的批评和意见。

（五）社区公众

社区公众指企业所在地的居民和社区组织。企业必须重视保持与社区公众的良好关系，积极支持社区的重大活动，为社区的发展贡献力量，争取社区公众对企业营销活动的理解和支持。

公众对企业经营目标的实现可能起推动作用，也可能起妨碍作用，因此，企业必须处理好与周围各种公众的关系，努力塑造并保持良好的信誉和形象。在现代，越来越多的营销企业在内部组织结构中设立了公关部门，专门负责处理与不同公众之间的关系。

第 3 节　宏观营销环境

宏观营销环境是指会对企业营销活动带来市场机会或环境威胁的主要社会力量，包括人口、经济、自然、政治法律、社会文化以及科学技术等方面的因素，如图 2－6 所示。

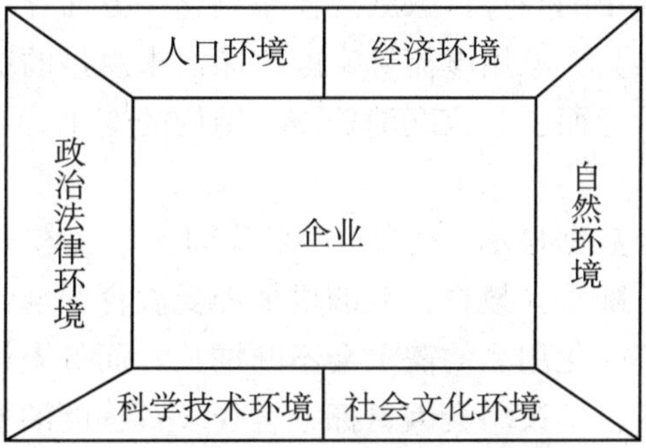

图 2－6　宏观营销环境的构成

一、人口环境

市场营销学认为，市场是由有购买愿望并且具有购买能力的人构成的，人的需求是企业营销活动的基础。所以，对人口的考察是企业把握需求动态的关键。人口环境主要包括人口规模、人口结构、人口地理分布等因素。

（一）人口规模

人口规模即总人口的数量，它是影响需求的重要因素。据联合国数据，截至 2022 年 11 月 15 日，世界人口达到 80 亿人。全球人口总体上呈现增长的态势，然而增速在放缓，并且国与国之间以及地区与地区之间依然存在显著差异。发达国家人口增长总体上较为缓慢，老龄化突出；而发展中国家人口增长较为迅猛，从而主导了世界人口变化的趋势，尤其是在撒哈拉沙漠以南的非洲地区，人口依然处于快速增长的阶段。人口数量的变化带来了市场容量的变化，营销人员要根据市场机会调整营销策略。

（二）人口结构

人口结构包括自然结构和社会结构，前者如年龄结构；后者如家庭结构、受教育程度等。

营销观察　Z世代年轻人的特征

1. 年龄结构

年龄结构指的是一定时期人口的不同年龄构成。消费者由于年龄的不同，在收入、社会阅历、生活方式、价值观念、社会活动等方面存在差异，必然会产生截然不同的消费需求和消费方式，形成各具特色的消费者群体。如老年人对保健品较为需要，中年人对生活用品感兴趣，青少年喜欢书籍和流行音乐，婴幼儿则对玩具及糖果情有独钟，这样就形成了具有年龄特色的老年人市场、中年人市场、青少年市场和婴幼儿市场等。

2. 家庭结构

家庭是社会的细胞，也是某些商品如住房、成套家具等的购买和消费的基本单位。家庭结构的变化直接影响着某些消费品的需求。数据表明，进入 20 世纪 90 年代中期，世界普遍呈现家庭规模缩小的趋势。家庭规模小型化一方面导致家庭总户数的增加，从而引起对住房、家具、炊具、家用电器等家庭用品需求总量的增加；另一方面则意味着家庭成员构成的简单化，进而引起家庭消费需求结构的变化。

3. 受教育程度

第七次全国人口普查数据显示，近 10 年来我国人口受教育水平明显提高，人口素质不断提升。一般来说，随着受教育人数的增加和受教育程度的提高，市场对优质高档产品，以及旅游、书籍等文化用品的需求会不断增长，而且人们将更加追求产品的个性化和多样化。企业采取的营销策略会因目标顾客受教育程度的不同而产生不同的效果。

（三）人口地理分布

人口地理分布是指人口在不同地区的密集程度。任何一个国家、一个地区，人口的分布都不是均匀的。例如美国人口密集的地区有五大湖区、大西洋沿岸和加利福尼亚州沿海地区；我国人口密集区是东南沿海。人口的地理分布对消费需求的影响体现在两个方面：一是人口密度越大，意味着该地区人口越稠密，市场需求也就越集中。二是人口的地理分布不同，带来了消费习惯和市场需求的不同。比如，生活在我国不同区域的人口味就有很大差异，俗话说“南甜北咸，东辣西酸”，也由此形成了粤菜、川菜、鲁菜等著名菜系。

另外，从人口流动的趋势来看，曾经对人口有着极大吸引力的城市，如北京、上海、广州、深圳，2022 年全部出现了人口负增长。相反，长沙、西安、武汉、郑州、成都等中西部城市人口增长幅度较大。

总之，人口的地理分布对于企业营销部门制订营销计划尤为重要。企业只有掌握了人口的地理分布及流动趋势，才能准确找到目标市场，确定自己产品的流向与流量。

二、经济环境

经济环境对市场营销的影响直接表现为社会购买力的变化。社会购买力是影响市场规模大小的重要因素，它又直接或间接受消费者收入水平、消费者支出模式等因素的影响。

（一）消费者收入水平

消费者收入是指消费者个人从各种来源所得到的收入，包括消费者个人的工资、奖金、津贴、股息、红利、馈赠所得和租金收入等。消费者的购买力来源于消费者收入，所以消费者收入水平的高低决定了消费者支出的多少和支出模式，进而影响着市场规模的大小。

消费者或消费者家庭得到的全部收入，并不是全部用于购买产品，因此，对企业来说，有必要将消费者个人收入区分为个人可支配收入和个人可任意支配的收入等。个人可支配收入是指在个人总收入中扣除消费者个人应缴纳的各种税款和交给政府的非商业性开支（学费、罚款等）后的余额。扣除后，消费者收入才成为消费者个人可以支配的收入，或者用于储蓄，或者用于消费。个人可任意支配的收入是指在个人可支配收入中减去维持生活所必需的支出（如购买食品、服饰、住房）和其他固定支出（如保险费、抵押贷款、分期付款）后所剩下的个人收入。这部分收入属于消费者可以随意选择消费方向的收入，因而是影响消费需求构成最活跃的因素，成为市场营销者关注的对象。

（二）消费者支出模式

消费者支出模式指的是消费者各种消费支出的比例关系，也就是消费结构。消费者的个人收入是直接影响其变化的决定性因素。随着消费者收入的变化，消费者支出模式也会发生相应变化。

三、自然环境

自然环境是指企业在生产经营活动中所面对的地理、气候、资源等方面的种种状况。企业在营销活动中需要重视自然环境方面的变化趋势，正确把握它给市场营销带来的威胁和机会。

（一）自然资源日趋短缺

地球上的自然资源按其数量及可否更新分为三类。第一类是所谓的无限资源，如空气。但随着城市化和工业化的发展，空气污染日益严重。这种状况不仅会影响人民生活，而且对工农业生产构成了环境威胁。第二类是有限但可以更新的资源，如森林。随着乱砍滥伐现象的不断发生，这类资源遭到破坏，目前已出现缩减趋势。第三类是有限且不可更新的资源，如煤炭、石油、锡、铀、锌等矿物。近十几年来，这类资源供不应求或正在面临威胁。

（二）新能源开发利用成为发展趋势

能源是人类经济社会发展的前提条件。自工业革命以来，在以石油、煤炭为代表的常规能源的大力推动下，人类社会获得了空前的发展。然而，常规能源的逐渐枯竭和自然环境的不断恶化，已成为当今人类社会不可回避的现实难题。新能源因其可持续性、清洁、环保等优势，得到世界上众多国家的高度重视。进一步加快新能源的开发利用，实现对常规能源的替代，已成为未来能源利用的必然趋势。

所谓新能源即石油、煤炭等已大量开发利用的能源之外的，随着科学技术的不断发展而逐渐被开发利用的能源，主要包括太阳能、风能、生物质能、潮汐能、氢能和地热能等。在新能源开发利用技术的不断进步和扶持政策的大力推动下，世界新能源发展前景广阔。

四、政治法律环境

企业的营销活动要受到政治法律环境的规范和约束。

（一）政局

这是影响企业营销活动的至关重要的因素，没有稳定的政局，企业的经营活动必然会大受影响，甚至无法进行。当今世界经济高度融合，国际贸易、国际投资迅猛增长，某一个国家或地区的政局稳定与否不仅会影响本国或本地区企业，而且会对其他国家或地区企业的经营活动产生影响。企业在进行国际市场营销时，尤其要考虑目标市场的政局状况。

（二）政治体制

政治体制就是国家政治体系运作的形式，一般指一个国家政府的组织结构和管理体制。在不同的历史时期、不同的国家和地域，政治体制都不尽相同。政治体制直接影响到政府活动及各种法律、政策的制定，从而制约着企业的营销活动。

（三）法律法规

近年来，世界各地影响企业的立法越来越多，覆盖了诸如竞争、公平贸易、环境保护、产品安全、真实广告、消费者隐私、包装和标签、定价以及其他重要领域的各种问题。近年来，我国陆续制定和颁布了一些经济法律法规，如《产品质量法》《反不正当竞争法》《专利法》《商标法》《广告法》《环境保护法》《消费者权益保护法》等等。

政府立法主要有以下三方面的原因：第一，保护企业的利益，虽然企业支持自由竞争，但是当竞争威胁到自己的利益时，它们可能会破坏公平竞争。这时就有必要通过法律来阻止不公平的竞争行为。第二，保护消费者免受不公平的商业活动的损害。如果不加管制，有些企业可能会制造伪劣产品，发布虚假广告，通过包装和价格来蒙骗消费者。第三，保护社会的利益免受无序商业活动的损害。以盈利为目的的企业，其行为并不总是能够提高公众的生活质量。政府制定法规，以确保企业对其生产或产品带来的社会成本负责。

（四）政府的政策

法律法规一般来说相对稳定，而政府的政策会对一些重大的政治问题、经济问题做出及时的反应，因而对企业的市场营销活动的影响更加直接。

（五）公众利益团体

对市场营销活动有直接影响的各种公众利益团体主要有消费者保护和环境保护方面的团体，它们的出现不仅增加了对企业营销活动的社会监督力量，更为重要的是，它们对立法、执法和舆论拥有巨大的影响力。

五、科学技术环境

科学技术是一种激动人心的决定人类前途和命运的力量，每一种科学技术的新成果，都会给社会生产和生活带来深刻的影响。新技术的发展和运用，会对企业的市场营销活动产生重大影响，主要表现在：科技发展一方面源源不断地带来新资源、新材料、新工艺和新设备，给新兴产业和那些技术领先的企业带来了许多机会；另一方面也使依赖于旧设备、旧工艺的企业面临威胁。新资源、新材料、新工艺和新设备的出现，为企业的产品革新、技术改造和新产品开发提供了条件。这会极大地提高企业的生产效率，使企业有能力向市场提供更多更好的产品。

同时，科技发展对消费者的生活和购物习惯都产生了很大影响。例如，自动售货机的出现改变了传统的销售方式，不需要营业员，只需要少量的工作人员负责补充商品、回收现金、保养和维修机器。顾客的购物时间不受影响，可以随时购买。

计算机的发展极大地提高了企业的管理效率，推动了企业整体管理水平的提高，企业的营销水平也相应得到提高。信息沟通、市场调研和宣传促销都有了更快捷和多样化的手段。

六、社会文化环境

人们都是生活在一定的社会文化环境中的，其思想和行为必定要受到社会文化的影响和制约。社会文化主要是指一个国家、地区的民族特征、价值观念、生活方式、宗教信仰、道德观念、教育水平、语言文字等的总和。企业营销既是经济活动，又是社会活动，所以客观环境中的社会文化因素对其有着重要影响。市场营销活动所面对的社会文化环境，是指那些能够影响人们消费方式、购买行为的价值观念、风俗习惯、民族文化、地域文化等。

价值观念是指人们对社会生活中各种事物的态度和看法。在不同的文化背景下，人们的价值观念差异很大，影响着其消费需求和购买行为。对于不同的价值观念，营销管理者应研究并采取不同的营销策略。

不同风俗习惯使人们在饮食、服饰、居住、婚丧、节日、人情往来等方面都具有各自的独特之处。

受民族文化、地域文化等因素的影响，消费者会产生相似或共同的审美观念、生活方式和喜好，从而形成社会需求的一致性，这就是消费流行。消费流行在服饰、家电以及某些保健品方面，表现得最为突出。消费流行在时间上有一定的稳定性，但有长有短，有的可能几年，有的可能几个月；在空间上还有一定的地域性，同一时间内，不同地区流行的商品品种、款式、型号、颜色可能不尽相同。

第 4 节　环境分析与营销对策

一、市场营销环境中的威胁与机会

市场营销环境通过对企业构成威胁或为企业提供机会而影响营销活动。

威胁是指环境中不利的发展趋势对企业营销活动所形成的挑战。这种挑战可能来自微观环境的变化，也可能来自宏观环境的变化。比如当前随着低碳经济发展理念被认同，国内外企业的环境保护意识显著提高，与此同时，很多国家开始实施“绿色壁垒”，这对某些生产不完全符合环保要求的产品的企业来说，无疑是一种严峻的挑战。

机会指对企业营销活动富有吸引力的领域，在这些领域，企业拥有竞争优势。环境机会对不同企业有不同的影响力，企业在每一特定的市场机会中成功的概率，取决于其业务实力是否与该行业所需要的成功条件相符合。为充分认识市场营销环境中的机会，我们需要了解机会的一些相关概念。

（1）环境机会与企业机会。

环境机会实质上意味着“未满足的需求”。伴随着需求的变化和产品生命周期的演变，会不断出现新的机会。但对不同企业而言，环境变化所带来的机会并非都是最佳机会，只有与企业能力和资源状况相符合的理想业务和成熟业务才能成为最适宜的企业机会。

（2）行业机会与边缘机会。

企业通常都有其特定的经营领域，出现在本企业经营领域内的机会，即行业机会；出现于不同行业之间的交叉与结合部分的机会，则称为边缘机会。一般说来，有边缘机会的业务，进入难度要大于有行业机会的业务，但行业与行业之间的边缘地带，有时会存在市场空隙，企业可以在其中发挥自身的优势。

（3）目前机会与未来机会。

从环境的动态性来分析，企业既要注意发现目前环境变化中的机会，也要面向未来，预测未来可能出现的大量需求或大多数人的消费倾向，发现和把握未来的机会。

二、威胁与机会分析

企业面对威胁程度不同和机会不同的营销环境，需要通过环境分析来对威胁与机会进行评估。企业最高管理层可采用威胁矩阵（threat matrix）和机会矩阵（opportunity matrix）来分析营销环境。

（一）威胁分析

对威胁的分析，一般着眼于两个方面：一是威胁的潜在严重性，即影响程度；二是威胁出现的可能性，即出现概率。

从图 2－7 可见，第Ⅱ象限中的威胁出现概率和影响程度都大，必须特别重视，提前制定应对策略；第Ⅳ象限中的威胁出现概率和影响程度均小，企业不必过于担心，但应注意其发展变化；第Ⅰ象限中的威胁出现概率虽小，但影响程度大，必须密切监控其出现与发展；而第Ⅲ象限中的威胁影响程度小，但出现的概率大，也必须充分重视。

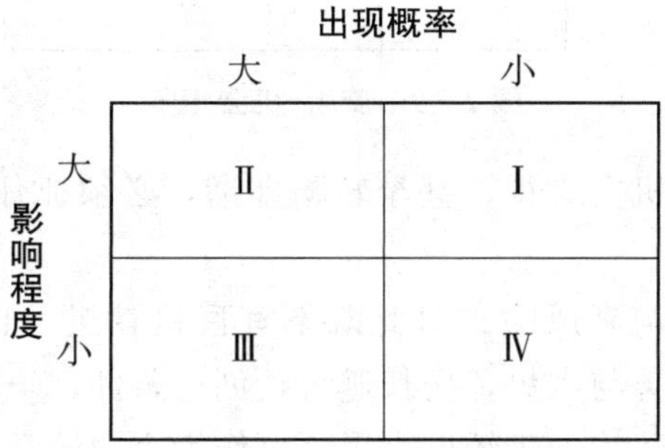

图 2－7 威胁矩阵

（二）机会分析

机会分析主要考虑其潜在吸引力（盈利性）和成功概率（企业优势）的大小。

从图 2－8 可见，第Ⅱ象限中的机会，潜在吸引力和成功概率都大，有极大可能为企业带来高额利润，企业应把握时机，全力发展；而第Ⅳ象限中的机会，不仅潜在吸引力小，成功概率也小，企业应改善自身条件，关注机会的发展变化，审慎而适时地开展营销活动；第Ⅰ、第Ⅲ象限情况介于二者之间。

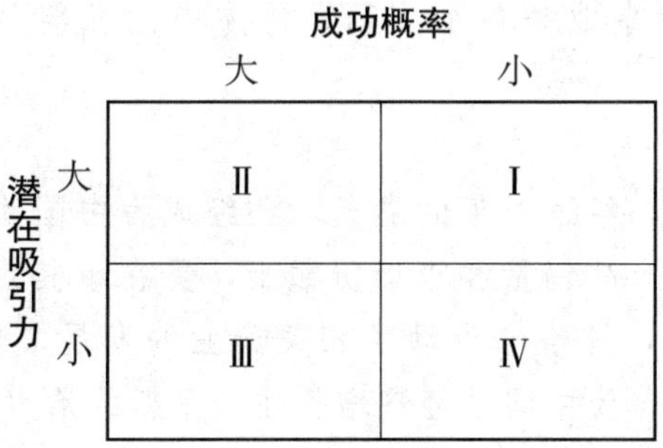

图 2－8 机会矩阵

三、企业营销对策

将威胁、机会的分析合并后，可得到威胁-机会矩阵（见图 2－9）。这是环境分析中比较重要的一种分析方法，即矩阵分析法。

在环境分析与评价的基础上，企业对威胁与机会水平不同的各种业务，要分别采取不同的对策：

机会水平＼威胁水平	低	高
高	理想业务	冒险业务
低	成熟业务	困难业务

图 2－9　威胁-机会矩阵

对理想业务，应看到机会难得，甚至转瞬即逝，必须抓住机遇，迅速行动；否则，丧失良机，将后悔莫及。

冒险业务具有高利润与高风险，对此既不宜盲目冒进，也不应迟疑不决，坐失良机，应全面分析自身的优势与劣势，扬长避短，创造条件，争取获得突破性的发展。

成熟业务的机会与威胁均处于较低水平，可作为企业的常规业务，用以维持企业的正常运转，并为开展理想业务和冒险业务准备必要的条件。

对困难业务，要么努力改变环境，走出困境或减轻威胁，要么立即转移，摆脱无法扭转的困境。

素养园地　宗庆后：经济领军者、社会就业创造者、公益慈善践行者

宗庆后，作为杭州娃哈哈集团有限公司（以下简称娃哈哈）的创始人，不仅在中国商界取得了辉煌的成就，也为社会带来了诸多积极的影响。他的社会贡献主要体现在经济发展、社会就业、公益事业等多个方面，他为中国社会的进步和繁荣做出了重要贡献。

一、推动经济发展

宗庆后创立的娃哈哈，经过多年的发展，已经成为中国饮料行业的龙头企业之一。娃哈哈的成功不仅体现在产品销量和市场份额上，更在于其对整个产业链的拉动作用。通过不断创新和拓展市场，娃哈哈带动了相关产业的发展，包括原材料供应、包装设计、物流运输等多个环节，为中国的经济增长注入了新的活力。

此外，宗庆后还积极推动企业国际化战略，将娃哈哈的产品和服务推向全球市场。这不仅提升了中国企业的国际形象，也为中国经济的全球化进程贡献了力量。通过参与国际竞争，娃哈哈不断提升自身的创新能力和管理水平，为中国经济的可持续发展提供了有力支持。

二、创造就业机会

宗庆后深知企业的发展与社会责任紧密相连。因此，娃哈哈在快速发展的同时，也积极承担社会责任，为社会创造了大量的就业机会。娃哈哈在全国范围内建立了多个生产基地和分销网络，为当地居民提供了稳定的就业岗位。这些就业机会不仅缓解了社会就业压力，也提高了当地居民的生活水平。

此外，宗庆后还注重员工的培训和发展，通过建立健全的培训体系，不断提升员工的技能和素质。这不仅有助于员工个人的成长，也为企业的发展提供了坚实的人才保障。

三、投身公益事业

宗庆后一直秉持“取之社会，用之社会”的理念，积极投身公益事业。他深知企业的发展离不开社会的支持，因此始终将回馈社会作为企业的重要使命。

在教育领域，宗庆后捐资助学，支持教育事业的发展。他设立了多个奖学金和助学金，帮助贫困学生完成学业，实现人生梦想。同时，他还积极参与学校的建设和改革，为提升教育质量贡献智慧和力量。

在扶贫济困方面，宗庆后积极响应国家号召，参与脱贫攻坚战。他通过捐款捐物、设立扶贫基金等方式，帮助贫困地区改善基础设施、发展特色产业，助力贫困群众脱贫致富。他的善举不仅改善了贫困地区的生产生活条件，也增强了社会的凝聚力和向心力。

每当国家遭受自然灾害的侵袭时，宗庆后总是第一时间伸出援手。他组织企业捐款捐物，为灾区人民提供急需的物资支持。同时，他还亲自前往灾区慰问受灾群众，鼓励他们坚定信心、战胜困难。

四、弘扬企业文化

宗庆后不仅注重企业的经济效益，更重视企业文化的传承和弘扬。他倡导“诚信、创新、团结、高效”的企业精神，鼓励员工在工作中追求卓越、勇于创新。这种积极向上的企业文化不仅激发了员工的工作热情，也提升了企业的品牌形象。

同时，宗庆后还注重将企业文化与社会责任相结合。他通过举办各种公益活动和社会责任项目，将企业的核心价值观传递给更广泛的社会群体。这不仅有助于提升企业的社会形象，也促进了社会的和谐与进步。

五、引领行业创新

宗庆后深知创新是企业发展的核心竞争力。因此，他始终将创新作为娃哈哈发展的重要战略。在产品研发方面，娃哈哈不断推陈出新，开发了一系列深受消费者喜爱的产品。这些产品不仅满足了消费者的多样化需求，也引领了行业的潮流。

在管理模式上，宗庆后也积极探索创新。他引入了现代化的管理理念和方法，通过优化流程、提高效率等方式，不断提升企业的管理水平。这种创新的管理模式不仅提升了企业的竞争力，也为整个行业的发展提供了有益的借鉴。

综上所述，宗庆后作为一位杰出的企业家，不仅在经济领域取得了卓越的成就，而且通过推动经济发展、创造就业机会、投身公益事业、弘扬企业文化以及引领行业创新等方式，为社会做出了重要贡献。他的事迹和精神不仅值得广大企业家学习，也为中国社会的进步和繁荣注入了强大的动力。

资料来源：宗庆后：经济领军者，社会就业创造者，公益慈善践行者．（2024－03－13）．https：//baijiahao.baidu.com/s?id=1793376054795464153.

《本章小结》

市场营销环境是指在营销活动之外，能够影响营销活动的各种力量和因素的集合，是影响企业营销活动及其目标实现的外部条件。市场营销环境的特点有：客观性、差异性、复杂性、不可控性和动态性。市场营销环境是企业市场营销活动的制约因素，营销管理者应采取积极、主动的态度去适应市场营销环境。市场营销环境可分为微观营销环境和宏观营销环境。微观营销环境包括企业本身、营销渠道企业、顾客、竞争者和公众。宏观营销环境包括人口环境、经济环境、自然环境、政治法律环境、科学技术环境、社会文化环境。市场营销环境通过对企业构成威胁或为企业提供机会而影响营销活动。威胁指环境中不利的发展趋势对企业营销活动所形成的挑战；机会指对企业营销活动富有吸引力的领域。企业需要通过环境分析来评估威胁与机会，避害趋利，争取利用同一市场机会获得比竞争者更大的成效。

案例分析

赛百味难以玩转中国市场

一、赛百味昔日巅峰故事

一说到国外快餐品牌，人们首先想到的是肯德基、麦当劳，如果吃比萨饼，还会想起必胜客，可要说赛百味，知名度就比较低了。

巅峰时期的赛百味，门店数量远远超过麦当劳和肯德基，它不仅是美国餐饮市场的巨无霸，更是门店数量第一的世界级快餐品牌。

赛百味的创业故事很有趣，1965 年，当时只有 17 岁的弗雷德·德卢卡还是一名大学生，为了挣大学学费，他向朋友借了 1 000 美元，在美国康涅狄格州开了一家做三明治快餐的小店，取名赛百味。弗雷德并不想做大生意，只要能挣够学费就行，赛百味主打平价特色，很快便发展成为康涅狄格州的一个知名餐饮连锁品牌。

赛百味在发展 9 年后遇到了瓶颈，面临资金短缺、管理混乱等问题。赛百味开始照搬肯德基和麦当劳的特许经营模式，创立了赛百味加盟模式，加盟费用和门槛极低，加盟成本只有麦当劳的 1/10。

从 1975 年开始，赛百味开启狂飙模式，放开加盟的第二年，赛百味的门店数量突破 100 家，从 1988 年到 1997 年的十年间，赛百味在全球的门店数量超过 1 万家。2007 年，赛百味发展成了全球第三大速食餐厅，此后的赛百味依然迅猛发展。有数据显示，巅峰时期的赛百味在全球拥有约 4.5 万家门店，远超麦当劳（3.7 万家）和肯德基（1.5 万家）。

然而，美好的高光时刻总是很短暂，达到巅峰后的赛百味从 2014 年开始就发生了大转折，逐步陷入经营困境。从 2016 年开始，赛百味迎来关店潮，据行业媒体统计，2016 年，赛百味在美国关店 300 多家；2017 年，关店 909 家；2018 年，在美国本土关闭了超过 1 100 家门店。截至 2022 年 11 月，较巅峰时期，赛百味门店关闭了约

8 000 家，全球门店数量已经下降至 3.7 万家。赛百味的业绩也屡创新低，有数据显示，2020 年新冠疫情期间，赛百味在大本营美国市场的销售额一度跌至 83 亿美元，不到 2012 年销售额的一半。

二、赛百味为何玩不转中国市场?

众所周知，肯德基和麦当劳两大连锁快餐品牌在中国市场取得了巨大的成功，与之形成鲜明对比的是，赛百味直到现在都没有玩转中国市场。

赛百味 1995 年进入中国市场，比麦当劳和肯德基要晚几年，赛百味刚进入中国市场时，三明治等冷餐还是稀缺品。当时，北京、上海等城市的中等收入群体都以一年能吃上一顿至少 30 元的冷餐为荣。这让刚进入中国市场的赛百味有着不错的关注度，消费者愿意尝鲜。赛百味对中国市场信心满满，其创始人弗雷德来中国市场考察时从生意火爆的肯德基门店场景推测出：赛百味在中国市场起码能开 2 万家门店。然而，理想很丰满，现实很残酷，赛百味进入中国市场 28 年后，其在中国市场的门店数量仅有 661 家，就算是巅峰时期也不过 700 多家。而在当前的中国市场，麦当劳门店数超过 5 400 家，肯德基门店数更是超过 9 000 家，正在冲刺万店目标。

那么，赛百味为何到现在还是玩不转中国市场？我们可以从产品、品牌定位、商业模式及经营策略等多方面来看。

赛百味的产品过于单一，中国消费者对三明治的接受度不高。赛百味的拳头产品是三明治，虽然看起来也是面包夹蔬菜/肉类，但属于冷食，中国消费者一般都喜欢吃热食，不喜欢吃冷食。所以在属于热食的汉堡和属于冷食的三明治之间，绝大多数消费者会选择汉堡，三明治在中国市场上注定是一个小众产品，消费者较少，现在的消费者对三明治的接受度还是普遍不高。

赛百味品牌定位失败，廉价连锁快餐品牌误走高端路线。赛百味之所以在欧美市场能快速发展，关键原因就在于低价，赛百味的一个三明治加一杯果汁的套餐价格远低于麦当劳和肯德基，就如同国内的华莱士。但赛百味进入中国市场后门店主要在一、二线城市，一个三明治定价 30 元左右，这个价格可以买肯德基的一个套餐，赛百味在国内市场的一众快餐品牌中，没有价格优势。这就让不少消费者认为，赛百味挺贵，所以说，赛百味在中国市场的品牌定位就失误了，本来是廉价快餐，却误走了高端路线，十分尴尬。

赛百味的商业模式存在弊端，加盟管理不善，投入资源少等。赛百味在中国市场采用的是招商加盟模式，虽然单店投资金额较麦当劳少，加盟门槛低，前期开店速度很快，但也有弊端，那就是会造成管理链路冗长，加盟店虽然多了，管理系统却没有跟上。赛百味在中国市场的发展一直很佛系，肯德基和麦当劳持续地投入各种资源，打广告，但赛百味基本上没什么推广，市场营销费用少，没什么存在感。赛百味虽然收的加盟费不多，但对加盟商营收抽点却不低，公开信息显示，品牌使用费 8%＋宣传费用 4.5%，合计抽点高达 12.5%。长此以往，加盟商赚不到钱，就没有积极性。尴尬的是 2021 年，加盟商联合起来向赛百味发出公开信，希望降低营收抽成比例，最终赛百味同意将抽成比例降至8%。

在经营策略方面，赛百味在中国市场上依然坚持全球思维，没有进行深度的本土化，赛百味的产品依然很守旧，要知道，麦当劳和肯德基的本土化策略十分成功。比如，肯德基早在2000年就开始推出油条、豆浆和皮蛋瘦肉粥，而赛百味中国区加盟商总负责人在2007年建议赛百味总部进行本土产品研发，直到2016年，赛百味才推出一款川香麻辣鸡三明治。赛百味不像萨莉亚那样有强大的供应链管理能力，仅靠为数不多的几家供应商供应全球数万家门店，其供应链的效率较低。

就算现在，赛百味在中国市场的业务表现也并不突出，没什么存在感。

每个国家都有其特殊性，本土化是必选项，赛百味要从品牌定位、经营理念、产品系列、渠道体系、市场营销等多方面进行复盘、创新和求变。

资料来源：700亿“卖身”的赛百味，为何还玩不转中国市场？.（2023-08-30）.https://www.thepaper.cn/newsDetail_forward_24392048.

思考题

1. 进入中国市场，赛百味采取了哪些行动？
2. 为什么说赛百味的产品和品牌定位是失败的？
3. 赛百味如何改变才能适应中国市场？

理论思考

1. 如何理解企业市场营销环境的概念？
2. 简述构成微观营销环境、宏观营销环境的各种因素。
3. 简述如何运用矩阵分析法对企业的业务类型做出评估。

营销实战

1. “危机虽然带来麻烦，但也蕴藏着无限商机。”结合所学知识和企业实践，谈谈企业应如何抓住机会、应对威胁。

2. 党的二十大报告指出：“我们坚持绿水青山就是金山银山的理念，坚持山水林田湖草沙一体化保护和系统治理，全方位、全地域、全过程加强生态环境保护，生态文明制度体系更加健全，污染防治攻坚向纵深推进，绿色、循环、低碳发展迈出坚实步伐，生态环境保护发生历史性、转折性、全局性变化，我们的祖国天更蓝、山更绿、水更清。”结合这段话和所学知识，谈谈企业关注环境变化的重要意义。

实训练习

实训目的：培养学生用SWOT工具进行自身职业生涯规划的能力。

实训内容：要求学生按照企业进行SWOT分析的方法，完成自身优势、劣势以及外部机会、威胁的分析，并制定未来的发展战略。

实训方式：SWOT分析+个人职业生涯规划。

即测即评

扫描二维码可在线自测并查看答案。

第3章

市场营销战略

知识目标

- 理解企业战略规划的定义和过程。
- 熟悉如何设计企业业务组合及规划成长战略。
- 了解市场营销战略规划的步骤。

能力目标

- 能够熟练运用波士顿矩阵法进行业务组合决策。
- 能够根据企业发展情况为其选择恰当的成长战略。
- 能够完成市场营销战略规划。

价值目标

了解国情，培养学生用理性的、发展的眼光看待事物的能力，培养学生的团队合作意识和自我管理意识。

关键词

企业使命　企业目标　业务组合　成长战略　市场营销战略规划

思维导图

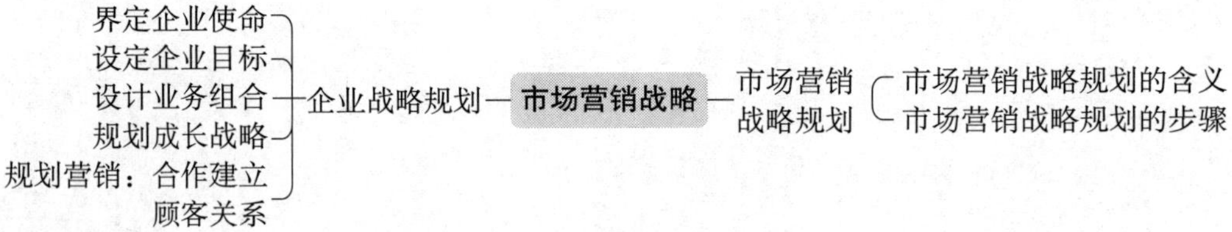

营销观察

借助总统卖书

某国一出版商有一批滞销书久久不能售出。他忽然想出了一个主意，给总统送去一本书，并三番五次去征求意见。忙于政务的总统不愿意与他纠缠，便回了一句："这本书不错。"出版商便大做广告："现有总统喜欢的书出售。"于是这些书被一抢而空。不久，这个出版商又有书卖不出去，又送来一本给总统。总统上过一回当，想奚落他，就说："这本书糟糕透了。"出版商听后脑子一转，又做广告："现有总统讨厌的书出售。"有不少人出于好奇抢购，书又售尽。第三次，出版商将书送给总统，总统接受了前两次教训，便不做任何答复。出版商却又大做广告："现有令总统难以下结论的书，欲购从速。"这批书居然又被一抢而空。总统哭笑不得，商人借助总统，大发其财。

营销启示

该书商的聪明之处在于借助总统进行市场营销，为自己争取尽可能大的竞争优势。市场营销不仅仅是方法问题，更多的是对消费者心理的利用。企业要合理利用市场营销战略来帮助自己在竞争中取胜。

第1节 企业战略规划

企业只有具有了解、创造、交付和维持顾客价值的能力，才能实现成功的营销。在实际经营中，优秀的营销企业都秉持以顾客为中心的理念，而且其组织结构可以确保它们能够对不断变化的顾客需求做出有效反应。同时，这些企业都建立了卓越的营销部门，而且其他部门（如生产、研发、人力资源和采购等部门）也都认同"顾客就是上帝"这一服务理念。为了确保自己能够选择和从事正确的活动，所有的企业都必须重视其在行业中长期战略的制定，以适应行业环境的变化，确保长期生存。

在特定的情景、机会、目标和资源下，为了获得长期生存和发展，每家企业都必须进行最有价值的战略规划（strategic planning)。企业战略规划是在企业目标、能力和各种变化的营销机会之间建立与保持一种战略协调性的管理过程。

一、界定企业使命

企业战略规划的第一步是界定企业使命（mission)，也就是企业的整体目标，并把这个目标分为具体的目标来引导企业的发展。接着，企业要决定哪项业务和哪种产品组合对于企业来说是最重要的，以及需要给予每个业务和产品多少支持，然后为每个业务和产品制订具体的营销计划来支持整个企业的计划。因此，企业每个业务单元、产品和市场层次都要有营销计划，并且针对具体的营销机会制定具体的能支持企业的整体战略。

企业使命反映企业的目的、特征和性质。明确企业使命，必须回答以下问题："我们的业务是什么?""顾客是谁?""我们的业务应该如何发展?"

一些企业以产品和技术来定义使命（如"我们生产手机"或者"我们是一家互联网企业"），但产品和技术最终都会过时。

一个以市场为导向的使命，是以其满足的顾客需求来定义企业业务的。例如，淘宝不仅仅提供在线拍卖和交易的平台，它还希望成为一个独特的网络社区，人们可以在这里购物、玩乐、了解彼此。

企业使命应该适应市场环境。例如，随着数字化影响力的不断扩大，很多家电企业把家电和智能家居结合起来，以迎合市场的变化，在竞争中取胜。同时，使命应该具有激励性，一家企业的使命不应该被定义为获得更多的销售额或利润——利润仅仅是开展有价值的活动得到的报酬。企业的员工要感觉到自己的工作是有意义的，要为人们的生活做出贡献。例如，三星的使命陈述融入了帮助社会进步的理念："将优秀人才和技术投入创造优质的产品和服务中，为建设更美好的社会做出贡献。"

二、设定企业目标

企业的使命必须分解为各个管理层面具体的目标，每个管理者都必须设定目标并为实现目标而努力。例如，蒙牛致力于成为人类健康的牛奶制造服务商。从生产到研发、奶源建设，蒙牛一直在以实际行动实现企业目标。

企业必须制定营销战略和计划来支持这些目标。例如，为了增加销售额，某快餐品牌企业打算进入农村，开拓农村市场；某汽车企业准备采用降价的方法来扩大市场份额。这些都是企业使命转化成当前阶段企业目标的例子。

三、设计业务组合

在企业使命和目标的指导下，管理层必须设计业务组合——企业业务和产品的集合。好的业务组合应该使企业优势和劣势与环境中的机会相适应。设计业务组合应该包括两个步骤：第一，分析现有的业务组合，决定企业应该投资或放弃哪个业务组合；第二，为企业未来的发展制定战略，形成未来的业务组合。

战略规划中最重要的活动是业务组合分析，如何把有限的人力、物力、财力资源，合理分配给现状、前景不同的各个战略经营单位，是总体战略必须考虑的主要内容。这就需要对各战略经营单位及其业务状况进行评估、分类，确认其发展潜力，从而决定投资结构。其中最为常用的方法是波士顿矩阵法和GE矩阵法。

1. 波士顿矩阵法

波士顿矩阵法又称市场增长率-相对市场占有率矩阵法、四象限分析法，它是由美国大型商业咨询公司——波士顿咨询集团（Boston Consulting Group）首创的一种规划企业产品（业务）投资组合的方法（见图3-1）。

波士顿矩阵法从市场增长率和相对市场占有率角度对企业所有产品（业务）进行组合评价。图3-1中，纵轴表示市场增长率，横轴表示相对市场占有率（本企业某种产品或业务的市场占有率与该产品或业务市场最大竞争对手的市场占有率的比值），四个象限分别表示问题产品（业务）、明星产品（业务）、现金牛产品（业务）、瘦狗产品（业务）。在使用该矩阵时，企业可将产品（业务）按各自的市场增长率和相对市场占有率归入不同象限，使企业现有产品（业务）组合一目了然，便于对处于不同象限的产品（业务）做出不同的发展决策。其目的在于通过对产品（业务）所处不同象限的划分，便于企业采取不同对策，以保证其不断地淘汰无发展前景的产品（业务），保持问题、明星、现金牛产品（业务）的合理组合，实现产品（业务）及资源分配结构的良性发展。

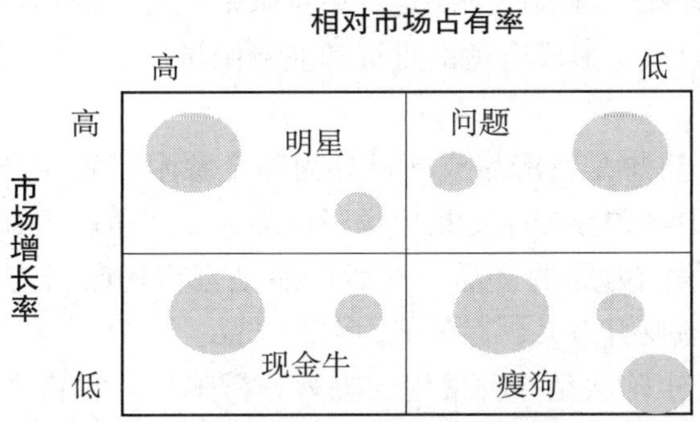

图 3-1　市场增长率-相对市场占有率矩阵

明星产品指处于高市场增长率、高相对市场占有率象限内的产品，这类产品将来可能发展成为企业的现金牛产品，需要加大投资以支持其迅速发展。采用的战略是：积极扩大经营规模和市场机会，以长远利益为目标，提高市场占有率，强化竞争地位。明星产品的管理与组织最好采用事业部形式，由对生产技术和销售两方面都很内行的经营者负责。

现金牛产品指处于低市场增长率、高相对市场占有率象限内的产品，这类产品已进入成熟期。其特点是销售量大、产品利润率高、负债比率低，可以为企业提供资金，而且由于市场增长率低，也无须扩大投资，因而成为企业回收资金，支持其他产品尤其是明星产品的后盾。这一象限内的大多数产品，市场占有率的下跌已成不可阻挡之势，因此可采用收获战略：竭力实现所投入资源短期收益最大化。可以采用下列做法：（1）把设备投资和其他投资尽量压缩；（2）采用榨油式方法，争取在短时间内获取更多利润，为其他产品提供资金。对于这一象限内销售仍有所增长的产品，应进一步进行市场细分，维持现存市场增长率或减缓其下降速度。现金牛产品适合用事业部制进行管理，其经营者最好是市场营销型人才。

问题产品是处于高市场增长率、低相对市场占有率象限内的产品。前者说明其市场机会多，前景好，而后者则说明在市场营销上存在问题。其特点是利润率较低，所需资金不足，负债比率高。在产品生命周期中处于引进期、因种种原因未能开拓市场的新产品即属此类产品。对问题产品应采取选择性投资战略，即对该象限中那些经过改进可能会成为明星产品的产品进行重点投资，提高相对市场占有率；对其他将来有希望成为明星产品的产品则在一段时期内采取扶持措施。对问题产品的改进与扶持方案一般均列入企业长期计划中。对问题产品的管理组织，最好是采取智囊团或项目组织等形式，选拔有规划能力、敢于冒风险、有才干的人负责。

瘦狗产品是处于低市场增长率、低相对市场占有率象限内的产品。其特点是利润率低、处于保本或亏损状态，负债比率高，无法为企业带来收益。对这类产品应采用撤退战略：首先应减少批量，逐渐撤退，那些市场增长率和相对市场占有率均极低的产品则应立即淘汰。其次是将剩余资源向其他产品转移。最后是整顿产品系列，统一管理。

一般而言，企业的业务或产品多从问题类开始，然后转向明星类，进而成为现金牛类，最终降为瘦狗类。企业规划总体战略必须既要看到现状，又要分析前景，善于将目前的矩阵（即战略现状）与未来的矩阵（即战略追求）进行比较，思考要采取的主要措施；同时，依据资源有效配置的原则决定各单位未来应扮演的角色，从整体角度考虑投入的适当比例和适当数量，形成合适的投资和业务结构。

2. GE 矩阵法

GE 矩阵法的核心思想是将产品或项目分为四个象限：领导产品、边缘产品、滞后产品和重要产品。其中，领导产品是指市场吸引力大、竞争能力强的产品；边缘产品是指市场吸引力小、竞争能力弱的产品；滞后产品是指市场吸引力小、竞争能力强的产品；重要产品是指市场吸引力大、竞争能力弱的产品。

在管理学中，GE 矩阵法是一种常用的决策分析工具，它将产品或项目划分为不同的类别，并根据市场吸引力和竞争能力来评估其优先级。该方法通常用于战略规划，帮助企业在资源有限的情况下，有效地分配资源和制定决策。

四、规划成长战略

投资组合战略决定的是哪些经营单位需要发展、扩大，哪些应当收割或放弃。同时，企业还需要建立、发展一些新的业务，代替被淘汰的旧业务。一般可以遵循这样一种系统的思路规划新增业务：首先，在现有业务范围内，寻找进一步发展的机会；然后，分析从事某些与目前业务有关的新业务的可能性；最后，考虑开发与目前业务无关但是有较强吸引力的业务。这样，就形成了以下三种成长战略。

（一）密集式成长战略

密集式成长战略是指企业在原有生产范围内充分利用其在产品和市场方面的潜力，促进企业成长发展的一种战略。战略核心在于在现有的业务范围内实现纵深发展。该战略可分为四类，如图 3－2 所示。

		产品	
		现有产品	新产品
市场	现有市场	市场渗透	产品开发
	新市场	市场开发	多元经营

图 3－2　密集式成长战略

1. 市场渗透

市场渗透指企业在现有市场上提高现有产品的市场占有率。要提高现有产品的市场占有率，企业必须充分利用已取得的经营优势或竞争对手的弱点，进一步扩大产品的销售量，努力增加产品的销售收入。市场渗透有三种主要方法：一是尽力促使现有顾客增加购买，包括增加购买次数、购买数量；二是尽力争取竞争者的顾客，通过优于竞争者的营销努力使这些顾客转向购买本企业的产品；三是尽力争取新的顾客，使更多的潜在顾客购买本企业的产品。

2. 市场开发

市场开发指企业尽力为现有产品寻找新市场，满足新市场对产品的需要。市场开发也有三种主要方法：一是在当地寻找潜在顾客，这些顾客尚未购买该产品，但是他们对产品的兴趣有可能被激发；二是企业寻找新的细分市场，使现有产品进入新的细分市场，如一家以企事业单位为目标市场的电脑商，开始向家庭、个人销售电脑；三是企业扩大其市场范围，建立新的销售渠道或采用新的营销组合，发展新的销售区域，如向其他地区或国外发展。

3. 产品开发

产品开发指向现有市场提供新产品或改进过的产品，目的是满足现有市场的不同层次需要。具体的做法有：利用现有技术增加新产品；在现有产品的基础上，增加产品的花色品种；改变产品的外观、造型，或赋予产品新的特色；推出不同档次、不同规格、不同式样的产品。

营销观察　农夫山泉的产品开发

4. 多元经营

多元经营指企业经营不局限于一种产品或一个产业，实行跨产品、跨行业的扩张。具体的做法有：同心多元化经营战略；水平多元化经营战略；垂直多元化经营战略；整体多元化经营战略。

（二）一体化成长战略

一体化成长战略又称企业整合成长战略，是指企业有目的地将联系密切的经营活动纳入企业体系中，组成一个统一的经济组织进行全盘控制和调配，以求共同发展的一种战略，即企业充分利用已有的产品、技术、市场优势，向纵深或更大范围内发展的一种战略。一体化成长战略分为横向一体化、纵向一体化和混合一体化，如图 3 - 3 所示。

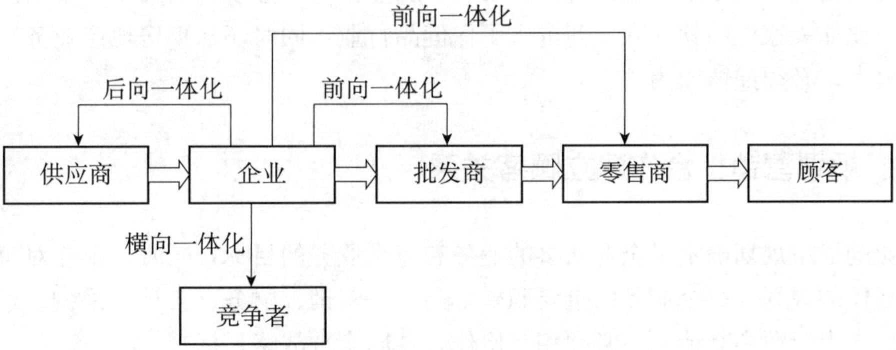

图 3 - 3　一体化成长战略

1. 纵向一体化

纵向一体化也称垂直一体化，是指生产或经营过程相互衔接、紧密联系的企业之间实现一体化，按流动方向又可以划分为前向一体化和后向一体化。前向一体化是指企业与批发商、零售商等产业链下游企业之间的联合；后向一体化是指企业与供应商等产业链上游企业之间的联合。

2. 横向一体化

横向一体化也称水平一体化，是指企业与处于相同行业、生产同类产品或工艺相近的企业实现联合，其实质是资本在同一产业和部门内的集中，目的是扩大规模、降低产品成本、巩固市场地位。

3. 混合一体化

混合一体化指处于不同产业、不同市场且相互之间没有特别的生产技术联系的企业之间的联合，包括三种形态：一是产品扩张型，即与生产和经营相关产品的企业联合；二是市场扩张型，即一个企业为了扩大市场份额而与其他地区生产同类产品的企业进行联合；三是毫无关联型，即生产和经营彼此之间毫无联系的产品或服务的若干企业之间的联合。

（三）多角化成长战略

如果原来的经营框架已无法发展，或有更好的机会，也可考虑发展与目前业务无关但有较强吸引力的新业务，实施多角化成长战略。多角化成长战略可分为如下三类。

1. 同心多角化

同心多角化指面对新市场、新顾客，以原有技术、特长和经验为基础增加新业务。如电视机制造商生产电脑、手机和数码相机等。由于企业是从同一圆心逐渐向外扩展活动领域，没有脱离原来的经营主线，有利于发挥已有优势，因而风险相对较小。

2. 水平多角化

水平多角化指针对现有市场和现有顾客，采用不同技术发展新业务，这些技术与企业现有能力相关性不强。如电影院增设卡拉 OK 厅、游戏厅、休闲茶座等。由于企业在技术、生产方面进入了新领域，因而风险较大。

3. 综合多角化

综合多角化指企业以新业务进入新市场，新业务与企业现有的技术、市场及业务没有联系。比如一家电脑软件开发商进入了保健品行业，同时还从事房地产业务。这种做法风险最大，必须谨慎而为。

五、规划营销：合作建立顾客关系

企业的战略规划确定了企业从事的业务和每个业务的目标，同时，企业对每个业务会有更具体的规划。每个业务的重要职能部门——营销、财务、会计、采购、运营、信息系统、人力资源和其他部门必须相互协作，共同实现战略目标。

营销在企业的战略规划中起着关键的作用，主要表现在三个方面。第一，营销为企业提供了一个指导性的理念——营销观念，这意味着企业的战略应该以与重要顾客建立可盈利的顾客关系为中心。第二，营销通过帮助企业识别有吸引力的市场机会和评估企业利用这些机会的潜力，为战略规划的制定者提供有用的信息。第三，对于单个业务单元来说，营销为实现这些业务的目标制定战略，一旦目标被设定就要付诸行动，达到盈利的目的。

尽管营销在创造顾客价值方面起着关键的作用，但是它在吸引、维持和发展顾客时也只是协作方式之一。除了顾客关系管理之外，营销还肩负着伙伴关系管理的重任。营销人员要想成功，必须与企业的其他部门紧密合作，形成有效的价值链，为顾客服务。而且，他们必须与营销体系中的其他成员有效合作，形成有竞争力的价值传递网络。

（一）与企业的其他部门合作

企业的成功不仅要求每个部门都能良好地运行，还要求企业的每个部门都是价值链中的环节之一。所谓企业价值链，是企业价值创造中互不相同但又互相关联的经济活动的集合。企业的每一项经营管理活动都是价值链上的一个环节。

图 3-4 可以分为两部分：下半部分为企业基本增值活动，即生产经营环节，包括供应、生产、储运、销售、服务五个环节。上半部分列出的是企业辅助性增值活动，包括企业基本结构与组织建设、人力资源管理、科学技术开发和采购管理四个方面。企业辅助性增值活动发生在所有基本活动的全过程中。其中，科学技术开发既包括生产技术开发，也包括非生产技术开发；采购管理既包括原材料管理，也包括其他资源的管理；人力资源管理同样存在于所有部门；企业基本结构与组织建设涵盖了管理、计划、财务、法律等事务。

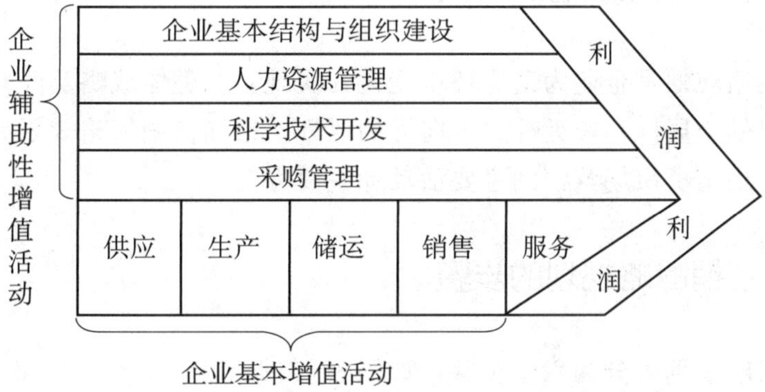

图 3-4　企业辅助性增值活动和企业基本增值活动

价值链上的各个环节相互关联、相互影响。一个环节经营管理的好坏，会影响其他环节的成本和效益。但不同环节对其他环节的影响程度并不相同。一般地说，上游环节的重心是创造产品价值，与产品技术特性紧密相关；下游环节的重心是创造顾客价值，成败优劣主要取决于顾客服务。

企业价值链的强弱程度取决于其最弱的环节，成功与否取决于每个部门能否增加顾客价值以及不同部门之间能否很好地协调合作。

（二）与营销体系中的其他成员合作

为了创造顾客价值，企业必须把目光放长远，不仅要看到自己的价值，更应该看到供应商、分销商和最主要的顾客价值链。截至 2023 年底，麦当劳在全球 100 多个国家和地区有超过 4 万家餐厅，每天为超过 6 900 万人提供服务。消费者涌向麦当劳不仅仅是因为它提供快餐，更因为他们喜欢麦当劳的体系。麦当劳在全球门店中建立了 QSCV（质量、服务、清洁和价值）高标准。麦当劳的高效就是因为它成功地与分销商、供应商等为顾客传递高价值的相关者建立了合作关系。

今天，越来越多的企业与供应链中的其他成员合作，来改进顾客价值传递网络。例如，海底捞作为头部餐饮企业，供应商体量庞大，它通过与供应商紧密合作来为顾客提供更高质量的产品。如在养殖方面，海底捞小龙虾项目团队深入原产地，为小龙虾工厂提供全方位帮扶，就软件、硬件、人才、食品安全准入、药残问题等进行深入的技术指导和改造提升，最终助推工厂高质量标准化生产。

第 2 节　市场营销战略规划

市场营销战略规划旨在谋求企业营销资源的利用效率最大化。由于在企业经营中的突出战略地位，营销战略连同产品战略一起被称为企业的基本经营战略，在保证企业总体战略的实施和构建相对竞争优势中，企业的基本经营战略起着关键作用。

一、市场营销战略规划的含义

市场营销战略规划是企业为适应环境变化，实现企业整体战略及经营目标，对企业的营销活动进行的全局性、长远性、方向性的谋划。市场营销战略规划涉及营销活动过程整体方案，它决定了市场营销的主要活动和主要方向。

二、市场营销战略规划的步骤

市场营销战略规划可分为六个步骤，如图 3 - 5 所示。

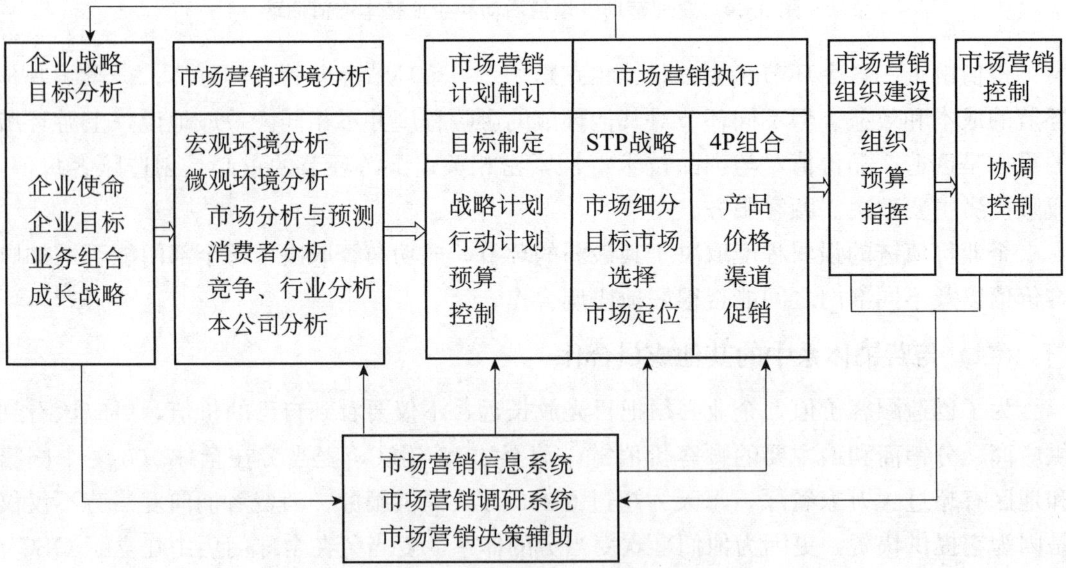

图 3 - 5　市场营销战略规划的步骤

（一）企业战略目标分析

企业的经营理念、方针、战略、市场营销目标等是企业进行市场营销战略规划的前提条件，是必须予以考虑的。任何市场营销战略方案都不是凭空出现的。市场营销目标和战略必须根据企业具备的资源和能力来确定，并与企业的总体战略和业务战略在方向和资源配置上保持一致。换句话说，在各层次的战略中，各要素应该互相协调，或具有内在的一致性。

制定市场营销目标和市场营销战略时，必须考虑与整体战略的联系，使目标与企业理念中所明确的对市场和顾客的姿态相适应。常见的市场营销目标应包括：量的目标，如销售量、利润额、市场占有率等；质的目标，如提升企业形象与知名度、获得顾客等；其他目标，如市场开拓，新产品的开发、销售，现有产品的促销等。

（二）市场营销环境分析

明确企业战略目标后，重点应对企业市场营销环境进行分析，主要是对企业的优势（strength）、劣势（weakness）、机会（opportunity）、威胁（threat）进行全面分析，称为SWOT分析（见图3-6）。优势包括有助于企业为目标顾客提供服务并且能够促进目标实现的内部能力、资源以及积极的环境因素。劣势包括损害企业业绩的内部局限性和负面的环境因素。机会是指企业能够利用的外部环境中的有利因素或趋势。威胁是对企业业务构成挑战的不利的外部因素或趋势。

企业应该仔细地分析市场营销环境，发现有吸引力的机会并识别环境威胁；同时认真分析企业的优势和劣势以及当前或可能的市场营销行为，借此判断自己最好抓住哪些机会。其目的是将公司的优势与环境中有吸引力的机会相匹配，消除或克服劣势使得威胁的影响最小。市场营销环境分析为其他市场营销管理职能的发挥奠定了基础。

内部	**优势** 可以帮助企业实现其目标	**劣势** 可能损害企业实现其目标的能力
外部	**机会** 企业可以利用的外部有利因素或趋势	**威胁** 可能对企业盈利能力和市场地位构成阻碍

图3-6　SWOT分析

（三）市场营销计划制订

企业既要制定较长期的战略规划，决定企业的发展方向和目标，又要制订具体的市场营销计划，实现战略计划目标。表3-1是一份典型的企业市场营销计划应该包含的内容。首先是概述，简明扼要地阐述了计划的主要目标和主要内容等。然后是对当前的营销环境及潜在的威胁和机会的分析。计划还阐述了营销目标和关键问题，并说明了实现目标的具体的市场营销战略、行动计划、预算以及控制。

表 3-1　市场营销计划的内容

内容	目的
概述	对计划的主要目标和主要内容等进行简要的总结，便于管理层评价计划，帮助高层管理者尽快发现计划的要点。概述之后应该有目录
当前的营销环境分析	描述目标市场以及企业在其中的定位，包括市场、产品偏好、竞争和分销方面的信息。这部分包括： • 市场描述，界定市场和主要的细分市场，进而评价营销环境中可能影响当前顾客购买行为的顾客需要和其他因素； • 产品评价，显示产品线中主要产品的销售额、价格和毛利； • 竞争评价，确定公司的主要竞争对手，并评估其市场定位以及为产品质量、定价、分销和促销所制定的战略； • 渠道评价，评价近期的销售趋势和主要分销渠道的其他动态
潜在的威胁和机会分析	明确产品可能会面临的主要威胁和机会，帮助管理层预测对企业及其战略可能产生影响的重要的积极或消极事件
营销目标和关键问题	陈述企业在计划期间要实现的营销目标，讨论可能影响目标实现的关键问题，例如，假如营销目标是获得 15%的市场份额，这部分就要考虑如何使这一目标得以实现
市场营销战略	简述业务单位实现营销目标所依据的总体营销思维和逻辑，以及目标市场、市场营销战略定位和营销费用水平的具体情况。阐释营销组合各个要素的具体战略，并解释每项战略如何应对计划中已经指出的威胁、机会和关键问题
行动计划	清晰地说明市场营销战略如何转化为行动计划，回答下列问题：做什么？何时做？谁对此负责？
预算	详细说明支持性预算，实质上就是预计的损益表。预算列明预期收益与预算成本（生产、分销和营销）。二者之差就是预计的利润。预算一经管理层批准，就成为原材料采购、生产计划、人员计划和营销运作的基础
控制	简要说明用于监控进展的控制措施，使高层管理者能够评估实施结果并发现未能实现目标的产品。这主要通过测量市场营销投资回报来进行

（四）市场营销执行

制订优秀的市场营销计划只是成功的开始，如果无法恰当执行，再出色的计划也不会达到预期的效果。市场营销执行（marketing implementation）是为了实现企业的战略营销目标，将市场营销计划转化为市场营销行动的过程。市场营销计划解决的是采取什么营销行动以及为什么要这样做的问题，市场营销执行则解决谁、何地、何时以及如何做的问题。市场营销执行包括目标市场选择、品牌建设、产品开发、定价、促销和分销渠道的决策。

1. 有效实施 STP 战略

STP 战略是整个市场营销战略规划的核心环节，具体分为三个阶段。

首先，完成市场细分（segmenting）。这是市场营销管理过程的第一个步骤，其目的是根据自己的目标和资源进行分析评估，从中选出既有发展潜力又有比较优势的营销机会。

其次，要在市场细分的基础上进行目标市场选择（targeting）。任何一个企业的资金总是有限的。为了实现企业目标，就需要对企业现有的战略事业单位进行分析和评价，对各细分市场的价值进行客观、科学的评估，以选择属于企业的目标市场。

最后，进行市场定位（positioning）。在选定的目标市场上，为企业、产品或品牌树立一定的特色，以突出显示与竞争者的差别。

2. 制定有效的营销组合策略

营销组合是为了满足目标市场的需求，企业对自身可以控制的各种市场营销要素如质量、包装、价格、广告、销售渠道等的优化组合。企业可控制的市场营销要素有很多，为了便于分析运用，需要对其进行分类，其中最流行的是美国的杰罗姆·麦卡锡教授提出的分类方法。他把各种市场营销要素归纳为四大类：产品（product）、价格（price）、渠道（place）和促销（promotion），简称“4P”。

在服务领域，传统的“4P”营销组合被扩充成“7P”，即在产品、价格、渠道、促销的基础上又加了 3 个“P”，分别是人员（people）、过程（process）、有形展示（physical evidence）。

自 20 世纪 60 年代麦卡锡提出 4P 营销组合之后，又有学者提出 4C 营销组合。4C 是指顾客（customer）、成本（cost）、方便（convenience）和沟通（communication）。不过，还有一种观点，也有一定的道理。这种观点认为，4P 是站在卖方而非买方的角度看待市场。从买方的视角看，在这个强调顾客价值和关系的时代，4P 应该被转换为 4A：产品——可接受性（acceptability）；价格——可负担性（affordability）；渠道——可到达性（accessibility）；促销——知晓度（awareness）。

在 4A 这一更加以顾客为中心的框架中，可接受性指产品符合顾客预期的程度；可负担性指顾客愿意和能够支付产品价格的程度；可到达性指顾客可以方便购买产品的程度；知晓度指顾客了解产品特征、被说服使用和提醒重购的程度。4A 与传统的 4P 紧密相连：产品设计影响可接受性；价格影响可负担性；渠道影响可到达性；促销影响知晓度。市场营销者应该从消费者的角度去思考 4A，然后以此为基础制定自己的 4P 策略。

（五）市场营销组织建设

市场营销计划需要有一个强有力的市场营销组织来执行。根据计划目标，需要组建一个高效的市场营销组织结构，并对组织人员实施筛选、培训、激励和评估等。

现代市场营销组织的建设可以采取以下几种形式。最常见的市场营销组织形式是职能型组织（functional organization）。在这种组织中，不同的市场营销活动分别由相应领域的职能专家负责，如销售经理、广告经理、市场营销调研经理、顾客服务经理、新产品经理等。跨国销售或国际化经营的公司常常采用地理型组织（geographic organization）形式。地理型组织要求将销售和营销人员分派到特定的国家和地区常住，了解当地顾客，以最少的差旅时间和费用完成工作。拥有众多产品或品牌的公司常常建立产品管理组织（product management organization）。对向需求和偏好各异的不同类型的市场和顾客出售单一产品的公司而言，市场或顾客管理组织（market or customer management organization）最合适不过了。生产多种产品并销往不同地理区域或者顾客群的大公司通常采取职能、地理、产品和市场组织形式的某种组合。

市场营销组织建设近年来已经成为日益重要的问题。越来越多的公司正将自己的重点从品牌管理转向顾客管理——从只关注产品或品牌的盈利性，转为关注管理顾客价值和顾客权益。

（六）市场营销控制

将市场营销计划转变为市场营销行动，需要对市场营销活动的进程和各个方面进行控制，以保证达成预定的市场营销目标。市场营销控制是指市场营销管理者经常检查市场营销计划的执行情况，看看计划与实际是否一致，如果不一致或没有完成计划，就要找出原因，并采取适当措施和正确行动，以保证市场营销计划的完成。市场营销控制有四种类型：年度计划控制、盈利能力控制、效率控制和战略控制。

年度计划控制对销售额、市场占有率、费用率等进行控制；目的在于确保年度计划规定的销售额、利润和其他目标的实现。

盈利能力控制是指企业要从产品、地区、顾客群、分销渠道和订单规模等方面，分别衡量它们的获利能力。

效率控制包括销售队伍效率、广告投放效率、促销效率以及分销效率的控制等。

战略控制的目的是确保企业的目标、政策、战略和措施与市场营销环境相适应。由于在复杂多变的市场环境中，原来的目标和战略容易落伍、过时，企业有必要通过市场营销控制，定期地、批判性地重新评估企业的战略、计划及其执行情况。

素养园地　福耀玻璃的扩张策略

随着汽车行业的快速发展，安全玻璃的需求日益增长。为了满足市场需求，福耀玻璃工业集团股份有限公司（以下简称福耀玻璃）在一个月内两次投资，总投资达 90 亿元。这一举措引起了业界的广泛关注，因此有必要探讨福耀玻璃的投资背后的商业策略以及汽车玻璃市场的发展趋势。

福耀玻璃为何选择在这个时间进行大规模的投资？作为全球领先的汽车玻璃制造商之一，福耀玻璃一直以来都致力于提供高质量的安全玻璃产品。随着汽车市场对安全性能的要求不断提高，福耀玻璃意识到了扩大投资的必要性。通过提升生产能力和技术水平，福耀玻璃可以更好地满足市场对安全玻璃等不断增长的需求。

福耀玻璃的投资也反映了汽车市场的未来发展趋势。据市场研究机构预测，未来几年，全球汽车市场将继续保持稳定增长。随着电动汽车和自动驾驶技术的不断发展，汽车制造商对安全玻璃的需求也将不断增加。福耀玻璃的投资正是基于这一趋势做出的战略决策，以确保自身在市场中的竞争力和地位。

福耀玻璃的投资还有助于推动整个汽车产业链的发展。作为汽车供应链的重要组成部分，福耀玻璃的投资将带动整个产业链的发展，包括原材料供应商、零部件制造商等。这将进一步提高整个汽车产业的竞争力和创新能力，为行业的发展注入新的活力。

对于汽车行业的业内人士和投资者来说，福耀玻璃的投资无疑是一个值得关注的重要事件。通过深入分析福耀玻璃的投资策略，我们不仅可以了解到汽车行业的发展趋势，还可以从中获取一些有益的投资思路。同时，对汽车市场和福耀玻璃有兴趣的读者还可以获得关于福耀玻璃应对市场需求变化、扩大投资以满足市场需求的策略洞察。

总的来说，福耀玻璃在一个月内两次共投资90亿元的举动，不仅体现了其对汽车市场发展趋势的敏锐洞察力，更展示了其作为行业领军企业的担当和责任。随着汽车市场对安全玻璃等的需求不断增长，福耀玻璃的扩张策略将为行业的创新和发展注入新的动力。我们期待福耀玻璃在未来的发展中取得更加辉煌的成就，并为汽车行业的进步做出更大的贡献。

资料来源：曹德旺的90亿投资：福耀玻璃的扩张策略与汽车玻璃市场的发展趋势．(2024-01-26)．https：//baijiahao.baidu.com/s？id=1789136887233844029．有改动。

本章小结

企业战略规划包括四个步骤：界定企业使命，设定企业目标、设计业务组合以及规划成长战略。为了进行行之有效的市场营销战略规划，营销者需要认真分析企业战略目标、内部资源、外部环境、竞争对手及目标受众的状况，结合企业的总体战略与业务战略要求，研究市场机会，制订市场营销计划，进行市场细分，选择目标市场，完成市场定位，优化营销组合，建设市场营销组织，进行市场营销控制，将市场营销计划转化为市场营销行动。

案例分析

从狂奔到求稳，拼多多为何而变？

截至2023年，拼多多日活跃用户已超过3亿；月活跃用户已超过6亿；年活跃用户已超过9亿。拼多多如此庞大的市场占有率在电商界可称得上一家独大，甚至有人称其为中国商业的巨星。拼多多仅仅用了8年时间就力压群雄，并超越了已经创办20多年的京东、阿里巴巴这两大电商巨头。

只有想不到的，没有做不到的，2015年，在拼多多创办之初，京东和阿里巴巴早已进入成熟期，当时外界并不看好拼多多，甚至有人断言，拼多多不会走得久远，很快就会在残酷的市场竞争中销声匿迹。理由是，京东和阿里巴巴占领了城市中高端市场的大量市场份额，而拼多多开辟的是城市低端消费市场以及乡村市场，面对的是全国最底层的人民，有人说，一个高端市场消费者的消费数额要超过100个普通人甚至上千个底层消费者的消费数额，况且乡村市场地广人稀、路途遥远，无疑增加了推广成本。可是，这些预言者都错了，因为他们没有拼多多创始人的智慧和勇气，更缺少远见卓识，最为重要的是没有拼多多创始人黄峥的平民情怀。

拼多多在2020年以前一直是只投入无盈利状态，主要是引流（通过给买家发红包等促销策略）、开发乡村市场基站、开发农业领域等。直到2021年才首次实现盈利，并在2022年实现了市场占有率、利润率的双丰收。拼多多能取得如今的成果不是偶然的，而是必然的。因为拼多多具有良好的市场营销战略。它走群众路线、平民路线，以让利于民作为企业发展战略的总方针，也因此走上了企业成长的快车道。拼多多在经营战略上更是体现出不同寻常的智慧和勇气，主要体现为价格低、品种全等。

拼多多市场营销战略的第一大亮点是促销，也就是打价格战，先行占领市场。这一点是拼多多创办之初经营的核心，也正是因为这一点才紧紧抓住了消费者。为什么这么说呢？首先是几乎所有人都喜欢质优价廉的产品，这是人的本能选择，即使质量再优的产品，如果价格大幅提高也必然大大降低销售量；其次是拼多多取得了低端收入人群的信赖，他们的一次性消费数额可能不高，但是基数相当大，因此总额也不小。

第二大亮点是在低价中提升质量，以赢得客户的青睐。如果你认为拼多多只打价格战，不会关注质量，那你就大错特错了。尤其是近两年，拼多多铺开市场以后，马上着手加强质量管理，不断引导入驻商户，做好质量保证，并采取了强有力的手段，迫使商户树立保质保量、诚信经营的理念，一些不规范商户不得不退出，从而间接保护了诚信经营的商户。

第三大亮点是品种全。这一亮点打破了很多企业家的经营理念，一般销售企业不愿意经营那些市场需求量很小的商品，因为会占用大量流动资金，但是拼多多平台为了更好地提高用户满意度，开始着手于农村小商品入驻，这样既给经营小商品的商户提供了致富的平台，又给全国的买家提供了急需的商品。

第四大亮点是及时的服务。拼多多平台对于每个客户给予了同等的尊重，哪怕只是买了一元钱的商品，只要遇到问题了，拼多多客服就会第一时间介入，给客户一种被尊重的感觉。

拼多多平台在服务上进行了大胆创新，一方面保住低价商品，另一方面遏制虚假描述以及残次品的盛行。为了让买家得到更好的体验，拼多多对实际与描述严重不符、销售残次品的商户进行了严厉打击，一旦买家收到这些商品，可以选择退款不退货的方式，把主动权交给了买家。

这一举措可以说是一举三得，不仅有效维护了消费者利益，还有效遏制了有不良促销行为的商户，更间接保护了诚信经营商户的利益。这一大胆尝试，取得了很大的成功。

拼多多的发展壮大，有助于改变唯自身利益至上的理念。拼多多强调兼顾社会利益、公众利益，在此基础上赚取经济利益，这对于其他企业来说值得借鉴参考。

资料来源：拼多多的三大经营理念，改变了中国几千年来的营商史．（2024－01－02）．https：//www.163.com/dy/article/INETASH505563TCH.html. 有改动。

思考题

1. 拼多多制定上述市场营销战略的原因是什么？
2. 上述市场营销战略各亮点之间的关系是什么？
3. 拼多多若想长期吸引消费者，在市场营销方面需要注意什么？

理论思考

1. 企业战略规划的步骤是什么?

2. 如何规划企业未来的成长战略?

3. 描述如何运用波士顿矩阵法进行业务组合设计，并回答为什么管理层很难处理问题产品。

4. 如何进行市场营销战略规划?

营销实战

1. “‘营销’这两个字强调既要追求结果，也要注重过程，既要‘销’，更要‘营’。”结合这句话，谈谈你对市场营销战略的理解。

2. “制定正确的战略固然重要，但更重要的是战略的执行。”结合你对这句话的理解，选取某企业作为案例，评析良好的战略执行能为企业带来什么益处。

实训练习

实训目的：培养学生的市场营销战略思维。

实训内容：选取当前国际、国内在市场营销战略规划中表现最为突出的企业做个案研究，进行相应的对比分析，要求学生从中提炼其最为核心的市场营销战略思想，并予以评价。

实训方式：要求学生在分组调研和分组讨论的基础上开展以“营销战略 · 战略营销”为主题的演讲。

即测即评

扫描二维码可在线自测并查看答案。

第4章

管理市场营销信息

知识目标

- 了解营销信息系统的构建与使用过程。
- 掌握营销调研的含义、步骤、方法、设计。
- 掌握营销信息分析的方法。

能力目标

- 能够构建与使用营销信息系统。
- 能够熟练运用营销调研方法。

价值目标

将市场营销学的社会性、时代性与国际形势、社会主义制度优越性等元素高度融合，培养学生的利他精神、科学素养、创新精神、时代精神，引导学生坚定理想信念，厚植爱国情怀，立志成才报国。

关键词

营销信息　　营销信息系统　　营销调研

思维导图

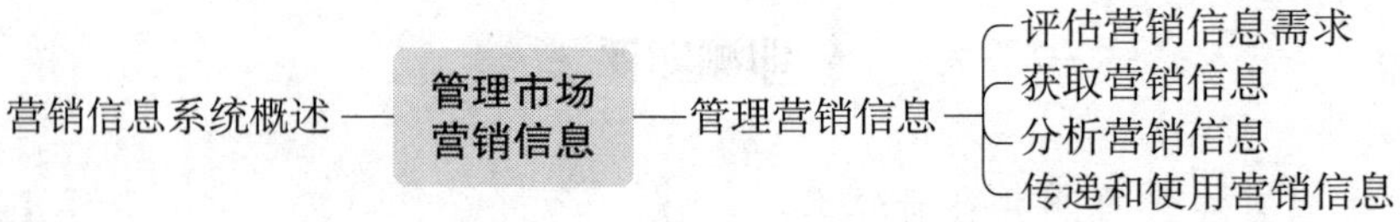

营销观察

对症下药

一天傍晚，华佗正忙着为病人诊症开方，这时，大门外进来两个人：倪寻和李延。华佗问他们有什么症状，两人异口同声地说："我们俩都感到头痛身热。"华佗分别给他们切脉后，说："倪寻应当服药通畅肠胃，李延应当服药使身体发汗。"两人感到很奇怪，提醒说："我们两人病情相同，服用的药怎么不一样呢？"华佗笑道："倪寻身体外部无病，病因是内部伤食，李延内部无病，病因是外部受了风寒。你们两个虽然病情相同，但病因却不同，因此药方也应该不同，这叫对症下药。"两人按照药方取了药，回家后服下，第二天就都痊愈了。

营销启示

出现问题时，不能以千篇一律的方式和方法去理解、去解决。同样的问题出现在不同的地方，本质可能有所不同，这就需要根据实际情况，采取具体的措施。因此，当企业遇到难题时，需要通过调研发现问题的真正症结，而不是凭借主观的判断就做出决定。通过分析，明确问题的关键，这样才是解决问题的最佳方法。

第 1 节　营销信息系统概述

随着数字化和信息化的快速发展，数据已经成为企业经营和决策的重要基础，而数据分析技术正是实现数据价值最为关键的工具之一。

大数据分析已经成为企业发展和创新的重要支撑，具有提高业务效率、优化产品和服务、改善客户满意度、提升市场竞争力等众多优势。同时，大数据分析也面临着数据质量问题、数据隐私问题、技术问题、组织文化问题等挑战。未来，随着新技术的不断发展和创新，大数据分析也将迎来新的发展机遇，更加智能化、开放化，应用性也更强，从而更好地支持企业发展和创新。

在大数据时代，许多品牌纷纷抓住大数据分析的商机。例如，趣多多利用大数据分析精准锁定了 18～30 岁的年轻人，以其作为主流消费群体，聚焦于他们乐于并习惯使用的主流社交和网络平台，如新浪微博、微信、陌陌等。如趣多多在某年愚人节当日进行全天集中性广告投放，围绕品牌的口号展开话题，使品牌在最佳时机得到最有效的曝光。趣多多把搜集用户数据放在首位，使得命中率得到提升。由此可见，营销人员需要精准的信息并能很好地利用它们。

营销调研的目的是获取更多的营销信息，而营销信息的最大价值在于能精准洞察消费者的需求。所以，很多企业开始完善它们的调研和信息获取功能，组建由不同职能部门组成的消费者洞察团队。消费者洞察团队从各种渠道来获取信息，包括传统的市场调研、与消费者的接触、消费者网上的各种评论等，通过收集并分析这些渠道的信息洞察消费者动向，为顾客创造更多的价值。

因此，企业必须设计有效的营销信息系统，在合适的时间以正确的形式向管理者提供正确的信息，帮助他们与顾客建立牢固的关系。

营销信息系统包括人员、设备，以及整个搜集、分类、分析、评估营销信息的过程，最终将即时且准确的信息传递给营销决策制定者。图 4－1 展示了营销信息系统的构建与使用过程。

营销信息系统与信息使用者互动，从而评估其需要什么信息。

营销信息系统从企业内部数据库、竞争营销情报和营销调研中获取信息。

营销信息系统可以帮助使用者分析营销信息，以正确的方式帮助制定营销决策和管理顾客关系。

营销信息系统可以将营销信息传递给使用者并帮助其使用营销信息制定决策。

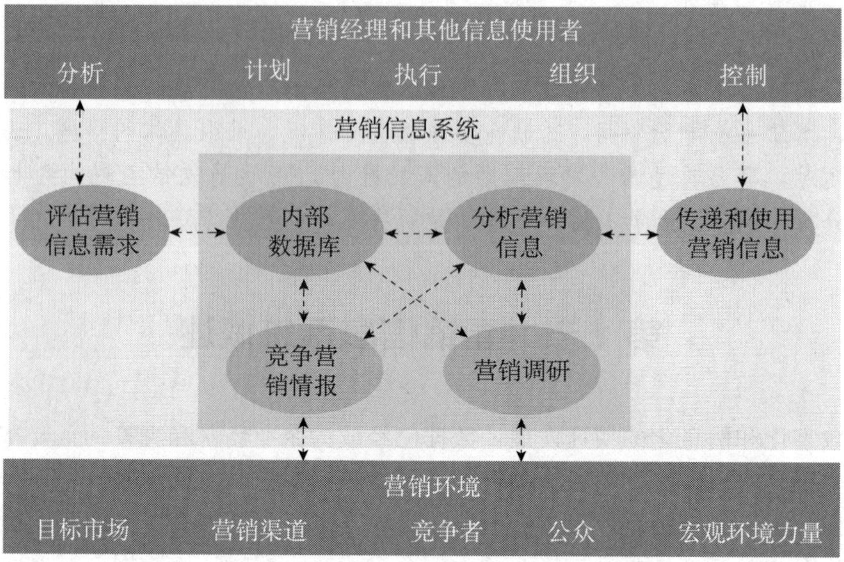

图 4-1　营销信息系统的构建与使用过程

第 2 节　管理营销信息

一、评估营销信息需求

营销信息系统主要服务于企业的营销人员和其他管理人员。另外，它也可以向外部供应商、经销商或营销服务机构等提供信息。

一个好的营销信息系统能够在信息使用者想要的、实际需要的信息及企业有能力提供的信息之间找到一种平衡。于是，开始时应该对企业管理者进行采访，从而了解他们所需要的信息。在开发营销信息系统时，我们还需要考虑以下几个问题。

（一）信息量

过多或过少的信息都可能有害。管理者可能会忽略一些其应该知道的信息，或者收到了一些没有必要知道的信息。因此，营销信息系统必须可以监测营销环境，从而为决策制定者提供足够的信息量以及关于决策制定的关键信息。

（二）信息的有效性

有时企业无法提供所需信息，这是因为营销信息系统的局限性使得某些信息无法正常获得。例如，某品牌经理可能想要知道竞争对手在下一年将如何改变其广告预算，以及这些变化将给行业带来的变化。有关竞争对手预算的信息往往是不能获得的，即使能获得，企业的营销信息系统通常也不能精准预测市场份额的变化。

（三）信息的成本

获得、加工、存储、传递信息的成本会迅速累积。市场营销人员同时还会获得一些额外的信息。在获得这些信息之前他们应该仔细权衡获得额外信息的成本和由此可能带来的收益之间的关系。

二、获取营销信息

营销人员通过内部数据库、竞争营销情报、营销调研获得需要的信息。

（一）内部数据库

营销观察 蒙牛消费者数据结构

营销人员可从企业内部数据库获取关于顾客和市场的信息。它是决策者使用的最基本的系统。它最大的特点是所有信息都来自企业内部的财务、会计、生产、销售等部门，而且通常是定期提供，用于日常营销活动的计划、管理和控制。它的主要功能是向营销人员及时提供有关订货数量、销售额、产品成本、存货水平、现金数额、应收账款、应付账款、消费者统计数据、消费者心理和购买行为等各种反映企业和消费者情况的信息，以便营销人员根据这些信息发现市场机会，找出管理中存在的问题。

内部数据库的信息获取比其他来源的信息获取更加快速且成本更低。但是内部数据库也有一定的缺点。原本收集这些数据可能是出于其他目的；另外，由于信息的完备性问题等，内部数据库的信息可能不适合用来做营销决策。例如财务部门的数据，更多的是关于公司销售成本和利润的数据，如果评估顾客群体的价值还需要其他数据。另外，营销需要很多即时性的数据，这也需要对数据进行及时的更新与调整。

（二）竞争营销情报

竞争营销情报（competitive marketing intelligence）指关于竞争环境、竞争对手及其变化等的信息。企业获取竞争营销情报的目的是改进战略决策，监测和评估竞争对手的行动，从而尽早提供关于机会的提示和风险的预警。

竞争营销情报的收集工作发展迅速，很多企业都开展了对消费者及竞争对手的情报收集。收集竞争营销情报的手段包括关注网络话题、直接观察消费者、观察企业的员工、分析竞争对手的产品、研究网络信息、关注行业展览会，甚至还可以从竞争对手的垃圾箱中发现有用的信息。

好的竞争营销情报可以帮助营销人员深入了解消费者对品牌的看法，并与他们建立紧密的联系。许多企业派出资深的观察人员，在顾客使用和谈论企业产品时与他们进行交流，还有一些企业则定期利用监测工具，监控消费者的网络聊天信息。

营销观察　瑞幸咖啡与库迪咖啡之争

企业还需要积极监控竞争对手的活动。企业可以通过竞争营销情报来获取竞争对手的各种信息，包括竞争对手的行动、战略、新产品的发布，以及全新的或不断变化的市场、关于潜在的竞争优劣势的早期预警等。许多关于竞争对手的情报可以从企业内部员工——高管、工程师、科学家、采购部门和销售团队那里收集到。企业也可以从供应商、经销商和关键顾客那里获得重要的情报信息。除此之外，企业还可以通过观察和监控竞争对手发布的公开信息来获得情报。

竞争对手经常通过年报、商业出版物、商业展览、新闻稿、广告和网页披露信息。网络已经成为竞争营销情报的重要来源。通过使用网络搜索引擎，营销人员可以搜索到特定竞争对手的活动，分析其发展趋势。此外，大多数企业会在其网站上提供信息，以吸引顾客、供应商、投资者或特许经营者，这些都给竞争对手提供了关于其战略、市场、新产品、设施和其他方面的有用信息。

例如，可以从一家企业的招聘广告中发现企业的业务发展方向。将一家企业的中高级管理人员的情况与其在产品研发上的投资数据等结合起来，可以看出这家企业是否正在经历变革。如果公司招聘最多的岗位是销售和市场营销，那么其年度重点任务很可能是销售增长；如果产品开发人才的招聘人数占了大多数，那么该企业很可能正在投资开发新产品。

鉴于情报数据的重要性，很多企业也开始对数据进行严密的保护。它们要求员工不仅要学会收集数据，而且要学会保护企业的数据，甚至还成立组织内部监察系统，对信息的保护进行定期的监测。

（三）营销调研

1. 营销调研的含义

营销调研就是运用科学的方法，有目的、有计划地收集、整理和分析有关市场营销方面的信息，提出解决问题的建议，供营销管理人员了解营销环境，发现机会与问题，作为市场预测和营销决策的依据。

2. 营销调研的步骤

营销调研的过程有六个步骤（见图 4－2）：确定调研问题和调研目标、制订调研计划、收集资料、分析资料、解释和报告调研结果，以及对调研进行评估。

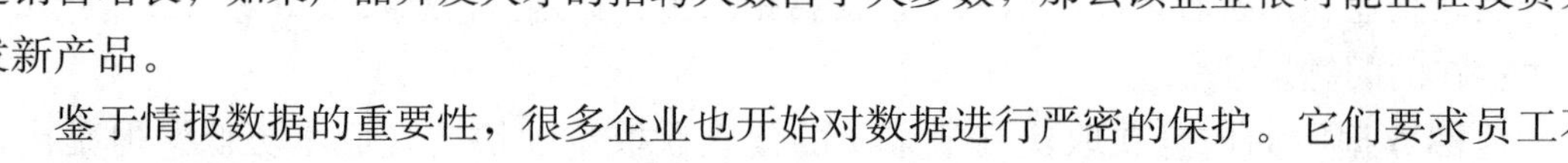

图 4－2　营销调研的步骤

（1）确定调研问题和调研目标。

营销调研的问题很多，调研人员应从实际出发，进行全面分析，根据问题的轻重缓急，列出调研问题的顺序，将企业经营中迫切需要解决的问题放在首位。调研问题既不要太宽，也不要太窄。调研问题明确后，应确定具体的调研目标。探索性调研的目标是初步收集信息，确定问题并提出假设。描述性调研的目标是描述状况，例如某种产品的市场潜力或购买者的人口统计特征和态度等。因果性调研的目标是检验关于因果关系的假设。例如，一所私立大学如果将学费降低10%，入学人数增加所带来的收入增长是否可以抵消减少的学费收入？管理者常常从探索性调研开始，再进行描述性调研和因果性调研。

（2）制订调研计划。

一旦确定了调研问题和调研目标，调研人员就必须确定所需要的信息，为有效地收集这些信息制订计划，并将该计划呈送给管理层。

调研计划是指导调研工作的总纲，一个有效的调研计划应包括以下几方面的内容：信息来源、调研方法、调研工具、调研方式、调研对象、调研预算、调研进度等。

调研目标必须转化为具体的信息需求。例如，康师傅公司欲进行一项调研，想知道消费者对于康师傅饮用水的看法，则可以从以下几个方面入手：①消费者基本情况；②消费者需求；③消费者购买方式和购买习惯；④消费者对产品的满意度；⑤消费者对于产品价格、包装、口感的评价；⑥消费者对竞争产品的满意度。

调研计划应该以书面形式提出，尤其是当调研计划比较复杂或者需要外部企业执行的时候。

（3）收集资料。

①确定资料的来源。企业收集的资料有原始资料、二手资料，或者两者兼顾。原始资料是指出于当前特定目的收集的一手资料。二手资料是指出于其他目的收集的、已经存在的资料。

②确定收集资料的方法。收集一手资料应明确是单独采用访问法、观察法或实验法等，还是多种方法并举。收集二手资料时也应明确采用何种方法，如直接查阅、购买、交换、索取或通过情报网委托收集。

③设计调查表或问卷。收集一手资料时，需要设计调查表或问卷。

④抽样调查设计。资料收集普遍采用抽样调查，即从被调查的总体中选择部分作为样本进行调查，然后运用统计方法，根据样本信息推断出关于总体某些特征的结论。

⑤现场实地调研。采用各种方式到现场获取资料。必须由经过严格挑选并加以培训的调研人员按规定进度和方法收集所需资料。

（4）分析资料。

①整理审核。为了辨别资料的真假和发现误差，达到去伪存真的目的，对收集到的资料要进行整理，审核资料是否可靠。

②分类编码。为了使资料便于查找和利用，需要将资料按一定标准进行分类，再进行编码。

③统计制表。通过表格呈现各种调查数据，反映各种信息的相关经济关系或因果关系。经过统计制表的资料针对性强，便于研究和分析，提高了资料的适用性。

（5）解释和报告调研结果。

对资料进行分析后，需要对调研结果做出准确的解释，形成调研报告。调研报告是对问题的集中分析和总结，也是调研成果的反映。报告可以分为专门报告和综合报告两类。

编写调研报告应掌握的原则是：内容真实客观；重点突出而简要；文字简练；可利用易于理解的图表说明问题；计算、分析步骤清晰，结论明确。

调研报告的内容包括：调研概述，亦称摘要；调研目的，又称引言；调研分析，它是调查报告的正文，包括调查方法、取样方法、关键图表和数据等；结论与对策；附录，包括图表、公式、其他附属资料及鸣谢等。

（6）对调研进行评估。

调研结束以后需要对调研进行评估。良好的营销调研有七个特征（见表 4－1）。我们可以以此为标准来对调研进行评估。

表 4－1　良好的营销调研的七个特征

特征	说明
使用科学的方法	有效的营销调研需要采用科学的方法，仔细观察、提出假设、预测和检验
创造性地调研	营销调研最好能创造性地解决问题。例如抖音中关于消费者需求的调研，可以通过用户点击、浏览、评论等数据观察用户的关注点
采用多种方法	营销调研人员需要采用多种方法来进行调研，以保证结果的可靠性
利用基本模型	营销调研人员的资料收集由基本模型指导，而资料必须由基本模型加以解释
提升资料的价值和控制成本	营销调研人员关心资料的预期价值和成本。成本一般易于确定，但价值可能难以量化，它不仅取决于调研结论的可靠性和有效性，还取决于管理层接受这些结论和采取措施的意愿
以怀疑的眼光对待一些决策	营销调研人员应该用怀疑的眼光去对待管理者的一些轻率的决策，时刻警惕可能出现的市场问题
体现营销道德	在营销调研的过程中应注意保护消费者隐私，不能泄露消费者的私密信息

3. 营销调研的方法

（1）实地调查法。

实地调查法是直接取得调研对象的原始资料的方法，具体包括询问法、观察法、实验法。

①询问法。

询问法是通过向被调查者提出问题，获得所需信息的调查方法。它是企业常用的调查方法。按调查者与被调查者之间的接触方式的不同，可分为走访调查、信函调查和电话调查三种形式。

走访调查是指调查者走访被调查者，当面向被调查者提出有关问题，以获得所需资料的一种方法。根据调查者和被调查者人数的多少，走访调查可分为个别走访和小组座谈等形式。其优点是真实、灵活、直观。缺点是调查费用较高；被调查者有时受调查者态度、语气等影响而产生偏见；等等。

信函调查是指调查者将所拟订的调查表寄给被调查者，要求被调查者填妥后寄回的一种方法。其优点是调查范围较广；被调查者可以不受调查者的影响；被调查者可以有充足的时间考虑作答。缺点是回收率低；时间花费较长；填表者可能不是目标被调查者，致使真实性差；回答问题较随意。

电话调查是指调查者根据抽样要求，在样本范围内，用电话按调查问卷内容询问意见的一种方法。其优点是迅速及时；资料统一程度高；对有些不便面谈的问题，在电话调查中可能得到回答。缺点主要是对问题不能深入进行讨论分析；调查受到一些限制。

②观察法。

观察法是指调查者在现场或借助一定设备、物品观察被调查者的行动的一种调查方法。此法的特点在于被调查者往往不会觉察到他正在被调查。其优点是被调查者的行为比较自然，所收集的资料准确性较高。缺点是不能了解被调查者的心理和内在感受，有时需要做较长时间的观察才能得到结果。观察法主要有顾客动作观察、店铺观察和实际痕迹测量等形式。

③实验法。

实验法是指从影响调查问题的若干因素中，选择一两个因素，将它们置于一定的条件下进行小规模实验，然后对实验结果进行分析的一种调查方法。其优点是通过实验能直接检验营销策略的效果，这是其他方法所不能做到的。缺点是费用较高。该法适用于商品在改变品种、包装、价格、商标、广告策略时的效果测定。其重要方法有试用法和试销法。

（2）资料调查法。

资料调查法也称文案调查法，是二手资料（即现成的市场资料）的搜集方法。二手资料的来源主要有内部资料和外部资料。内部资料主要是企业营销信息系统经常收集的资料，包括企业内部的报表资料、销售数据、客户访问报告、销售发票、库存记录等。

营销观察　美国某企业外部信息来源

外部资料是企业外部的单位所持有或提供的资料。企业可以从供应商、调研公司等处购买二手资料，例如许多大公司都从尼尔森公司购买关于消费者的数据，从那里可以得到消费者试用、品牌忠诚度及购买者人口统计特征的数据。调查人员还可以运用商业性的网上数据库搜集二手资料。另外，金融机构、行业组织、政府机构、企业出版物和新闻媒体都会提供免费的信息。网络搜索引擎也是寻找资料的好帮手，调查人员可以利用百度、谷歌等搜索引擎进行搜索。

实地调查法虽有利于企业获得客观性、准确性较高的资料，但其周期往往较长，花费往往较多。资料调查法也有一定的局限性，所以调查人员必须仔细评估二手资料，确保其相关性（适合当前调研项目的目标）、准确性（可靠地收集和报告）、及时性（资料很新，适合当前决策的需要）以及无偏性（客观地收集和报告）。

营销观察　大数据时代的网络信息采集方法

（3）网络营销调研法。

互联网的发展对营销调研产生了巨大影响，调研人员越来越需要从网上收集原始资料。

①网络营销调研法的优势。

网络营销调研法有着传统营销调研方法不可比拟的优势，最明显的优势就是速度快和成本低。借助网络，调研人员可以采用电子邮件或者在相关网站上发布调查问卷的形式收集资料，这样很多用户能同时做出回应。这样的调研方式也方便后期的统计和分享调研结果。此外，与传统营销调研方法相比，网络营销调研法还有互动性和参与性更强、调研人员干预较少等优点。同时，网络营销调研法对一些特殊群体，例如有个性的年轻人、单身者、富有人群等的调查更具准确性。

②网络营销调研法的形式。

网络营销调研法的形式多种多样。公司可以利用互联网作为调查媒介，在自己的网站上发布调查问卷，或者用电子邮件邀请网民来回答问题，创建网上小组，提供定期反馈或者进行网上焦点小组访谈。网上进行实验的效果也非常不错，企业可以通过不同的网页或者同一网页的不同时间出现的不同价格、标题或者产品属性，来比较营销变量的不同结果。网上实验通常运用于新产品的开发、企业虚拟购物环境、测试新产品开发后消费者的网上购买行为。

目前很多公司都采用网上焦点小组访谈的方法。这是指利用网络视频会议的功能，让调研人员随时随地对距离遥远的参与者进行调研。凭借先进的网络视频技术，调研人员可以看到、听到并参与现场的互动与面对面的讨论。这样营销管理人员从任何地方都可以监督焦点小组，从而节省差旅、住宿等成本。

4. 营销调研设计

（1）抽样调查设计。

抽样调查是指从局部的调查中得出有关整体情况的结论。局部调查的对象称为样本，从中抽取样本的那个整体叫作总体。通过对样本的调查，可以用样本的特性来推断总体的特性。抽样调查设计是采用抽样调查必须解决的一个重要的技术问题。抽样调查设计是否科学合理，直接关系到结果的准确性。它包括以下三项内容：

①抽样对象设计。

一个适当的抽样对象并不总是很明显，需要调研人员认真做出选择。

②样本大小设计。

大样本当然比小样本提供的结果更可靠，但大样本的调查成本高，往往没有必要。只要抽样方法正确，即使样本较少，也能提供可靠的调查结果。确定样本大小时，既要考虑样本的代表性，又要考虑费用和时间的节约。样本大小与以下两个因素有关：

a. 调查总体的特性。当总体特性差异不大时，样本数量可少一些；相反，当总体特性差异很大时，样本数量就要多一些，否则，误差会过大。

b. 调查要求的准确度。调查要求的准确度越高，所需样本数量就越多。

③抽样方法设计。

a. 随机抽样。使用这种方法时，总体中每一个个体都有同等概率被选作样本。其优点是能估计出样本的代表性程度，从而确定由样本调查结果推算总体特征时产生的误差大小。缺点是费时费钱，不太方便。常用方法有简单随机抽样、分层随机抽样等。

b. 非随机抽样。使用这种方法时，总体中不是每一个个体都有同等概率被选作样本。非随机抽样根据一定的标准来选取样本。其不足是无法估计抽样误差，所以应用范围是受限制的。一般在对调查总体没有足够了解的情况下，或当总体太大时，可采用非随机抽样。优点是省钱省时，应用方便，在市场调查中常被应用。常用方法有任意抽样、判断抽样、配额抽样等。

（2）调查问卷设计。

调查问卷由向被调查者提问并征求意见的一系列问题组成，是收集一手资料的重要工具。调查问卷设计是指根据调研目的，将所需调研的问题具体化，使调查者能顺利地获取必要的信息，并便于统计分析。调查问卷设计质量的高低，将直接影响问卷的回收率，影响资料的实用性。

①调查问卷的内容。

调查问卷通常由三个部分构成，即被调查者项目、调查项目和调查者项目。

a. 被调查者项目。包括被调查者的姓名、性别、年龄、文化程度、职业、家庭住址、联系电话等。

b. 调查项目。将所要调查了解的内容具体化为一些问题和备选答案，这些问题和备选答案就是调查项目。在所列项目中要给出若干个答案供被调查者选择。

c. 调查者项目。包括调查者的姓名、工作单位及调查日期等。

②调查问卷的结构。

调研问卷可分为表头、表体和表脚三个部分。表头为问卷的开头语，说明调查的目的和意义，以感谢被调查者的合作；表体是调查问卷的正文，即调查项目和被调查者项目；表脚包括调查者项目、填表说明和必要的注释等。

③调查问卷的类型。

a. 开放式问卷。开放式问卷指问卷所提的问题没有事先确定答案，由被调查者自由回答。通过这类问卷可以真实地了解被调查者的态度与情况，但调查不易控制，五花八门的答案很难归纳统计。

b. 封闭式问卷。封闭式问卷指问卷内的题目由调查者事先给定了可供选择的答案或范围。这类问卷虽然呆板，但便于归纳统计。在问卷调查中用得较多的是封闭式问卷，尤其在拦截式调查中只能运用这种类型的问卷。

④问卷设计的原则。

a. 必要性原则。调查问卷的设计是为了取得满意的结果，因此，除属于引导启发答复的问题以外，所列项目都应是调查所必需的。

b. 准确性原则。所提问题的界限要明确，提问用词要准确，要避免使用含混不清、过于专业化的语句。

c. 客观性原则。所提问题要客观，不要提出一些带有引导性和倾向性的问题。即不要提出带有向被调查者提示答案方向或暗示调查者观点的问题。

d. 可行性原则。对所提的问题，被调查者要能够根据常识或经验选择答案。对令人困窘但又有必要调查的问题，应设计“间接引问句”。提问设计要注意逻辑性与顺序性。

三、分析营销信息

通过内部数据库、竞争营销情报及营销调研收集到的信息还需要经过进一步的分析，然后才能用于营销决策中。这就需要通过复杂的统计分析来了解信息之间的关系。在营销信息分析中还需要通过一系列模型来帮助营销人员更好地做出决策。每一种模型都代表着一些真实的系统、过程和产出。使用这些模型有助于判断哪种决策是最优的。营销调研人员开发了大量的模型来帮助营销人员做出更好的营销决策，确定适合销售区域的销售计划，制定最佳的营销策略。

目前企业都很重视分析和使用顾客数据，从每一个接触点去获得顾客信息。这些接触点包括顾客购买过程、顾客拨打服务电话、顾客浏览企业网站、顾客满意度调查、顾客信用情况及交付过程调研等企业与顾客接触的每一次机会。

企业通常使用顾客关系管理（customer relationship management，CRM）系统来管理顾客的详细信息。CRM 系统是一种以信息技术为手段，有效提高企业收益、顾客满意度、员工生产力的信息系统。它通过顾客与企业的历史数据分析，来改善与顾客的业务关系，从而达到销售增长的目的。CRM 系统也是一种管理企业与当前和潜在顾客的互动的工具。它通过满足顾客个性化的需求来提高顾客忠诚度，实现缩短销售周期、降低销售成本、增加销售收入、拓展市场等目标，从而全面提升企业盈利能力和竞争能力。总之，CRM 系统致力于管理企业与顾客之间的业务关系，以帮助企业发展业务。事实上 CRM 系统远远超出顾客关系管理的范围，它更能使企业专注于企业与各种人员的关系，例如员工等。因为，CRM 系统的实施目标就是通过全面提升企业业务流程管理来降低企业成本，通过提供更快速与周到的优质服务来吸引和留住更多的顾客。

四、传递和使用营销信息

营销信息的好坏取决于能否改进营销决策。营销信息必须能够传递给营销经理等为企业做出重要决策的人。

另外，企业的营销决策人员在做决策的时候可能会参考以往的各种信息综合做出判断。例如，在处理顾客问题过程中遇到麻烦，这时需要参考以前的交易情况做出进一步的判断。这就需要及时输入相关信息以备查用。

很多企业内网对于营销信息的传递和使用起着重要的作用。对于技术信息、存货报告、共享的工作文件、顾客和股东信息等，内网提供了一个迅速且便利的获取途径。例如，企业的内网上可以详细罗列顾客的各种信息，包括顾客背景资料、购买特征、购买时间等。企业客服务代表在与顾客通话的时候，可以通过企业内网全方位了解顾客。

另外，目前很多企业授权主要客户获取账户信息，让它们能够通过企业网络获得产品信息、采购信息，及时查看存货水平等，方便客户进一步了解企业。同时，企业的营销信息对于员工也处于开放状态，尤其是营销人员，他们可以直接接入企业的信息系统，快速获取所需信息，进行营销决策。

素养园地　美团：以客户为中心，积极做好个人隐私保护工作

美团成立于2010年，以团购业务起家，后发展成为覆盖餐饮、酒店、旅游等多个生活服务领域的互联网平台，并于2018年在香港上市。公司通过定位、预约、交易等功能为消费者提供便捷的服务体验，同时在供应端支持中小微企业的发展。与传统电商平台不同，美团注重线上线下融合，确保线上产品与线下实体店铺紧密相连，促进实体经济发展。

一、美团的信息安全工作机制

在工作机制方面，美团高度重视信息安全相关工作，在集团层面，成立了风险管理委员会，下设秘书处负责日常工作，并设有专职秘书和兼职秘书，由政府事务、人力、法务、信息技术安全等部门共同参与，具有安全工作最高决策权，以实现在第一时间对安全事件进行统筹和应急响应处置。同时，定期召开会议分析公司内外安全形势，及时学习落实有关政策法规等文件，部署各类安全相关工作。在运营执行层面，设有信息安全部，负责保障公司业务、数据和内容的整体安全，并组建了专门的数据安全和合规团队。通过技术审核和人工审核相结合的方式，对数据安全和隐私保护进行持续监控，发现问题及时协同处置。在内部制度建设方面，根据《网络安全法》《电信和互联网用户个人信息保护规定》等有关规定，建立和完善了《个人信息及隐私保护管理办法》《数据安全管理办法》《信息安全管理方针及策略》《安全培训制度》《访问控制安全管理制度》《网络通信安全管理制度》《信息安全事件管理制度》等30余份公司制度文件，信息收集更加规范，数据安全和隐私信息保护制度更加健全，内部治理机制更加完善，责任更加清晰，应对处置更加及时。

二、隐私保护能力体系

1. 坚持“最小”“必要”等原则和理念

美团在落实个人信息保护工作时，严格遵守相关法律法规要求，参照国家标准和行业最佳实践，践行美团“以客户为中心”的价值观，始终将用户权益置于首位。坚决贯彻“最小”“必要”“用户控制”“透明”“技术保障”等个人信息保护的五大原则和理念。

2. 多种举措保护数据安全

一是制定了简明易懂的隐私政策。告知用户平台收集和使用个人信息的规则以及用户行使自己相关权益的路径，在保障用户查询、更正、删除、注销等权益的基础上不断完善用户的控制权；同时，在一些收集用户敏感信息的场景中，采取了增强式告知的形式，充分尊重用户的知情权和选择权。

二是开展安全评估。推动各业务和产品线定期或不定期开展个人信息安全影响评估，严格管理个人信息的收集和共享环节，将隐私保护理念融入产品设计和开发流程中，并不断提升技术防护水平，切实保障用户信息安全。

三是建立严密的数据安全管理体系。在政策法规层面，设有专门的政策研究团队参与隐私保护问题的合规评估，落实国家政策法规的最新要求。在内部管理上，部署访问控制机制，确保只有授权人员才可访问个人信息，公司员工在处理机密数据资产时，必须遵守机密数据管理流程与技术标准要求。同时，定期举办信息安全和隐私保护培训与考试，加强员工对隐私信息保护重要性的认知。

四是强化技术保护能力建设。美团完成了数据脱敏、数据权限系统、数据安全风险监控系统、敏感数据发现、数据防泄露、数据加密等多个技术工具建设以及隐私保护专项工作，使用加密工具、数据安全审批平台等，为用户的信息安全提供全方位保障，并使用受信赖的保护机制防止数据遭到恶意攻击，为数据安全提供有力保障。

五是实行数据全生命周期管理。按照国家法律法规要求，遵循业界成熟的数据生命周期流程，从数据采集阶段的合规管理，到数据存储与传输阶段的加密防护，再到数据使用和处理阶段的权限控制与脱敏展示，最后到数据的安全审计与删除，对数据进行全生命周期保护。

三、第三方数据共享明示

对于用户关注度非常高的应用程序将用户信息共享给第三方的问题，美团坚持在实际业务场景中与第三方共享用户信息时，让用户知情并同意，在用户授权后确保数据的全流程安全。在工业和信息化部的指导下，美团等平台均上线“第三方信息数据共享”按钮，让用户更清晰地了解应用程序信息共享相关情况。

资料来源：美团：以客户为中心，积极做好个人隐私保护工作.（2021－06－03）. https：//mp. weixin. qq. com/s/nXZK6JL28LyJ743SygxBVw. 有改动。

本章小结

营销信息系统包括人员、设备，以及整个搜集、分类、分析、评估营销信息的过程，最终将即时且准确的信息传递给营销决策制定者。管理营销信息分为四个步骤：评估营销信息需求、获取营销信息、分析营销信息以及传递和使用营销信息。其中，营销调研是运用科学的方法，有目的、有计划地收集、整理和分析有关市场营销方面的信息，提出解决问题的建议，供营销管理人员了解营销环境，发现机会与问题，作为市场预测和营销决策的依据。营销调研的过程有六个步骤：确定调研问题和调研目标、制订调研计划、收集资料、分析资料、解释和报告调研结果，以及对调研进行评估。获得的营销信息需要采用各种分析模型来形成结论，以有助于企业进行决策。目前采用最多的是顾客关系管理系统。最后，好的营销信息必须进行传递和使用才能真正实现其价值。

案例分析

顺利啤酒：如何找出败北之原因?

百世啤酒集团公司（简称百世）是 2000 年 4 月重新改组的集团企业。该公司始建于 1985 年，凭借其得天独厚的地理优势、现代化的技术设备和管理模式，迅速崛起于白山黑水之间。公司建成不久便跻身于中国啤酒行业十强之列，是中国啤酒行业首家获得 ISO 9002 质量体系认证的企业。多年来，公司始终如一地坚持“质量第一、用户至上”的宗旨，秉承“以人为本，科技先行”的经营理念，立足市场抓产品，不断加大市场和产品的开发力度，逐渐形成了自己的特色，满足不同层次的消费需求。

一、案例背景

百世是位于二线城市的民营企业，由于进入市场较早，成为省内名牌。百世市场份额在公司周边地区一直居于领先地位，但对于省会城市长春却由于公司内部整合，三年都无暇顾及。也正是在这三年间，长春啤酒市场先后出现了华丹、冰川等几个品牌，并为消费者所接受。公司为了能够在省内获得高市场份额，占据优势，就必须占领省会城市的市场。正如百世董事长所说，“如果在省会城市见不到百世的啤酒，就不能说是省内名牌”。所以，公司高层决定打入省会城市，争得一席之地。经董事会讨论，公司委派市场部资深经理，也是市场开发的干将赵志前去长春市开发市场。赵志经理具有非常丰富的一线市场经验和创新精神，曾经在其他市场有效地实施过多种营销战术，如多样式包装、推拉策略并行、间断性广告和渠道控制等。

赵志经理认为公司母品牌“百世”虽然在三年前曾经在长春市场上具有一定的知名度，但由于公司整合，其品牌一直没有在长春市出货，消费者可能已经忘记了百世品牌。因此，他与市场部的同事们商量，决定推出一个新的啤酒品牌，取名为“顺利”。广告语为“今年夏天喝什么”“喝顺利啤酒，一切顺利”等。公司采用了一系列的常规营销手段，如在产品刚刚投入市场时实施高密度的电视、广播、车身以及路牌广告等多媒体组合策略；在渠道方面采用多种促销方式，如揭盖有奖、买四赠一等；在公共关系方面采用新产品发布会的形式，同时在超市设置样品堆头和购买时点（POP）广告等。两个月内顺利啤酒销售业绩非常可观，市场部管理人员喜上眉梢。

然而，好景不长，促销期一过，销售量骤降。市场部的管理人员到市场上进行调查后发现，主要原因是没有促销优惠，消费者不再购买，批发商和零售商也不进货。而如果继续提供促销优惠，势必增加公司的营销费用，导致亏本。那么，为什么消费者不再购买顺利啤酒呢？显然，销售下滑是营销管理的一个表面现象，关键是要找出产生这个现象的原因。

二、百世的营销管理问题

销售不佳是营销管理出现问题的结果，因此，百世需要识别与分析其营销管理问题。在这种情况下，王东总监并没有建议董事会调整组织结构、加大营销力量或投入更多的营销费用。他向董事会提出要进行营销调研，以对销售不佳的现状进行诊断。王总监与赵经理经过讨论，认为销售业绩下滑的原因来自消费者、竞争对手、公司本身和环境四个方面。

（1）消费者方面的原因可能有：消费者对顺利啤酒品牌认知度不高，消费者不喜欢这个品牌啤酒的口味，消费者对目前价格不满意，消费者对于顺利啤酒的广告诉求不理解，等等。

（2）竞争对手方面的原因可能有：竞争对手加大促销力度，竞争对手品牌已经在目标顾客心中占据了一定的位置，竞争对手的品牌定位与顺利品牌重合，竞争对手在采用降价手段，等等。

（3）公司本身方面的原因可能有：目标市场界定不清楚，市场定位差异不明显，该啤酒品牌在消费者心目中没有地位，公司促销手段单一，没有形成与消费者的双向沟通，公司广告没有使消费者产生共鸣，公司没有识别消费者在意的属性，等等。

（4）环境方面的原因可能有：行业对于促销手段的约束，不是当地品牌导致形成啤酒新鲜程度差别，等等。

上述四个方面原因的识别与界定需要做信息分析。公司市场部管理人员可从公司的营销情报中心获得信息进行分析，但目前公司还不具备长春市的消费者和竞争对手数据资料，而仅凭手头的二手数据也回答不了这些问题，因此需要委托专业市场调研公司进行调研。

三、百世的调研大纲

公司拟定了调研大纲，主要包括以下内容：

首先是调研背景。百世年生产能力为 25 万吨，截至当年上半年，地区产销量排名第三，省内排名第一位。鉴于该品牌啤酒在长春市场上销售状况不佳，公司将委托专业市场调研公司通过市场调研，对长春市场进行一次综合性的营销诊断，以期鉴明病症所在，为百世明年市场营销策略的制定提供基础研究。

其次是主要调研内容。公司将对长春市啤酒消费者及其行为展开研究：

（1）消费者对啤酒品牌的认知情况。

（2）消费者对啤酒品牌的忠诚度（重复购买率）及原因。

（3）消费者对百世的偏好程度及原因。

（4）消费者是否了解顺利啤酒酿造采用的优质水源。

（5）消费者在选择啤酒时是否考虑了城市的因素。

（6）消费者对啤酒产品不同包装的态度。

（7）不同目标消费者群体的媒体使用习惯。

（8）消费者对顺利啤酒零售终端的堆头陈列印象是否深刻，这些陈列是否有刺激现场消费的作用。

（9）消费者对顺利啤酒产品包装的总体印象。

（10）影响消费者购买意向的主要因素有哪些。

最后是对竞争环境及竞争对手进行分析：

（1）竞争对手在长春市场采取的营销策略。

（2）竞争对手针对消费者/零售商/批发商进行的哪些促销比较有效。

(3) 竞争对手与批发商及零售商之间的合作关系如何，有哪些值得借鉴的服务项目。

(4) 竞争对手试图在长春市场建立什么样的企业/品牌形象，采取了哪些手段。

(5) 竞争对手是否经常收集市场信息和进行消费者需求研究，做了哪些研究。

(6) 竞争对手的总体资源状况/综合实力。

四、实施调研

德兰市场调研公司在竞标过程中获得成功。该公司委派项目部李经理负责百世的调研项目。李经理带领项目团队做了以下工作：

(1) 该公司项目团队利用网络搜集百世的相关信息，如企业发展史、组织结构、产品种类、主要竞争对手、市场评价以及行业评价数据。

(2) 该公司项目团队走访了百世长春市场部、百世市场部，以及长春市部分超市和分销商。

(3) 该公司项目团队约谈了百世的部分工作人员，包括一线销售人员和管理人员等。在与王东和赵志的讨论过程中，李经理意识到从公司运作的角度来讲，啤酒的质量没有问题，营销中的促销策略也没有问题，似乎是百世在进行新的市场开发过程中没有充分了解消费者，没有对竞争对手进行分析，也没有对新品牌的消费者认知与偏好进行任何的分析与测定。因此，在没有了解消费者需求的情况下，公司很难有正确的市场定位。李经理根据这些情况，建议百世做一个消费者饮用习惯和态度调研，从而了解消费者的啤酒购买行为、饮用行为以及对目前品牌的态度，从而了解顺利品牌目前在消费者心目中的位置，以判断市场定位是否正确。

1. 调研内容

李经理根据营销调研理论中的消费者饮用习惯与态度调研的模型，向百世建议收集以下信息：

(1) 啤酒市场概况。例如：目标消费者数量及特征、市场规模（数量及金额）、品牌知名度及认知途径、品牌市场占有率（数量及金额）。

(2) 消费者啤酒饮用习惯与购买习惯。具体包括：饮用动机、饮用频率、饮用量、青睐的品牌及原因、饮用场所、口味喜好、购买动机、购买频率、购买量、主要购买品牌及原因、购买场所、购买时考虑的因素、对价格的敏感度等等。

(3) 消费者对啤酒的看法与态度。例如：对啤酒概念的认知、对不同种类的啤酒的评价。

(4) 消费者对顺利啤酒的看法。例如：顺利品牌知名度与形象、对顺利啤酒的认知情况。

(5) 目标消费者的背景情况。例如：年龄、收入、职业、文化程度、家庭人口数。

2. 调研方案

由于百世自进入市场以来从来没有做过消费者的调研，因而对于消费者的啤酒消费动机、消费偏好、啤酒购买与消费所在意的属性等都不了解，因此，李经理拟采用焦点小组与定量调研方法来实施此次营销调研。他认为在调研内容中，有些问题必须通过定性方法来解决，如：消费者的购买动机、购买偏好、认知模式、潜在的消费习惯与消费欲望；影响消费者购买与饮用啤酒的因素；消费者对各啤酒品牌的评价；啤酒消费者在行为、欲望、态度等方面的动态变化情况；啤酒品牌形象与产品形象；等等。他认为被访者应当是当地18～65岁经常饮用啤酒（每周至少饮用一次）的消费者。他也认为按性别、收入、职业、年龄等至少需要四个小组，如果费用有限则可做两组。在定性调研的基础上，李经理要利用定量调研将研究内容进行量化，并且在一定程度上推断长春市啤酒消费情况。另外，从定性研究中发现的一些问题需要通过定量研究来进行分析。所以，李经理提出：

（1）目标总体为长春市年龄在18～65岁之间的常饮用啤酒的消费者。

（2）抽样方法为按规模大小成比例的概率抽样（PPS抽样）。

（3）拟抽取400个样本。

（4）根据百世的要求选择入户访问方法搜集数据。

在此基础上，李经理向百世王总监与赵经理提供了调研计划书，经过确认，便启动了啤酒消费习惯与态度营销调研，为百世识别业绩下滑的原因和制定下一步营销策略提供了依据。

资料来源：于洪彦，申文果．顺利啤酒：如何找出败北之原因？．（2017－11－13）．www.cmcc-dlut.cn/Cases/Detail/2999．有改动。

思考题

1．百世实施调研所要解决的营销管理问题是什么？

2．百世需要委托调研公司调研哪些信息？

3．定性调研的访谈大纲与定量调研的调查问卷如何设计？

理论思考

1．如何构建和使用营销信息系统？

2．什么是营销调研？

3．简述营销调研的步骤和方法。

4．如何分析营销信息？

营销实战

1．“销售人员要将渠道销售数据装到自己的脑子里。详细地搜集经销商的渠道销售数据是销售人员的本职工作之一，能够体现业务水平的高低。”结合所学知识和企业实践，谈谈销售人员应该掌握哪些调研技能。

2．“无论哪一类的调研，都应到一线去、到基层去、到现场去，力争当好‘照相机’‘显微镜’‘放大镜’，把真实情况带回来。”结合所学知识和企业实践，谈谈你对这句话的理解。

实训练习

实训目的：通过调研分析，确定在当地开一家宠物店能否盈利。

实训内容：选取当地宠物购买者作为调研对象，采用网站上的各种工具，以及现场采访、追踪调查等方式，深入了解宠物购买者的消费特征。

实训方式：设计调查问卷+完成调研过程+撰写调研报告。

即测即评

扫描二维码可在线自测并查看答案。

第5章

目标市场分析

知识目标

- 明确市场细分、目标市场选择、市场定位的含义。
- 熟悉市场细分的原则和依据。
- 熟悉目标市场选择策略的影响因素。
- 掌握市场定位方式以及步骤。

能力目标

- 能够确定细分因素并进行市场细分。
- 能够评估细分市场，明确目标市场选择策略。
- 能够完成特定市场背景下的市场定位。

价值目标

领悟企业的市场细分方法，树立中国制造的信心。

关键词

市场细分　　目标市场选择　　市场定位

思维导图

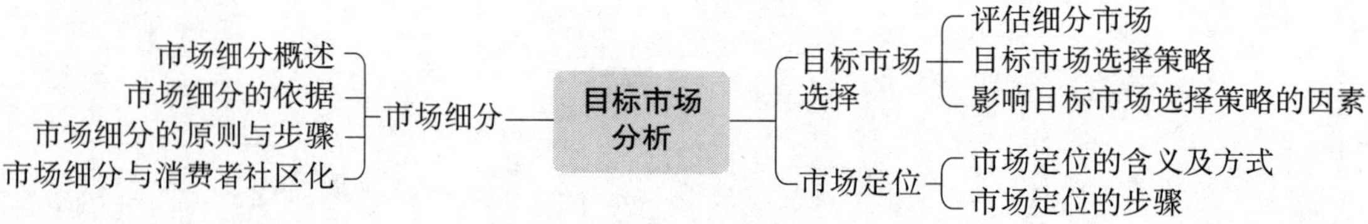

营销观察

鞋子市场

两家鞋业制造公司分别派出了一个业务员去开拓市场，一个叫杰克逊，一个叫板井。

在同一天，两个人来到了南太平洋的一个岛国，到达当日，他们就发现当地人全都赤足！从国王到贫民、从僧侣到贵妇，竟然无人穿鞋子。

当晚，杰克逊向总部老板发了一封电报："上帝呀，这里的人从不穿鞋子，有谁还会买鞋子？我明天就回去。"

板井也向总部发了一封电报："太好了！这里的人都不穿鞋。我决定把家搬来，在此长期驻扎下去！"两年后，这里的人都穿上了鞋子……

营销启示

根据不同的目标，企业会选择不同的目标市场。对于杰克逊来说，这个岛国不是他的目标市场，因为根据他的分析，岛国的人没有穿鞋的需求，所以他早早地放弃了这个市场。板井则认为，他们不穿鞋子不是因为没有需求，而是出于其他的原因，所以他将此地作为目标市场，进行开拓。

目前，许多企业都意识到由于消费者数量众多，企业生产的产品不能满足消费者多样化需求，而且企业在不同细分市场的能力也不同，这就需要企业从中选择几个细分市场，针对不同市场进行产品开发和市场营销方案的制订。

图 5-1 展示了目标市场分析所包含的步骤。企业需要选择自己未来服务的顾客群，包括市场细分和目标市场选择这两个步骤。市场细分将市场划分为较小的顾客群，由于这些顾客群具备不同的需求、特点和行为，因此，企业应该确定不同的细分方式，了解所有顾客群不同的需求，针对不同顾客群的需求制定不同的市场营销策略。目标市场选择是指评价每一个细分市场的吸引力，并从中选择一个或者几个细分市场进入。紧接着企业必须明确自己的价值主张：如何为目标顾客创造卓越的价值。企业还应关注市场定位问题，以在目标顾客心中占据独特的、理想的位置。

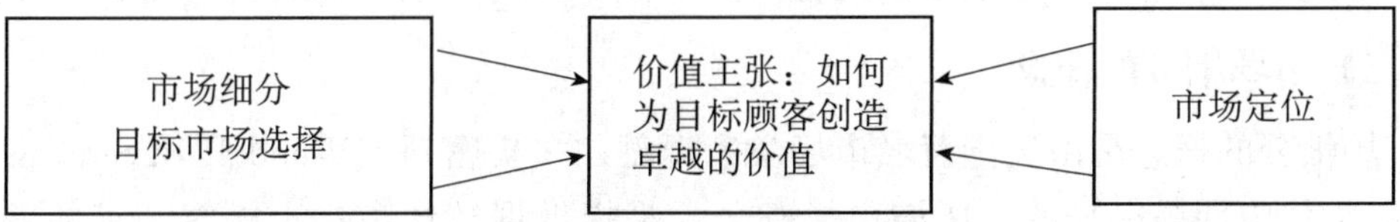

图 5-1 目标市场分析的步骤

现代市场是一个十分复杂而庞大的体系，机会众多但又充满不确定性。消费者需求日趋多样化、个性化，市场竞争日趋白热化，产品生命周期越来越短，新产品层出不穷。任何企业，无论规模大小，都不可能用自己现有的产品或服务满足市场上所有消费者的需求，正如"蛋糕看似诱人，但未必属于你"。因此，企业必须善于对整体市场进行有效细分，并对各细分市场进行深入详尽的分析，以期选择最能够发挥企业自身资源优势的子市场作为企业的目标市场。

第1节 市场细分

一、市场细分概述

（一）市场细分理论的产生

19 世纪末 20 世纪初，市场整体上是供不应求的卖方市场，企业战略的重心是速度和规模，市场营销的基本方式是大量营销（mass marketing），即大批量生产品种规格单一的产品和通过大众化的渠道推销。在大量营销阶段，企业通过大批量营销方式降低了成本和价格，在当时的市场环境下获得了较丰厚的利润，在这种市场环境下，企业没有必要，也不可能重视市场需求的研究。

在 20 世纪 30 年代，资本主义世界范围内的经济危机使得消费者的消费能力严重不足，企业的生产销售严重受阻，企业的营销方式逐渐开始从大量营销向差异化营销（differentiated marketing）转变。差异化营销较大量营销是一种进步。该策略的前提是，以企业现有的设计水平和技术能力为基础进行的生产导致企业向市场推出与竞争者在质量、外观和品种规格等方面略有不同的产品。由于企业产品差异化缺乏市场基础，因此不能大幅度地提高产品的适销率。由此可见，在差异化营销阶段，企业仍没有重视市场需求的研究，市场细分战略仍不具备产生的基础和条件。

20 世纪 50 年代以后，在科学技术革命的推动下，生产力水平大幅度提高，产品日新月异，生产与消费的矛盾日益尖锐，以产品差异化为中心的推销体制远远不能解决西方企业所面临的市场问题。在这种情况下，企业转变经营观念和方式势在必行，于是市场细分的概念和思想应运而生，企业营销也由此进入以需求为导向的目标营销（target marketing）阶段，即企业在研究市场和细分市场的基础上，结合自身的资源与优势，选择其中最有吸引力和最能有效地为之提供产品和服务的细分市场作为目标市场，设计与目标市场需求特点相匹配的营销组合等。

（二）市场细分的概念

市场细分的概念是由美国著名市场学家温德尔·史密斯（Wendell R. Smith）在 20 世纪 50 年代中期提出来的。所谓市场细分，是指根据整体市场上顾客需求的差异性，以影响顾客需求和欲望的某些因素为依据，将一个整体市场划分为两个或两个以上的顾客群，每一个需求特点相似的顾客群就构成一个细分市场或子市场，在各个不同的细分市场上，顾客的需求有较明显的差异，而在同一细分市场上需求基本相似。

市场细分不是从产品出发来细分市场的，而是按照顾客需求的差别，根据消费者购买行为的差异性，将总体市场划分为许多顾客群的过程，整个过程很好地体现了“求大同存小异”的细分原则。在此基础上，企业可以选择和确定目标市场，实施有效的市场营销组合，从而以最低的营销费用取得最佳的经营效果。市场细分理论的提出被视为营销学的第二次革命，是继以消费者为中心的观念后营销理论的又一次质的飞跃，它的出现使营销学理论更趋于完善和成熟。

市场细分的概念产生之后经过了一个不断完善的过程。最初，人们认为把市场划分得愈细愈能满足顾客需求，从而获得最大收益。但是，20 世纪 70 年代以来，由于能源危机和市场不景气，营销管理者深感过度细分市场必然导致企业总经营成本上升，从而导致总收益下降。因此，企业界又出现了一种“市场同合化”的理论，这一理论不是对市场细分理论的简单否定，而是从成本和收益的比较出发，主张适度细分，是对过度细分的反思和矫正，而这一理论在 90 年代全球营销环境下，又有了新的内涵，其内涵适应了全球化营销趋势的发展。

（三）市场细分的作用

市场细分被西方企业誉为具有创造性的新概念，其目的在于更加深入地研究消费者需求，使得企业所提供的产品和服务更好地满足目标顾客的需要。具体而言，市场细分对企业的作用表现在以下三个方面。

1. 有利于企业发现最佳市场机会

通过细分市场，企业可以发现哪些市场需求已得到满足，哪些属于市场的空白点，哪些仍是潜在需求，从而可以发现哪些产品竞争激烈，哪些产品竞争力小，哪些产品亟待开发。

比如日本钟表企业在美国钟表市场发现营销机会便是通过市场细分，发现高档手表市场已被瑞士的名牌手表占领，且竞争激烈；而中低档手表市场顾客需求并未得到很好的满足，于是决定开发中低档手表，满足这一层次顾客的需求，从而在这一细分市场取得了极大的成功。

实践证明，通过有效的市场细分来发现最佳市场机会，对于中小企业尤为重要。通过市场细分，中小企业就可以根据自身的经营优势，选择一些大企业不愿顾及、市场需求量相对小一些的细分市场，集中力量满足某一特定市场的需求，谋求局部范围内的相对优势。

2. 有助于企业更全面地掌握目标市场的特点

通过市场细分，企业可以了解现有市场各类顾客的不同消费需求及其变化趋势，可以有针对性地开展营销活动，最大限度地满足市场需求，从而达到让现有顾客满意、巩固现有市场的效果。

比如美国宝洁公司通过市场细分，开发了去头屑的“海飞丝”、使头发柔顺的“飘柔”、为头发提供营养的“潘婷”、令人靓丽时尚的“沙宣”，充分满足不同顾客的个性化需求，并通过合理、良性的内部竞争，使公司在洗发水市场始终保持绝对的领先地位。

显然，不进行市场细分，企业选择目标市场必定是盲目的，不认真地鉴别各个细分市场的需求特点，就不能使营销策略有的放矢。

3. 有利于企业更有效地制定市场营销策略

通过市场细分，企业可以正确地选择目标市场，采用相应的营销组合，制定正确的产品策略、价格策略、渠道策略和促销策略，实现企业营销目标。

二、市场细分的依据

（一）消费者市场细分的依据

如前所述，一种产品的整体市场之所以可以细分，是由于消费者或用户的需求存在差异性。引起消费者需求差异的变量很多，实际中，企业一般是组合运用有关变量来细分市场，而不是只采用某一变量。概括起来，消费者市场细分的变量主要有四类，即地理变量、人口变量、心理变量、行为变量（见表5-1），以这些变量为依据，就形成了地理细分、人口细分、心理细分和行为细分四种市场细分的基本形式。

表5-1 消费者市场细分的主要变量

细分变量	具体因素
地理	国家、地区、城市、气候、人口密度（城市、郊区、农村）、地形地貌
人口	年龄、性别、家庭生命周期、收入、职业、受教育程度、宗教、种族、国籍
心理	社会阶层、生活方式、个性
行为	购买时机、追求的利益、使用者状况、使用数量、品牌忠诚程度

1. 地理细分

地理细分指按照消费者所处的地理位置、自然环境来细分市场，比如，根据国家、地区、城市、气候、人口密度、地形地貌等方面的差异将整体市场分为不同的小市场。之所以将地理变量作为市场细分的依据，是因为处在不同地理环境下的消费者对于同一类产品往往有不同的需求与偏好，他们对企业采取的营销策略与措施会有不同的反应。比如，在我国南方沿海一些省份，某些海产品被视为上等佳肴，而内地的许多消费者则觉得味道一般。

2. 人口细分

人口细分主要是按人口统计特征进行市场细分，如以年龄、性别、家庭生命周期、收入、职业与受教育程度等为依据细分市场。人口统计特征比较容易衡量，有关数据相对容易获取，这是企业经常以它作为市场细分依据的重要原因。下面介绍几种重要的人口统计变量。

（1）年龄。不同年龄的消费者有不同的需求特点，如青年人更偏好时尚的服装，老年人更偏好舒适的服装。

（2）性别。由于生理上的差别，男性与女性在产品需求与偏好上有很大不同，如在服饰、发型、生活必需品等方面的需求差异非常明显。

（3）家庭生命周期。一个家庭在其生命周期的不同阶段，家庭购买力、家庭成员对商品的兴趣与偏好会有较大差别。

（4）收入。高收入消费者与低收入消费者在产品选择、休闲时间的安排、社会交际与交往等方面都会有所不同。比如，同是外出旅游，在交通工具以及食宿地点的选择上，高收入者与低收入者会有很大的不同。

（5）职业与受教育程度。职业不同、所受教育程度不同的消费者在需求上存在差异。如不同职业的消费者对居室装修用品的品种、颜色等会有不同的偏好。

3. 心理细分

根据购买者所处的社会阶层、生活方式、个性等心理因素细分市场就叫心理细分。

（1）社会阶层。社会阶层是指在某一社会中具有相对同质性和持久性的群体。处于同一阶层的成员具有类似的价值观、兴趣爱好和行为方式，不同阶层的成员则在上述方面存在较大的差异。显然，识别不同社会阶层的消费者所具有的不同特点，能够为很多产品的市场细分提供重要的依据。

（2）生活方式。通俗地讲，生活方式是指一个人怎样生活。人们追求的生活方式各不相同，如有的追求新潮、时髦，有的追求恬静、简朴，有的追求刺激、冒险，有的追求稳定、安逸。例如，一些服装生产企业为“简朴的女性”、“时髦的女性”和“有男子气的女性”分别设计不同服装，就是依据生活方式细分市场。

（3）个性。个性是指一个人比较稳定的心理倾向与心理特征，它会导致一个人对其所处环境做出相对一致和持续不断的反应。通常，个性会通过自信、自主、支配、顺从、保守、适应等性格特征表现出来。因此，可以按这些性格特征对个性进行分类，从而为企业细分市场提供依据。

4. 行为细分

行为细分是根据购买者对产品的了解程度、态度、使用情况及反应等将他们划分成不同的群体。许多人认为，行为变量能更直接地反映消费者的需求差异，因而成为市场细分的最佳起点。细分市场的行为变量主要包括：

（1）购买时机。根据消费者提出需要、购买和使用产品的不同时机，将他们划分成不同的群体。例如，生产果珍之类清凉解暑饮料的企业，可以根据消费者在一年四季对果珍饮料口味偏好的不同，将果珍市场消费者划分为不同的群体。

（2）追求的利益。消费者购买某种产品总是为了解决某类问题或满足某种需要。例如，同样是购买手表，有的人追求经济实惠、价格低廉，有的人追求耐用可靠和使用维修的方便，还有的人偏向于显示自己的社会地位等。

（3）使用者状况。根据顾客是否使用和使用程度细分市场，通常可将其分为经常使用者、首次使用者、潜在使用者、非使用者等。一些公司注重将潜在使用者变为实际使用者，还有一些公司则注重留住现有使用者，并设法吸引使用竞争产品的顾客转而使用本公司产品。

（4）使用数量。根据消费者使用某一产品的数量细分市场，通常可将其分为大量使用者、中度使用者和少量使用者。大量使用者人数可能并不是很多，但他们的消费量占比最大。

（5）品牌忠诚程度。企业还可根据消费者的品牌忠诚程度细分市场。有些消费者经常变换品牌，有些消费者则在较长时期内专注于某一个或少数几个品牌。通过了解消费者的品牌忠诚程度和品牌忠诚者与品牌转换者的各种行为与心理特征，不仅可为企业细分市场提供依据，还可为企业选择目标市场提供参考。顾客品牌忠诚程度的类别见图 5 - 2。

（二）生产者市场细分的依据

许多用来细分消费者市场的标准，同样可用于细分生产者市场，如根据地理细分变量、追求的利益和使用数量等加以细分。不过，由于生产者与消费者在购买动机与行为上存在差别，所以，除了运用前述消费者市场细分标准外，还可用一些新的标准来细分生产者市场。

1. 用户规模

在生产者市场中，规模大的用户一般购买量很大，而规模小的用户往往购买量很

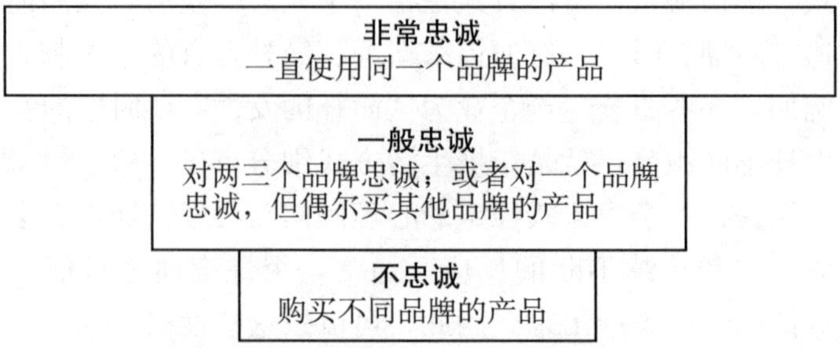

图 5-2　顾客品牌忠诚程度的类别

小。企业应当根据用户规模大小来细分市场，用户的规模不同，企业的营销组合方案也应有所不同。比如，对于大客户，宜于直接联系、直接供应，在价格、信用等方面给予更多优惠；而对众多的小客户，则宜于使产品进入商业渠道，由批发商或零售商去组织供应。

2. 产品的最终用途

产品的最终用途也是生产者市场的细分标准之一。生产者购买产品，一般都是供再加工之用，对所购产品通常有特定的要求。比如，同是钢材用户，有的需要圆钢，有的需要带钢；有的需要普通钢材，有的需要硅钢、钨钢或其他特种钢。企业可根据用户要求，将要求大体相同的用户集合成群，并据此设计出不同的营销策略组合。

3. 生产者购买方式

生产者购买的主要方式包括直接重购、修正重购及新购。不同购买方式的决策过程等不同，因而可据此将整体市场细分为不同的小市场。

三、市场细分的原则与步骤

（一）市场细分的原则

从企业市场营销的角度看，无论是消费者市场还是产业（生产者）市场，并非所有的细分市场都有价值。在细分市场时，必须认真分析、测定是否具备从事有效经营的条件。一般而言，可以按照以下原则进行市场细分。

1. 可衡量性

细分市场必须可以识别且加以衡量，亦即细分出来的市场不仅要范围明确，而且对其容量大小也要能大致做出判断。有些细分变量，如具有依赖心理的青年人，在实际中是很难测量的，以此为依据的细分市场就很难衡量。

2. 可实现性

企业所选择的细分市场应易于进入，是企业营销活动能够触达的，亦即细分市场必须是企业通过努力能够使产品进入并对顾客施加影响的市场。一方面，有关产品的信息能够通过一定媒体顺利传递给该市场的大多数消费者；另一方面，企业在一定时期内有可能将产品通过一定的分销渠道运送到该市场。否则，该细分市场的价值就不大。

3. 可盈利性

所选择的细分市场要有足够的需求量且有一定的发展潜力，亦即细分出来的市场，其容量或规模要大到足以使企业获利。进行市场细分时，企业必须考虑细分市场上顾客的数量，以及他们的购买能力和购买产品的频率。如果细分市场的规模过小，市场容量太小，细分工作烦琐，成本高但获利少，就不值得去细分。

4. 可区分性

各细分市场的消费者对同一市场营销组合方案会有差异性反应，或者对营销组合方案的变动，不同细分市场会有不同的反应。如果不同细分市场的产品需求差异不大，行为上的同质性远大于其异质性，那么企业就不必费力对市场进行细分。例如，如果未婚女性和已婚女性对香水的需求基本一致，那么就没有必要对她们进行细分。

（二）市场细分的步骤

虽然细分一个市场并无统一的方法，但在细分市场的过程中，任何一类企业，无一例外地都要遵循一定的步骤。

1. 依据需求选定产品市场范围

企业要根据自身的经营条件和经营能力确定所要进入的市场的范围，如进入什么行业、生产什么产品、提供什么服务。产品市场范围应通过顾客需求来确定。

2. 列举潜在顾客的基本需求

选定产品市场范围以后，公司的市场营销专家可以通过头脑风暴法，从地理、行为和心理等方面大致估算一下潜在顾客有哪些基本需求，这一步能掌握的情况有可能不那么全面，但可以为以后的深入分析提供基本资料。比如，住宅出租公司可能会发现，人们希望公寓能够遮蔽风雨，安全，经济，方便停放车辆，设计良好，方便工作、学习与生活，使自己不受外来干扰，有足够的活动空间，有满意的内部装修、公寓管理和维护，等等。

3. 分析潜在顾客的不同需求

公司依据人口统计变量做抽样调查，向不同的潜在顾客了解以上哪些需求对他们更为重要。比如，在校外租房的大学生，可能认为最重要的是遮蔽风雨、经济、方便学习等等；新婚夫妇希望遮蔽风雨、方便停放车辆、使自己不受外来干扰、有满意的公寓管理等等；已有孩子的家庭则要求遮蔽风雨、方便停放车辆、经济、有足够的活动空间等等。

4. 移去潜在顾客的共同需求

确定了潜在顾客的需求之后，公司需要移去各细分市场或各顾客群的共同需求。这些共同需求固然很重要，但只能作为设计市场营销组合的参考，不能作为市场细分的依据。比如，遮蔽风雨、方便停放车辆和安全等项，几乎是每一个潜在顾客都希望的。公司可以把它们作为产品决策的重要依据，但在细分市场时则要移去。

5. 为细分市场命名

公司对各细分市场剩下的需求要做进一步分析，并结合各细分市场的顾客特点，为细分市场命名。

6. 进一步认识各细分市场的特点

公司还要对每一个细分市场的顾客需求及行为做更深入的考察，看看已经掌握了各细分市场的哪些特点，还要了解哪些，以便进一步明确各细分市场有没有必要再做细分或进行合并。比如，经过这一步骤可以看出，新婚夫妇与已有孩子的家庭的需求差异较大，应当作为两个细分市场。同样的公寓设计，也许能同时迎合这两类顾客，但对他们的广告宣传和人员销售的方式应当不同。企业要善于发现这些差异。要是他们原来被归属于同一个细分市场，就要把他们区分开来。

7. 测量各细分市场的大小

以上步骤基本决定了各细分市场的类型。公司紧接着应把每个细分市场同人口统计变量结合起来分析，以测量各细分市场潜在顾客的数量。因为企业进行市场细分是为了寻找获利的机会，这又取决于各细分市场的销售潜力。不引入人口统计变量是很危险的，有的细分市场或许根本就不存在顾客。

四、市场细分与消费者社区化

在数字时代，企业应在市场细分的同时更加关注消费者社区化。社区化的消费者是具有共同目标、共享价值并且在乎彼此的一群人，而不再是简单的个体。市场细分和消费者社区化既有相似性又有差异性（见表 5－2）。

表 5－2　市场细分与消费者社区化

	市场细分	消费者社区化
范式	消费者作为个体	消费者作为社区创造者
变量	地理、人口、心理、行为	目的、价值观、身份
企业-消费者关系	垂直化：消费者作为被动的目标群体	消费者是积极的社区成员
目标	基于相似性对消费者进行细分	对具有内聚性和有影响力的社区进行身份识别

资料来源：科特勒，卡塔加雅．营销制胜．北京：中国人民大学出版社，2019：137.

第 2 节　目标市场选择

细分市场的目的在于有效地选择并进入市场。企业应精准选择顾客，投其所好为之服务。所以，目标市场战略成功的关键是在市场细分的基础上正确选择目标市场。

一、评估细分市场

市场细分是选择目标市场的基础。在市场细分的基础上，企业无论采取什么策略，也无论选择几个细分市场，所确定的目标市场都必须具有最大潜力，能为自己带来最大利润。因此，在选择目标市场时，应该先评估细分市场。

（一）细分市场的规模和成长性

企业要收集和分析细分市场的现有销售量、成长性和预期收益率等数据，关注目标群体的变化。例如，某商店的目标群体原本为年轻女性，然而随着出生率的下降和人口的老龄化，该店将目标群体转变为老年人，改变了产品结构，主营养生用品，注重满足老年人对健康的需求。同时该店对店面也进行了装修，采用清晰的字体以方便识别，门框也采用了原木材料而非合成材料，迎合目标群体的喜好。

（二）细分市场的吸引力

企业还要考虑影响细分市场吸引力的主要结构因素。首先，如果一个细分市场上已有很多竞争对手，那么该细分市场的吸引力就会下降。其次，如果该细分市场有很多现有的或潜在的替代产品，该细分市场的吸引力也会下降。再次，相对购买力也会影响细分市场的吸引力，那些相对于卖方而言具有较强议价能力的买方会试图降低价格，要求更多的服务，这些都以牺牲卖方的利益为代价。最后，如果在一个细分市场上，供应商能控制价格或在同等价格下降低产品或服务的质量，那么该细分市场的吸引力也会下降。

二、目标市场选择策略

（一）无差异性市场策略

采用此种策略时，企业对构成市场的各个部分一视同仁，只考虑人们需求中的共同点，而不管差异点。在无差异性市场策略下，企业视市场为一个整体，认为所有消费者对某一产品都有共同的需求，因而希望凭借大众化的分销渠道、大量的广告媒体以及相同的主题，在大多数消费者心目中树立产品形象。例如，在相当长的时间内，可口可乐公司因拥有世界性的专利，仅生产一种口味、一样大小和同一包装瓶形状的可口可乐，连广告口号也只有一种。

无差异性市场策略的基础是成本的经济性，认为大量生产与标准化可降低生产成本。无差异性市场策略能因广告类型和市场研究的简单化而节省费用。然而，无差异性市场策略完全忽略了市场需求的差异性，将顾客视为完全相同的群体，实践证明这种策略有缺陷。因为一种产品长期被几乎所有消费者接受，这是非常罕见的。并且采用这一策略的企业，一般都针对最大的细分市场开发单一的产品，制订单一的营销计划，易引起此领域内的过度竞争，而较小的细分市场又被忽视，致使企业丧失机会。

（二）差异性市场策略

采用此种策略时，企业承认不同细分市场的差异性，并针对各个细分市场的特点，分别设计不同的产品与市场营销计划，利用差异化的产品与市场营销占领每一个细分市场，从而获得最大销量。由于差异性市场策略能分别满足各顾客群的需要，因而能提高顾客对产品的信赖程度和购买频率。

在差异性市场策略下，企业试图以多产品、多渠道和多种推广方式，去满足不同细分市场消费者的需求，力求提升企业在这些细分市场中的地位和增强顾客对该类产品的认同。近年来，由于大市场上的竞争者不断增多，国内外一些稍具规模的企业越来越多地实行差异性市场策略。例如，农夫山泉纯净水系列不同的产品采用不同的包装进行销售，满足不同人群的需要。

尽管差异性市场策略能更好地满足不同消费者的需要，并增强次要的细分市场的吸引力，从而增加企业总销售量，但是，企业资源将被分散于各个细分市场，企业产品的变动成本、生产成本、管理费用、存货成本和营销费用势必随之增加。

（三）密集性市场策略

企业面对若干细分市场，无不希望占领市场的大部分或全部。但如果企业资源有限，就应选择全力争取一个或少数几个细分市场，而不是将有限的人力、财力、物力分散于多个或所有市场。在部分市场拥有较高的占有率，远胜于在所有市场都获得微不足道的份额。在一个或几个细分市场占据优势地位，不但可以节省市场营销费用、增加利润，而且可以提高企业与产品的知名度，并可迅速扩大市场份额。

采用无差异性市场策略或差异性市场策略的企业以整个市场为目标，而采用密集性市场策略的企业则是以一个或少数几个细分市场为目标，这使得企业可集中采用一种营销手段，服务于该市场，所以采用密集性市场策略容易对目标市场的需求做较深入的调查研究，获得较透彻的了解。另外，为目标市场提供较好的服务，可以使得企业在目标市场获得较有利的地位和较高的信誉。此外，由于生产及营销过程中的作业专业化，产品设计、工艺、包装、商标等都精益求精，因此营销效果大为改善。密集性市场策略也有较大的风险，因为把企业的前途和命运系于一个或少数几个细分市场，若特定的目标市场不景气，则企业将受到较大的影响，甚至元气大伤。即使在市场景气时，也可能会招来有力的竞争者进入同一目标市场而使营销状况发生较大变化，致使在总需求增长速度不变或变慢的情况下企业的利润大幅度降低。因此，多数企业在采取密集性市场策略的同时，仍然会采用差异性市场策略，聚焦于几个细分市场，以便获得回旋的余地。

三、影响目标市场选择策略的因素

三种目标市场选择策略各有利弊，适用于不同的情况，企业在确定目标市场选择策略时，必须全面考虑各种因素，权衡得失，慎重决策。

（一）企业的实力

企业的实力包括企业的设备、技术、资金等资源状况和营销能力等。一般来讲，大型企业实力比较雄厚，资金多，原材料比较充足。那么，它就有条件采用无差异性市场策略和差异性市场策略。如果没有这样的实力，就适合把力量集中起来专攻一个或少数几个市场，所以中小企业比较适合采用密集性市场策略。

（二）产品的自然属性

产品的自然属性指产品在性能、特点等方面差异性的大小以及产品特性变化的快慢。比如汽油、钢铁、原粮长期以来没有太大的变化，这类产品适宜采用无差异性市场策略。而特性变化快的商品，如服装、家具、家用电器等，适合采取差异性或密集性市场策略。

（三）市场差异性的大小

从市场差异的大小可以看出市场是否同质。如果市场上所有顾客在同一时期偏好相同，对营销刺激的反应也相近，则可视为同质市场，宜实行无差异性市场策略；反之则为异质市场，宜采用差异性或密集性市场策略。

（四）产品所处的生命周期的阶段

新产品在引进期和成长期较适合于采用密集性市场策略或无差异性市场策略，在成熟期一般适合采用差异性市场策略和密集性市场策略。

（五）竞争对手状况

一般来说，企业的目标市场选择策略应该与竞争对手有所区别。假如竞争对手采用的是无差异性市场策略，以一种产品来供应所有的消费者，在这种情况下，要想打进市场，仍采用同一种策略会很难成功，应当采用差异性或密集性市场策略。

当然，这些只是一般原则，并没有固定模式，营销者在实践中应根据竞争双方的力量对比和市场具体情况灵活选择。

第 3 节　市场定位

企业营销战的目的是争取更多的顾客购买自己的产品或者服务。事实上，企业之间真正争夺的是其产品或服务在顾客心中的位置。所以，营销战的战场在顾客的心里。

目标市场确定后，企业需要在目标市场上对本企业产品做出具体的市场定位决策，这是企业开拓和抢占目标市场，取得产品在目标市场上的竞争地位和优势，更好地为目标市场服务的前提。

一、市场定位的含义及方式

（一）市场定位的含义

所谓市场定位就是企业根据自身在消费者心目中的某一特定地位而设计自己的产品和营销组合的行为。这里的“位”，不是地理位置，而是企业和产品在消费者心中所处的位置，是一个抽象的心理位置的概念。

定位理论是由艾・里斯和杰克・特劳特于 1972 年提出来的，他们说：“定位并不是你对一件产品本身做什么，而是在他们的心中给你的产品定一个适当的位置。”不管企业是否意识到产品的定位问题，对于消费者来说，不同的产品在他们心目中会占据不同的位置，他们会在内心按自己认为重要的产品属性对市场上他们所知的产品进行排序。随着市场上的产品越来越丰富，与竞争者雷同的产品已很难吸引消费者的注意。因此，企业应该根据竞争者现有产品的特色以及在市场上所处的地位，针对顾客对产品特征或属性的重视程度，塑造本企业产品的特征。从这个意义上来说，市场定位是一种竞争性定位。

市场定位旨在帮助企业取得在目标市场的竞争优势，确定产品在顾客心目中的适当位置并给其留下深刻的印象，以便吸引更多的顾客。因此，市场定位是市场营销战略体系中的重要组成部分，它对于凸显企业及产品的特色，满足顾客的需求偏好，从而提高企业竞争力具有重要的意义。

（二）市场定位的方式

市场定位作为一种竞争战略，显示了一种产品或一家企业同类似的产品或企业之间的竞争关系，定位方式不同，竞争态势也不同。下面分析三种主要的定位方式。

1. 避强定位

这是一种避开强有力的竞争对手的市场定位。其优点是能够迅速在市场上站稳脚跟，并能在消费者或用户心目中迅速树立起一种形象。由于这种定位方式市场风险较小、成功率较高，因此常常为多数企业所采用。

2. 迎头定位

这是一种与市场上占据支配地位的亦即最强的竞争对手“对着干”的定位方式。显然，迎头定位有时会是一种危险的战术，但不少企业认为这是一种更能激励自己奋发向上、具有可行性的定位尝试，一旦成功就会取得巨大的市场优势。在国外，这类事例屡见不鲜。如可口可乐和百事、汉堡王与麦当劳之间持续不断的争斗。实行迎头定位，必须知己知彼，尤其应清楚自己的实力，不一定非要压垮对方，只要能够平分秋色就已是巨大的成功。

3. 重新定位

企业产品的市场定位不是一成不变、一劳永逸的。重新定位是指企业为已在某市场销售的产品重新确定某种形象，以改变消费者原有的认识，争取有利的市场地位的活动。

重新定位通常是对销路少、市场反应差的产品进行二次定位。如某日化企业生产婴儿洗发剂，以强调该洗发剂不刺激头皮来吸引有婴儿的家庭，但随着人口出生率的下降，其销售量持续减少。为了增加销售，该企业对产品进行了重新定位，强调使用该洗发剂能使头发松软有光泽，以吸引更多的消费者。当然也有因为产品意外地扩大了销售范围而重新定位的。例如，专为青年人设计的某种款式的服装在中老年消费者中流行开来，该服装因此而重新定位。

重新定位对于企业适应市场环境、调整市场营销战略是必不可少的，可以视为企业的战略转移，它可能会导致产品名称、价格、包装和品牌的更改，也可能导致产品用途和功能上的变动，因此企业必须考虑重新定位的成本和收益问题。

二、市场定位的步骤

市场定位的关键是企业要设法在自己的产品上找出比竞争者更具有竞争优势的特性。竞争优势一般有两种基本类型：一是价格竞争优势，就是在同样的条件下比竞争者定出更低的价格，这就要求企业做出一切努力来降低单位成本；二是偏好竞争优势，即能提供有特色的产品来满足顾客的特定偏好，这就要求企业做出一切努力在产品特色上下功夫。

因此，企业市场定位的全过程可以通过以下三大步骤来完成：明确潜在的竞争优势、提炼相对的竞争优势和显示独特的竞争优势。

（一）明确潜在的竞争优势

明确潜在的竞争优势是市场定位的基础。通常企业的竞争优势表现在两方面：成本优势和差异化优势。成本优势使企业能够以比竞争者低廉的价格销售相同质量的产品，或以相同的价格销售更高质量的产品。差异化优势是指产品独具特色的功能和提供的利益与顾客需求相适应的优势，即企业能向市场提供在质量、功能、品种、规格、外观等方面比竞争者更好的产品以满足顾客需求。为实现此目标，企业首先必须进行规范的市场研究，切实了解目标市场需求特点以及这些需求被满足的程度。比竞争者更深入、更全面地了解顾客，这是企业取得竞争优势、实现差异化的关键。

企业可以从产品、服务、人员和形象等方面进行差异化。

通过产品差异化，品牌可以在效能、风格和设计等方面使自己与众不同。如戴森将其产品定位为高效干发用品，其吹风机采用了数字电机和空气多重放大技术，能够提供高达 110 000 转/分钟的电机速度和 13L/s 的风量，比传统吹风机快数倍，能够快速地将头发吹干，节省了许多时间。

除了实体产品方面的差异化，公司还可以在产品的服务方面进行差异化。例如某餐饮品牌以顾客为导向，注重顾客的消费体验。顾客无论是在排队还是在用餐过程中都能享受到极致的服务，这与其他餐饮品牌相比形成了差异化优势。品牌通过细致的服务，提升了顾客对于品牌的好感度，提高了品牌信誉。

公司还可以通过人员差异化（比竞争对手更好地雇用和培训员工）来获得竞争优势。例如，迪士尼乐园的经营理念是给游客带来欢乐，因此它加大对员工的培训力度，让每位员工都以饱满的热情投入工作，不仅使游客获得幸福感，还要让自己的工作人员也获得幸福感。新加坡航空享有盛誉，很大一部分原因是其工作人员优雅得体。人员差异化要求公司仔细选择与顾客接触的员工，并很好地培训他们。例如，美国连锁超市韦格曼斯（Wegmans）一直被视为顾客服务的楷模，拥有众多狂热而忠诚的粉丝，其优异的顾客服务的秘密在于精心选择和充分培训员工，使他们“每一天都竭尽全力地”服务顾客。

即使市场中的竞争性产品看上去差别不大，购买者也会因公司或品牌形象的不同而感受到差异，因此，公司或品牌应该传达产品的独特利益和定位，通过大量创造性的营销努力树立鲜明、独特的形象，公司不能指望仅仅通过几个广告，就在公众的心目中树立独特的形象。例如，蒙牛几十年如一日地做公益，从而在公众心目中树立了热心公益事业、奉献社会的形象。企业也可以借助名人形象宣传品牌，还有些企业甚至将自己与某种颜色联系起来，例如王老吉（红色）、瑞幸咖啡（蓝色），这些选定的标志性人物和其他形象元素有助于企业实现形象的差异化。

（二）提炼相对的竞争优势

竞争优势是企业胜过竞争对手的能力。这种能力既可以是现有的，也可以是潜在的，选择竞争优势实际上是一个企业与竞争者各方面实力相比较的过程。比较的指标应构成一个完整的体系，只有这样，才能准确地选择相对竞争优势。通常的方法是分析、比较企业与竞争者在经营管理、技术开发、采购、生产、市场营销、财务和产品等方面究竟哪些是强项、哪些是弱项。许多市场营销者认为，公司应该只向目标市场重点推广一项利益。例如，广告人罗瑟·瑞夫斯（Rosser Reeves）曾经指出，公司应该为每个品牌开发一个独特的销售主张（unique selling proposition，USP），同时为每个品牌挑选一种属性，并宣称自己在该属性上是“最好的”，以此来提炼竞争优势。并非所有差异点都有意义或值得宣传，也不是每一个差异点都能够有效地进行差异化，一种差异在增加顾客利益的同时，也有可能增加公司的成本。公司可以根据以下标准来选择差异点：

（1）重要性：对目标顾客而言，该差异点非常有价值。

（2）独特性：竞争者不能够提供，或者公司与竞争对手相比具有明显的优势。

（3）优越性：与向消费者提供相同利益的其他方法相比更加优越。

（4）可沟通性：该差异点适于沟通，购买者可以看到。

（5）专有性：竞争者不能轻易模仿。

（6）经济性：购买者能够买得起。

（7）盈利性：推广该差异点可以为公司带来利润。

（三）显示独特的竞争优势

企业在这一步骤的主要任务是通过一系列的宣传促销活动，将其独特的竞争优势准确传递给潜在顾客。品牌价值主张是该品牌赖以差异化和定位的所有利益的组合。价值主张直接回答顾客的问题——“我为什么要购买你的品牌”。根据价值主张，通常公司可以采取优质高价、优质同价、同质低价等定位。

优质高价（more for more）指提供更高档次产品和服务的同时制定更高的价格来补偿较高的成本。采用优质高价定位的市场营销者提供高品质的产品和服务，这是购买者地位和高端生活方式的体现。劳力士手表、星巴克咖啡、梅赛德斯-奔驰汽车、苹果手机等，都具有高品质、性能卓越或风格独特等特点，并制定了与之相匹配的高昂价格。

优质同价（more for the same）是指公司以同样的价格提供更高质量的产品的定

位。例如，美国零售商塔吉特（Target）将自己定位为“高端折扣商”。它声称自己在商店氛围、服务、时尚产品等方面更好，但价格与沃尔玛和其他折扣店相当。

同质低价（the same for less）意味着物美价廉。采用这一定位的企业更强调产品的低价格。实际上，它们提供的产品和其他商店或专卖店差不多，但是基于卓越的采购能力和低成本的运营，它们可以提供很大的价格优惠。

企业一旦明确了自己的定位，就必须坚定地向目标市场传递这一定位，同时企业所有的策略都要支持这一定位（见图5-3）。

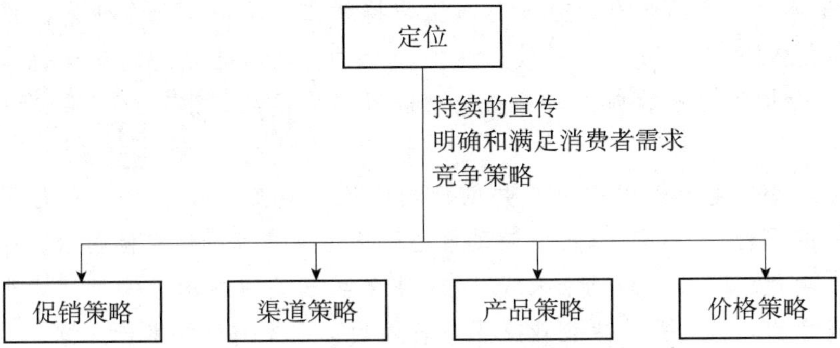

图5-3 企业策略必须支持其定位

素养园地 小熊电器求变：从网红品牌到长红品牌

以年轻人的热爱为驱动力，一个品牌能闯出一片怎样的天地？从800平方米的小厂房，变成了占地面积58万平方米左右的数智制造基地；从一台酸奶机起步，到800多个库存单位，自主研发超过70个品类，拥有1 800多项国家专利……小熊电器以创意、创新、品质牢牢抓住年轻人群体，成为小家电行业中的长红品牌。这是小熊电器18年来交出的成绩。围绕“年轻人、互联网、制造业”这三个关键词，小熊电器通过品类创新、技术创新，成功打破小家电行业当年由美的、苏泊尔、九阳三巨头把持的格局，迎来了自己18岁的“成年礼”。小熊电器18年来辛勤耕耘，历经四次品牌升级，最终被定格为“年轻人喜欢的小家电”。

在小家电十几年来的高速发展期，相关企业已经达到了140余万家。其中，为何仅有小熊电器等为数不多的品牌脱颖而出？精准切入非主流用户、非主流产品赛道并创造新品类是初期策略，始终“以用户为中心”的创新求变，才是其逐光前行的长久动力。

18周年庆上，小熊电器董事长李一峰将企业18年发展之路凝练为简短的四个字：逐光成长。“光”是用户，是小熊电器勾勒未来愿景的根基，也是贯穿研发、设计、生产制造等经营行为的终极目标。想做离用户最近的企业，不能只喊口号，要落实到行动上。因此周年庆上，小熊电器发布了行业首个“用户共创计划”，希望未来能与用户共同搭建起一个可直接对话的创新型“交互场”，并依托数字化技术，实现全域用户的价值创新。关于计划的具体落地，小熊电器也给出了清晰的框架蓝图。“数字化”是技术底座，基于数字化技术的运用，小熊电器可实现基础信息的收集、汇总、联通、分析、洞察等；“全域”是项目主体，通过对已购用户、电商会员、自媒体粉丝等的有机串联，构建起庞大的全域用户网，完善体验和数据；“创新”是运行机制，基于用户需求的深度挖掘，反馈研发生产，以此提升用户体验和价值。而在这一完备的构思下，我们惊喜地看到小熊电器以用户体验为准绳，已经初步打造了两套全新的价值赋能体系：其一是用户体验和价值赋能体系。过去，用户体验的反馈链路冗长，普遍缺乏时效性和准确性。而今用户共创计划可以对用户需求实现精准获取，去反哺生产、研发，持续迭代更受年轻人喜爱的小家电产品，创造用户最佳体验。其二是企业创新价值赋能体系。以前的创新，新品必须量产投入市场才能印证是否成功。用户共创计划实施后，用户将直接参与产品研发，企业可与用户持续交互验证，配合研发、设计、数智制造等优势，让创新更精准、更高效。此外，除了对已有痛点的创新优化，用户共创计划还将基于大量的用户数据、需求画像来进行趋势预判，为用户创造“没想到但需要”的惊喜。

综合来看，小熊电器提出的用户共创计划本质上是要打造一个企业与用户共同成长、互相成就的平台。用户可以借此满足自己的确定性需求和潜在性需求，企业也能将产品创新从“现代式”切换到“未来式”。这种交互方式的进化与蝶变，为小熊电器形成了独特的竞争力，也会是未来企业克服增长瓶颈，逐光前行的重要支撑。

资料来源：小熊电器求变 从网红品牌到长红品牌．（2024-03-25）．https：//elec.dzwww.com/qydt/202403/t20240325_13887724.htm. 有改动。

本章小结

现代市场复杂而庞大，企业面临的机会众多但又充满不确定性。通过完整的STP战略，也即市场细分、目标市场选择和市场定位的实施可以帮助企业发现机会、利用机会。在市场细分方面，本章详细介绍了市场细分的概念、原则、步骤以及消费者市场和生产者市场进行市场细分的具体依据等；在目标市场选择方面，重点介绍了目标市场选择策略和影响目标市场选择策略的因素；在市场定位方面，介绍了市场定位的含义、方式和步骤。

案例分析

“选择比努力更重要”——元气森林的营销之道

2015年，我国饮料行业实现利润总额567亿元，同比增长15%，创历史新高。同年，国务院出台了以传统消费提质升级和新兴消费蓬勃兴起为主要内容的新消费指导意见。具体而言，新消费是指由数字技术等新技术、线上线下融合等新商业模式以及基于社交网络和新媒介的新消费关系所驱动的消费行为。因为其具有“增量”和“升级”的特点，所以尤其适合饮料零售行业。唐彬森敏锐的商业嗅觉使他开始关注新消费的项目，并最终决定进军饮料行业，于2016年成立了元气森林（北京）食品科技集团有限公司（以下简称元气森林）。

一、关注对手动态

元气森林选择进军红海行业，但没有选择和竞争对手硬碰硬。彼时的饮料行业中，销量最高的是碳酸饮料品类中的可乐产品，可口可乐与百事加起来拥有其九成的市场占有率。唐彬森进军饮料行业绝对不是要做一款元气森林出品的可乐，而是要在红海行业中创造出符合市场需求和时代趋势的新产品。事实上，在健康消费、需求回升、成本下降等因素的共同作用下，众多品牌都已经开始研发健康饮料，其中既有统一、百事、娃哈哈等饮品巨头开发的新产品，也不乏江中药业等并非以饮料为主营业务的企业打造的跨界单品。

二、无糖定位，切入市场

作为一家饮品公司，元气森林想在激烈的行业竞争中脱颖而出，就需要洞悉市场环境，挖掘消费需求，精准定位产品，抓住消费者的心。

1. 分析市场抓机会

2016年，我国饮料行业已经经历了碳酸饮料、瓶装水、果汁饮品、乳饮料、茶饮料等多次产业浪潮。然而，经过全面的市场调研，元气森林发现当时饮料行业的产品同质化严重，经济环境和消费者习惯的变化，使传统饮料行业面临考验。茶饮料、功能饮料和健康饮用水的市场份额不断增加，碳酸饮料的市场份额受到侵蚀。消费者对健康的重视使凉茶、低热量饮料、近水饮料等新品类饮品销量快速增长，挤进主流市场。作为食品、饮料的常用成分，当时饮料市场中的绝大多数饮料会添加蔗糖，蔗糖可以为人们提供日常活动所需的能量，还能促进人体分泌多巴胺，让人感到快乐，但过量摄入糖分对人体有害，例如会引发肥胖、糖尿病等。元气森林在对饮料产品的市场环境、行业状况进行跟踪分析时，有一个重要的发现，即市场上无糖、低糖饮料的增长率开始明显高于常规含糖饮料，比如可口可乐的常规产品增长率连续几年都是个位数，而无糖的零度可口可乐产品增长率却连续七个季度稳定在两位数。消费者对高糖和高热量饮料的偏好持续减弱，“健康”和“无糖”成为饮料市场的新趋势。元气森林意识到，应该抓住这次机会。

2. 洞察用户知需求

针对消费者需求，元气森林做了大量的市场调研工作。随着社会经济的快速发展，人们的生活水平不断提高，消费者的健康意识也在不断增强。同时中国的肥胖人口数量逐年增加，各个年龄段的人群都有减脂的需求。通过对消费者的分析，元气森林发现主流消费者的购买偏好逐渐从碳酸饮料转向包装水和健康饮料。此外，消费者的需求不再单一，越来越多的消费者尤其是年轻女性群体不再一味地追求饮料口感，而是越来越看重饮料口感与健康的平衡，他们对于饮料的消费需求正在朝“健康＋口感”的方向转变。在年轻一代的消费者眼里，“昔日最爱”的可口可乐已经被贴上了“肥宅快乐水”的标签，这不仅是称谓的改变，而且反映了消费者需求的明显变化。元气森林通过对目标消费群体的分析与了解，掌握了消费者的需求变化趋势，为公司进行产品定位提供了关键信息。

3. 精准定位铸成功

经过对饮料行业市场环境的分析，以及对消费者需求的深入挖掘，元气森林找到了传统饮料行业的贫瘠地带，走出了饮料“高糖、高热量”的“泥沼”，确定了自己的市场定位——“无糖饮料专家”，主打“0糖0脂0卡”的健康牌，精准击中了消费者的健康需求。针对消费者对于口感和健康的双重需求，元气森林又是如何满足的呢？经过对多种代糖的分析比较，元气森林发现了一种被称为“糖中贵族”的代糖，即赤藓糖醇。赤藓糖醇是目前市场上最安全的代糖之一，它是由小麦、玉米等淀粉经发酵自然转化提取的糖醇产品，进入人体后，不参与血糖代谢，可直接被排出体外，也不产生热量。虽然赤藓糖醇的成本很高，但元气森林最终仍选择使用它来替代蔗糖，使产品既满足消费者对口感的偏好，又符合消费者对健康的追求。自此，元气森林开启了它的无糖饮料之路。

资料来源：张璇，樊俊杰，李奇，等．“选择比努力更重要”：元气森林的营销之道．(2022-01-10). www.cmcc-dlut.cn/Cases/Detail/5887.

思考题

1. 简要描述元气森林所选择的目标市场的特征。
2. 你认为元气森林的定位方式属于哪种类型？请简述其特点。
3. 元气森林是如何进行目标市场选择的？

理论思考

1. 进行有效的消费者市场细分需要考虑哪些主要变量？
2. 简述企业应如何在有效的市场细分的基础上选择目标市场。
3. 企业应该如何进行市场定位？

营销实战

1. “根据市场去确定你的商品，关键是要倾听客户的声音。”试运用市场细分理论和定位理论，结合这句话谈谈你认为企业应如何倾听顾客的声音。

2. “以前我们只是向顾客提供一种商品，他们也只是接受，而现在，当顾客进入店内时，他们已经有了品牌的概念。”运用营销中的STP理论，结合这句话剖析市场定位的重要意义。

实训练习

实训目的：使学生深刻理解市场营销中的STP理论。

实训内容：将学生划分为若干团队，为某电视台的一档真人秀节目进行正确的定位，并分析该节目与已有节目相比有何竞争优势。

实训方式：分组进行模拟讨论。

即测即评

扫描二维码可在线自测并查看答案。

第6章
购买行为分析

知识目标

- 了解消费者市场的概念和特点。
- 了解消费者购买行为模式并熟悉影响消费者购买行为的因素。
- 掌握消费者购买行为的类型及购买决策过程。
- 了解组织市场及购买行为。

能力目标

- 能够对消费者市场的购买行为进行基本分析。
- 掌握消费者和组织市场购买行为的类型与决策过程。
- 能够针对组织市场购买行为的特点，选择合适的营销策略。

价值目标

通过分析消费者的购买行为，引导学生树立正确的消费观、价值观，培养爱国主义精神，成为德才兼备的高素质人才。

关键词

消费者市场　　组织市场　　购买行为　　购买决策过程

思维导图

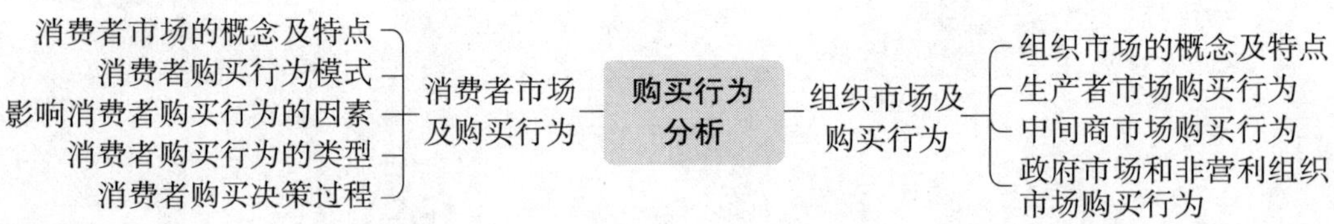

营销观察

向和尚推销梳子

有四个营销员接受任务：到庙里向和尚推销梳子。

第一个营销员铩羽而归，说和尚没头发，不需要梳子，因此一把都没销售出去。

第二个营销员销售了十多把。他介绍说："我告诉和尚，头皮经常梳不仅可以止痒，还能通经活络，有益健康。念经念累了，梳梳头，可以让头脑更清醒。"

第三个营销员销售了百十把。他说："我到庙里去跟老和尚讲，香客烧香磕头，过不了多久头发就乱了，香灰也落在他们头上。您在每个庙堂的前面放一些梳子，他们磕完头烧完香可以梳梳头，他们感受到这个庙关心香客，下次还会再来。"

第四个营销员说他销售了数千把，而且有订货。他说："我跟老和尚说，庙里经常接受人家的捐赠，得有所回报，梳子是最便宜且合适的礼品。您在梳子上刻上庙的名字，再写上三个字'积善梳'，将其作为礼品赠送给前来的香客，可保证庙里香火更旺。"

营销启示

把握顾客的消费心理，发掘市场需求是企业制胜的法宝。市场是可以创造的，以客户需求为导向，紧紧抓住消费心理，大胆设想，小心求证，逐步引导，才能刺激顾客的购买欲望，最终实现营销目标。

第1节　消费者市场及购买行为

现代市场营销理论认为，企业营销活动的起点和归宿是市场，其营销活动的主要对象是购买者。企业开展营销活动不仅要研究它所面临的宏观环境和微观环境，而且要具体研究各类市场的特点及其购买者行为，首先要研究的是消费者市场及其购买行为。

一、消费者市场的概念及特点

（一）消费者市场的概念

消费者市场又称消费品市场、最终产品市场或生活资料市场，它是指为满足生活需要而购买产品和服务的一切个人和家庭。由于生活消费是产品和服务流通的终点，因而消费者市场是市场体系的基础，对整个市场起决定性作用。因此，消费者市场是现代营销理论研究的主要对象。

（二）消费者市场的特点

由于受多种主观和客观因素的影响，消费者市场呈现出多种特点。消费者市场的特点主要表现在以下几个方面。

1. 交易的商品

消费者市场人数众多，个体差异大。由于年龄、职业、收入、受教育程度、居住区域、民族和宗教信仰等方面的不同，消费者的需要、欲望、兴趣、爱好和习惯具有多样性，因而他们对不同商品或同类商品的不同品种、规格、性能、式样、价格等的需求是丰富多样的。因此，在市场上交易的商品品种、性能、样式、价格等亦纷繁复杂。

2. 交易的规模和方式

消费者市场的交易频繁，但每次交易数量较少，交易方式简单。消费品的购买一般以个人和家庭为单位，受消费品本身特点和家庭需求量的制约，消费者每次购买的消费品通常以能满足一定时间内个人及家庭需要为准，一般来说交易的数量和金额相对较少，多属零星购买，购买频率较高。因此，绝大部分商品都是通过中间商来销售，以方便消费者购买。在现实生活中，商厦、代销店、广场、马路边乃至于田间地头都会成为消费品的销售场所。

3. 购买行为

消费者的购买行为具有很强的可诱导性，消费者在决定购买时，具有自发性、冲动性。由于需求的复杂性导致了产品的多样化，人们在购买时经常显得缺乏专门的甚至是必需的产品知识、价格知识和市场知识。因此，消费者相对容易受促销影响，消费需求会发生转移，具体表现为潜在需求上升为现实需求，未来的消费需求转变为近期需求，打算购买 A 品牌产品，结果购买了 B 品牌的产品等。

4. 市场动态

消费者市场呈现出流动性与全球性。普通消费者的购买力相对有限，对满足需要的产品必然慎重选择，加之随着经济全球化趋势的发展，国际交往日益增多，人口的流动性越来越大，消费者的购买力经常在不同产品、不同品牌和不同企业之间流动。

二、消费者购买行为模式

消费者的行为受消费者心理活动支配。按照心理学的“刺激-反应”理论，人们行为的动机是一种内在的心理活动过程，像一只黑箱，难以捉摸。客观的刺激经过“黑箱”使人产生反应，引起行为。只有对行为进行研究，才能了解心理活动过程。消费者购买行为模式如图 6－1 所示。

营销观察　数字化时代我国消费模式的变化

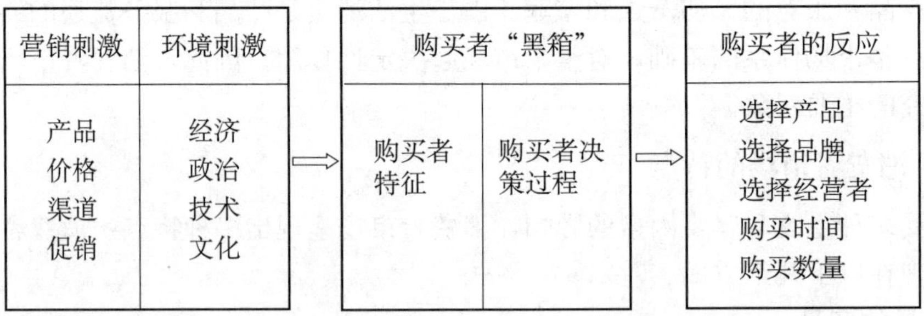

图 6－1　消费者购买行为模式

该模式说明消费者购买行为不仅受到营销刺激的影响，还受到环境刺激的影响。而不同特征的消费者会产生不同的心理活动，并做出不同的反应，最终做出一系列关于产品、品牌、经营者以及购买时间和数量等的决定。其中，营销刺激指企业营销活动的各种可控因素，即产品、价格、渠道、促销的影响；环境刺激指消费者受到的经济、政治、技术、文化等的影响。这些刺激通过购买者“黑箱”使购买者产生反应，即购买者行为。刺激和反应之间的购买者“黑箱”包括两个部分：第一部分是购买者特征。购买者特征受到文化、社会、个人、心理等因素的影响，进而影响购买者对刺激的理解和反应，不同特征的购买者对同一种刺激会产生不同的理解，也会做出不同的购买决策。第二部分是购买者决策过程，这部分构成了购买者“黑箱”的主体。

三、影响消费者购买行为的因素

消费者明确了购买意向以后，其购买行为的指向仍然是不确定的，因为在众多内外因素的影响下，消费者的购买行为会发生很大的变化，而这些内外因素可概括为四大类：文化因素、社会因素、个人因素、心理因素，如图 6-2 所示。

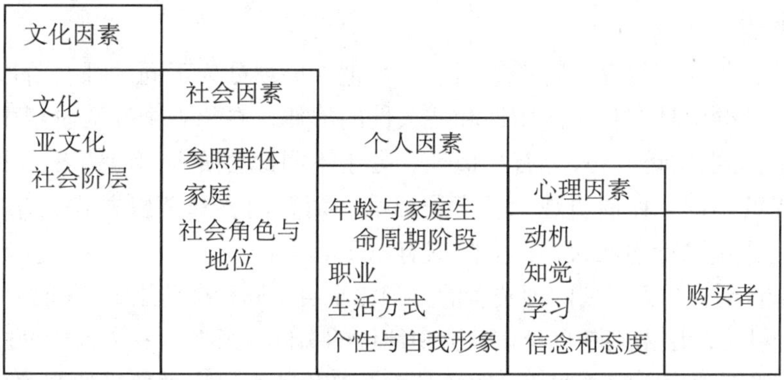

图 6-2 影响消费者购买行为的因素

对影响消费者购买行为的各种因素进行研究，把握消费者购买行为的基本规律，对于企业的市场营销活动显得尤为重要。

（一）文化因素

文化因素是影响消费者需求和购买行为的最基本因素之一。文化因素的影响包括购买者的文化、亚文化和社会阶层对购买行为所起的作用。

1. 文化

营销观察 OPPO 手机顺应海外文化进行营销

被称为“人类学之父”的爱德华·泰勒1871年在其代表作《原始文化》中给文化下的定义是：“文化是一个复合的整体，其中包括知识、信仰、艺术、道德、法律、风俗以及作为社会成员而获得的其他方面的能力和习惯。”文化是人类欲望和行为最基本的决定因素。每一个社会和群体都有自己的文化，人们通过家庭、学校等学习和接受本社会最基本的价值观、社会规范、宗教信仰、风俗习惯等。而这些都会影响人们对产品的评价和选择。不同的文化造就了不同消费者的购买观念，能满足文化需求的产品较易获得顾客的认可，反之则会导致企业营销活动的失败。例如，宝洁的佳美（Camay）香皂在日本的广告中出现男人直接恭维女人外表的场景，这个广告与日本文化相冲突，结果导致这种香皂在日本滞销，广告活动也因此终止。因此，企业营销人员应该关注自己的产品是否符合目标顾客的文化需求。

2. 亚文化

在一种文化内部，受各种因素影响，人们在价值观、风俗习惯和审美等方面也会表现出不同特征，构成不同的亚文化。亚文化分为以下几种：

（1）民族亚文化。不同民族的风俗、节日、生活习惯等差异会对其消费习惯产生深刻的影响。

（2）宗教亚文化。不同的宗教文化会影响人们认识事物的方式，包括对客观生活的态度、行为准则和观念等，从而影响消费者购买行为。

（3）地理亚文化。不同区域有不同的风土人情、历史传统和习俗、爱好等，使消费者行为带有明显的地方特色。

3. 社会阶层

根据职业、收入、教育、财产等因素，可把人们划分为不同的社会阶层。所谓社会阶层是指一个社会中具有相对同质性和持久性的群体。在每一个社会阶层中，其成员的价值观、生活方式、行为方式具有相似性。处于不同社会阶层的消费者，由于其收入水平、职业特点的不同，在消费观念、审美标准、消费内容和消费方式上存在明显差异。营销大师菲利普·科特勒认为，社会阶层有以下几个特点：

第一，来自同一社会阶层的消费者的行为比来自不同社会阶层的更加相似。人们往往以自己所处的社会阶层来判断自身在社会中地位的高低。第二，一个人所处的社会阶层并不仅仅由一个变量决定，它受职业、收入、教育和价值观等多种变量的制约。第三，社会阶层并不是一成不变的。人在一生中可以改变自己所处的社会阶层，既可以迈向高阶层，也可以跌至低阶层，变化的程度随着所处社会等级界限森严程度的不同而不同。

（二）社会因素

社会因素是指消费者周围对其产生影响的因素，其中以参照群体、家庭以及社会角色与地位最为重要。

1. 参照群体

参照群体（reference groups）也称为参考群体、相关群体，是指对一个人的看法、态度和行为产生影响的群体。

参照群体展示了新的行为和生活方式，影响着人们的态度和自我观念，进而可能影响人们对产品和品牌的选择，因此市场营销者应该重视参照群体对消费者的影响。

另外，口碑（word-of-mouth）对消费者购买行为影响很大。对消费者来说，信赖的朋友、亲人和其他消费者提供的信息往往比诸如广告或销售人员所提供的信息更可靠。一项研究表明，只有49%的消费者说他们信任广告，但有72%的消费者说信任家人和朋友，72%的消费者说信任网上评论。虽然大多数口碑的影响是自然而然发生的，但市场营销者可以帮助消费者创建关于其品牌的积极话题。

对于容易受到参照群体影响的品牌，市场营销者应该弄明白如何找到意见领袖（opinion leaders）。他们是从属于某参照群体，凭借自身专业技能、知识、个性或其他特征而对他人施加社会影响的人，一些专家称他们为有影响力的人（influentials）或率先采用者（leading adopters）。当这些有影响力的人发表看法时，消费者会愿意倾听。营销者应尽力为其产品确定意见领袖，并直接针对他们开展营销活动。

营销观察 网红经济蕴藏巨大消费潜能

2. 家庭

家庭是一个基本的消费和购买决策单位，也是最重要的一种参照群体，对消费者的行为有着极其重要的影响。家庭是一个基本决策单位，具体表现为在购买产品或服务的过程中，家庭成员在购买决策的不同阶段会扮演不同的角色。在分析家庭对购买的影响时，通常会关注以下方面：一是家庭决策模式，即购买家庭用品时是夫妻双方与子女共同决策，还是其中一方主导。二是家庭成员各自扮演的角色，尤其是孩子在家庭决策中的作用和影响。三是家庭决策中冲突的解决方式。四是家庭在生命周期不同阶段的消费观念及家庭成员的行为方式。五是家庭如何在不同品类和不同家庭成员之间配置资源，受哪些因素的驱动。

3. 社会角色与地位

作为重要的社会因素，社会角色与地位也会对消费者的购买行为产生影响。一个人在一生中会属于许多群体，如家庭、学校、俱乐部等，他在每一个群体中的位置就是其社会角色和地位。如一个男人，在父母眼里是儿子；在妻子眼里是丈夫；在孩子眼里是父亲；在公司是部门经理；在环境保护组织中是成员，每一个角色都将在某种程度上影响其购买行为。同时，他扮演的每个角色都附着一种地位，地位能够反映出这一角色在社会中受尊重的程度，一般来说，消费者的购买行为必定与其社会、经济地位相一致，产品与品牌往往成为地位的象征。

（三）个人因素

消费者的购买决策会受个人因素的影响，这些因素主要包括年龄与家庭生命周期阶段、职业、生活方式、个性与自我形象。

1. 年龄与家庭生命周期阶段

消费者处在不同的年龄阶段，消费的欲望和偏好会有所不同。比如，年轻人和中老年人的消费观念、消费方式等存在较大的差异。

西方学者根据家庭的特点把家庭生命周期划分为几个阶段，营销人员需要把自己的产品定位在某个特定的阶段上。表 6－1 显示了家庭生命周期的九个阶段，以及不同阶段家庭的状态与购买的典型产品。

表 6－1 家庭生命周期阶段和购买特点

家庭生命周期阶段	状态与购买的典型产品
单身阶段：年轻、不住在家里	状态：几乎没有经济负担，新观念的引领者，娱乐导向 购买：一般的厨房用品和家具、汽车、娱乐产品、度假产品
新婚阶段：年轻、无子女	状态：经济状况较好，购买能力强 购买：汽车、冰箱、电炉、耐用家具、度假产品

续表

家庭生命周期阶段	状态与购买的典型产品
满巢阶段Ⅰ：最年幼的子女不到6岁	状态：家庭用品采购的高峰期，流动资产少，不满足于现有经济状态。储蓄部分收入，喜欢新产品，如广告宣传的产品 购买：洗衣机、烘干机、电视机、婴儿食品、维生素、玩具、手推车、雪橇、冰鞋等
满巢阶段Ⅱ：年幼的子女6岁或超过6岁	状态：经济状况好，有一些妻子有工作，对广告不敏感，购买大型包装品，配套购买 购买：食品、清洁用品、自行车、音乐课本、钢琴
满巢阶段Ⅲ：年长的夫妇和尚未独立的子女同住	状态：经济状况仍然较好，许多妻子有工作，一些子女也有工作，对广告不敏感，耐用品购买力强 购买：新颖别致的家具、汽车、旅游用品、非必需品、牙齿保健服务、杂志
空巢阶段Ⅰ：年长的夫妇，无子女同住，尚在工作	状态：经济状况好，有储蓄，对旅游、娱乐、自我教育尤感兴趣，愿意施舍和捐献，对新产品不太有兴趣 购买：度假用品、奢侈品、家庭装修用品
空巢阶段Ⅱ：年长的夫妇，无子女同住，已退休	状态：收入锐减、赋闲在家 购买：保健产品等
鳏寡阶段：尚在工作	状态：收入仍较可观，但也许会出售房子 购买：生活必需品
鳏寡阶段：退休	状态：收入锐减，特别需要得到关注以及获得情感和安全保障 购买：医疗用品

2. 职业

个人职业也影响着消费者购买行为。职业不同的消费者，由于生活、工作条件的不同，消费构成和购买习惯也存在着较大区别。例如，公司管理层更可能坐高级轿车，穿昂贵的衣服，喝价值不菲的葡萄酒。营销人员必须意识到产品和品牌成为地位标志的潜力。

3. 生活方式

生活方式是个人及其家庭日常生活的模式。生活方式可通过AIO测度法来衡量，所谓AIO，是指消费者的活动（A，如工作、购物、运动、社交活动）、兴趣（I，如对食物、服饰、娱乐等的兴趣）、观念（O，如对自我、社会问题、商务和产品的看法）等。即使属于同一种文化背景、同一社会阶层、具有相同职业的人，也会因生活方式的不同而产生不同的购买行为。

4. 个性与自我形象

个性是指一个人经常表现出来的，既比较稳定又带有一定倾向性的各种心理特征（如兴趣、爱好、能力、气质、性格等）的总和。个性所表现的是个人的独特风格和基本精神面貌，如自信或自卑、冒险或谨慎、倔强或顺从、独立或依赖、合群或孤独、主动或被动、急躁或冷静、勇敢或胆小等。个性使人对环境产生比较一致和持续的反应，可以直接或间接地影响购买行为。

自我形象一般是指人的实际自我认识或理想自我认识，即一个人怎样看待自己或希望怎样看待自己；有时也指人的社会自我形象，即一个人认为别人如何看待自己或希望别人如何看待自己。消费者一般总是选择符合或能够改善自我形象的产品。企业研究目标消费者的自我形象有助于更好地满足消费者上述方面的特定需要。

（四）心理因素

消费者的购买行为受四个主要心理因素的影响，即动机、知觉、学习以及信念和态度。

1. 动机

营销观察 “汉服热”背后的购买动机

人在任何时期都有许多需要。有些需要是由生理状况引起的，诸如饥饿、口渴、不安等，另外一些需要是心理性的，它是由心理状况引起的，例如尊重和归属。其中大部分需要，在一定时间内不会发展到刺激人采取行动的程度，只有发展到足够的强度时，需要才会变为动机。

最著名和最流行的动机理论有两个：弗洛伊德的动机理论、马斯洛的需要层次理论。

（1）弗洛伊德的动机理论。

弗洛伊德认为，形成人们行为的真正心理因素大多是无意识的。个人在成长过程中会产生大量的需要和欲望，由于受到社会和周围环境的影响，有些需要和欲望不能得到满足，但它们并没有消失，而是在内心潜伏下来，成为一种心理的“无意识”，这些“无意识”的东西，会在人的梦中或现实中有所体现。因此，弗洛伊德认为，一个人的行动是受到了多种因素刺激的“无意识”的结果。用该理论来解释消费者的购买行为，就是消费者购买某种产品，可能是受到了多种因素的刺激，是“无意识”的结果。根据弗洛伊德的理论，营销人员需要通过多种因素来刺激消费者的购买欲望，特别是需要通过各种带有感情色彩的因素来刺激消费者购买。

（2）马斯洛的需要层次理论。

马斯洛的需要层次理论是心理学界最有影响力的激励理论之一。马斯洛认为，人需要什么取决于已经得到了什么，只有尚未被满足的需要才会影响人的行为，已经被满足的需要不再是一种激励因素或动因。他把人的需要分为五个层次，依次为生理需要、安全需要、社会需要、尊重需要和自我实现需要（见图6-3）。

根据马斯洛的需要层次理论，生理需要是最基本的需要，拥有优先权，只有满足了这一层次的需要，人们才会追求下一层次的需要。马斯洛的需要层次理论对企业分析、把握消费者的购买行为动机有着非常重要的实用价值。

2. 知觉

所谓知觉，是指人对事物传递或表现出的信息的一种综合性反应。感觉则是指人通

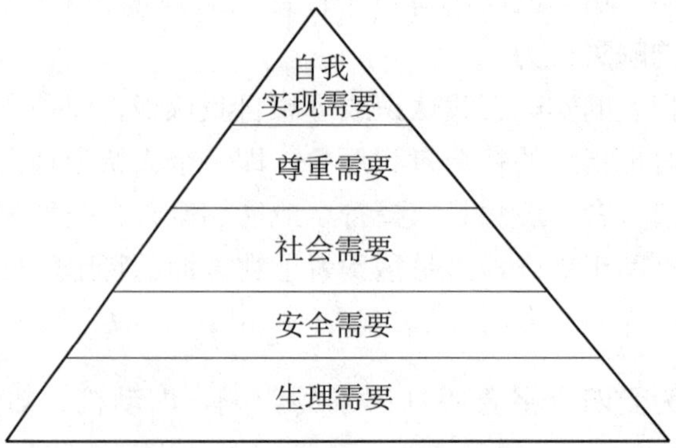

图 6-3　马斯洛的需要层次理论

过个别的感觉器官感知到的事物的个别属性，而不是对事物整体性的认识和判断。只有将各种感觉综合起来，才形成人们对事物整体的判断、认识。人是根据知觉行动的，在感觉上升到知觉的过程中，人们会经历三个步骤，从而产生对同一事物的不同知觉，并表现出行为的差异性。

（1）选择性注意。

人们在日常生活中会遇到许多刺激，但只会对部分刺激有所注意。选择性注意是指人在同一时间内只能感知周围的少数对象（刺激物），其他的对象（刺激物）则会被忽略。调研结果表明，人们会更多地注意以下几种刺激物：与当前需要有关的刺激物；期待的刺激物；与刺激物的正常大小相比有较大差别的刺激物。

以商业性广告刺激物为例，人们每天要接触到大量的广告，但人们感兴趣的只有少数几个广告。一个想买冰箱的消费者走进琳琅满目的大商场，尽管呈现在他眼前的有彩色电视机、洗衣机、空调等，但他真正关心的只有冰箱的广告和展销的冰箱产品，其他产品的广告和样品往往不会给他留下太深的印象。

（2）选择性扭曲。

选择性扭曲就是人们使信息合乎自己见解的过程。例如，有些消费者特别偏爱名牌产品，他们就可能会曲解这些产品，认为名牌产品的质量、功效等一定都是上乘的。所以营销人员要尽可能地考虑到消费者的各种思维倾向，从而在企业产品或服务的促销策略选择上更符合市场的要求。

（3）选择性保留。

在接触到的大量信息中，消费者会保留与自己的看法一致和自己相信的一些信息。比如，一些消费者认为意大利的皮具是世界闻名的，那么当他们接触到有关意大利皮具的信息时，就更容易记住皮具的皮料优质、做工精良等特点。选择性保留解释了为什么营销人员在传递信息给目标市场的过程中需要选用大量戏剧性手段和重复使用某些手段。

3. 学习

学习是指由经验引起的个人行为的改变。人类行为大都来源于学习或受后天经验影响。在后天经验理论中，应用比较普遍的是“刺激-反应”理论。该理论认为，消费者的购买动机是下列五种要素相互作用的结果：驱动力、刺激物、提示物、反应和强化。这五种要素相互作用的过程可用图 6－4 表示。

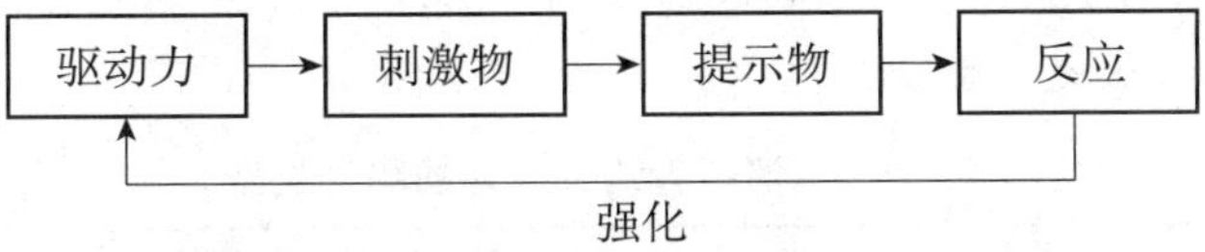

图 6－4 刺激-反应模式

“刺激-反应”理论告诉我们，一个企业要扩大销售，不仅要了解自己的产品（刺激物）与对潜在消费者的驱动力之间的关系，还要善于向消费者提供诱发需求的提示物——适当的广告宣传手段，积极进行反复宣传，以加强给消费者留下的印象。

如果一个消费者购买了某品牌的一套意大利真皮沙发，经过使用，发现这套沙发非常好，那么当他再购买沙发时可能还会选择该品牌的沙发，甚至会将该品牌推荐给亲朋好友。营销人员要研究消费者的这种行为，据此改进本企业产品，使消费者对产品产生良好的印象，刺激消费者产生多次购买的需求。

4. 信念和态度

信念是指一个人对某些事物所持有的看法或评价。它是一种描述性的看法，没有好恶之分，如相信某种空调省电、噪声小、价格合理等。一些信念建立在知识的基础上，能够验证其真实性；而另外一些信念则建立在成见的基础上，很难验证其真实性。企业应该关注消费者对产品的信念，因为信念会影响产品在消费者心目中的形象，从而影响消费者的购买选择。

态度是指一个人对某些事物或观念长期持有的好与不好的认识、感受和倾向。人们几乎对所有事物都持有态度，例如宗教、政治、衣着、音乐、食物等。态度一旦形成便具有一定的稳定性，将长期影响人们的购买行为。因此，企业在经营过程中要注意树立良好的品牌及企业形象，使消费者对产品和企业自身产生信赖感。

营销观察　东方树叶，一个“难喝饮料”的躺赢

由于态度具有稳定性，营销人员不要轻易去改变消费者的态度，而应改变自己的产品以迎合消费者已有的态度，最好使企业的产品与消费者既有的态度相一致；如果企业确实需要改变消费者的态度，就需要投入大量时间，并要为此付出高昂的费用和艰辛的努力。如果成功改变了消费者的态度，收获往往颇丰。因此，企业应该对改变消费者态度的持久性和艰苦性有足够的认识和准备。

总之，文化、社会、个人、心理等四方面的因素是影响消费者购买行为的主要因素，营销人员研究这些因素，有助于制定更好的营销策略并更有效地开拓市场。

四、消费者购买行为的类型

消费者在购买商品时，会因商品价格、购买频率的不同而形成不同的介入程度。如购买一台电脑和购买一把牙刷的购买决策会大不相同。前者属于大件商品，可能需要广泛收集信息，反复比较选择，而后者则可以考虑较少，随时购买。阿萨尔（Assael）根据购买者在购买过程中的介入程度和品牌差异程度，将消费者的购买行为分为四种类型，如表 6-2 所示。

表 6-2　消费者购买行为的四种类型

品牌差异程度	介入程度	
	低度介入	高度介入
品牌差异小	习惯性的购买行为	减少不协调感的购买行为
品牌差异大	多样化购买行为	复杂的购买行为

（一）习惯性的购买行为

许多产品的购买是在消费者低度介入、品牌差异小的情况下完成的。消费者对大多数价格低廉、经常购买的产品介入程度很低。对于低度介入的产品，消费者的购买行为并没有经过正常的信念—态度—行为过程，他们并没有对品牌信息进行广泛研究，也没有对品牌特点进行评价，对决定购买什么品牌也不重视。相反，他们只是在看电视或阅读印刷品广告时被动地接受信息，重复的广告会让他们对品牌感到熟悉，而不是形成品牌信念。一个典型的习惯性购买过程就是通过被动的学习熟悉品牌，随后产生购买行为。他们对购买行为有可能做出评价，也有可能不做评价。食盐的购买就是最为典型的例证。

（二）减少不协调感的购买行为

当消费者高度介入某个产品的购买，但又看不出各品牌有何差异时，对所购产品往往会产生失调感。因为消费者购买一些品牌差异不大的产品时，虽然他们对购买行为持谨慎的态度，但他们的注意力更多的是集中在品牌价格是否优惠、购买时间地点是否便利上，并不会花很多精力去收集不同品牌的信息并进行比较，而且从产生购买动机到决定购买之间的时间较短。因而这种购买行为容易产生购后的不协调感，即消费者购买某一产品后，可能会因产品自身的某些方面不称心，也可能会因得到了其他产品更好的信息，而产生不该购买这一产品的后悔心理或不平衡心理。为了避免产生这样的心理，追求心理的平衡，消费者广泛地收集各种对已购产品有利的信息，以证明自己购买决定的正确性。为此，企业应通过调整价格和售货网点，并向消费者提供有利的信息，帮助消费者消除不平衡心理，坚定其对所购产品的信心。

（三）多样化购买行为

多样化购买行为又叫作广泛选择的购买行为。如果消费者购买的产品品牌差异虽大，但可供选择的品牌很多，那么消费者并不需要花太多的时间选择品牌，而且也不会专注于某一类产品，往往经常变换品种。比如购买饼干，他们上次买的是巧克力夹心饼干，而这次想购买奶油夹心饼干，这种品种的更换并非因为对上次购买的饼干不满意，而是想换换口味。面对这种购买行为，当处于市场优势地位时，企业应注意以充足的货源占据货架的有利位置，并通过提醒性的广告促使消费者形成习惯性购买行为；而当处于非市场优势地位时，企业则应以降低产品价格、免费试用、介绍新产品的独特优势等方式鼓励消费。

（四）复杂的购买行为

当消费者初次选购价格昂贵的、购买次数较少的、冒风险的产品时，则需要高度介入。由于对这些产品的性能缺乏了解，为慎重起见，消费者往往需要广泛地收集有关信息，并经过认真的学习，产生对某一产品的信念，形成对品牌的态度，并慎重地做出购买决策。比如一辆汽车的购买，如果购买者不具备汽车方面的专业知识，那么他在购买之前一般要经过一个学习过程。首先要了解不同汽车的性能、特点，逐渐形成对产品的看法，经过比较权衡，最后才做出购买决策。这种购买行为就是复杂的购买行为。对这种类型的购买行为，企业应设法帮助消费者了解与该产品有关的知识，并设法让他们知道和确信本产品的特征及优势，使他们产生对本产品的信任感。在此期间，企业要特别注意针对消费者做介绍本产品特性的多种形式的广告。

五、消费者购买决策过程

复杂的购买行为一般遵循一定的规律，消费者要完成某一产品的购买决策须经历以下五个阶段，如图 6－5 所示。

图 6－5　消费者购买决策的全过程

（一）确定需要

购买决策过程从消费者对某一问题或需要的认识开始。当消费者发现现实情况与其所想达到的要求之间有一定的差距时，就会产生相应的解决问题的需要，这种需要是购买决策的起点。需要可由内在原因或外在刺激引起，也可以是两者相互作用的结果。

营销人员应该深入理解消费者产生某种需要的环境，找到引发这种需要的内在原因和外在刺激因素，从而运用多种营销手段，促使消费者与刺激因素频繁接触，并强化刺激因素与该需要之间的必然联系。例如，汽车制造商可以广泛而持续地宣传其产品的卓越性能和独特的造型，从而引发人们的购买欲望。

（二）收集信息

当消费者对某种产品感兴趣时，可能会搜寻更多的信息。例如，某用户决定购买一辆汽车，他可能会更多地关注汽车广告、朋友的车以及有关汽车的话题，或者上网搜索汽车相关信息。

对于营销人员来说，这一阶段的一个关键问题是了解消费者的信息来源，以及这些信息来源对消费者购买决策的影响程度。消费者购买产品的主要信息来源有以下四种：

（1）个人来源，如家庭成员、朋友、邻居或同事等。

（2）商业来源，如推销员、广告、零售商、产品包装、展销会、产品说明书等。

（3）公共来源，如大众传播媒介、网络搜索、消费者组织等。

（4）经验来源，指消费者本人通过以前购买使用或当前试用获得的知觉。

（三）选择评价

消费者通过各种渠道获得有关产品的信息后，需要分析和处理所得信息，逐渐对市场上各种品牌的产品形成不同评价，最后决定是否购买。选择评价过程主要分为以下几个阶段：

（1）分析产品属性。产品属性是指产品能够满足消费者某种需要的特性。消费者一般都将产品看成能提供实际利益的各种产品属性的组合，对不同的产品，消费者感兴趣的属性是不同的。如不同的消费者选择照相机时，可能会对成像清晰度、摄影速度、相机大小、价格等属性有不同的关注。

（2）建立属性等级。在现实生活中，即使是优质产品，也并非所有属性都是最优的，消费者也不会认为产品的众多属性同等重要，而是会从需要的角度出发，在对产品属性进行分析后，建立自己心目中的属性等级。例如，专业摄影者购买照相机首先考虑的是图像清晰、快速成影，其次才考虑（有的可能不考虑）价格；而初学摄影者往往首先考虑的是价格，其次才考虑图像效果。

（3）明确品牌信念。品牌信念是消费者对某品牌的某一属性已达到何种水平的评价。消费者的个人经验、选择性注意、选择性曲解、选择性记忆会影响其对某品牌的信念，而这种信念可能与产品的真实属性不一致。

（4）选出理想产品。消费者会运用效用函数，对各品牌产品的各项属性带来的效用进行整体评价，从众多产品中选出理想产品。

（四）做出购买决定

做出购买决定是消费者购买决策过程中的关键性阶段，因为只有做出购买决定以后，才会产生实际的购买行动。消费者经过分析比较和评价以后，便产生了购买意图，但最终做出购买决定，除了缘于消费者自身的喜好外，还受其他因素的影响，如他人态度、意外因素。

第一，他人态度。这是影响购买决定的因素之一，他人态度对消费者购买决定的影响程度，取决于他人态度可接受的程度。

第二，意外因素。消费者在做出购买决定的过程中除了受上述因素影响外，还会受推销态度、广告促销、购买条件等因素的影响，这些影响消费者是不大可能预测到的，所以称为非预期环境因素。比如某消费者本来准备购买某一品牌的化妆品，后因受到各种大众传播媒介的影响，改变了原来的决定。

（五）购后评价

购后评价是消费者就所购买产品的满意程度进行的评价。消费者购买产品后，购买的过程并没有结束，他还会通过使用或其他有关产品的信息对所购产品进行评价。消费者对其购买产品的满意度（S）是其产品期望（E）和该产品可觉察性能（P）的函数，即：$S=f(E, P)$。若$E=P$，消费者会满意；若$E<P$，消费者会非常满意；若$E>P$，消费者会不满意。产品期望源自消费者从企业、朋友以及其他来源所获得的信息。如果企业夸大其产品的优点，就会导致消费者对产品的期望过高，购买后不可避免地产生不满，进而导致消费者不会再购买该产品，甚至有可能退货，或劝阻他人购买该产品。如果企业能使其产品真正体现出可觉察性能，就会使消费者感到满意。而满意的购后感觉则会促使消费者自觉鼓动、引导其他人购买该商品。有些企业可能有保留地宣传产品的优点，反倒使消费者的满意度更高。

总之，消费者的购后评价对企业非常重要，正如西方企业家信奉的格言所说的："最好的广告是满意的顾客。"因此，企业在营销中一定要加强与顾客的联系，努力做好销售服务工作，力争获得顾客对产品的良好购后评价。

第2节　组织市场及购买行为

大部分企业并不是把产品直接卖给消费者，而是先卖给组织，然后由它们提供给消费者。组织市场在购买决策的参与者、影响购买行为的因素以及购买过程等方面与消费者市场有一定的相似之处，也有很大的不同，因此，向组织市场出售产品或服务的企业面临着不同的挑战。所以，供应商需要了解不同类型的组织采购者复杂的购买过程，研究其购买行为的特点以及影响其决策的因素，找到相应的营销策略。

一、组织市场的概念及特点

组织市场指工商企业为从事生产、销售等业务活动以及政府部门和非营利组织为履行职责而购买产品所构成的市场，简言之，组织市场是由各种组织形成的对企业产品和服务需求的总和。组织市场包括生产者市场、中间商市场、政府市场和非营利组织市场。

组织市场与消费者市场相比存在以下几个特点。

从需求特征来看，组织市场需求是一种派生需求，需求弹性小。组织购买产品是为了满足其顾客的需要，也就是说，组织对产品的需求，归根结底是从消费者对消费品的需求中派生出来的。例如，皮鞋制造商之所以购买皮革，是因为消费者要到鞋店去买鞋。而且组织市场的需求受价格变化的影响不大，需求在短期内不会有太大的弹性，因为组织不能对其生产做很大的变动。

从购买特征来看，组织市场上的购买者数量比较少，但购买规模相对较大。一般而言，组织购买的产品技术性能较为复杂，购买决策过程相对谨慎，属于典型的专业购买，重要的购买决策往往由技术专家和高级管理人员共同做出，决策时间长。

从销售特征来看，组织市场上的企业营销部门多倾向于人员销售，拥有好的销售代表往往会事半功倍。组织购买者大多喜欢直接向生产者购买，而很少愿意通过中间商购买。另外，组织往往愿意通过租赁的方式取得所需的一些特殊而且非长期使用的大型设备或昂贵产品，以求节约成本。

二、生产者市场购买行为

（一）生产者市场购买活动的参与者

企业除专职的采购人员之外，还有一些人员也参与购买过程。根据在购买过程中职能的不同，可将他们分为以下五种。

1. 使用者

他们是企业中具体使用欲购产品的人员。使用者往往是购买产品的最初提出者，他们在计划购买产品的品种、规格、品牌方面起着重要作用。

2. 影响者

他们是企业内部和外部直接或间接影响购买决策的人员。他们参与拟订采购计划，协助明确采购产品的规格、型号、品牌等。企业的技术员、工程师常常是采购任务的主要影响者。

3. 决策者

他们是企业里有权决定购买产品或服务的人。在经常性的采购中，采购者往往就是决策者；在复杂的采购中，特别是在新购中，企业的高级负责人往往亲自做出决策。

4. 采购者

他们是被赋予权力按照采购方案选择供应商与商谈采购条款的人员。采购者可能会帮助确定采购产品的规格，但他们的主要任务是选定供应商，并在采购权限内具体进行交易条款的磋商。在复杂的采购中，企业的高级人员往往会亲自参与磋商和交易。

5. 信息控制者

他们是企业中有权阻止推销员或推销信息与采购部门成员接触的人。如企业的技术人员、秘书，甚至电话接线员都可以拒绝接收特定供应信息。

（二）生产者市场购买行为的主要类型

生产者市场购买行为按照购买决策的难易程度，可分为三种：新购、修正重购和直接重购。

1. 新购

新购是指购买者第一次购买某种产品或服务，这是生产者市场购买行为中最复杂，成本与风险也相对较大的一种类型。当企业受到内外方面的刺激，例如产品线扩充导致了企业对新原材料、新部件的需求，为了满足客户的新需求而添置新设备等，需要采购以往从未使用过的产品和服务时，借助于经验通常很难获得满意的效果，企业需要在采购之前收集大量的信息以便做出购买决策。

新购能够为所有供应企业带来机会，营销人员应在新购过程的不同阶段采取不同的策略，供应企业应派出优秀的营销人员，积极向购买者提供优质产品、优质服务的信息，争取对方的订货。

2. 修正重购

修正重购是指购买者对产品的规格、交易条件、价格或其他条款等进行修正的购买行为。造成修正重购的可能原因有：计划外的发展问题（如质量、供应状况、存款等方面的问题）或者环境变化（如经济变化、法律变化、最终用户变化、技术变革）；客户需求（如数量、服务水平、交付期限）的变化或供应商供应（如价格、产品开发）的变化；供应商或客户对购买定期进行复查。

当决策者认为通过对可供选择的产品和供应商进行再评估能够获得最大利益，比如改进质量或降低成本的时候，采购者倾向于修正重购。

面对这种购买类型，原供应商要清醒地认识到自己所面临的威胁，积极改进产品，提高服务质量，全力以赴维护现有的客户，而对于其他竞争者来说这则是获取新订单的好机会。

3. 直接重购

直接重购是指企业的采购部门按照过去的订货目录、购买方式和购买条件，继续向原来的供应商购买产品的购买行为。它是一种最简单、最普遍的购买类型。直接重购有例行程序，在授权上较彻底。当供应商能够及时准确地完成送货、保证产品质量以及提供合理而有竞争力的价格时，购买者往往进行直接重购。直接重购是建立在购买者和供应商之间良好的关系基础上的。

对于这种购买行为，原有的供应商不必重复推销，而应努力使产品的质量和服务保持一定的水平，减少购买者时间成本，争取形成稳定的关系。未被列入名单的供应商获得销售机会的可能性极小，但还是可以通过自己的营销活动，促使购买者转移或部分转移购买。

（三）影响生产者市场购买行为的因素

在正常情况下，影响生产者市场购买行为的主要因素有环境因素、组织因素、人际因素、个人因素，如图 6－6 所示。

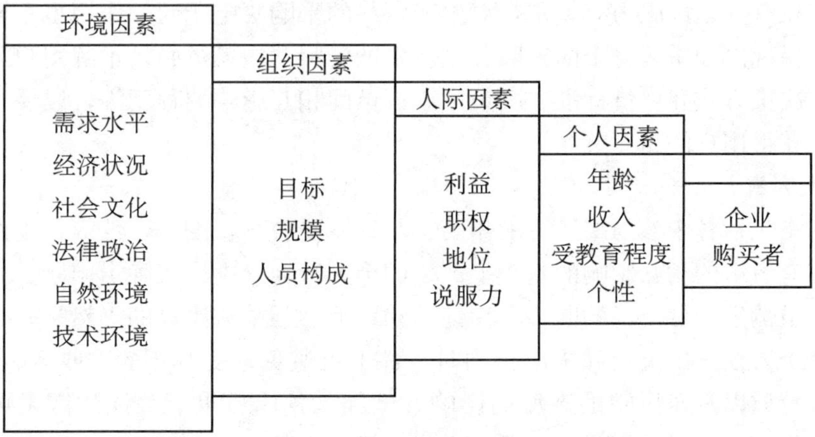

图 6－6 影响生产者市场购买行为的主要因素

1. 环境因素

环境因素是影响生产者市场购买行为的外部因素，主要包括需求水平、经济状况、社会文化、法律政治、自然环境、技术环境等。这些因素影响着生产者市场的整体发展和购买行为。环境的变化可能给生产者带来意想不到的影响。生产者通常无法改变外部环境，只能寻找适应环境的方法，或者利用环境资源发展自身，或者将环境对自身的不利影响降到最低限度。总之，生产者需要保持对环境的充分估计和对形势的灵活把握，密切关注环境状况，监测技术发展和革新、政治法律的调整以及产业和渠道环境的变化等因素，并做出准确及时的应对。

环境因素影响广泛。它们决定了市场方向，也决定了各企业的购买计划和购买决策。生产者应该注重对各方面环境的分析，抓住机遇，寻找自身的经济增长点。

2. 组织因素

组织因素是指组织内部的各种因素，包括组织的目标、规模、人员构成等。这些因素将从组织内部的利益、经营与发展战略等方面影响组织购买行为。

不同类别或同一类别的生产者，其组织目标可能有所不同，有的追求较高的市场份额，有的追求当期利润最大化。组织目标的确定会影响到购买人员的购买行为。比如，以追求成本领先为目标的企业，会对符合本企业要求的低价产品感兴趣；而以追求市场领先为目标的企业，会对技术先进、品质优良的产品感兴趣。组织规模的大小也会影响购买行为，规模大的组织通常比较复杂，可能拥有管理、财务等各方面的专家，倾向于集体协商决策，而一些小的组织则可能由个人承担组织购买任务。组织人员构成会影响企业文化，进而对购买人员的购买行为产生影响。比如，一个软件公司的员工可能大部分是受过高等教育的技术人才，这种成员结构会影响其企业文化，使其采购人员更加青睐技术含量高的产品。

3. 人际因素

人际因素表现为组织内部的人事关系。以采购中心为例，生产资料购买的决定，是由公司各个部门和不同层次的人员组成的采购中心做出的。采购中心的成员由质量管理者、采购申请者、财务主管、工程技术人员等组成，这些成员关注的利益有所不同、地位不同、职权有异、说服力有差别，对生产资料的采购决定所起的作用也不同，因而在购买决定上呈现出较纷繁复杂的人际关系。生产资料营销人员必须了解用户采购中心的主要人员、决策方式和评价标准、决策中心成员间相互影响的程度等，以便采取有效的营销措施，获得用户的高度关注。

4. 个人因素

个人因素包括各个参与决策者的年龄、收入、受教育程度、个性等。生产者的购买行为都是在有组织的相互影响的基础上产生的个人行为，由个人确定问题、做出决策和采取行动。虽然生产者市场的购买是理性活动，但参与采购决策的仍然是一个个具体的个体，而每个人在做出决定和采取行动时，都不可避免地受其年龄、收入、所受教育、职位、个人特质以及对风险的态度的影响。例如，各成员重点关注的因素可能有所不同，生产人员（使用者）往往主要考虑交货时间和产品性能；工程技术人员主要考虑有关产品质量的各个因素；购买人员往往强调可靠性和价格等。这些因素必然对生产者市场购买行为产生一定影响。

市场营销人员应该了解采购中心各个成员的性格特点、偏好等个人情况，以便采取

“因人而异”的营销措施。

(四) 生产者市场购买决策过程

生产者市场购买决策过程的阶段多少，取决于购买的复杂程度。直接重购通常只需经过正式发出订单和购后评价阶段，修正重购还要经过提出需求、确定需求等阶段，而新购则要经过完整的八个阶段。

1. 提出需求

提出需求是生产者市场购买决策过程的起点。需求的提出，既可以是由内部的刺激也可以是由外部的刺激引起的。内部的刺激如企业决定生产新产品，需要新的设备和原材料；存货水平开始下降，需要购进生产资料；发现过去采购的原料质量不好，需更换供应商。外部的刺激如产品广告、营销人员的上门推销等，使采购人员发现质量更好、价格更低的产品，促使他们提出采购需求。因此，在这个阶段，营销人员应加强推销，经常开展广告宣传，派人访问用户，增强外部刺激，发掘潜在需求。

2. 确定需求

生产者认识到某种需求之后，要进一步确定所需产品的品种、数量等。简单的采购任务由采购人员直接做出决定。复杂的采购任务则由采购人员同企业内部的有关人员共同做出决定。

3. 说明需求

确定需求之后，就要对所需产品的规格、型号等技术指标做详细的说明，这要由专业人员运用价值分析法进行，即将产品及其配件的功能与各自的成本或费用相对比，得出它们的经济效益，明确产品购买的必要性。营销人员也要运用价值分析法，向顾客说明其产品的良好性能。

4. 寻找供应商

采购人员通过各种途径搜集有关供应商的信息，排除那些生产能力不足、供货信誉差的企业，而对于那些被认为合格的供应商，则要通过电话、计算机查询或登门拜访的方式，进一步了解其产品及供货行为，最后确定信誉良好和合乎自身要求的供应商作为备选对象。供应商应努力推出强有力的广告和促销计划，以提高公司的知名度。

5. 候选供应商提交资料

对已物色好的多个候选供应商，采购人员应请它们提交供应建议书，尤其是对价值高、价格贵的产品供应商，还要让它们写出详细的说明。因此，供应商的营销人员应根据市场情况，写出实事求是而又别出心裁、能打动人心的产品说明，力求全面而形象地展示所推销产品的优点和特性，力争击败众多的竞争者。

6. 最终确定供应商

在收到多个供应商的有关资料后，采购人员应根据资料最终确定比较满意的供应商。在最终确定供应商时，不仅要考虑其技术能力，还要考虑其能否及时供货，能否提供必要的服务。具体而言，主要的考虑因素有：交货快慢；产品质量；产品价格；企业信誉；产品品种；技术能力和生产设备；服务质量；结算方式；财务状况；地理位置；等等。

7. 正式发出订单

这是实际购买阶段，一般是生产企业将订货单交给选定的供应商，并附上技术说明、需要数量、期望交货时间以及退货条款和保证条款等。目前，许多企业普遍采用“一揽子合同”，即生产企业与供应商建立长期供货关系。供应商做出一定的承诺，根据生产企业的需要随时按照原定交货条件供货，这样其产品拥有固定的销路，减轻了竞争的压力，而生产企业则减少了多次购买签约的成本，也减轻了库存的压力，加速了资本周转。

8. 购后评价

产品购进后，采购人员还要及时向使用者了解其对产品的评价，考查各个供应商的履约情况，并根据了解和考查的结果，决定今后是否继续采购某供应商的产品。考查有两个方面的内容：一方面是对购买的产品的质量进行验证，看是否符合明细表和设计图纸的要求；另一方面是对所付出的购买金额和差旅费等进行分析，看看是超额还是有节余，查明原因，以确定继续购买还是改换供应商。为此，供应商在产品销售出去以后，要加强追踪调查和做好售后服务工作，以赢得采购人员的信任，保持长久的供求关系。

三、中间商市场购买行为

中间商市场的购买行为与生产者的购买行为有相似之处，也有一定的区别。相似的方面主要有：中间商市场采购组织往往也有多人参与购买决策；其购买过程与生产者市场的购买过程基本相同；环境、组织等因素同样影响其购买行为。二者的区别体现在采购业务类型、参与者等方面。

（一）中间商市场的购买决策内容

中间商市场采购产品是为了将所购产品转卖给它的顾客，为此，中间商必须按照自己顾客的要求来制订采购计划。在购买活动中，中间商要做的决策有：经营范围及品种、卖方选择、交易价格与条件以及产品搭配等。其中，产品搭配是最主要的决策，它决定了中间商的市场地位。中间商可从下面四种品种组合策略中做出选择。

1. 独家搭配

独家搭配是指只经销一家制造商的产品，以求得较好的供货条件，一般规模较小的企业采用这类策略。

2. 深度搭配

深度搭配是指经销一个产品族，产品来自许多制造商，这能够在顾客购买某种产品时为其提供较大的选择余地，从而增强对顾客的吸引力。这种策略在目前较具竞争力。

3. 广泛搭配

广泛搭配是指经营范围广，但产品品种尚未超出行业界限。这种策略使中间商具有一定的经营范围，也使顾客方便购得相关产品。

4. 混合搭配

混合搭配是指经销众多的彼此不相关的产品系列。这种策略能使中间商减少因外界环境变化而产生的经营风险，但要求企业有雄厚的经营实力。

（二）中间商市场的购买类型

在采购业务中，中间商市场购买者要根据不同的购买类型做相应的决策。中间商市场的购买类型有以下三种。

1. 新产品采购

中间商市场购买者根据新产品销路的好坏决定采购哪些新产品。

2. 选择最佳供应商

若中间商市场购买者需要经营的产品已经确定，有可能要进行最佳供应商的重新选择。导致中间商市场购买者做出此类购买决策的原因有：一是由于各种局限，中间商市场购买者不能经营目前所有供应商的产品，只能从中选择一部分供应商的产品经营。二是中间商市场购买者打算提供自有品牌商品，选择为自己制造品牌产品的最佳生产企业。

3. 寻求更好的供应条件

中间商市场购买者有时不想更换供应商，只是试图从原有供应商那里获得更为有利的条件。当同类产品的供应商增多或其他供应商提出了更有吸引力的价格和供货条件时，中间商市场购买者往往希望原有供应商改善供货条件。

（三）中间商市场购买决策过程

同生产者市场一样，中间商市场的购买行为也受环境因素、组织因素、人际因素和个人因素的影响。对于新产品采购来说，中间商市场的购买决策过程与生产者市场新购的购买决策过程基本相同，需要经过八个阶段。选择最佳供应商和寻求更好的供应条件的购买决策可能会跳过某些阶段。

随着科技的发展，中间商市场购买者的采购能力不断增强。如中间商市场购买者大量应用电子通信技术和设备处理采购业务。采购人员通过电脑系统向供应商发出要货通知，供应商根据要货通知随时供货。这样中间商能够及时得到供货，加速资金周转，降低经营费用。

四、政府市场和非营利组织市场购买行为

政府市场和非营利组织市场为许多企业提供了大量的营销机会。有些企业只是偶尔向政府和非营利组织出售产品和服务，而另一些企业主要依靠政府和非营利组织生存，所以，企业有必要了解和研究政府市场和非营利组织市场的购买行为。

（一）政府市场的购买行为

1. 政府采购的特点

与一般工商企业的采购不同，政府采购有其自身的特点，主要表现为以下几个方面：

（1）政府采购一般是按照年度预算进行的，年度预算不会轻易变动，所以，政府

市场一般具有相对稳定性。政府的有关部门对于有意进入政府采购市场的供应商要求提供规定的资料，用以说明其能够提供的产品类别与规格、企业的实力与资信等情况。只有经审定被列入政府采购准供应商名单的企业，才有可能参加有关政府采购的竞标活动。

（2）政府采购往往通过招标等方式来选择合适的供应商。对于很多产品，政府有关部门会制定出详细的标准和规则，包括技术规范、运送货物的时间要求、包装要求、保证书要求及其他采购要求。

（3）已经被列入政府采购准供应商名单的企业必须能够提供完全符合既定标准和规则的产品和服务，否则没有资格进入竞标阶段。在竞标阶段，价格基本上是唯一的竞争因素，政府一般会选择竞标价最低的企业作为供应商，除非竞标价次低的企业能拿出有力的证据来说明竞标价最低的企业所提供的产品和服务不符合要求。

（4）进入政府市场难度大，但回报丰厚。政府市场中非军需品的需求稳定，同时可提高供应商声誉及社会地位。这也是政府市场的吸引力所在。

（5）政府采购出于保护本国产业的目的，会更倾向于采购本国供应商而非外国供应商的产品。

2. 影响政府采购行为的因素

政府采购一般受环境、组织、人际、个人等因素的影响，然而政府采购的独特之处在于它还受到社会公众的制约。在某些西方国家，政府采购的监督者有国会和预算局，它们会抨击政府的浪费行为或负责审查政府的开支。此外，一些民间监督机构或媒体机构也会监督政府机构，保护纳税人的利益。

在政府采购中，非经济原则起着日益重要的作用。有些国家要求政府采购时照顾衰退的行业和不发达地区，照顾小型企业和没有种族、年龄、性别歧视的企业。政府机构往往倾向于本国的供应商，而不是外国的供应商。

3. 政府采购方式

一般的政府采购方式与非营利机构的采购方式是一样的，有公开招标采购、邀请招标采购、竞争性谈判采购、询价采购和单一来源采购五种。

公开招标采购是政府采购的主要方式，具体是指政府机构使那些有资格的供应商参加投标，然后按照物美价廉的原则确定中标的供应商并与其签约。政府用公开招标的方式购买产品，一方面是为了防止采购过程中可能出现的腐败行为，另一方面也是为了降低采购成本。在需要购买产品或服务时，政府部门会事先发布公告，在公开透明原则下对投标企业的标书进行评价，最后选定购买对象。由于产品的特征被详细地规定，所以产品差异不是影响因素，广告和个人推销对中标影响很小。

邀请招标采购也称选择性招标，是指采购人根据供应商或承包商的资信和业绩，选择若干合格供应商（不得少于三家）向其发出招标邀请书，由被邀请的供应商投标竞争，从中选定中标者的方式。

竞争性谈判采购是指谈判小组（由采购人员代表和有关专家组成，人数上要求为三人以上的单数，其中专家的人数不得少于成员总数的 2/3）从符合相应资格条件的供应商名单中确定不少于三家供应商参加谈判的采购方式。

询价采购是指询价小组（由采购人员代表和有关专家组成，人数上要求为三人以上的单数，其中专家的人数不得少于成员总数的 2/3）根据采购需求，从符合相应资格条件的供应商名单中确定不少于三家供应商，向其发出询价单让其报价，价格一经报出不得更改，然后询价小组对所报价格进行比较，确定最优供应商的一种采购方式。

单一来源采购也称直接采购，是指达到了限额标准和公开招标数额标准，但所购商品的来源渠道单一，或属专利、首次创造、合同追加、原有采购项目的后续扩充和发生了不可预见的紧急情况，导致不能从其他供应商处采购时所采用的采购方式。

综上所述，供应商为了在政府采购这个巨大的市场上分一杯羹，需要密切关注政府采购的需求动向、发展趋势及相关的法律规定，答复政府提出的要求，而且主动提出适合政府需要的多项建议，并通过强大的信息网向政府显示公司实力，以争取更多的政府订货。

（二）非营利组织市场的购买行为

1. 非营利组织的类型

按照不同的划分标准，非营利组织可分为不同的类型。这里主要介绍按照职能和经费来源划分的非营利组织类型。

（1）按照职能，非营利组织可以分为三类：

一是履行国家职能的非营利组织，指服务于国家和社会、以实现社会整体利益为目标的有关组织，主要有各级政府部门、消防队、监狱等。

二是促进群众交流的非营利组织，指主要是为了加强群体之间的思想和感情的交流，宣传某些知识和观念，或是为了维护群体利益而成立的一些群众性组织，如宗教组织、各种协会等。

三是提供社会服务的非营利组织，它们为某些公众的特定需要提供特殊服务，如医院、学校、红十字会、慈善机构和福利机构等。

（2）按照经费来源，非营利组织主要可分为三种类型：

一是自给自足型非营利组织，这些非营利组织完全是自负盈亏。他们必须为所提供的服务设置一个合适的收费标准，以便得到适当的收益来补偿全部开支，维持正常的运营。

二是部分收费型非营利组织，这些非营利组织能得到政府财政拨款和有关方面的捐款。因此，它们所提供的服务或产品的收费标准可以低于平均成本。如我国高等教育所收取的学费仅占培养学生平均成本的很小部分，随着经济的发展，学费会逐步提高，但仍将低于其成本。

三是无偿提供型非营利组织，这些非营利组织完全依靠政府的财政拨款或捐助运行，无偿提供服务。最典型的是消防、天气预报、地震预警组织等。

2. 非营利组织市场的购买特点

（1）限定总额。非营利组织的设立不是为了创造利润，尤其是正常运转的活动经费主要来自政府拨款或者社会捐助的非营利组织，其经费的预算与支出都会受到严格的控制。因此，非营利组织的采购必须量入而出。

（2）保证质量和价格低廉。由于受到经费预算的限制，大多数非营利组织在采购时更倾向于选择报价更低的供应商，但同时为了维持组织运行和出于履行组织职能的需要，又对产品或者服务的质量有很高的要求。

（3）受到限制。为了使有限的资金发挥更大的作用，非营利组织的采购人员受到较多的制约，只能按照规定的条件购买，缺乏自主性。

（4）团体采购成为非营利组织市场采购的一个重要的发展趋势。所谓团体采购，就是指几个甚至几十个组织组成一个联合采购单位或联合委托专门的采购组织进行采购，通过团体采购，可以获得低价、优质的各类产品和服务的供给。同时，团体采购还具有削减各成员的管理费用、采购规范化及更具竞争力等优点。营销人员必须充分意识到团体采购的专业性、规范性、规模大的特点，提供富有竞争力的产品，从而在众多的供应商中脱颖而出。

非营利组织市场的购买类型、购买方式、影响其购买行为的因素与政府市场相似，不再叙述。

素养园地

轻量生活，消费逆行

在很长一段时间里，商家都把商品和人的价值绑定。在消费主义的话语里，你只有消费了什么，你才是什么。然而现代年轻人是独立清醒的，比起外界的定义和标签，他们更在意自我坐标的锚定，也更愿意成为自己生活的掌控者。

从2023年开始，“月薪过万，买不起××”“不是××买不起，而是平替更有性价比”等冲上热搜。从零食到衣物，购买折扣商品和临期商品，成了很多人新的消费关键词。告别“伪需求”的年轻人，不再冲动购物，不再被消费主义所裹挟，转而为自己的每一笔开销寻求最大的回报。这样趋于理性的消费逻辑带来了一种新消费模式——反向消费。“反向消费”不等于“不消费”；“消费平替”也不等于“消费摆烂”，而是以“当下谨慎，未来积极”的态度面对生活。

一、倾向平价、支持国货

反向消费可以体现在很多方面，例如老牌国货的复苏和新兴国货的崛起。当下，肯德基、麦当劳有了一个中国平替新宠：塔斯汀。仅用五年时间，当线下实体萎靡之时，塔斯汀从100家店做到了近5 000家。尽管塔斯汀的噱头多来自“中西合璧”的汉堡，譬如北京烤鸭、鱼香肉丝、板烧凤梨汉堡等，但其取胜的关键仍然是最质朴的“性价比”。过去的“麦门”“肯门”，如今纷纷皈依“塔门”。

除了热衷于购买国货外，年轻人爱买折扣商品、临期商品也是反向消费的体现。连一直和“中产”高度绑定、被戏称为“千元超市”的山姆会员商店，也加入了低价套餐的战场。2024年2月底，山姆低价套餐再度刷屏，如1.59千克售价21.9元的鸡蛋、7个装售价23.9元的原味贝果和16片装售价59.8元的瑞士卷的三件套。

大众消费从狂欢走向理性，奥特莱斯的“含金量”也在肉眼可见地增长——既能享受大牌商品的低折扣，还能在高端大气的环境与轻松舒适的氛围中来一场说走就走的

“微度假”。

二、青睐二手、热衷共享

2023 年，“麦当劳部分门店 24 小时免费开放自习区”一度冲上微博热搜榜。麦当劳上线的“麦麦自习室”24 小时开放，免费提供饮用水和 Wi-Fi，吸引了不少学生党和考研人。

单从麦麦自习室这个创新来看，麦当劳或许未必能从中提升多少门店业绩，但是这个创新动作主动抓住了当下年轻人日益高涨的“自习”需求。随着考研、考公、考博等人群规模越来越大，或许麦麦自习室会成为顾客心中的新“第三空间”。

三、以“闲鱼”为代表的“平价二手”赛道崛起

数据显示，2023 年，3 000 万 95 后加入闲鱼。总计 5 亿的闲鱼用户中，活跃分子近一半都是 95 后，00 后也占了 22%。在这个年轻的社区里，几乎所有个性化需求，都能找到实惠的解决方案。

2024 年 1 月底，闲鱼第一家线下店正式落地杭州拱墅区，命名为“闲鱼循环商店”。开业第一天就“爆单”，收到闲置货物 300 件以上。

闲鱼循环商店几乎提供全品类闲置商品寄卖服务，售卖的二手商品包括奢侈品、数码配件、电玩周边等品类，此外，还可以“挂出”自己想提供的服务，如跑腿、遛狗等。目前，以社区店形式为主，服务社区周边两公里乃至同城的消费者，这也是闲鱼自成立以来，首次将交易渠道延伸至线下。

资料来源：2024 年，年轻人的六大消费新趋势.（2024-03-28）.鲍跃忠新零售论坛微信公众号.有改动。

本章小结

市场是企业营销活动的起点和归宿，根据购买者在市场上购买商品的特点和购买目的的不同可将市场划分为消费者市场和组织市场。消费者市场是指为满足生活需要而购买产品和服务的一切个人和家庭，消费者市场的特点有：人数众多、交易频繁但每次交易量小、消费行为具有可诱导性、呈现出流动性和全球性。消费者购买行为受不同的文化、社会、个人和心理因素组合的影响。消费者购买行为包括习惯性的购买行为、减少不协调感的购买行为、多样化购买行为、复杂的购买行为四种类型。典型的消费者购买决策过程包括确定需要、收集信息、选择评价、做出购买决定、购后评价五个阶段。

组织市场指工商企业为从事生产、销售等业务活动以及政府部门和非营利组织为履行职责而购买产品所构成的市场。这类市场有四种类型，即生产者市场、中间商市场、政府市场和非营利组织市场。组织市场的特点是需求弹性小、购买者数量少、购买规模大、倾向于人员销售、愿意通过租赁方式取得所需部分类别的产品等等。影响组织市场购买行为的因素通常有环境因素、组织因素、人际因素、个人因素。其中，生产者市场的新购和中间商市场的新产品采购的购买决策过程分为八个阶段：提出需求、确定需求、说明需求、寻找供应商、候选供应商提交资料、最终确定供应商、正式发出订单和购后评价。政府和非营利组织则在购买方式、影响其购买行为的因素等方面存在相似性。

案例分析

新版“早C晚A”

2023年9月14日，茅台官宣，与德芙联合推出酒心巧克力。消息一出，相关话题火速登上微博热搜榜榜首，并呈现“爆”状态。而就在10天前，茅台与瑞幸咖啡联合推出的新品“酱香拿铁”也是刷屏网络。一时间，酱香拿铁成“新晋顶流”，茅台因此虏获了不少年轻人的心。

高效引爆，品牌“公关式”发声多轮助推热度。瑞幸咖啡与茅台联名，预热期较短，整体声量平稳；9月4日，双方正式官宣发售产品，声量迅速引爆，当日小时峰值声量达到预热期小时均值的100倍；之后，随着瑞幸咖啡针对“是否涉及酒驾”“含茅量”等问题的回应，以及各类娱乐玩梗话题的走热，舆情出现多轮峰值波动。

实现单品首日销售额破亿元，上线即售罄。9月4日，酱香拿铁上线首日，各地销售火爆，出现上线即售罄的情况。而据瑞幸咖啡官方战报，酱香拿铁单日单品销量超542万杯，销售额超1亿元。业内人士认为，酱香拿铁短期销量可观，成为今年饮品圈最大爆款产品。

市场利好，瑞幸咖啡股价大涨。酱香拿铁上线后，瑞幸咖啡股价上涨。美股粉单市场显示，9月5日瑞幸咖啡股价持续走高，截至当日收盘，瑞幸咖啡股价为33.60美元，涨5.07%，总市值超90亿美元。9月4日下午，茅台股价震荡上行，最高涨幅1.5%，截至收盘涨超0.81%，市值涨约200亿元。

瑞幸咖啡与茅台的合作，被舆论认为是一场“双赢”联动，一方面，“国民品牌”茅台近年来不断尝试品牌年轻化；另一方面，“新生代万店品牌”瑞幸咖啡则面临“高端竞争”需要。

在本次联名活动中，作为高位品牌，茅台不仅在官方账号上同频与瑞幸咖啡进行物料宣传、账号互动，还有高管出席正式发布会并致辞。在整个宣传阶段，茅台针对各类情况做到同频跟进，既有内部人员接受媒体采访并表态，也有基于市场反应给出后续规划，更有面对“原料真实”质疑进行回应解答等。

瑞幸咖啡和茅台联名后，微博话题“亲爱的雪，我已嫁入豪门”迅速走热，热搜排名第一，带来微博平台1.8亿的话题阅读量、25万+的互动量。

而此前，瑞幸咖啡与蜜雪冰城的“相爱相杀”一度成为网友热议内容。从瑞幸咖啡冰块问题下的“蜜雪冰城”高仿号的“茶言茶语”，到蜜雪冰城与中国邮政达成合作时的“我已入编”叫板，再到此次瑞幸咖啡与茅台合作的“嫁入豪门”，品牌间话题梗持续衍生“相爱相杀”故事，利用网友“吃瓜”热情，顺理成章引爆话题。酱香拿铁上线当日刷新单品销量纪录，次日网络曝光瑞幸咖啡门店给员工发放感谢红包。对此，网友认为，员工的辛苦付出需要被看到。

从奢侈品的平价反差中得到“社交货币”。随着喜茶与FENDI、Manner Coffee与LV、瑞幸咖啡、茅台等联名活动的相继走热，年轻人在不断从低价联名产品中获得“奢侈品”体验，在消费能力与消费体验的极致反差中，获得一种“补偿式”满足，并由此构建“社交货币”，形成并参与讨论。

“沉醉与清醒”之下矛盾的年轻人。近年来，社交网络上出现了大量体现年轻人矛盾行为的热搜话题，表现出年轻人群体既反抗又妥协、既感性又理智、既躺平又奋斗的“拧巴”状态。年轻人在“丧”“躺平”“反内卷”“打工魂”等文化中寻求解压与平衡。而酱香拿铁将早前流行的“早C晚A”融合，用“酒与咖啡”投射年轻人“沉醉与清醒”的精神状态，并在本次事件中，成功引发年轻人的情感共鸣。

资料来源：营销复盘：瑞幸×茅台，“酱香拿铁”的顶流之路．(2023-09-15)．https://www.thepaper.cn/newsDetail_forward_24609547.

思考题

1. 消费者在茅台与瑞幸咖啡的联名销售、茅台与德芙的联名销售过程中表现出怎样的购买特点？

2. 根据影响消费者购买行为的因素，分析影响消费者购买联名款的因素有哪些。

3. 有人说联名是昙花一现，你如何看待联名？企业如何才能更长久地发展？

理论思考

1. 消费者市场和组织市场的特点是什么？

2. 影响消费者市场和组织市场购买行为的因素有何不同？

3. 消费者的购买决策过程包括哪些阶段？

4. 生产者市场购买行为有哪几种类型？购买决策过程一般要经过哪几个阶段？

营销实战

1. “需求就是用户期望与现实之间的落差，谁能更好地帮助用户消除这种落差，谁就能抢占销售的先机。”谈谈你对这句话的理解，并思考企业应如何吸引顾客以及提高顾客的参与度和忠诚度。

2. 德鲁克认为，企业的目的是创造顾客。谈谈你如何理解其含义，并思考企业应如何创造顾客。

实训练习

实训目的：使学生形成对消费者购买行为的深刻理解。

实训内容：将学生划分为若干组，以小红书为例，对其美妆产品用户帖子进行分析，就消费者购买美妆产品的特点进行归纳总结。

实训方式：小组汇报。

即测即评

扫描二维码可在线自测并查看答案。

第7章
竞争对手分析

知识目标

- 了解识别竞争者的相关知识。
- 学会从多角度评估竞争者。
- 掌握竞争战略的一般形式。
- 掌握处于不同市场地位的企业可能采取的竞争战略。

能力目标

- 能够有效运用五力模型评估竞争者。
- 能够熟练运用竞争战略的三种形式完成企业战略设计。
- 能够明确处于不同市场地位的企业可选择的竞争战略。

价值目标

引导学生树立公平竞争意识，积极承担社会责任，培养商业伦理观念和职业道德，自觉防止恶性竞争，避免做出损害国家及消费者利益的行为。

关键词

竞争者分析　　竞争战略　　市场地位

思维导图

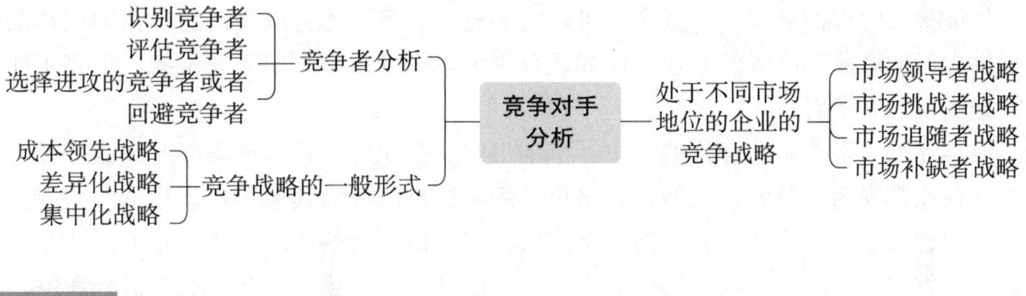

营销观察

学狗叫的老鼠

在一个漆黑的晚上，老鼠妈妈带着小老鼠外出觅食，在一家人的厨房的垃圾桶内有很多剩余的饭菜，这对老鼠来说仿佛发现了宝藏。

正当一群老鼠吃得津津有味之际，突然传来了一阵令它们肝胆俱裂的声音，那是一只大花猫的叫声。它们震惊之余，四处逃命，但大花猫毫不留情，穷追不舍，终于有两只小老鼠躲避不及，被大花猫捉到，正要被吞噬之际，突然传来一连串狗吠声，令大花猫手足无措，狼狈逃命。

大花猫走后，老鼠妈妈从垃圾桶后面走出来说："我早就对你们说了，多学一种语言有利无害，这次我救了你们的命。"

营销启示

在竞争异常激烈的当今市场，只有分析对手、不断学习，掌握尽可能多的技能和知识，不断地充实自己，才能在竞争中立于不败之地。

第1节　竞争者分析

"知己知彼，百战不殆。"在竞争激烈的市场上，企业除了对消费者进行针对性研究、对自身进行深入分析之外，还必须对竞争者有深入的了解。唯有这样，企业才能够发现自己具有潜在竞争优势和劣势的领域。如图7－1所示，进行竞争者分析，首先要识别竞争者，然后评估竞争者，最后是选择进攻的竞争者或者回避竞争者。

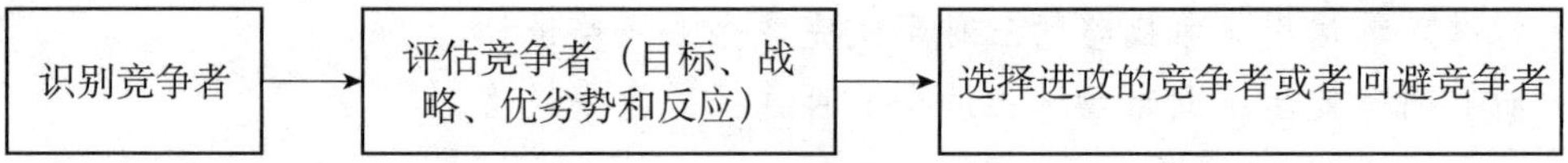

图7－1　分析竞争者的步骤

一、识别竞争者

识别竞争者对企业来说非常重要。只有建立在对竞争者战略充分了解的基础之上的竞争战略，才能保证企业竞争优势地位的确立。

从最狭义的层面来看，一家企业可以将其竞争者定义为：以类似的价格向同样的顾客提供类似的产品和服务的企业。例如，百事可以把可口可乐视为竞争者，但是不能把啤酒企业视为竞争者。

但实际上，很多企业面临的竞争者范围很广。企业可以将生产类似产品或产品类别的所有企业都视为竞争者，比如，香格里拉酒店把自己视为其他所有酒店的竞争者。从更广泛的意义上来讲，竞争者可能包括提供具有相似功能的产品的所有企业，从这个意义上说，香格里拉酒店不仅与其他酒店竞争，而且与提供旅行服务的商家进行竞争。

企业一定要避免"竞争者近视"，一个企业潜在的竞争者极有可能比现有的竞争者更致命。例如，打败康师傅的不是今麦郎而是美团外卖。方便面的品种越来越多，越做越精致，可是，大家的需求量却越来越少。这既是因为方便面品类单一，无法满足顾客的要求，更是因为有新的更好的平台出现。因此，企业一定要警惕行业的变化。

企业也可以从市场角度识别竞争者，它们可以把自己归为石油行业、制药行业或者饮料行业等等，在这里，它们把竞争者定义为试图满足相同的顾客需求或者与相同的顾客群体建立关系的企业。

以百事为例，从行业角度看，百事可能把自己看作可口可乐、七喜和其他碳酸饮料制造商的竞争者。从市场角度看，顾客真正需要的是"解渴"，这种需求可以通过纯净水、运动饮料、果汁等来满足。类似地，谷歌曾将雅虎或必应等搜索引擎提供商视为竞争者，而现在，谷歌在在线和移动接入数字世界的服务市场中有更广阔的竞争视角，谷歌将与苹果、三星、微软甚至亚马逊和脸书等曾经不太可能成为其竞争者的企业竞争。了解竞争的市场概念，打开企业的竞争视角，使企业能够更广泛地了解潜在的竞争者。识别竞争者的角度见图 7－2。

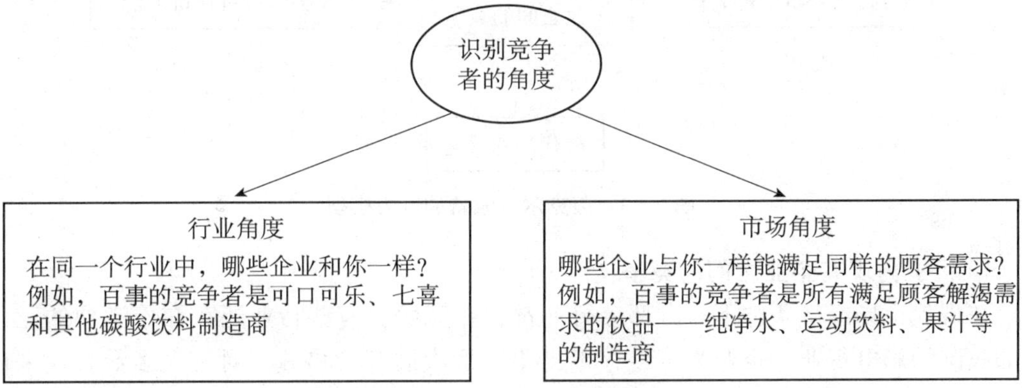

图 7－2　识别竞争者的角度

二、评估竞争者

（一）明确竞争者的目标

每个竞争者都有目标。企业需要知道竞争者对当前盈利性、市场份额、现金流、技术领先性、服务领先性和其他目标的相对重视程度。了解竞争者的目标组合，就能解释竞争者对其当前状况是否满意，以及对于不同的竞争性行为将做出什么反应。例如，一个追求成本领先的企业将对竞争者降价反应强烈。

企业还必须了解竞争者在不同细分市场的目标。当竞争者开辟一个新的市场时对企业来说是机会，但是当企业发现竞争者正在进入本企业开发的市场时，企业就需要密切关注对手并适时采取措施。

（二）识别竞争者的战略

一个企业的战略与另一个企业的战略越相似，这两家公司相互竞争的可能性就越大。在大多数行业中，竞争者可以根据所实施战略的不同被纳入相应的集团。战略集团是指在相同产业中采用相同或者相似战略的一组企业。比如在家电行业，海尔和海信就属于同一个战略集团，这两家企业都生产品类齐全、有良好服务支持的电器。识别战略集团能够帮助企业获得不少重要的发现，比如，当一个企业进入某个战略集团时，该集团内部的成员就将成为其关键竞争对手。

企业需要审视产业内各个战略集团的各个维度，了解各个竞争者如何向顾客传递价值。根据迈克尔·波特的五力模型，竞争者所采取的竞争战略取决于决定行业结构的五种基本力量，这五种基本力量即行业内现有企业之间的竞争、潜在进入者的威胁、替代品的威胁、供方讨价还价的能力和买方讨价还价的能力（见图 7－3）。

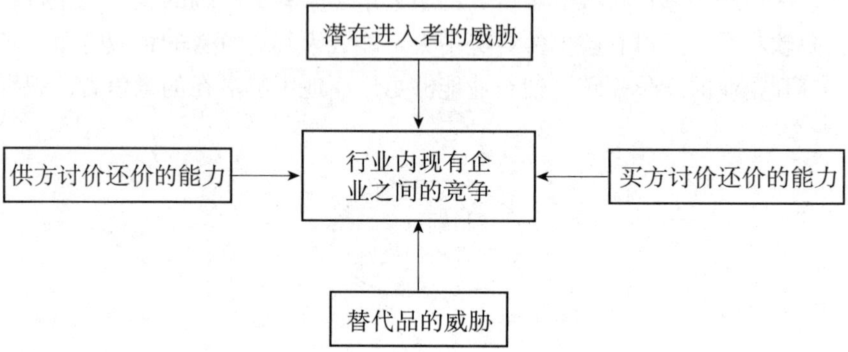

图 7－3　迈克尔·波特的五力模型

1. 行业内现有企业之间的竞争

在现代市场经济条件下，大部分行业都存在竞争。有些行业还存在着激烈的竞争，例如我国的彩电行业，企业为了生存不得不一次次展开价格战。对于大多数企业来说，行业内现存的竞争者是企业面对的最直接的对手，因此对这些竞争者的战略进行分析是当务之急。

2. 潜在进入者的威胁

如果某个行业有着较高的利润率或者拥有良好的发展前景，就会吸引有能力的企业进入该行业。当然，潜在进入者是否进入某个行业，还取决于潜在进入者的预期和行业进入壁垒的高低，对于行业内现存的企业来说，潜在进入者就是潜在的竞争者，因此不能忽视对潜在进入者的分析。面对潜在进入者，行业内现有企业可以通过降低行业的利润率来打消潜在进入者的进入意图。例如，格兰仕在微波炉行业就采取了这种战略，它的规模每上一个台阶，就会大幅度降价，以此来阻碍潜在进入者的进入。当然，行业内现有企业也可以通过提高行业壁垒的方法来阻碍潜在进入者。

3. 替代品的威胁

替代品是指在功能上能部分或全部代替某一产品的产品。替代品与现有产品之间存在着具有较高正值的需求交叉弹性，因此，可以说生产替代品的企业是生产该产品的企业的竞争者。企业在进行竞争者分析时不能忽视对生产替代品的企业和行业的分析。

4. 供方讨价还价的能力

如果供方在与企业的博弈过程中处于优势地位，那么它就拥有较强的讨价还价能力，供方设置较高的供应价格，会大大压缩下游企业的利润空间。因此，企业也要关注供方的成本构成、战略及意图。最好的结果是，企业与供方建立战略性伙伴关系，共同争夺市场。

5. 买方讨价还价的能力

买方在具有很强的讨价还价能力的情况下，会压低产品价格，要求更高的质量以及更多的服务，这势必降低企业的盈利能力并且增加企业的经营风险。例如，一些家电中间商因为拥有渠道优势，所以向家电生产企业提出了苛刻的进货条件，致使家电企业苦不堪言。

（三）评估竞争者的优势和劣势

营销人员需要认真评估每个竞争者的优势和劣势，以回答一个重要的问题："我们的竞争者能够做什么?"这需要收集关于竞争者过去几年的目标、战略以及业绩表现等方面的数据，但是将这些信息收集起来会很困难。

企业营销人员可以通过二手数据、个人经历和口碑了解竞争者的优势和劣势，也可以通过考察竞争者、供应商和经销商进行原始数据的分析，还可以利用网络工具考察竞争者，也可以将本企业的产品和流程与竞争者或其他行业中的领先企业进行比较，找出其优劣势。

（四）评估竞争者的反应

在对竞争者的营销目标、营销假设、现行战略和营销能力进行分析的基础上，可以进一步明确竞争者可能对其他企业营销活动中的种种行为做出什么样的反应。竞争者面对市场竞争，一般有以下两种市场反应行为。

1. 进攻性行为

企业应该对竞争者是否会采取进攻性行为做出评估。首先，企业应该将竞争者的营销目标与其在市场上的地位进行对比，以衡量竞争者对现在的市场形势的满意程度。如果竞争者的满意程度较低，则它可能采取进攻性行为。其次，企业还要分析竞争者的营销计划、营销能力，以及其对自身能力的看法。通过这样的分析，可以了解竞争者将会把哪些企业视作自己主要的对手，以及它对未来市场竞争形势的预期。最后，还要对竞争者进攻性行为的成本与其可能的收益做出对比，以此来预测竞争者进攻性行为的强烈程度。

2. 防御性行为

面对市场竞争，有些企业会采取防御性行为。当遇到的竞争性行为威胁到自身地位和营销目标的实现时，不管愿意与否，企业都需要做出反应。而且大多数企业会有反映在既定目标等方面的"敏感点"，"敏感点"一旦被触及，企业就会做出超常反应。因此，对竞争者营销目标、营销计划、现行战略和营销能力进行分析，能清楚了解到竞争对手会不会做出反应，以及其是否会由于某种因素的阻碍，无法反击或者反应迟缓；同时，能提醒企业避免触及对手"敏感点"，提高竞争的成功率。

三、选择进攻的竞争者或者回避竞争者

企业选择了目标顾客、定位及营销组合战略后，就在很大程度上确定了主要竞争

者，这些因素界定了企业所属的战略集团，管理层现在必须决定与哪个竞争者展开竞争还是回避竞争者。

（一）选择进攻的竞争者

1. 进攻强竞争者还是弱竞争者

进攻弱竞争者在提高市场占有率方面所耗费的资金和时间较少，但能力提高和利润增加也较少。进攻强竞争者可以提高自己的生产、管理和促销能力，更大幅度地提高市场占有率和利润水平。

2. 进攻近竞争者还是远竞争者

多数公司重视同近竞争者对抗并力图摧毁对方，但是竞争胜利可能招来更难对付的竞争者。例如，曾经的隐形眼镜市场领先者博士伦公司向其他隐形眼镜制造商发起猛攻，并取得巨大的成功，迫使这些小企业把自己卖给了强生这样的大公司，结果，博士伦自食其果，不得不面对强大的竞争者强生。这就是成功打击竞争者却招来了更难对付的对手的例子。

3. 进攻“好”的竞争者还是“坏”的竞争者

企业的生存与发展离不开竞争者。竞争者可以帮助企业分担市场和产品开发成本，并促使技术规范化；还可以帮助企业吸引小的细分市场，或者是带来新技术，甚至还能够促进需求的增加。例如，国内手机市场竞争激烈，但是各大厂商在技术、专利、研发上发力，试图以技术研发上的突破和创新来打破同质化，实现良性的差异化竞争。2023 年，我国的智能手机市场迎来了一些曙光，华为、OPPO 等知名品牌都在不断发布新品。华为作为中国本土品牌，P60 出货量排名靠前，成为当时最畅销的国产手机，这一成绩也表明了华为在高端手机市场逐渐崭露头角。OPPO 作为中国手机市场的领军品牌，凭借其时尚的设计和强大的拍照功能，吸引了众多用户的青睐。但是不是所有的竞争者对企业都是有益的。一个产业经常包括“好”的竞争者和“坏”的竞争者，“好”的竞争者会按照规则行事，而“坏”的竞争者恰恰相反，总是犯规，它们按照自己的规则行事，喜欢冒险。企业在这方面也需要做出竞争选择。

（二）回避竞争者

相比于与现有竞争者正面交锋，许多企业都在搜寻那些尚未开发的市场空白领域，试图提供不存在直接竞争者的产品和服务。所谓的“蓝海”战略，目标就在于避免竞争。在谋求盈利性增长时，企业往往陷入激烈的正面竞争。企业集聚竞争优势，争夺市场份额，并且力求差异化。但是，在如今激烈的市场竞争中，正面竞争的唯一结果就是与竞争对手在一个不断缩小的利润“红海”中彼此残杀。未来，领先企业的成功可能不是通过与竞争者进行较量，而是通过创造无竞争的“蓝海”市场空间来实现的。这样的战略转移，即所谓的“价值创新”，为企业及其顾客带来了巨大的价值，创造了新的需求，并为竞争者设置了障碍。通过创造并占领“蓝海”，企业可以使大多数竞争者无所适从。

第2节 竞争战略的一般形式

美国哈佛大学商学院的著名教授迈克尔·波特认为，有成本领先战略、差异化战略和集中化战略三种竞争战略可供企业选择。企业必须在这三种战略之中选择其一，并且只能选择一种。任何“骑墙”行为都会导致定位模糊，最终致使企业的战略失败。

一、成本领先战略

成本领先战略是指企业通过扩大生产和经营规模，加强管理，实现规模经济和范围经济，提高经营效益，降低总成本，在市场中谋求竞争优势的战略。成本领先战略作为可供企业选择的战略，有其自身的优势和局限性。

（一）成本领先战略的优势

（1）可以使企业获得高于产业平均利润水平的利润。采取该战略的企业成本较低，在以同等价格出售产品时，可以获得较高的利润率。

（2）可以使企业拥有较大的降价空间，因而能够提升企业应对价格战的能力。

（3）可以使企业以较低的价格销售产品，从而扩大市场份额，进而享受规模效益所带来的好处。

（4）赋予企业使用价格战武器的权利。不可否认，价格战是市场竞争中非常有效的进攻手段，通过价格战可以阻止潜在进入者的进入，或者将竞争者赶出市场。

（二）成本领先战略的风险

（1）如果竞争者采取同样的战略，会抵消企业降低成本所带来的竞争优势。

（2）采取该战略可能会诱发企业之间的价格战，最终导致整个行业无利可图。

（3）当竞争者采取差异化战略和集中化战略时，会抵消企业通过成本领先战略所建立起来的竞争优势。

（4）成功实施该战略会导致企业将注意力集中于对市场份额的争夺，而忽视对于长期战略的思考。

（三）成本领先战略的使用条件

（1）市场需求具有价格弹性，价格优势能够带来市场规模方面的优势。

（2）行业内企业生产的产品差异性不大，因而价格成为决定企业市场地位的重要因素。

（3）实现产品差异化的途径很少，对企业采用差异化战略造成了困难。

（4）大多数顾客以相同的方式使用产品。

（5）消费者面临较低的转换成本，因而能够很方便地选择价格低廉的产品。

二、差异化战略

差异化战略是指企业提供的产品或服务与众不同，在全行业范围中具有独特性、差异性，从而为企业带来竞争优势。

（一）企业实现差异化的主要方法

1. 产品差异化

产品差异化（product differentiation）是指企业使自己的产品区别于其他产品。产品差异化主要包括：产品质量差异化、产品特色差异化、产品设计差异化。企业必须以顾客的需求为起点，以顾客的知觉为终点，如果顾客要求较高的可靠性、耐用性，那么企业必须提供具有更高可靠性、耐用性的产品。企业设计产品必须以顾客的需求为起点，在这一阶段，企业必须广泛听取顾客的意见，产品质量的优劣必须以顾客的评价为标准。产品特色是指产品基本功能之外的一些特性，它也是产品差异化的一个很重要的方面。产品设计是一个综合因素，它决定了产品的特色、性能、稳定性、耐用性等，好的设计要求外表美观、操作简单、使用方便、经久耐用等。

营销观察　爱玛电动车的差异化战略

2. 服务差异化

服务差异化（service differentiation）是指企业向顾客提供别具一格的良好服务。服务差异化主要表现在订货、交货、安装、顾客培训、顾客咨询、维修和其他服务上。企业必须使顾客能够方便地向公司订货，例如许多企业都设置了免费电话以及网上订购服务；企业必须保证货物准确及时地送达顾客；安装是为确保产品在预定地点正常使用；企业有义务向顾客提供必要的培训，以使其能够方便地使用购买的产品；企业应无偿或有偿地向顾客提供有关资料、信息或提出建议；在产品出现故障的时候，企业应当向顾客提供必要的维修服务；企业也可以为顾客提供其他方面的服务，例如，企业可以向顾客提供比竞争者更好的产品担保和更完善的保修合同。

3. 人员差异化

人员差异化（personnel differentiation）是指企业比竞争者拥有更为优秀的员工而形成的差异化。只有满意的员工才能创造满意的顾客，一位受过良好训练的员工应具有下面六种特性。

（1）称职：具有圆满完成分内工作所需要的各种知识和技能。

（2）诚信：诚实、守信、不弄虚作假。

（3）可靠：能够始终如一、准确无误地完成本职工作。

（4）负责：及时认真地对顾客的困难和要求做出反应。

（5）沟通：具有良好的沟通能力，及时了解顾客的需要，并将企业的营销信息准确地传达给顾客。

（6）谦恭：友好、尊重他人，并善于体谅别人。

4. 形象差异化

形象差异化（image differentiation）是指企业通过各种途径创造性地树立企业独一无二的形象。例如，人们一看到金黄色的“M”标志，就会想到麦当劳。

（二）企业实施差异化战略需要注意的问题

差异化有利于提高企业品牌和产品的知名度，提高顾客的品牌忠诚度。企业实施差异化战略需要注意以下问题：

（1）要促使老顾客重复购买，并且使潜在顾客使用本企业的产品。

（2）要使企业降低推广新产品的成本，或者减小新产品推广失败所带来的伤害。

（3）要促使顾客更加关注产品的个性和特色，忽视价格的重要性。

（4）要注重提升企业形象，继而培养和提升企业的核心能力。

三、集中化战略

集中化战略是指企业将其力量集中在几个或一个细分市场上，而不是追求全部市场。在这种战略的指导下，企业从了解这些细分市场的需求入手，为确定的细分市场提供产品或服务。实施这一战略的前提条件为：企业能够以更高的效率、更好的效果为某一细分市场的顾客提供产品或服务。

营销观察　白象的集中化战略

（一）集中化战略的实施范围

当市场符合以下四个条件的时候，企业可以采用集中化战略：

（1）市场上存在不同的客户群，不同的客户群之间存在不同的需求或以不同的方式来使用产品。

（2）在企业所选择的目标市场上，不存在采取相同战略的企业。

（3）企业的资源不允许其追求更广泛的市场。

（4）行业中各细分市场在规模、成长率和获利能力等方面存在很大的差异，导致某些细分市场比其他市场更有吸引力。

（二）集中化战略的风险

实施集中化战略也面临着很多风险：

（1）竞争者可能找到更有效的方式，在狭窄的目标市场超过实施集中化战略的企业。

（2）顾客的偏好发生变化，从企业的特定产品转移到一般产品，从而使企业的集中化战略失败。

（3）采取集中化战略的企业所生产的产品的特色不足以抵消低价格的一般产品对消费者的吸引力。

第3节 处于不同市场地位的企业的竞争战略

竞争的本质在于能力和力量的比拼。处于不同市场地位的企业，其话语权与所能采取的竞争战略明显不同，真正懂得竞争要旨的企业应该在清晰认知自身实力与所处竞争地位的基础上采取合适的竞争战略。

目前根据企业在市场中的角色可以将其分成四个类型——市场领导者、市场挑战者、市场追随者和市场补缺者。一个行业中可能40%的市场被市场领导者，即市场份额最大的企业所占据；另外30%的市场被市场挑战者，即那些正努力提高市场份额的企业所占据；另外20%被市场追随者，即那些想要保住市场份额的企业所占据；剩余10%的市场份额被市场补缺者，即服务于被其他企业忽视的小的细分市场的企业所占据。不同企业根据各自的竞争情况，针对不同的业务单元和产品通常采用不同的竞争战略（见表7-1）。

表7-1 市场领导者、市场挑战者、市场追随者和市场补缺者战略

市场领导者战略	市场挑战者战略	市场追随者战略	市场补缺者战略
扩大总需求 提高市场占有率 保持市场份额	确定进攻对象和进攻目标 选择适当的进攻策略	紧密追随 有距离地追随 有选择地追随	向细分市场提供专门的产品或服务 需满足五方面的条件

一、市场领导者战略

市场领导者作为市场份额的最大占有者，在价格变化、新产品开发、分销渠道建设、促销策略等多个环节较行业内其他企业都具有明显的竞争优势，常常会成为其他企业效仿和希望超越的对象。因而，市场领导者战略的重点在于有效防御、努力保持优势，具体来说包括以下三个方面。

（一）扩大总需求

市场领导者在市场上处于主导地位，因此整体市场规模扩大，也即市场总需求扩大的最大受益者就是市场领导者。扩大总需求的途径有：为产品寻找新用户、新用途，或促使现有用户增加使用量，消费得更多、更频繁。

（二）提高市场占有率

市场领导者也可通过进一步提高市场占有率来增加销售额。在一些规模较大的市场上，每提高一个百分点的市场占有率就意味着销售收入成倍增长，而且，进一步的研究表明，提高市场占有率与提高利润率呈正相关。但是，市场领导者在追求市场占有率的提高之前必须认真筹划，以免成本上升过快，导致市场占有率虽上升利润却下降。在现有市场上提高市场占有率意味着向其他企业发起进攻，即使市场领导者是处于市场主导

地位的企业，也须慎重行事。

（三）保持市场份额

市场领导者必须注意保持已有的市场阵地和占有率，做好防御，否则，其扩大整体市场规模的努力将成为“为他人做嫁衣”的无用功。保持市场份额的上策是以攻为守，不断创新，确保在新产品构思、顾客服务、效率和成本等方面始终处于行业领先地位，同时注意抓住对手的弱点，主动出击。可供企业采用的防御战略有以下六种：

（1）阵地防御，即不断改进现有产品，提升品牌知名度，防止竞争对手的进攻。

（2）侧翼防御，即通过改善生产和经营中的薄弱环节来防止竞争对手对市场份额的侵占，或者发展与竞争对手相类似的业务来牵制竞争对手的进攻行为。

（3）先发制人，即在竞争对手发起市场攻击之前，先向竞争对手发起进攻。

（4）反击式防御，即关注竞争对手的进攻态势，在适当的时候通过强有力的反击瓦解对手的进攻。

（5）运动防御，即通过拓展业务范围或实施多角化经营开拓新的业务，扶持老业务的发展。

（6）收缩性防御，即主动放弃无利可图的业务，将力量集聚到主业上。

二、市场挑战者战略

挑战型的企业大多在市场上处于第二位、第三位，甚至更低名次。它们的共同之处是决心向主导企业或其他竞争者发动进攻，以获取更大的市场份额。市场挑战者战略主要由两方面内容组成：一是确定进攻对象和进攻目标；二是选择适当的进攻策略。

（一）确定进攻对象和进攻目标

市场挑战者发动进攻的总目标是扩大市场份额并提高利润率，但又因进攻对象的不同而有所差异。市场挑战者可选择下述三类企业中的一类作为进攻对象，重要的是一定要有明确的目标。

（1）市场领导者，这是比自身更强大的对手，因此风险很大，当然成功的收益也很大。进攻的方式主要有两种：一是开发出性能和品质比市场领导者更好的新产品、新服务；二是寻找市场领导者经营活动中的失误，然后充分利用这些失误扩大自己的市场份额。

（2）与自己实力相当的竞争者，主要是那些经营不善或资源不足的企业，以争夺它们的顾客。

（3）一些仅在有限细分市场上从事经营活动的中小企业，这可以通过企业兼并来实现。

（二）选择适当的进攻策略

菲利普·科特勒把企业进攻的策略归纳为以下五种。

1. 正面进攻

正面进攻即集中攻击对手的强项而不是弱点，如在产品开发、定价、广告等方面展开较量。正面进攻的胜负取决于谁的力量更强。因此，若无在相应项目上优于对手的资源、能力，贸然采取此策略，会造成企业在市场上的失败。

2. 侧翼进攻

多数企业实际上不可能一开始就正面强攻，而是侧翼进攻，即选择对手的弱点或缺口，以己之长，攻彼之短。如偏僻地区市场或某个细分市场，有时竞争者在这些市场没有强大的力量，抑或这些市场并未被竞争者明确意识到，因此这是对方的薄弱之处，最容易取得攻击胜利。随着企业在这些市场上销售的增长，竞争者的市场份额将逐渐被侵占。

3. 包围进攻

包围进攻的目标要比侧翼进攻的大，即看准敌方一块阵地后，从前后左右几条战线上同时进攻，迫使其全面防守，却又顾此失彼。如产品包围战就是针对竞争者的产品，推出质量、风格、特点各异的数十种同类产品，以此争夺顾客，最后夺取市场。

4. 迂回进攻

这是一种间接进攻策略，即并不进攻竞争者现有的市场或地盘，相反，对这些产品和市场采取回避态度，绕过竞争者，或是开发新产品去满足未被任何竞争者满足的市场；或是开展多角化经营，进入与竞争者不相关的行业；或是寻找新的、未被竞争者列入经营区域的市场。这种战术能帮助企业逐渐增强自己的实力，一旦时机成熟，即可转入包围进攻或正面进攻。

5. 游击式进攻

游击式进攻在军事上是以小胜大、以弱胜强的有效策略，在市场营销中也不例外。其典型做法是向竞争者的不同领域或不同部位发动小规模、时断时续的攻击，骚扰对手，使之不得安宁，疲于应对，最终削弱和瓦解它。如突然在某一地区加大促销力度，在某个特定时点降低商品售价，或对某位经销商的努力推销做出特殊承诺。游击式进攻特别适合弱者向强者发动进攻，能够以较小代价耗费对方资源。但进攻者若要“击败”对手，须有强大的后盾，因此，游击式进攻适合作为强大攻击前的准备。

以上五种策略，市场挑战者可选择其一来实施，也可以对其进行综合运用。这取决于市场挑战者自身的资源和其所要达到的战略目标。

三、市场追随者战略

市场追随者战略的核心是寻找一条避免触动竞争者利益的发展道路。但追随并不等同于被动挨打。市场追随者要学会在不刺激强大竞争对手的同时保护好自己。

可供市场追随者选取的战略主要有以下三种。

（一）紧密追随

采取这种战略的市场追随者模仿市场领导者的产品、品牌甚至包装，或者稍做改变。市场追随者如果不妨碍市场领导者，不会发生直接冲突。有些市场追随者甚至会被说成是寄生者，它们在刺激市场方面很少采取行动。

（二）有距离地追随

有距离地追随是指市场追随者在产品、包装和价格方面与市场领导者接近，但有一定差异。市场追随者保持某些距离，但又在主要市场和产品创新、一般价格水平和分销上追随市场领导者。市场领导者十分欢迎这种追随者，因为市场领导者发现它们很少会影响它的市场计划，乐于让它们占有一些市场份额。保持距离的市场追随者可以收购同行业的小公司，从而得到成长。

（三）有选择地追随

有选择地追随是指市场追随者根据自身条件，选择市场领导者战略、策略中适合自身的部分，作为自己制定战略、策略的依据。这类市场追随者在有些方面紧跟市场领导者，在有些方面又走自己的路。它们可能具有创新性，但又避免直接的竞争，并且在明显有好处时追随市场领导者。它们很有可能成长为未来的市场挑战者。

四、市场补缺者战略

市场补缺者一般是指行业中相对弱小的中小企业。这些企业在竞争中避免与实力强大的企业发生正面冲突，选择那些未被满足的细分市场走差异化的道路，向细分市场提供专门的产品或服务，以谋求生存与发展。由此可见，找出合适的市场空白点，并采取专业化的发展战略是市场补缺者的成功之道。企业实施市场补缺者战略需要满足以下几个条件。

营销观察 在小县城狂开3 000多家店，派乐汉堡凭什么?

（一）理想的补缺市场有足够的市场潜力和购买力

这种市场应该拥有众多的人口，他们具有很大的需求，并且有较强的满足这种需求的购买能力。只有三者结合起来才能组成有潜力的大市场。如果人口众多，但收入很低，则购买力有限；如果购买力强，但人口少，也不是大市场。有足够市场潜力和购买力的市场是上述三个因素的统一，如果补缺市场具备了这些条件，企业应该生产足以引起人们的购买欲望的产品，使潜在市场转变为现实的市场。

（二）理想的补缺市场有利润增长潜力

这个潜力是指利润增长的速度要大于销售增长的速度，销售增长的速度要大于成本增长的速度。它应该由企业来发掘，即企业将潜在的市场转变为现实的市场。值得注意的是必须讲究经济核算、加强管理、改进技术、提高劳动生产率、降低成本，在判断补缺市场是否具有利润增长潜力时，要预先考虑利润产生的时间、资金的时间价值以及风险问题，避免短视的行为。

（三）理想的补缺市场对主要竞争者不具有吸引力

企业应该建立竞争情报系统，从产业、市场两个方面识别自己的竞争者，确定竞争对象；判定竞争者的战略、战术原则与目标；评估竞争者的实力与反应，从而推断出自己选定的补缺市场是否对竞争者具有吸引力，以此预测这个市场对企业的理想程度。对主要竞争者不具有吸引力的补缺市场才是理想的补缺市场。

（四）企业应该具备占有理想补缺市场所需的资源、能力

企业发掘补缺市场时，需要考虑自身的突出特征、周围环境的变化及会给企业带来的威胁或机会，以及企业的资源情况和特有能力。只有掌握了一定的资源、能力，企业才能找到切实可行、具体明确的理想的补缺市场并顺利占有它，否则，即使是很好的补缺市场，也不是该企业的理想补缺市场。

（五）企业已在顾客中建立起良好的信誉，足以对抗竞争者

有企业家认为，任何企业唯一经久不衰的竞争优势就是企业的信誉。良好的信誉是通过提供优质产品或上乘服务建立起来的，让顾客对企业产生品牌忠诚，这样即使有竞争者介入，顾客仍然能够对该品牌保持忠诚，不会流失。

素养园地　7 年累计捐资 34.65 亿元，蚂蚁森林已种下 4.75 亿棵树

2023 年 8 月 28 日，蚂蚁集团公布了“蚂蚁森林”运行 7 年来的整体情况：从 2016 年 8 月启动至 2023 年 8 月，蚂蚁集团通过“蚂蚁森林”累计协议捐赠 34.65 亿元。随着各地生态项目的实施，已实际支出 20.53 亿元，剩余部分将由蚂蚁集团和相关基金会按照种植养护进度和验收结果陆续如期支付。

据统计，蚂蚁森林启动 7 年来，通过与 20 多家公益机构合作，已经种下了 4.75 亿棵树、参与共建了 31 个自然保护地，陆续支持了内蒙古、甘肃等 22 个省份的生态建设。蚂蚁森林的各类生态公益项目，创造了种植、养护、巡护等累计 370 多万人次的劳动增收机会。

与蚂蚁森林合作造林体量最大的公益机构——中国绿化基金会的主席陈述贤认为：蚂蚁森林通过 7 年的公益实践，实现了项目管理模式、生态成果巩固和公益资金监管三方面的创新，是新时代社会力量参与国土绿化和生态建设的重要平台之一，不仅拓宽了农牧民就业增收渠道，还对生态富民起到了很好的示范引领作用。

从 2022 年开始，蚂蚁森林进一步将生态保护与修复的公益探索从陆地延伸到了海洋，分别在山东、福建沿海修复海草床、红树林：截至 2023 年 8 月已完成鳗草培育种植 6 660 万株、秋茄种植 272 万株。

“在与社会各界一起共创蚂蚁森林的路上，蚂蚁森林的‘蚂蚁’代表的不再是蚂蚁集团，而应该是微小而具有韧性的力量”，蚂蚁集团首席可持续发展官彭翼捷表示，大自然是一个完整的生态系统，每个物种都是生态韧性的一部分，蚂蚁集团从“种树”出

发，进一步关注生物多样性、濒危物种保护地的建设，又将公益探索从陆地延伸到海洋，希望未来可以和更多的专家、合作伙伴一起探索生态系统的修复与保护。

资料来源：七年累计捐资34亿元，蚂蚁森林已种下4.75亿棵树.（2023-08-28）.https://news.qq.com/rain/a/20230828A088Q500.

本章小结

在市场经济条件下，企业时刻面临着市场竞争。要使企业实现从优秀到卓越的跨越，就必须对竞争者进行分析。这个过程包括：识别竞争者；评估竞争者（目标、战略、优劣势和反应）；选择进攻的竞争者或者回避竞争者。竞争战略的三种形式包括成本领先战略、差异化战略和集中化战略。处于不同市场地位的企业的竞争战略如下：市场领导者战略，重点在于有效防御、努力保持优势，具体包括扩大总需求、提高市场占有率、保持市场份额；市场挑战者战略，主要由两方面内容组成：一是确定进攻对象和进攻目标，二是选择适当的进攻策略；市场追随者战略，核心是寻找一条避免触动竞争者利益的发展道路，包括紧密追随、有距离地追随和有选择地追随；市场补缺者战略，市场补缺者一般是指行业中相对弱小的中小企业，寻找合适的市场空白点，并采取专业化的发展战略是市场补缺者的成功之道。

案例分析

库迪咖啡的市场追随者战略

2022年10月库迪咖啡开了第一家店，仅仅用8个多月就实现了4 000家门店的目标。成立仅一年，库迪咖啡已经在我国覆盖了324个地级以上城市和省直辖县，并拥有遍布全国各省份的门店。库迪咖啡的业务覆盖了全球28个国家和地区。为了支持其快速扩张，库迪咖啡在安徽当涂建立了全球供应链基地，并计划建设年产4.5万吨的咖啡烘焙厂。

一、门店选址：你走过的路那么熟悉

在门店选址方面，库迪咖啡的许多合作门店都受到瑞幸咖啡的影响。库迪咖啡目前拥有标准店、品牌店、快取店、户外店和店中店等多种店铺形式。从目前的选址倾向来看，库迪咖啡倾向于选择写字楼和购物中心作为开店地点，这一点与瑞幸咖啡的策略一致。

此外，库迪咖啡早在成立之初就抢先关注和争夺下沉市场的合作商和客源。借助“合作商”模式、瑞幸咖啡创始人的背景以及提前布局下沉市场的策略，库迪咖啡尽量避开了一、二线城市的激烈竞争。在营业额最多的省份，库迪咖啡的门店分布均匀，并且没有在省会城市设立门店，这样做既避免了在大城市与大品牌的直接竞争，也可以在小城市占领市场，打造品牌优势。

库迪咖啡目前营业的主要省份是浙江、江苏和山东。在这几个省份中，门店最多的城市基本都不是省会城市，已开业门店最多的城市分别为宁波、苏州和临沂，呈现出全省遍地开花的态势。

二、主打产品：你身上有瑞幸咖啡的味道

产品方面，库迪咖啡推出了经典咖啡、生椰系列、库可冰系列和圣代系列等主打产品，虽然每隔一段时间就会推出新品，但销量最好的还是生椰拿铁、厚乳拿铁等瑞幸咖啡出圈产品。如此看来，库迪咖啡的主打产品似乎仍然走不出瑞幸咖啡的影子。

三、营销策略：走瑞幸咖啡的路，套路对的人

1. 低价策略：助推高转化率

库迪咖啡秉承了瑞幸咖啡过去成功的低价吸引消费者的策略，并巧妙地利用了消费者偏好低价的心理进行营销推广。早在福州首家店试营业期间，库迪咖啡就推出了“全场9.9元畅饮”的活动，库迪咖啡一开始进入市场也是采取低价策略获取私域流量，添加客服即可领取6张9.9元的全场任饮券，在小红书官方账号主页还有“1元喝库迪”的推文。

随后，库迪咖啡又推出了“夏日冰饮季，天天9.9元”的促销活动，只需要在App上登录，每天都可以领取一张9.9元全场任饮券。此外，还有新人介绍0元券等，通过极低的价格不断拉新并创造全新顾客群体，为自身极速扩张奠定基础。

2. 线上矩阵＋联名赞助：打造年轻化品牌影响力

库迪咖啡巧妙地借助了以抖音为主的热门社交平台来推广品牌，并通过关键意见领袖和其他精准营销手段迅速提升了知名度。库迪咖啡还与《王者荣耀》等热门游戏合作，并与知名电竞选手展开了跨界合作，成功打造了引人注目的首发联名产品和热门活动。

这不仅使其饮品口感与视觉效果兼具吸引力，还为消费者提供了个性化的定制体验。值得一提的是，它们还推出了备受关注的“英雄联名款”饮品，并通过线上和线下渠道获取了极高的人气。

此外，库迪咖啡与阿根廷国家足球队达成了全球赞助合作协议，成功开展了“阿根廷队请你一元喝库迪”和“喝库迪、赢球票”等多项营销活动。库迪咖啡还与瑞典品牌OATLY合作，共同推出新品馥桂红袍燕麦拿铁，进一步扩大了品牌影响力。结合夏季冰饮促销和提供多样化的优惠券等营销手段，库迪咖啡吸引了大量用户消费，其下载量持续增长。在七麦数据发布的2023年6月热门应用下载排行榜中，“Cotti Coffee 库迪咖啡”进入前三名，仅次于微信和抖音，成功成为黑马App。

资料来源：这个咖啡品牌8个月狂开4 000家，可以“复制”瑞幸的成功吗？.（2023-07-31）. https：//news. qq. com/rain/a/20230731A032SQ00. 有改动。

思考题

1. 咖啡市场竞争如此激烈，库迪咖啡是如何识别市场机会，进行市场定位的？

2. 结合当下面临的挑战，你认为库迪咖啡该怎样进一步提高自己的核心竞争力，实现跨越式发展？

理论思考

1. 如何识别竞争者？
2. 竞争战略的一般形式有哪些？
3. 处于不同市场地位的企业的竞争战略有哪些？

营销实战

1. 运用迈克尔·波特的五力模型，分析小红书目前所处的竞争环境，并给出合理的发展建议。

2. “可持续竞争的唯一优势来自超过竞争对手的创新能力。”请结合所学内容，谈谈你对这句话所蕴含的哲理的理解。

实训练习

实训目的：让学生在亲身体验中感受现代企业的竞合理念。

实训内容：要求学生分成若干小组，对学校旁边的5家餐厅进行顾客价值分析，找出销售最好与最差的餐厅，并利用竞争对手分析的相关理论找出销售最差餐厅的问题所在。

实训方式：小组讨论和分析。

即测即评

扫描二维码可在线自测并查看答案。

第8章
产品策略

知识目标

- 理解产品整体概念，识别产品的三个层次。
- 理解产品组合的相关知识。
- 了解品牌的概念。
- 掌握品牌策略。

能力目标

- 能够运用产品整体概念设计产品。
- 能够应用品牌策略。

价值目标

引导学生认识到品牌对一个国家的重要意义，树立打造强大的民族品牌的信念，增强民族自信，养成关心国家发展和民族振兴的使命感和责任感。

关键词

产品整体概念　　　产品组合　　　品牌

思维导图

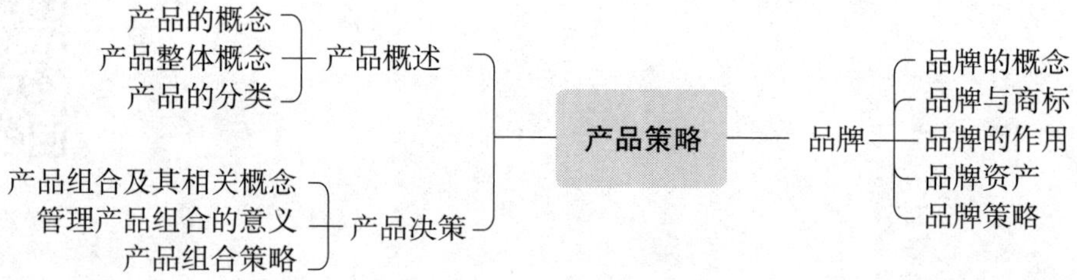

营销观察

赵襄王学御

赵襄王向王子期学习赶车的技术，学了不久便与王子期进行了一场比赛。在比赛中他换了三次马，每次都落在了后面。

赵襄王埋怨说："你教我赶车，还留了一手呀！"王子期回答说："我已经把技术全部教给您了，是您运用得不对呀！赶车最要紧的，是把马套在车上时要套得舒适妥帖，赶车人的注意力要集中在掌控马上，这样才能跑得快、跑得远。在今天的比赛中，您落在后面的时候，就只想追上我；跑在前面的时候，又生怕被我追上。其实把马引上大道赛跑，不是领先就是落后。可是您无论领先还是落后，注意力都集中在我的身上，哪里还顾得上掌控马呢？这就是您落后的原因。”

营销启示

企业最重要的是要提供适销对路的产品，就像前面所说的，不能把精力放在无关紧要的问题上。企业只有持以“工匠精神”雕琢产品，打造质量过硬的产品，才能从根本上提升企业的竞争力。

第1节　产品概述

产品是企业最重要的市场营销要素，是市场营销组合中的核心因素。价格、渠道、促销等因素因产品的存在而存在，也会因产品的变化而变化。因此，产品的好坏决定着市场营销活动的内容，也决定着企业的销售额、利润和市场占有率。产品策略直接影响和决定着其他市场营销组合因素的管理，对企业市场营销的成败影响重大。

一、产品的概念

产品的概念有狭义与广义之分，狭义的产品概念局限于某种物质的形态和具体的用途，一般被理解或表述为：由劳动创造，具有价值和使用价值，能满足人类需求的有形物品。广义的产品概念具有宽泛的外延和深刻的内涵，一般被表述为：能够通过交换满足消费者或用户特定需求和欲望的一切有形和无形的东西。它包括实体产品（如电脑、书籍）、服务（如美容、运输）、地点（如旅游胜地）和创意（如广告设计）等。本书所说的产品，是指广义的产品。

二、产品整体概念

产品设计者设计产品时要考虑产品的三个层次（见图8-1）。每一个层次都可以增加顾客价值。第一个也是最基本的层次是核心产品，即顾客真正购买的是什么。产品设计者在设计产品时首先要明确顾客所追求的利益、旨在解决的核心问题。例如，购买化妆品的消费者不仅仅追求产品的功能，所以露华浓的产品设计师说：在工厂，我们生产化妆品；在商店，我们出售希望。同样，用户购买了一部iPad，这不仅仅是平板电脑，更是购买娱乐和时尚产品的工具，以及与朋友们联系的纽带。

第二个层次是实体产品。产品设计者必须围绕产品的核心利益构造实体产品，包括产品的外观、设计、质量水平、品牌和包装等。例如，iPad由品牌名称、配件、风格、外观、包装及其他属性组合在一起，用来传递顾客价值。

产品设计者还应该向顾客提供一些服务和利益，围绕核心产品和实体产品构造拓展产品，这是产品的第三个层次。例如，iPad 不仅仅是一种数字设备，它向顾客提供的是一个完整的解决移动互联问题的方案。因此当顾客购买一部 iPad 时，苹果公司及其分销商还会向顾客提供一份对部件和工艺的保修单、一份说明书、必要的快速维修服务、当顾客有问题或者疑问时可以随时联系的免费电话以及让顾客有机会接触到种类繁多的应用软件和配件的网站。此外，苹果还提供将购买者多个数字设备上的图片、音乐、文档、应用、日历、联系人和其他内容随时随地整合在一起的 iCloud 服务。

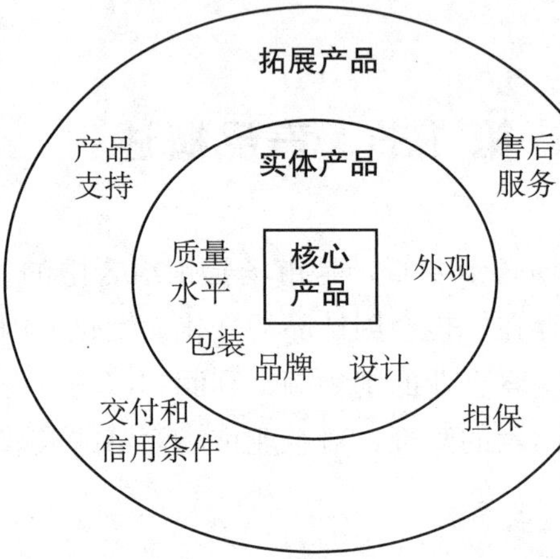

图 8-1　产品的三个层次

三、产品的分类

根据使用产品的消费者类型，产品被分为两大类：消费品和工业品。

（一）消费品的分类

消费品是指最终消费者购买的用于个人消费的产品。按最一般的标准即消费者购买行为的特征可将其分为四类：便利品、选购品、特殊品和非渴求品。

1. 便利品

便利品是指消费者购买频繁，希望一需要即可买到，并且只花最少精力和最少时间去比较品牌、价格的消费品。便利品有两个特点：一是便利品都是非耐用品，且多为消费者日常生活必需品。因而，经营便利品的零售商店一般都分散设置在居民住宅区、街头巷尾、车站、码头、工作地点和公路两旁，以便消费者随时随地购买。二是消费者在购买前，对便利品的品牌、价格、质量和出售地点等都很熟悉，所以对大多数便利品只花较少的时间与精力去购买。

2. 选购品

选购品是指消费者在购买前往往要去许多家零售商店了解和比较产品的式样、质量、价格等的消费品，例如儿童衣物、女装、家具等。选购品可挑选性强，耐用程度较高，不需经常购买，所以消费者有必要花较多的时间和精力去多家商店挑选。

3. 特殊品

特殊品是指消费者能识别哪些品牌的产品物美价廉，哪些品牌的产品质次价高，而且许多消费者愿意多花时间和精力去购买的消费品，例如奢侈品、名牌服装以及供收藏的特殊邮票和钱币等。消费者在购买前通常对要购买的特殊品的特点、品牌等有充分认识，这一点同便利品相似；但是，消费者只愿购买特定品牌的某种产品，而不愿购买其他品牌的某种特殊品，这又与便利品不同。

4. 非渴求品

非渴求品是指消费者不知道的产品，或者虽然知道却没有兴趣购买的产品，例如刚上市的新产品等。非渴求品的性质决定了企业必须加强广告、推销工作，使消费者对这些产品有所了解，产生兴趣，从而吸引潜在顾客，扩大销售。

（二）工业品的分类

工业品是指用于进一步加工或商业运营的产品，一般把工业品分为以下三类。

1. 材料和部件

材料和部件是指能完全转化为制造商产成品的产品，包括原材料、半成品和部件。原材料包括农副产品、天然产品（木材、原油）。半成品和部件包括构成材料（铁、棉纱）和构成部件（马达、轮胎）等。很多原材料都有易腐性和季节性的特点，这决定了其营销的特殊性。半成品和部件直接卖给工业使用者，因此价格和服务是影响购买者的主要因素。

2. 资本项目

资本项目是指在生产中起到辅助作用的工业品，包括建筑物、设备和附属设备。建筑物、设备通常是大宗采购，销售常采用人员推销的方式，而且需要设计不同的产品种类并且提供售后服务。附属设备包括轻型制造设备（如手动工具）及办公设备等，用户通常比较分散且订货量少。

3. 供应品和服务

供应品包括操作供应品（润滑油等）及维护和维修物品（油漆、扫帚）等。供应品是工业领域的便利品，一般通过中间商销售，而且顾客人数众多，购买分散并且产品单价低。服务包括维护和维修服务（计算机维修）以及商业咨询服务等，这些通常是通过签订合同的形式提供。

第2节 产品决策

一般而言，企业提供给目标市场的产品不是单一产品，而是产品组合，即多个产品线的产品。每个产品线包含若干产品项目，每个产品项目又有若干种包装和服务，等等。

一、产品组合及其相关概念

（一）产品组合的含义

产品组合，也称产品经营结构，是指一个企业生产经营的全部产品线的组合或结构。

产品线，也称产品大类、产品系列，是企业经营的一组密切相关的产品项目。这里的密切相关是指使用相同的生产技术、产品有类似的功能、借助同类销售渠道、有同类顾客群或同属于一个价格幅度。

产品项目，也称产品品种，是指列入企业产品线中的具有不同规格、型号、式样或价格的最基本产品单位。

例如，某集团企业既生产彩电、冰箱、空调，又生产计算机、手机，这些产品线构成企业的产品组合，而彩电、冰箱、空调、计算机、手机产品线中包括的具体品牌和品种就是产品项目。

（二）产品组合的宽度、长度、深度和关联性

产品组合的宽度，通常是指企业所拥有的产品线的总数。以上述集团企业为例，简单核算，其产品组合宽度是5，因为暂时来看其拥有5条产品线。产品线越多意味着企业产品组合就越宽。产品组合的宽度说明了企业的经营范围大小以及跨行业经营甚至实行多角化经营的程度。

产品组合的长度，指企业各产品线的产品项目总数，即所有产品线中的产品项目之和。再以上述集团企业为例，假设其彩电产品线有8个产品项目，冰箱产品线有6个产品项目，空调产品线有4个产品项目，计算机产品线有5个产品项目，手机产品线有10个产品项目，则该公司的产品组合长度就是：8＋6＋4＋5＋10＝33。一般情况下，产品组合的长度越长，说明企业的产品品种、规格就越多。

产品组合的深度，指企业一条产品线包含的产品项目数，即产品线中每种产品有多少花色、品种、规格。产品组合的长度和深度反映了企业满足各个不同细分市场需求的程度。

产品组合的关联性，是指企业的各个产品线在目标受众、最终用途、生产技术、分销渠道等方面的相关程度。产品组合的关联性与企业是否开展多角化经营有密切关系，关联性大的产品组合有利于企业的经营管理，容易取得好的经济效益；反之，则企业经营管理的难度就比较大。

二、管理产品组合的意义

首先，企业增加产品组合的宽度（即增加产品大类，扩大经营范围，甚至实行跨行业经营、多角化经营），可以充分发挥企业的优势，使企业的技术设备和劳动力等资源

得到充分利用，提高经济效益；此外，实行多角化经营还可以降低风险，提高企业对市场的适应能力和竞争能力。例如，Keep已从一个健身App成长为一个泛生活运动平台，目前，Keep的产品主要有：（1）自有品牌产品（消费品），包括智能健身设备（如Keep智能单车、手环、跑步机和智能秤等）和配套运动产品（如健身装备、服饰和健康食品等），主要通过自营商城和第三方电商平台或第三方批发渠道向用户销售。（2）会员订阅及线上付费内容，包括直播课、录播课、虚拟体育赛事等多种形式的在线健身内容，用户可以订阅会员资格或单点式购买。（3）广告及其他服务（后者主要指Keepland提供的服务）。Keep通过涵盖吃、穿、用、练的全方位运动解决方案和沉浸式运动体验场景，为品牌营销提供了更多新思路与可能性。

其次，企业增加产品组合的长度和深度（即增加产品项目，增加产品的花色、款式、规格等），可以迎合广大消费者的不同需要和爱好，吸引更多的顾客。例如，农夫山泉推出了“白开水”“东方树叶”“长白雪”等新品，它们快速地进入市场，并成为饮料市场的“特色产品”，延续了农夫山泉的品牌理念。

最后，企业增加产品组合的关联性（即使各个产品大类在最终用途、生产条件、分销渠道等方面密切关联），则可以提高企业在某一地区、行业的声誉。

三、产品组合策略

产品组合策略是指企业根据市场需求和内部资源对产品组合的宽度、长度、深度和关联性的组合策略。企业通过产品线销售额和利润分析、产品项目市场定位分析对产品组合进行调整和优化，采取扩大产品组合、缩减产品组合、产品线延伸等策略。

营销观察 方家铺子的产品组合策略

（一）扩大产品组合策略

扩大产品组合策略是指企业拓展产品组合的宽度和增加产品组合的深度。拓展产品组合的宽度是指在原有产品组合中增加新的产品线，扩大经营范围；增加产品组合的深度是指在原有产品线内增加新的产品项目。如果企业预测到现有产品线的销售额和利润额在未来一定时期内会下降，就要考虑在现有产品组合中增加新的产品线或加强其中有发展潜力的产品线。如果企业想增加产品特色或为更多的细分市场提供产品，可以考虑在原有产品线内增加新的产品项目。

采取扩大产品组合策略，实行多角化经营，可以拓展经营范围，扩大经营规模，降低风险，充分发挥企业资源的作用，尤其是在经济繁荣时期，实行扩大产品组合策略，可以增加盈利机会。但是采取扩大产品组合策略需要大量投资，要慎重采用。

（二）缩减产品组合策略

缩减产品组合策略是指企业减少产品组合中产品线的数量或减少产品线中产品项目

的数量。一般来讲，在市场经济萎缩、原材料供应紧张或行业内有替代品出现、消费者需求偏好发生转变时，可以采取缩减产品组合策略，放弃那些获利少甚至亏损的产品线或产品项目，集中力量发展获利多、有发展潜力的产品线和产品项目，以增强企业盈利能力。

（三）产品线延伸策略

产品线延伸策略是指企业全部或部分地改变原有产品的市场定位，采取向上延伸、向下延伸和双向延伸三种形式。

1. 向上延伸策略

向上延伸策略是指在原有产品线中增加高档的产品项目。例如，丰田集团推出雷克萨斯豪华车，进军美国的高端车市场。

实行向上延伸策略的市场条件：一是高档产品市场需求旺盛，产品畅销，利润高，市场发展潜力大；二是企业拥有进入高档产品市场的实力；三是企业有良好的信誉；四是企业具有反击竞争对手进攻的能力。

实行向上延伸策略的风险：一是高档产品市场竞争者可能进行反击并进入中低档产品市场；二是未来消费者可能怀疑企业高档产品的质量；三是企业的销售代理商和经销商不一定有能力经营高档产品。

2. 向下延伸策略

向下延伸策略是指在高档或中档产品线中增加中档或低档产品项目。例如，小米手机推出红米系列产品占领中低端市场。

实行向下延伸策略的市场条件：一是高档产品销售增长缓慢，竞争激烈，企业需要开拓中低档产品市场以增加利润；二是能够利用高档产品品牌吸引购买水平低的消费者购买中低档产品，扩大销售量；三是能够填补市场空白，不让竞争者有隙可乘。

实行向下延伸策略的风险：一是容易损害高档产品的品牌形象，因此应利用新品牌推出中低档产品；二是经营高档产品的经销商或代理商可能因为利润少而不愿经营中低档产品；三是易刺激中低档产品生产企业向高档产品市场进军。因此使用向下延伸策略要谨慎，否则会影响企业形象和品牌效应。

3. 双向延伸策略

双向延伸策略是指在原来的中档产品线中同时增加高档产品和低档产品。这样的延伸需要较强的资金实力，从而扩大企业的市场阵地。采用这种策略应注意：只有企业在中档产品市场上已取得市场竞争优势，且有足够的资源和能力时，才可以进行双向延伸，否则还是单向延伸较为稳妥。

实行产品线延伸策略可以充分利用企业资源，开发多种产品满足消费者的不同档次的需求，降低经营风险。但是产品线的延伸要适度，因为随着产品线的延长，既会造成产品成本增加，企业利润减少，也会使消费者难以区分各种产品的独特优势，降低品牌忠诚度。

第3节　品　牌

一、品牌的概念

品牌（brand）是一种名称、术语、标记、符号或设计，或是它们的组合。通过品牌能够辨认某个或某些企业的产品或服务，并使之同竞争对手的产品或服务区别开来。品牌概念包括两个基本义项：（1）品牌由各种可作为标识物的东西组成，如符号、图案等等；（2）品牌的主要意义或基本作用是辨别产品或服务及其提供者。

品牌名称（brand name）是品牌要素中能够被读出来的部分，如“华为”品牌中的“huawei”。品牌标记（brand mark）指品牌要素中能够辨别，但不能明确读出的部分。如“华为”品牌中的红色菊花。

品牌实质上代表着生产者对交付给消费者的产品特征、利益和服务的一贯承诺。好的品牌就是质量的保证。

二、品牌与商标

商标是指按法定程序向商标注册机构提出申请，经审查予以核准，并授予专用权的品牌或品牌的一部分。商标受法律保护，任何人未经商标注册人许可，皆不得仿效或使用。商标使用时应注册，用“®”或“注”标明，注册商标才享有专用权。

品牌和商标既有联系又有区别，一个企业可以使用多种品牌，亦可使用多种商标，以显示商品的特性，并区别于其他同类产品；但商标并不等于品牌，商标将品牌图案化作为产品的记号，可以防止他人仿效，是品牌的法律用语。也就是说，注册商标是受到法律保护的品牌，属于企业的知识产权，构成企业无形资产的一部分。在激烈的市场竞争中，商标不仅是消费者购买的导向标，也是企业走向国际市场的“护照”，是企业参与市场竞争的重要手段。因此，充分认识商标在市场营销中的重要作用，并加强对商标的保护和管理，对维护企业的信誉、提高企业在市场上的竞争力有着重要的意义。

三、品牌的作用

（一）品牌有利于消费者进行产品选择

品牌在消费者心目中是产品质量的标志，它代表着产品的特色，同时它还反映了企业的精神、经营特色和管理水准。因此，好的品牌能消除消费者的种种疑虑，缩短购买的决策过程。

（二）品牌是质量和信誉的保证

不同的品牌代表着不同的商品品质和不同的利益，反映了企业的目标市场定位和追求，因此，消费者可以根据自己的实际需要选择品牌产品或服务，并获得质量和信誉保证。

（三）品牌是产品差异化的手段

品牌有助于减小价格弹性，促进产品组合的扩展。品牌能使某种产品与其他产品的差异凸显出来，使购买者往往不能从价格方面将其与其他同类产品相比较。因此，著名品牌商品比无品牌商品的价格弹性要小，使企业享有较高的利润空间。

（四）品牌影响企业的竞争力

品牌特别是名牌具有市场开拓能力，名牌还可以为企业带来超常的市场占有率和市场覆盖率。品牌具有产品组合效应，当品牌有了知名度之后，即可对主品牌进行延伸和组合。企业还可以采取多种方式进行品牌扩张，通过采取收购、控股、联营或允许他人使用自己的品牌等方式，聚集优势，增强自身的实力和竞争力。

（五）品牌是企业重要的无形资产

经过注册取得商标所有权的品牌，从法律上讲是一种知识产权，凝聚着企业技术、管理、营销等方面的智力创造，受《商标国际注册马德里协定》保护。拥有品牌的企业享有一系列权利，包括专用权、使用许可权、继承权、转让权和法律诉讼权。从经济学角度讲，品牌又是与企业有形资产相对应的无形资产。这种无形资产在使用过程中，会因品牌管理和企业营销业绩的提升而不断增值。企业可利用这一无形资产进行扩张和延伸，并购他人的资产。在现代市场经济下，借助品牌这一无形资产壮大自己、拓展市场已经是屡见不鲜的战略举措。

（六）品牌具有较强的创利能力

品牌具有良好的形象和声誉，尤其是成为名牌后，能大大提高产品的附加值，使产品在满足物质需要的同时，增强消费者精神方面的满足感，减轻价格上升对需求的抑制作用，使企业获得超额利益。

四、品牌资产

品牌资产（brand equity）一词于 20 世纪 80 年代提出，很快得到企业界和学术界的认可。在当时西方国家出现“滞胀”的形势下，一些广告公司认为广告、营销等品牌投入会产生两种效果：一是促进短期销售；二是使品牌在未来抵御风险的能力提升。后一种效果其实是品牌投资沉淀的结果，被视为品牌资产。通俗点讲，企业在品牌上的投资，很大一部分形成了品牌资产，能够在未来给企业带来收益。如果只着眼于短期销售，不进行长远的品牌投资，则是十分短视的，品牌迟早会变得脆弱和被人们淡忘。

学术界对品牌资产到底如何界定、应包括哪些内容，仍在探索和争论中。加利福尼亚大学伯克利分校教授大卫·艾克（David Aaker）认为，品牌资产是与品牌名称及符号相连的资产与负债的集合，它能增加或减少某产品或服务对公司和消费者的价值，如果品牌名称或符号改变，与其相结合的资产和负债可能受影响甚至消失。根据艾克模型，品牌资产涉及品牌忠诚度、品牌知名度、感知品质、品牌联想和其他品牌资产五个方面（见图8-2）。

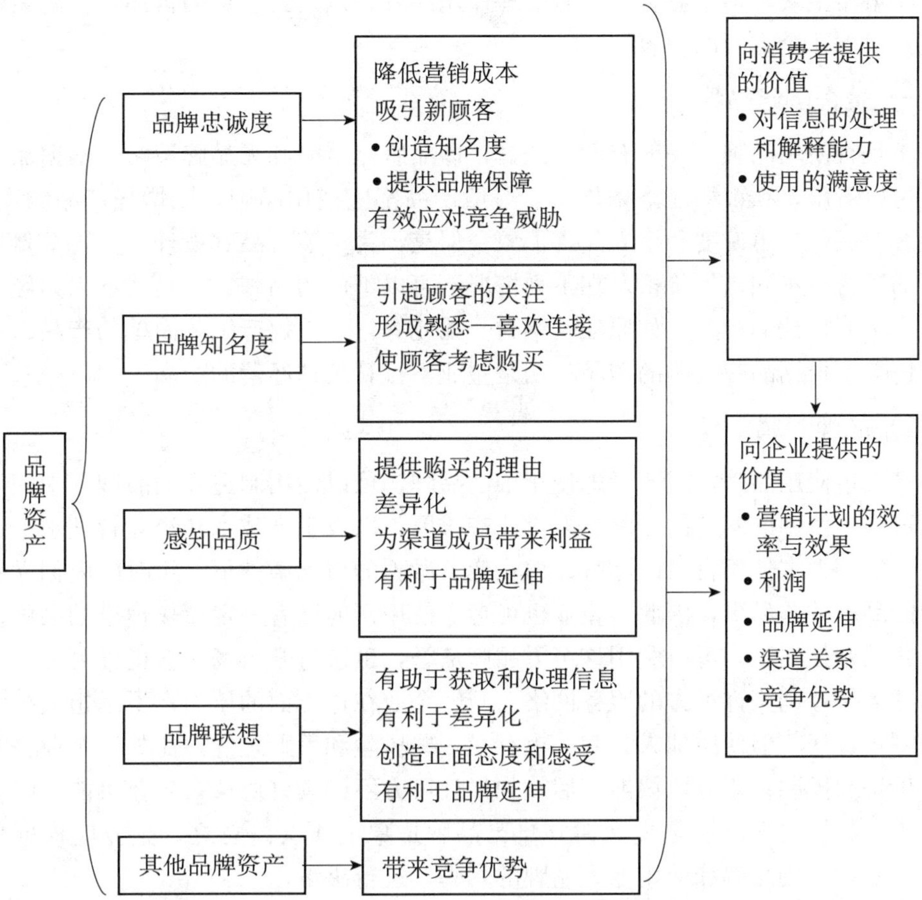

图8-2　艾克模型

品牌忠诚度是指消费者坚持使用该品牌的程度。品牌忠诚度是衡量品牌资产的最有力的尺度。

品牌知名度是指潜在消费者从特定产品系列中识别或回忆某一品牌的能力，是一个品牌在消费者心中的强度。

感知品质是指相对于其他品牌，消费者对该品牌的产品或服务品质的主观满意程度或认知。影响产品感知品质的因素有性能、特色、与说明书的一致性、可靠性、耐用性、实用性、适宜与完美程度等。

品牌联想是指消费者记忆中所有与品牌有关的联想，这些联想组合起来就形成了品牌形象。

其他品牌资产指的是附着在品牌上的特殊技术（如专利等），对产品也很有价值。它包含专利、商标、渠道关系等。这些资产比较容易被忽略，但它们可以有效地阻止竞争者抢夺公司的核心消费者。

五、品牌策略

品牌策略主要是指企业合理、有效地使用品牌，以达到一定的营销目标的策略。它主要包括以下几个方面的内容。

（一）是否创建品牌

关于是否使用品牌，一般有两种选择，即品牌化策略和无品牌策略。根据品牌功能的分析可以看出，在市场经济条件下，一般产品都应使用品牌，以增强产品的竞争力，培养顾客对品牌的忠诚度和树立品牌形象。但是，为了节省品牌设计、广告等费用，降低产品的销售成本和销售价格，在下列情况下可以不使用品牌：一是并不因为经营者不同而形成不同特性的产品，如原油、钢材、棉花等；二是生产工艺简单的产品；三是消费者习惯上不根据品牌选购的产品；四是企业不打算长期经营的产品。

（二）品牌归属

一旦决定使用品牌，就要考虑使用谁的品牌。可以使用制造商的品牌、中间商的品牌，也可混合使用前两者的品牌。财力比较雄厚，以及生产技术和经营管理水平比较高的企业一般都力求使用自己的品牌。但在竞争激烈的市场条件下，短时间内创立一个有影响力的品牌并非易事，因此，企业也可考虑使用别人已有一定市场信誉的品牌。使用他人品牌的好处在于，可以利用许可方品牌信誉，迅速打开市场；获得许可方技术和管理方面的支持，利用许可方的服务网络，减轻企业在这方面的压力；不承担或少承担产品广告宣传责任。但使用他人品牌，也存在一些风险和后顾之忧。比如，企业丧失对产品销售价格的控制；双方协议期满后，如果许可方不愿续订协议，企业可能会陷入销售困境；最大的损失则可能是丧失树立自己品牌形象的机会。总之，企业应根据自身条件，综合考虑自创品牌和使用他人品牌的利弊，进行决策。

（三）品牌统分策略

品牌统分策略确定企业的产品使用一个品牌，还是按品种、类别分别采用不同的品牌，主要有以下四种策略。

1. 统一品牌策略

统一品牌策略即对企业的所有产品使用一个品牌，如美国的“GE”（通电气公司）、我国的“长虹”等。这种策略的主要优点是节省广告促销费用，加速新产品的推广，也有利于扩大品牌影响和强化企业形象。缺点是任何一种产品的失误都会影响其他产品甚至整个企业的声誉。

2. 个别品牌策略

个别品牌策略即对企业的各种产品分别使用不同的品牌，如宝洁的洗发液有海飞丝、飘柔、潘婷、沙宣等品牌，洗衣粉有汰渍、碧浪等品牌。这种策略的优点是将个别产品的成败与其他产品和企业的整体声誉区分开来，还可以区分不同种类、不同档次的产品。缺点是广告宣传费用高、成本高、力量分散，不利于创建名牌。

3. 分类品牌策略

营销观察 丰田新品使用全新品牌

分类品牌策略即按产品类别或产品线分别使用不同的品牌。这种策略介于统一品牌和个别品牌之间，能将不同类别的产品区分开来。例如安踏相对低端的产品品牌是安踏，相对高端的产品品牌有斐乐（FILA）、萨洛蒙（Salomon）、始祖鸟等。

4. 主副品牌策略

主副品牌策略是指同一产品使用一主一副两个品牌的做法。企业以主品牌来涵盖企业生产制造的系列产品，同时又给不同产品各起一个名字作为副品牌，以主品牌展示系列产品的社会影响力，而以副品牌凸显各个产品不同个性形象的经营决策，就是主副品牌策略的成功运用。如“伊利-安慕希”，伊利是作为乳品类别品牌存在的，是宣传的重点，而副品牌“安慕希”代表的则是伊利旗下的“高端常温酸奶”等产品。

（四）品牌延伸策略

品牌延伸策略是指利用成功品牌的声誉和潜在价值来推出新产品，如华为的品牌延伸弹性就较大，从手机、笔记本电脑、平板电脑、终端路由器、交换机等产品延伸到华为汽车。品牌延伸可以加快新产品的推广，节省宣传促销费用，也有利于原品牌影响力的提高。

品牌延伸可以大幅度降低广告宣传等费用，使新产品迅速、顺利地进入市场。这一策略如运用得当，有利于企业的发展和壮大。然而，品牌延伸未必一定能成功。另外，品牌延伸还可能淡化甚至损害品牌原有的形象，使品牌的独特性被逐步遗忘。所以，企业在品牌延伸决策上应谨慎行事，要在调查研究的基础上，分析、评价品牌延伸的影响，在品牌延伸过程中还应采用各种措施尽可能地减轻对品牌的冲击。

（五）品牌重新定位策略

品牌重新定位策略是指由于某些市场情况发生变化，对产品品牌进行重新定位。企业在进行品牌重新定位时，要考虑两方面的因素：第一，产品品牌从一个细分市场转移到另一个细分市场的费用。重新定位的跨度越远，所需费用越高。第二，重新定位后的品牌能获得多少收益。收益多少取决于此细分市场的顾客数量、平均购买率以及竞争者的实力和数量等。企业应对各种品牌重新定位方案进行分析，权衡利弊，从中选优。例如，斐乐 2010 年将品牌重新定位为时尚运动品牌，满足中产阶层未被满足的运动时尚需求，核心客群为 25～35 岁的年轻人。他们喜欢时尚、打扮，喜欢轻量运动，喜欢穿休闲服装，并且喜欢展现自己的时尚。重新定位后，斐乐的销售额取得了快速增长。

素养园地　　比亚迪在国际市场崭露头角

比亚迪，这个新能源汽车领域的著名品牌，近年来可谓如日中天。回首 2023 年，比亚迪以 302 万辆的销售成绩，再次成为中国汽车市场的销售冠军，让整个车坛为之震撼。在中国，每卖出 3 辆新能源汽车，就有 1 辆是比亚迪；每卖出 2 辆插电式混合动力汽车，就有1辆是比亚迪。这样的销售数字让国内外车坛瞩目。

全球范围内，比亚迪的辉煌销售业绩也令人瞩目。2023年，比亚迪成为全球新能源汽车销量冠军。而更值得一提的是，在2023年第四季度，比亚迪的电动汽车销量甚至超越了特斯拉，一举拿下了全球电动汽车销量冠军的宝座。这样的成绩，让比亚迪成为中国汽车工业70年来首个跻身全球车企销量榜前10名的中国品牌，也是唯一一家市场占有率持续增长的车企。

那么，比亚迪是如何取得如此惊人的销售业绩的呢？其实，这背后是比亚迪多维实力的综合体现。首先，比亚迪拥有丰富的领先技术，不断推出颠覆性的创新产品。通过11个研究院、超过9万名工程师的“技术鱼池”，以及超过千亿元的研发投入和超过4.8万项的专利申请，比亚迪不断引领着行业的发展潮流。例如，比亚迪先后发布的易四方、云辇、超级混动越野平台（DMO）等都引领了新能源汽车技术的创新方向，为品牌的持续发展提供了强大的动力。

其次，比亚迪拥有垂直整合优势，掌握了产品定价主动权，实现了全产业链优势和规模化效应，从而实现了出色的成本控制。正是凭借这一优势，比亚迪得以实施“油电同价”和“电比油低”的策略，有效提升了产品的市场竞争力。

最后，比亚迪还展现了极具前瞻性的战略眼光，通过多品牌矩阵的组建，实现了从家用到豪华、从大众到个性化的全覆盖，满足了市场和用户多样化的用车需求。这种灵活多变的战略，让比亚迪在市场竞争中始终占据一席之地。

而随着比亚迪在国际市场的持续扩张，其品牌声誉也在不断提升。在相关榜单中，比亚迪的排名都有了显著的提升，这为比亚迪在全球市场的发展奠定了坚实的基础。

综上所述，比亚迪之所以能够在新能源汽车领域取得如此辉煌的销售业绩，不仅是因为其领先的技术实力和出色的产品质量，更是因为其前瞻性的战略眼光和灵活多变的市场策略。相信随着比亚迪在海外市场的不断拓展，其在全球汽车行业的地位和影响力将会进一步提升，为推动世界汽车产业的发展做出更大的贡献。

资料来源：随着比亚迪在国际市场的持续扩张.（2024-03-09）. https：//www.yoojia.com/article/9924544878320326473.html？sa=pc_ss_article.

本章小结

产品是指能够通过交换满足消费者或用户特定需求和欲望的一切有形和无形的东西。产品设计者设计产品时需要考虑产品的三个层次，其中，第一个也是最基本的层次是核心产品，即顾客真正购买的是什么。第二个层次是实体产品。产品设计者必须围绕产品的核心利益构造实体产品。产品设计者还应该向顾客提供一些服务和利益，围绕核心产品和实体产品构造拓展产品，这是产品的第三个层次。根据使用产品的消费者类型，产品被分为两大类：消费品和工业品。一般而言，企业提供给目标市场的产品不是单一产品，而是产品组合。使用产品组合时，可供企业选择的策略有：扩大产品组合策略、缩减产品组合策略、产品线延伸策略。除此之外还要考虑品牌策略，即企业合理、有效地使用品牌，以达到一定的营销目标的策略。

案例分析

是“黑科技”还是“营销师”？揭秘“戴森热”背后的营销策略

一、戴森的崛起之路

英国高端家电品牌“戴森”于2012年11月正式进入中国，伴随着中国整体消费升级浪潮，戴森在中国取得爆发式增长。但戴森的中国市场之路并非一帆风顺，入局中国市场前期并没有掀起太大水花，以地面清洁和环境净化产品为主。直到2016年吹风机Supersonic™在中国发售，戴森凭借个人护理产品在中国市场崭露头角。在随后的三年时间里，戴森一直保持双位数增长。戴森在2016—2019年保持着迅猛的增长，深究其原因，我们认为有以下两点：

首先，戴森在中国市场的成功离不开强大的产品。戴森一直以来都以技术驱动为主，以Supersonic™吹风机为例，该产品一面市就成为吹风机行业的爆款。凭借着第九代数码马达、Air Amplifier™气流倍增、智能温控等技术，为行业带来了颠覆性创新。戴森每年会拿出10%～15%的营销收入用于研发，这在同类企业中是相当高的比例。在高强度投资研发策略下，戴森已拥有3 000多项专利和超过500项发明。作为其核心技术之一的数码马达技术，至今也没有被超越。

其次，戴森两次入场中国，逐渐积累了用快消品逻辑做耐消品的实战经验。与众多外资品牌一样，戴森刚进入中国时也出现了水土不服的问题。按照中国强制性产品认证（3C）电器品牌打法，想要快速打开市场，耐消品行业的普遍做法是先铺渠道，后开门店，之后进入销售模式。但这种方法并不适合戴森。戴森早期只有捷成一家代理商，想与传统3C电器竞争显然存在差距。因此，为了避免与传统3C电器品牌陷入恶性竞争，戴森开始对同类耐消品品牌进行跨维打击。

二、设计是一种语言

戴森对于产品设计十分看重。国外一位工业设计博主在分享他对戴森产品的印象时用了三个词：实用主义、工业级别的强度、精致。

实用主义是指产品设计以使用效果为导向，例如吸尘器的设计始终围绕着高效清洁这一目的。工业级别的强度是指戴森的产品设计在视觉和产品语言上，均有着明显的工业级别的痕迹。精致是指产品的各个部件处在独立又统一的平衡关系中，这是精心设计的结果。

戴森曾说自己的产品哲学只分为三步：第一步，找到一个常用的物品；第二步，分析影响人们顺利使用它的痛点；第三步，花精力解决痛点。戴森在产品设计方面有三大策略。

第一，充满几何感的造型设计。戴森的几何感主要由几何造型的堆叠（修剪或拼接）以及衔接处的圆角等塑造而成。这一点在吸尘器中最为明显。吸尘器是一个拥有多部件的产品，戴森通过颜色、材质和形状对各部件做出清晰而明确的区分，这些部件彼此独立，又拥有一致的方向性。层次分明又和谐统一，传达出稳定、耐用的产品特性。

第二，处处可见的工业机械痕迹。这一点与创始人詹姆斯·戴森自身的经历密切相关，他以制造工业用吸尘器起家，后来将类似的设计理念应用到家用产品市场。戴森众多的产品灵感明显来自高科技工业机械，轮廓几乎由直线构成，基本上没有大半径的曲线或流线，让人很容易将其和军用车辆、喷气式发动机、活塞等精密机械联系起来。产品充满力量感和表现力，浑身上下仿佛都在告诉你：这就是用来干重活的。

第三，极强的产品通透感。归功于经过精心喷涂的金属和贯通式的透明塑料部件，戴森让整个产品的工作原理和过程全部暴露于人前。戴森当年是第一个在吸尘器行业这么做的品牌。透明的塑料展示了戴森引以为傲的电机、滤网等，消费者无须阅读说明书就能明白机器是如何高质量地工作的，这比任何营销广告都要奏效。它将产品的核心优势以一种近乎自夸的方式传达给消费者。

戴森的工程师们总是从发现问题开始着手研发新品。传统的造型工具存在诸多弊端，比如在使用时会缠绕头发，会因温度过高对头发造成不可逆的损伤，有些产品很笨重或者气流较弱且难以掌控，而这些都在无形中让造型过程变得更为复杂和烦琐。

为此，自戴森推出第一款 Airwrap 多功能造型器以来，来自英国、马来西亚、新加坡和菲律宾的戴森工程师们持续齐心协力，致力于打造一款更高效、更便捷、更多功能且无须过高温度的美发造型工具，以避免造型频率过高导致的头发损伤、脆弱问题，呵护头发的自然健康。新一代戴森 Airwrap 多功能造型器的上市开启了更多每日头发造型的可能性，使顾客在家即可轻松完成从轻量局部造型到精致全头造型的快速打造，适配于更多元化的生活场景。

资料来源：是“黑科技”还是“营销师”？揭秘“戴森热”背后的营销策略.(2022-06-23). https://mp.weixin.qq.com/s/XzzMFUY2KN43S2az9nLDmQ. 有改动。

思考题

1. 请用产品整体概念来分析戴森的产品。
2. 戴森爆发式增长的核心策略是什么？
3. 戴森的产品策略有何可供借鉴之处？

理论思考

1. 如何理解产品整体概念？
2. 试述企业产品组合策略。
3. 简述品牌的作用及可选择的品牌策略。

营销实战

1. 搜集安踏在品牌建设和产品理念方面的相关信息，谈谈对你的启示。
2. “人们买的不是东西，而是他们的期望。”请结合所学，谈谈你对这句话的理解。

实训练习

实训目的：深化学生对产品整体概念与品牌的直观理解。

实训内容：要求学生选择一家熟悉的企业，尝试为其导入识别系统。

实训方式：将学生分成四组，小组内进行明确分工，分别完成整体形象设计的理念识别（MI）、行为识别（BI）、视觉识别（VI）部分，并通过最终作品赏析比较，使学生对“品牌的力量”有更深的理解。

即测即评

扫描二维码可在线自测并查看答案。

第9章
产品生命周期和新产品开发策略

知识目标

- 了解产品生命周期的概念及形态。
- 掌握产品生命周期各阶段的营销策略。
- 掌握新产品的概念及分类。
- 熟悉新产品开发的程序。

能力目标

- 能够明确产品生命周期概念的内涵。
- 能够分析营销策略是如何随着产品生命周期的变化而变化的。
- 能够进行简单的新产品开发。

价值目标

引导学生辩证地看待新产品开发过程中的环保、科技理念，培养学生的创新思维，使学生认识到“中国智造”的重要意义。

关键词

产品生命周期　　新产品开发策略

思维导图

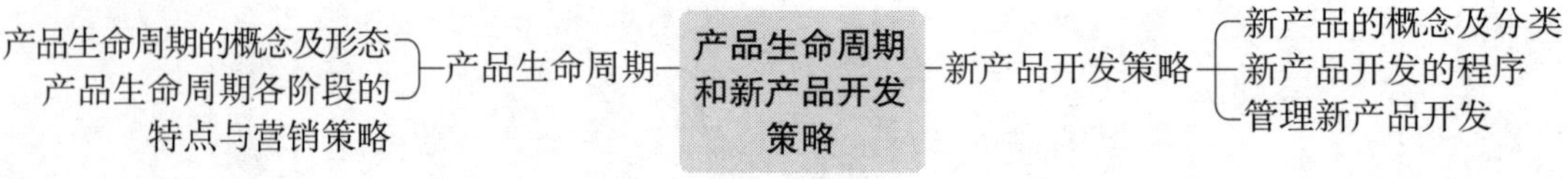

营销观察

猴子伐木

一位伐木工想做一套家具，于是他到树林里砍倒一棵树，并动手把其锯成木板。他在锯树时，把树干的一头搁在树墩上，自己骑在树干上，接着往锯开的缝隙里打入楔子后再锯，不断重复此工作。

一只猴子坐在一棵树上看着他做这一切，心想：原来伐木如此简单。当伐木工躺下打盹时，猴子爬下来骑到树干上，模仿着人的动作锯起树来，锯起来很轻松，但当猴子要拔出楔子时，树一合拢，夹住了它的尾巴。猴子疼得尖声大叫，吵醒了伐木工，最终被用绳子捆起来抓走了。

营销启示

许多企业在发展初期靠模仿行业市场领导者的产品起家，但是它们却忽视了创新，缺乏核心技术，因此在市场发展中逐渐丧失了主动权，被迫退出市场。这就像猴子的尾巴，一不小心就会被树夹住。由此可见，模仿固然重要，但创新更为关键。

第 1 节　产品生命周期

企业开展市场营销活动的出发点是市场需求，任何产品都只是作为满足特定需要或解决特定问题的方式而存在，不断会有领先产品出现，取代市场上的现有产品。所以研究产品生命周期就变得至关重要。

一、产品生命周期的概念及形态

营销观察　产品生命周期基本维度

产品生命周期（product life cycle，PLC）是指产品从准备进入市场开始到被淘汰退出市场为止的全部运动过程，它由需求与技术的生产周期所决定。一个产品的销售就像人的生命周期一样，要经历出生、成长、成熟、老化、死亡等阶段。产品生命周期具体可以分为引进期、成长期、成熟期、衰退期四个阶段。

在产品生命周期的各个阶段，销售额与利润随时间不同而发生变化，通常表现为如图 9-1 所示的曲线，即产品生命周期曲线。

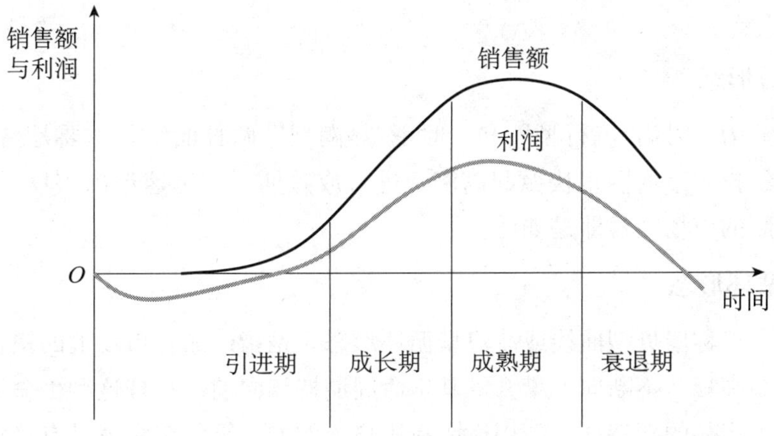

图 9-1　产品生命周期曲线

产品生命周期曲线的特点是：在产品引进期，公司投资不断增加，销售增长缓慢，初期通常利润偏低或为负数；在成长期，产品销售额快速增长，利润也显著增加；在成熟期，产品销售额达到顶峰，利润也在达到顶点后逐渐走下坡路；在衰退期，产品销售额显著减少，利润也大幅度滑落，产品即将退出市场。

S形是产品生命周期曲线最典型的形态，适用于一般产品的生命周期的描述，但是并非所有产品的生命周期曲线都是标准的S形。市场营销学者们通过研究，确认了多种产品生命周期形态。以下简要介绍几种较为常见的不规则的产品生命周期形态及相应的产品生命周期曲线（见图9-2）。

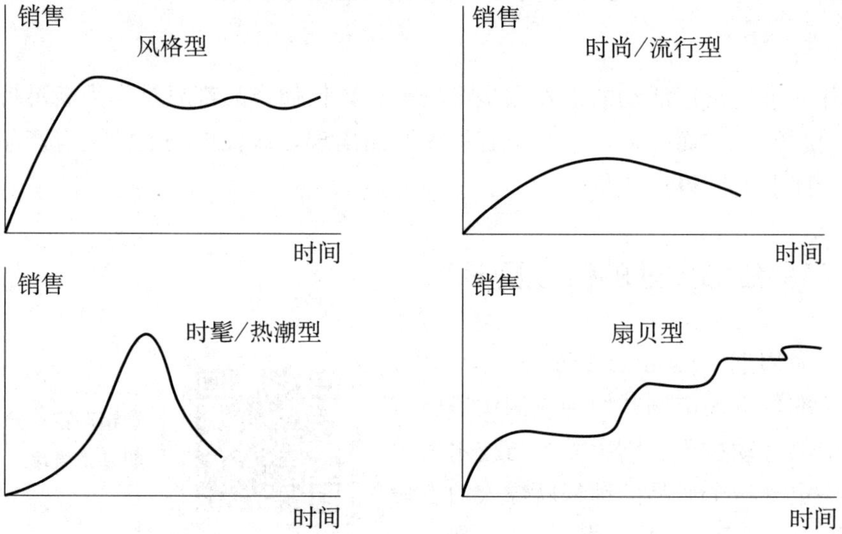

图9-2 风格型、时尚/流行型、时髦/热潮型和扇贝型产品生命周期曲线

（一）再循环形态

再循环形态又称风格型曲线，是指产品达到成熟期后并未顺次进入衰退期，而是进入第二个成长期。这种形态往往是企业成功地进行了产品的多功能开发或投入更多促销费用的结果。

（二）流行形态

流行形态分为“时尚/流行型”和“时髦/热潮型”两种曲线，主要是指各种流行、热潮产品，一经投放市场便很快掀起高潮，进入成熟期，并迅速退出市场。流行歌曲、时尚服装等产品的市场销售即是如此。

（三）多循环形态

多循环形态又称扇贝型曲线或波浪型循环形态，是指产品在市场上的销售量由一个高峰达到另一个高峰，不断向上攀升，其生命周期持续向前。呈现这种生命周期形态往往是因为发现了产品的新特征、新用途或新用户。例如，纸的销售就具有这种扇贝型特征。随着人们要求的多样化和科学技术的发展，纸的用途越来越广泛，更多地用于日常生活，如纸杯、纸桌布、纸鞋垫等。

二、产品生命周期各阶段的特点与营销策略

在产品生命周期的不同阶段，产品的销售额、成本、利润、市场竞争态势及消费者行为等都具有不同的特点。企业应该根据这些特点，制定相应的营销策略。

（一）引进期的特点与营销策略

引进期是指新产品首次正式上市后的最初销售时期。在这一阶段，消费者对产品不了解，大部分顾客不愿放弃或改变以往的消费习惯，产品销售量小，单位产品成本高；尚未建立最理想的营销渠道以及高效率的分销模式；价格决策难以做出，可能限制了购买，也可能难以收回成本；广告费用和其他营销费用开支较大；产品技术、性能还不够完善；利润较少，甚至为负数。因此，企业容易因预测失误而使许多新产品在此时期夭折。但该时期市场竞争者较少，企业若能建立有效的营销系统，为每一个营销组合变量如产品、价格、渠道、促销分别制定有效策略，即可将新产品快速推入成长期。

这一阶段企业营销的目标是提高产品知名度，吸引顾客试用，确保销售网点有货可供。引进期营销策略的重点是突出一个“特”字，以新取胜、以奇制胜，即通过独具一格的产品特征和与众不同的营销策略迅速抓住消费者的眼球，进而打动消费者的心。一般有四种可供选择的策略，如图 9－3 所示。

		促销费用 高	促销费用 低
价格	高	快速掠取策略	缓慢掠取策略
价格	低	快速渗透策略	缓慢渗透策略

图 9－3　引进期价格-促销费用组合策略

1. 快速掠取策略

这一策略也叫双高策略，即企业以高价格和高促销费用推出新产品。实行高价格是为了在每一单位销售额中获取最大的利润；高促销费用是为了使消费者尽快熟悉和了解产品，快速打开销路并占领市场。成功地实施这一策略，可以赚取较高的利润以尽快收回开发时的投资。但是，采用这种策略必须具备一定条件，即市场需求潜力大，目标顾客求新心理强，急于购买新产品并愿意为此支付高价。同时，产品在质量和性能上要优于同类产品或者在某些方面有独特之处。

2. 缓慢掠取策略

这一策略也叫高低策略，即企业以高价格和低促销费用的组合推出新产品，这可以使企业获得更多利润。采取这种策略的条件是：目标市场的潜力和规模有限，竞争威胁不大，大多数用户了解这种产品，适当的高价能为顾客接受。如德国拜尔公司生

产的阿司匹林自投入市场以后，价格虽然很高，但因药效好，在世界各地畅销几十年。

3. 快速渗透策略

这一策略也叫密集式渗透策略，即企业以高促销费用和低价格的组合向市场推出新产品。该策略可以给企业带来最快的市场渗透速度和最高的市场占有率，它适用于以下情况：产品市场容量相当大，潜在消费者对产品不了解，且对价格十分敏感；潜在竞争比较激烈；产品的单位制造成本可随生产规模的扩大和销售量的增加迅速下降。

4. 缓慢渗透策略

这一策略也叫双低策略，即企业以低价格和低促销费用推出新产品。该策略可以使产品能够比较容易地渗入市场，打开销路，在取得规模经济效益的同时给消费者留下“物美价廉”的良好印象。这种策略适用于以下情况：市场容量大，产品适用面广；顾客对该产品很了解，促销作用不明显，但对价格敏感，需求的价格弹性高；潜在竞争激烈。

引进期是产品生命周期的关键阶段，决定着产品的市场前景，以上策略应当有选择地作为整个产品生命周期营销战略规划的一个组成部分，不能为了短期利益牺牲长远利益。

（二）成长期的特点与营销策略

这一阶段的特点是：顾客对产品已较为熟悉，分销渠道顺畅，产品销售量迅速增加；产品已经定型，生产工艺基本成熟，大批量生产能力形成，因而单位生产成本降低；利润大幅增加，由此吸引了大批竞争者加入，市场竞争加剧。

根据上述特点，成长期营销的目标是提升市场占有率，掌握市场竞争的主动权。成长期营销策略的重点是突出一个“快”字，即尽量以最短的时间、最快的速度使产品被更多的消费者接受，通过竞争者难以企及的速度从竞争中突围，力求获取最大的经济效益。具体策略如下。

1. 产品策略

狠抓产品质量，完善质量保证体系，并不断更新产品的特色、款式，改良包装和服务，争创优质名牌产品。例如，我国海尔集团以高质量为基础，建立了完整的产品质量保证体系，在每一道工序、每个环节上都树立了“下一道工序是用户”的观念。扎扎实实推行自检、互检、专检等检验制度，并在经济责任制考核中实行质量否决权，正是这样严格的质量管理，使海尔集团发展成为一流企业。

2. 价格策略

结合生产成本和市场价格的变动趋势，分析竞争者的价格策略，保持原价或适当调整价格。一般来说，如果企业产品有垄断性，可以采用高价销售；而一般竞争性产品则可采用低价销售。

3. 渠道策略

增设销售机构和销售网点，进一步向市场渗透，开拓市场领域，适应和满足广大客户的需要，促进市场份额的进一步提高。

4. 促销策略

促销的重点从介绍产品转向树立企业和产品的形象，采用说服性广告，着重宣传产品的质量、性能、服务及维护方法，针对本产品的特点和销售者关心的问题，通过与同类产品的对比，显示其优势，同时加强售后服务，强化消费者的购买信心。

企业采用上述部分或全部市场扩张策略，将大大提升产品的竞争能力，但相应地也会增加营销成本。因此，在成长期，企业往往市场占有率较高但利润率却较低。一般来说，实施市场扩张策略会减少眼前利润，但会提升企业的市场地位和竞争力，从长期利润角度看，有利于企业的发展。

（三）成熟期的特点与营销策略

这一时期在整个产品生命周期中持续时间最长，其特点是：销售量达到顶峰，虽可能仍有增长，但增长速度缓慢，随着市场需求逐渐饱和，销售量甚至呈现下降趋势；生产量大，生产成本低，利润总额高但增长率降低；由于产品普及率高，市场需求减少，行业内生产能力出现过剩，市场竞争激烈。

根据上述特点，企业在产品成熟期营销的目标是建立品牌忠诚，千方百计维持甚至扩大市场份额，尽量延长产品的市场寿命。因此，其营销策略的重点是突出一个“稳”字，即在维持当前市场状态的基础上对原有的产品、市场和营销组合进行调整，以求尽可能地延长产品的成熟期。具体有三种基本策略可供选择。

1. 市场改良策略

市场改良策略也称市场多元化策略，即开发新市场，寻求新用户。市场改良可以通过下述几种方式实现：一是开发产品的新用途，寻求新的细分市场。例如，美国杜邦公司生产的尼龙产品，最初只用于军用市场，如降落伞、绳索等。第二次世界大战后，其产品转入民用市场，企业开发并生产了尼龙衣料、窗纱、蚊帐等日用消费品，后来又继续扩展到轮胎、地毯等市场，使尼龙产品进入多循环周期，为企业赢得了长期稳定的利润。二是刺激现有顾客，提高其使用频率。例如，食品厂商可以在包装上加印多种烹调方法介绍来增加消费者对此食品的购买数量。三是重新为产品定位，寻求新的买主。例如，某化妆品公司追随处于生育高峰时期出生的这一代人，先专门生产婴儿洗发水，在市场上颇为畅销，而后重新树立产品形象，进入年轻人市场。

2. 产品改良策略

产品改良策略也称为产品再推出策略。产品整体概念任何一个层次的改变都可视为产品再推出，包括提高产品质量、改变产品特性和式样、为顾客提供新的服务等。实现产品再推出的具体策略有四种：一是品质改进策略。主要侧重于增加产品的功能，如汽车制造商不断改进小型轿车性能；洗衣机厂商把普通洗衣机改为集漂洗、甩干等功能于一体的多功能自动、半自动洗衣机等。这种品质改进将提高产品的竞争地位。二是特性改进策略。主要侧重于增加产品的新特性，尤其是提升产品的效能、安全性或方便性。如某动力机械厂改进割草机，提高了割草速度；然后又进行操作方面的改进，使之更加便于操作；最后，还使它既能割草又能铲雪。三是式样改进策略。这主要是基于人们的美学观念而进行的款式、外观的改变。四是服务改进策略。对于许多耐用消费品和产业用品来说，良好的服务（如为用户提供运输、技术咨询、上门维修等服务）会大大促进消费者的购买。

3. 营销组合改良策略

营销组合改良策略是指通过改变产品自身、价格、销售渠道及促销方式来延长产品的成长期和成熟期。一般是通过改变一个因素或几个因素的关系来刺激消费者购买。例如，产品品质不变时，通过降价可从竞争者那里吸引一部分顾客；通过扩大销售渠道、增加销售网点、调整广告媒体等多种措施，也可以达到同样的目的。但这种改进一般很容易为竞争者所模仿。

（四）衰退期的特点与营销策略

这一时期的主要特点是产品老化，陷于被市场淘汰的境地；产品销售量和利润急剧下降；企业生产能力过剩日益突出；市场上以价格竞争作为主要手段，企业努力降低售价，回收资金；一些企业退出市场，转而研制开发新产品，一些企业的新产品已上市。

在这一阶段，大多数企业应当机立断、弃旧图新，及时实现产品的更新换代。因此这一阶段企业的策略重点是抓好一个“转”字，即转向研制开发新产品或转入新市场。如由国内市场转向国际市场，由城市市场转入乡村市场等。值得注意的是，通过“甩卖”以加速产品退出市场不是唯一策略，企业应该有计划地“撤”，有预见地“转”，有目标地“攻”。此阶段的营销策略包括以下几种。

1. 产品策略

缩减产品生产量，逐步有计划地撤出市场，淘汰老产品；根据新的目标市场需要，组织新产品开发和生产，力争占领新市场。

2. 价格策略

适当降低售价，但不宜不顾一切地降价，力争取得边际利润；老产品进入新的目标市场和新产品投入市场时，可根据具体情况定价。

3. 渠道策略

减少销售网点，注意加强与新目标市场的中间商的联系，以开拓新市场。

4. 促销策略

在即将退出的市场中，不宜大力进行广告宣传，应努力降低销售费用，节省开支；在新的目标市场要加强广告宣传，设法开拓市场。

以上分析的是产品生命周期各阶段的特点及营销策略，事实上，在某一阶段最好的营销策略不一定是理论分析中介绍的某一个策略，每个企业在其具体条件下都有可能创造性地发展出独特有效的营销策略。

第2节 新产品开发策略

在科学技术飞速发展的今天，在瞬息万变的国内国际市场中，在竞争日益激烈的环境下，每一个企业都希望能开发出压倒一切竞争者的创新产品，但面对市场、技术的诸多不确定性，企业应采取怎样的新产品开发程序，以及应如何管理新产品开发，才能有效地规避新产品开发风险并创造竞争优势呢?

一、新产品的概念及分类

从市场营销学角度来看的新产品与从纯技术角度来看的新产品在内涵与外延上有所不同，前者比后者的内容要宽泛得多。市场营销学认为，只要在功能或形态上得到改进，与原有产品存在差异，不论是部分进行创新或变革的产品，还是过去从未生产过的产品或采用新的品牌的产品都可以称为新产品。按其创新的程度不同，可以将新产品分为以下五类。

（一）全新产品

全新产品指应用新技术、新原理、新工艺、新结构或新材料研制而成的前所未有的产品，是企业率先发明创造出来的。在这种新产品问世之前，市场上没有相同或类似的产品，如汽车、电视机、电灯、计算机等产品最初上市时，均属全新产品。

（二）换代新产品

换代新产品指在原有产品的基础上，部分采用新技术、新材料、新结构制成，在性能上有显著提升的产品。如从半自动单缸洗衣机到半自动双缸洗衣机再到全自动洗衣机。开发换代新产品相对容易，并且不需要花费巨额资金，企业风险不大。

（三）改进新产品

改进新产品指采用各种技术对品质、特点、花色、式样及包装等做一定改变的产品。如装有警报装置的开水壶、各式新款服装等。改进新产品与换代新产品都是以原有产品为基础研制与开发的，对企业各方面资源要求不高，风险较小，开发出的新产品容易为市场所接受，是广大企业特别是中小企业开发新产品的重点。

（四）仿制新产品

仿制新产品指企业模仿市场上已有的产品而自己首次生产的产品，又称为企业新产品。开发生产仿制新产品可以有效利用其他企业的成功经验和技术，风险较小。

（五）品牌新产品

品牌新产品指对现有产品稍做改进，突出某一方面的特点，形成某一差异，并使用新的品牌后推向市场的产品。

二、新产品开发的程序

营销观察　元气森林的新产品上市

开发新产品大致经过八个阶段，即构思、筛选、概念开发和测试、制定营销战略、进行商业分析、试制新产品、试销、正式上市，如图 9－4 所示。

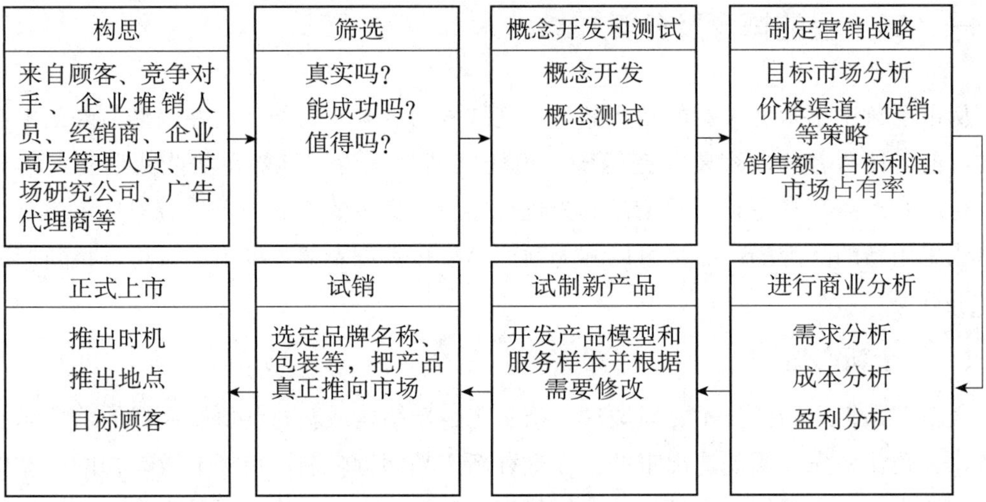

图 9－4　新产品开发的程序

（一）构思

新产品开发是从构思开始的。所谓构思，就是关于新产品的设想。虽然并不是所有的构思都可变成产品，但寻求尽可能多的构思却可为开发新产品提供较多的机会。所以，现代企业都非常重视创意的开发。新产品构思的主要来源有：顾客、竞争对手、企业推销人员、经销商、企业高层管理人员、市场研究公司、广告代理商等。此外，企业还可以从大学、咨询公司、同行业的团体协会、有关媒体那里寻求有用的新产品构思。

企业可以依靠激发内部人员的热情来寻求构思。这就要求建立各种激励制度，对提出创意的员工给予奖励。例如，福乐鸡建立了大型创新中心，该创新中心是一个“设想、探索和想象未来，孵化新的食品和餐厅创意，并实现它们的地方”，其员工和合作伙伴可以在那里自由探寻关于食品、设计和服务的创意。

同时，外部因素也能使企业形成新产品构思。例如分销商和供应商可以帮助企业形成构思，分销商与市场关系密切，更了解消费者的问题和新产品的可行性。供应商能够提供用于新产品开发的新观念、新技术和新材料。

企业还可以从竞争者那里寻找新产品构思。例如，可以从竞争对手的广告中获得关于新产品的线索，还可以通过购买其新产品，拆解并弄清楚其工作原理，分析其销售额，看看是否需要开发同类产品，或者在同类产品基础上开发新的功能。

目前很多企业也通过众包或者说开放式创新的方式来进行新产品构思，即邀请员工、顾客、研究人员和公众一起参与到产品价值创造中，利用企业的内外部资源集思广益，以产生好的创意。例如，小米集团建立了一个庞大而活跃的用户社区。用户社区为用户提供了交流、分享和互助的平台。用户可以在社区中分享自己的使用心得，提出问题并得到解答。这种社区氛围不仅增强了用户黏性，也帮助小米不断改进产品和服务。小米注重用户反馈和定制化的需求，通过定期举办产品体验活动、开展问卷调查等方式，获取用户的反馈和意见。根据用户的需求，小米不断改进产品的功能和使用体验，并推出符合用户期望的新产品。

（二）筛选

筛选是对所有构思去粗取精的过程。企业所取得的构思不可能都符合企业目标，也不可能全部实施，因此需通过筛选，大量地淘汰那些不可行或可行性差的构思，使企业的有限资金能集中于少数成功机会较大的构思。

营销学者们提出了筛选框架RWW（real，win，worth），其中包含三个问题。第一个问题是：真实吗？即：消费者是否需要该产品，并愿意购买？产品是否有一个清晰的产品概念并且可以满足市场需求？第二个问题是：能成功吗？即：产品能否带来可持续竞争优势？企业是否有资源来保证该产品获得成功？第三个问题是：值得吗？即：产品符合企业的整体发展战略吗？产品有足够的潜在盈利能力吗？在开发新产品之前，企业应该对这三个问题有肯定的回答。

（三）概念开发和测试

对于有吸引力的创意，企业应该从中开发出产品概念（product concept）并对其进行测试。这需要用有意义的语言将产品创意描述得更为精确。

1. 概念开发

设想一家汽车制造商已经开发出了一款实用的全电动汽车，最初版本为价格10万美元左右的时髦运动敞篷车。但是，最近该制造商计划推出更经济实惠、面向大众市场的版本。这款全电动汽车优点突出，从启动到加速至100千米/小时只需要4秒；充满电便可行驶400千米；每千米行驶只需几美分电费。现在，营销人员的工作是将这种新产品构思转化为几种产品概念，明确每种产品概念对消费者的吸引力，然后选择最佳产品概念。以下是几个可能的产品概念：

概念一：为平日在市区城郊范围内出行、打算添置第二辆车的家庭设计的平价中型汽车，适合消费者短途出差办事和走亲访友。

概念二：吸引年轻人的中等价位运动型汽车。

概念三：吸引环保人士的实用、低排放汽车。

概念四：为喜爱SUV的宽敞空间又厌烦高油费的消费者设计的高端SUV。

2. 概念测试

概念测试（concept testing）是指在一群目标顾客中测试新产品概念。产品概念以象征或实物形式体现。下面一段文字描述了产品概念：

一款节能的全电动紧凑型汽车，可乘坐四人，富有驾驶乐趣。这款令人称奇的全电动汽车实现了零污染，着实是实用且值得信赖的汽车。这款车每千米行驶仅需要几美分电费，足以替代那些高排放、高油耗汽车，是消费者的明智之选。全部费用只需 25 000 美元。

对于有些产品概念测试，文字或图片描述足矣，但是具体的、实物概念展示更有助于提高概念测试的可信度。概念展示之后，可向消费者问一系列问题（见表 9-1），其回答有助于企业判断哪个概念最具有吸引力。举例而言，最后一个问题问及消费者的购买意愿，假设 10%的消费者回答说他们肯定会买，而另外 15%的消费者说可能会买，企业便可以据此推算目标顾客的总体情况及相应的市场规模。

表 9-1 全电动汽车概念测试问题

1. 你了解该全电动汽车的产品概念吗？
2. 你相信关于该汽车性能的说法吗？
3. 与传统汽车相比，全电动汽车的优点是什么？
4. 你认为该汽车在哪些方面还需要改进？
5. 如果你在各种汽车之间倾向于选择全电动汽车，原因是什么？
6. 你认为该汽车的合理价格是多少？
7. 谁会影响你对该汽车的购买决策？谁将驾驶它？
8. 你会购买该汽车吗？（肯定会、可能会、可能不会或肯定不会）

（四）制定营销战略

新产品概念测试之后，需要制定营销战略，企业的有关人员要拟定一个将新产品投放市场的初步的营销战略报告书。报告书由以下内容组成：

（1）目标市场分析。

（2）新产品的价格、渠道、促销等策略。

（3）计划期销售额、目标利润和市场占有率等。

（五）进行商业分析

商业分析的主要目的在于确定所提出的新产品的长期经济效益。商业分析的焦点为利润，大致分为需求分析、成本分析、盈利分析三大部分，其中最常使用的一种方法，就是所谓的“产品会审法”，即在进行商业分析时，把本公司的市场销售人员、生产人员、工程技术人员召集到一起，共同对拟将推出的产品提意见。

公司需要通过对产品的“会审”，弄清下列问题：

（1）新产品有什么特点？是否比市场上现有的同类产品好？

（2）新产品的目标市场在哪里？其潜在购买力如何？

（3）企业的资金和设备如何？是否能够支持新产品的开发？

（4）新产品上市成功的可能性有多大？

（5）新产品竞争能力如何？

（6）新产品的预期利润如何？
（7）有没有生产上的问题？

（六）试制新产品

如果产品概念通过了商业分析，研究与开发部门及工程技术部门就可以把产品概念转化为产品，进入试制阶段。企业在这一阶段开发产品模型和服务样本并根据需要修改。只有在这一阶段，以文字、图表及模型等描述的产品设计才转变为实体产品。这一阶段应当搞清楚的问题是：产品概念能否变为技术上和商业上可行的产品。如果不能，除在全过程中取得一些有用的副产品外，所耗费的资金则全部付诸东流。

（七）试销

如果企业的高层管理者对某种新产品开发试验结果感到满意，就会为该产品选定品牌名称、包装等，把产品真正推向市场进行试销。其目的在于了解经销商和消费者对经营或购买这种新产品的态度以及市场反应，然后酌情采取适当对策。试销的规模取决于两个方面：一是投资费用和风险；二是试销费用和时间。投资费用和风险高的新产品，试销规模应大一些；反之，投资费用和风险低的新产品，试销规模可小一些。从试销费用和时间来讲，所需试销费用越多、时间越长的新产品，试销规模应越小；反之，则越大。不过，总的来说，试销费用不宜在新产品开发投资总额中占太大比例。

（八）正式上市

经试销成功的新产品，即可正式上市。在正式上市之前，企业还要做出如下决策。

1. 推出时机

新产品上市要选择最佳时机，最好是应季上市，以便立即引起消费者的兴趣。同时要考虑新老产品的交替，新产品上市过早，会加速原有产品的老化；新产品上市太迟，会因新老产品不能有效衔接，给企业造成损失。一般来说，当老产品由成熟期进入衰退期时，新产品应大量投放市场，力争既能满足顾客需要，又能使企业提高或保持原有的市场占有率，获得较好的经济效益。

2. 推出地点

一般来说，小企业可选择一个中心城市推出新产品，迅速占领市场，然后逐步扩展到其他城市或地区；大企业可先在一个地区推出新产品，然后逐步扩展，如有把握，也可在全国或全球同时上市，迅速占领市场。

3. 目标顾客

企业推出新产品时，应确定目标顾客。新产品的目标顾客有以下几类：早期试用者中的经常使用者、用户中有影响力者、潜在消费者等。对此，企业要做到心中有数，针对不同类型的消费者采取相应的策略。

三、管理新产品开发

新产品开发是集发现、开发和导入新产品于一体的活动。然而，新产品开发不仅仅是按部就班地完成这一系列步骤，企业还必须采取一整套方法来管理这一过程。成功的新产品开发要求以顾客为中心、以团队为基础做出系统化的努力。

1. 以顾客为中心的新产品开发

新产品开发必须是以顾客为中心的，这一点最为重要。在寻找和开发新产品的时候，企业往往过多地依赖其在研发实验室中的研究。但是，正如市场营销中的其他所有决策一样，成功的新产品开发始于对顾客需要和偏好的透彻理解。以顾客为中心的新产品开发（customer-centered new product development）强调找出解决顾客问题的新方法，同时创造令顾客满意的体验。

一项研究发现，最成功的新产品往往能解决顾客的主要问题，并拥有独特的价值主张。另一项研究表明，由顾客直接参与新产品创造过程的企业与那些没有这样做的企业相比，可获得更多的资产回报和运营收入增长。因此，顾客的介入对新产品开发过程和新产品的成功有积极的影响。

当今越来越多的创新型企业走出实验室，与顾客直接互动以发现新的顾客价值。以顾客为中心的新产品开发始于理解顾客需求，终于解决顾客问题，并让顾客参与其中。

2. 以团队为基础的新产品开发

良好的新产品开发还需要企业整体的、跨职能的努力。一些企业按部就班地组织新产品开发，从构思开始，到正式上市结束。在这种固有的模式下，企业的各部门单独工作来完成其在整个过程中承担的任务，然后将新产品交到下一个部门或阶段。这种常规的、一步接一步的过程有助于控制复杂性和项目风险，但在快速变化、高度竞争的市场中，这种缓慢的新产品开发可能会导致新产品销量和利润损失，甚至动摇企业的市场地位。

为了让自己的产品快速进入市场，许多企业运用以团队为基础的新产品开发（team-based new product development）方法。在这种方法下，企业的员工在跨职能的团队中密切合作，产品开发过程中的各个步骤可以同时进行，从而节约时间、提高效率。企业从各个部门调集人员组成一个专门的团队，他们自始至终追踪新产品的进程，而不是像之前那样一个部门完成自己的任务后再推进到下一个部门。这一团队通常包括来自营销、财务、设计、制造以及法律等多个部门的人员，甚至还包括供应商和顾客。在以往的过程中，某个阶段一旦出现瓶颈，就可能严重阻滞整个项目的进程。而在以团队为基础的新产品开发方法中，如果某个环节遇到问题，则由相关人员解决这一问题，整个团队仍然可以将项目继续向前推进。

以团队为基础的新产品开发方法也存在一些局限。例如，与常规方法相比，它有时会在组织内部制造更多的紧张和混乱。然而，在快速变化的产业环境下，产品的生命周期越来越短，快速、灵活的新产品开发带来的回报远远超过其带来的风险，企业只有将以顾客为中心的新产品开发与以团队为基础的新产品开发结合起来，才能将适销产品快速推向市场，获得强大的竞争优势。

3. 系统化的新产品开发

新产品开发过程应该是系统化的，而不是割裂的和杂乱无章的。否则，很少有新的产品能够产生，或者即使有了好的新产品也会夭折。为了避免这些问题，企业可以建立一个创新管理系统来评估和管理新产品开发。

企业可以任命一位德高望重的长者来担任企业的创新经理，使用基于网络的管理软件，并且鼓励企业所有的利益相关者（员工、供应商、分销商）加入开发新产品的行列。企业还可以组建一个跨职能的创新管理委员会来评估新产品构思，将好的产品最终推向市场。此外，还可以设立奖励计划来奖励那些对新产品开发做出贡献的人。

采用创新管理系统能够产生两个有利的结果。首先，它有助于营造一种创新导向的企业文化。它能够凸显出高层管理者对创新的支持、鼓励和奖励。其次，有助于产生大量的新产品构思。良好的新产品构思将会被系统地开发，促使更多的新产品取得成功。好的新产品构思将不会因为缺少宣传者或高层管理者的支持而夭折。

因此，新产品的成功不是产生一些好的产品构思、将其转变为产品并为其找到顾客那么简单，它要求运用系统的方法找到创造良好顾客体验的新方式。不仅如此，成功的新产品开发还需要全公司的投入。那些因新产品开发的杰出成绩而闻名遐迩的企业，如三星、谷歌、苹果、3M、宝洁和通用电气等都有一个共同点：企业的整体文化鼓励、支持和奖励创新。

素养园地

老字号如何创新

企业有创办、发展、衰败、消亡的历程，产品有生命周期，品牌迭代的背后是时代的更替。随着新消费群体的崛起，一面是新品牌迅速发展成为独角兽，一面是老品牌在加速调整的市场结构中求变求新。衰老的并非需求，只是消费特性在不断改变。品牌的迭代反映了时代的更替。

如何在新的消费浪潮中灵活调整航向、运筹帷幄，这是所有老字号都需要思考的问题。

稻香村在转型中极为活跃，不仅“零号店”成为网红打卡店，而且借助社交电商带火了青团这一江南地区时令食品。稻香村颇具创意地在糕点中融入“京剧脸谱”“文房四宝”“胡同门牌”等元素，契合国潮，撩拨着新一代年轻人的心。

不仅仅是稻乡村，东阿阿胶、陶陶居、北冰洋、五芳斋、张小泉、知味观等老字号都“越活越年轻”，确定年轻态的新定位，度过螺旋式上升的调整期，摆脱原有的倚老卖老的形象，布局新零售、开设快闪店、花式营销出圈、不断联名推新，更加灵活地跟上新消费的步伐。

对于老品牌来说，想要把握新时代的脉搏，就要做好品牌定位。

五芳斋的产品定位就非常好。产品定位在一定程度上决定了市场规模，比如从茶到茶饮的跨越，反映了一代人饮茶习惯的改变，所涵盖的市场规模也有所不同。五芳斋给自己定位是，做以糯米食品为核心的中华节令食品领导品牌，以“糯+”产品为主。不同的产品定位所能够触达的消费者广度完全不同，五芳斋已经拿到粽子市场25%的市场份额，再往上突破已经很难了，改变上限才是最优解。

同时对于老字号来说，要想触达新消费群体，要先触网。链接无数消费者的网络购物平台，能够帮助老字号快捷地走向千家万户。数据显示，阿里巴巴零售平台上的老字号品牌共计700多个，其中400多个中华老字号品牌在天猫上开设了旗舰店。

联名更是老字号常用的“刷新”方式，泸州老窖联名《三生三世十里桃花》推出定制酒“桃花醉”；百雀羚牵手喜茶推出喜鹊礼盒、喜茶会员卡；五芳斋联合字节跳动、中国文物保护基金会定制永乐流芳糯月饼礼盒，以支持《永乐大典》等中国珍贵古籍的修复；稻香村与手游《和平精英》联合推出“海岛月起”中秋礼盒……

资料来源：老字号围猎新消费，如何仗剑天涯？.（2021-11-17）. https://www.thepaper.cn/newsDetail_forward_15418949. 有改动。

本章小结

产品生命周期是指一种产品从准备进入市场开始到被淘汰退出市场为止的全部运动过程，是一条随时间推移的产品销售（需求）量变化曲线。典型的产品生命周期表现为一条S形曲线，可分为引进期、成长期、成熟期和衰退期四个阶段。引进期的特点是销售额低，分销和促销费用高，利润低，竞争者少，只生产最基本的产品品种，顾客通常是那些求新求异者。这一阶段企业营销的目标是提高产品知名度，吸引顾客试用，确保销售网点有货可供。成长期的特点是销售迅速增长，新的竞争者不断加入，产品开始有所改进和拓展。此时企业的营销目标是抓住时机最大限度地提升市场份额，树立品牌形象。成熟期的特点是产品已被大部分潜在顾客接受，销售增长放慢，市场保持稳定。企业营销的目标是建立品牌忠诚，巩固市场占有率，并设法延长成熟期。衰退期的特点是产品老化、产品销售量和利润急剧下降等，在这一阶段，大多数企业应当机立断、弃旧图新，及时实现产品的更新换代。企业新产品开发程序一般包括构思、筛选、概念开发和测试、制定营销战略、进行商业分析、试制新产品、试销以及正式上市八个环节，可归纳为创意、概念与商品化三个阶段。

案例分析

爸爸糖：探索手工吐司未来新路径

爸爸糖是专注于手工吐司的烘焙店，虽然门店装修普通，但其凭借独特的制作工艺和原料配比，打造出含水率高达80%的吐司，深受消费者喜爱。爸爸糖坚持慢工出细活的品牌调性，注重产品品质和口感，同时不断创新营销模式，获得IDG（美国国际数据集团）上亿元融资，成为手工吐司头部品牌。未来，爸爸糖计划继续扩张门店，巩固品牌地位，并打造更具温暖感的品牌形象。

一、小火慢炖式“熬”出好品牌

爸爸糖是一个专注于手工吐司的品牌，并且这个名字也有着很温暖的含义。爸爸糖的创始人曹国亮解释道，之所以起这个名字，是因为爸爸糖成立的时候，他们的宝宝即将出生，而糖这个字是美好事物的象征。就像我们小时候受委屈或是不开心了，只要吃到糖心情就会好很多。从2015年到现在，爸爸糖可以说是真正意义上一步一个脚印走过来的。

在烘焙赛道上，不少烘焙品牌为了追求效率、降低成本，采用的是“冷冻面团＋门店现烤”的方式。爸爸糖则是一直坚持手工现烤。据了解，一条吐司的制作需要烘焙师傅手敲300下、折叠60次，从开始制作到出炉的时间长达四个小时。曹国亮一直坚信，手工制作出来的吐司会比机器生产的吐司更有感情和温度。为了让消费者吃得放心，当天售卖的吐司都是由烘焙师傅在门店现场制作，而门店采用透明制作场景，给消费者带来十足的安全感。这使得爸爸糖的制作成本增加，价格也随之变高，消费者等待吐司出炉的时间也增加了，不过这并不妨碍大家对它的喜爱。打开大众点评，不难看到爸爸糖一直位于各个城市面包甜点好评榜的前五名。

慢慢做出改变，慢慢做产品，直到摸索出一条适合自己的路。爸爸糖做的所有的事都围绕“慢”来进行。所谓慢工出细活，这种慢也成为爸爸糖独特的品牌调性。为了保证品质，爸爸糖团队不仅和百年面粉企业共同打造爸爸糖的专属小麦粉，还采用独特的手法，使得吐司在过了三天后依旧松软美味。

爸爸糖还向消费者讲解吐司的参数，科普了关于面包含水率的小知识。凭借着独特的手法和原料配比，爸爸糖吐司的含水率可以达到80%，而机器生产的最高只有60%。提供参数在数码圈子里常见，没想到在烘焙店也能见到。除了慢慢做产品，爸爸糖增设门店也遵循着“慢”原则。为了避免每家门店做出的吐司品质参差不齐，打破国人对吐司的刻板印象，爸爸糖想尽办法把吐司和中国早餐联系在一起，并开启了国民早餐计划。国民早餐计划给爸爸糖带来了超高的曝光率，以至于很多人家里的包子和豆浆、油条都不见了，取而代之的是吐司。

二、打造极致单品，想方设法抓住国人的胃

都说网红店难逃关门的命运，和爸爸糖一样只专注于做单品的品牌不在少数，但最后大多都以失败告终。比如专注于可颂的月枫堂，线下门店曾超过60家，而现在门店只剩下30家左右。

在消费品市场里，热门赛道多得数不过来，手工吐司赛道小，同质化严重，在很多人眼里，这条赛道的发展潜力不大。但爸爸糖依旧选择从吐司赛道切入，是因为吐司虽然看起来不起眼，但在烘焙产品中的地位是无可代替的。从吐司发明至今，吐司早已不再专属于西餐，并且国内一直没有出现吐司的头部品牌。专注于单品的研发，一是可以在某种程度上降低成本，二是可以实现快速复制。

除此之外，无论是蛋糕还是点心，往往只能作为零食而非主食。而吐司则相当于中国的馒头，完全可以成为餐桌上的主食。既然吐司可以当作主食，那么也称得上是高频刚需产品，这也就解释了为什么爸爸糖的复购率一直不降。无论是男性还是女性，想要抓住他（她）的心，就得先抓住他（她）的胃。

在产品研发方面，爸爸糖将中国的面点文化与西方饮食文化结合。为了更符合国人的口味，爸爸糖在制作工艺上效仿了花卷的做法，使得吐司的口感更紧实。

同时，产品研发部门好像没有创新瓶颈一样，在口味上加入了更多的“中国味道”，比如黑糖厚麻薯吐司、艾草吐司以及只有京津冀才会有的麻酱吐司等。

独具中国风味的元素的加入，让人很难想象会是什么味道，但也让爸爸糖吸引了不少爱尝鲜的年轻消费者以及中产阶层的消费者。

为了寻找更多的中国味道，爸爸糖更是启动了“寻味中华”的项目。爸爸糖选择了中国国家地理标志产品——湖南特产湘莲进行产品研发，推出“好运莲莲”系列吐司，使之成功成为“国民吐司”。针对不同的人群，爸爸糖推出不同的吐司，如专门为宝宝研发的宝宝超爱系列吐司，还有针对减脂人群的低卡吐司。和其他网红店不同的是，爸爸糖并没有在宣传和装修上投入很多资金，而是将更多的钱花在了产品上，做到该花花，该省省。这也是爸爸糖能够将吐司打造成极致单品的重要原因之一。

三、逆势增长，获得 IDG 上亿元融资

面对市场的多变、品牌的激烈竞争，寻找新的方法突破困境、争取年轻消费者的支持就成为各个品牌的必修课。作为手工吐司的头部品牌，爸爸糖不仅没有被大环境所影响，还在 2021 年的时候获得了 IDG 的上亿元融资。为了提升品牌认知度，爸爸糖对门店进行了升级换代，同时增设了两家 LAB 店（新品试点店），在各个方面都进行了突破。

截至 2022 年底，爸爸糖在全国的门店已经超过了 400 家。在爸爸糖刚刚起步的时候，曹国亮还特地花了 100 万元在商业街、商场和社区分别开了三家门店，最后发现商场门店的表现是最好的。所以在刚开始的时候，爸爸糖的门店一般都选在商场。后来，在社区商圈发展得较为成熟后，消费者越来越习惯于在社区商圈购物。为了更加接地气，爸爸糖逐渐发展为社区门店和商场门店同步。

当品牌曝光到一定程度后，除了继续深耕吐司，爸爸糖开始想方设法引起消费者的注意，实现营销与产品两手抓。2022 年，爸爸糖玩转抖音，打造品牌抖音号。通过企业自播与达人直播探店相结合的形式，商品交易总额（GMV）达到 2 281 万元，新增粉丝数超 10 万，实现了销量和粉丝的双增长。同时品牌在抖音发布“吐司的高级料理”系列视频，“种草”了无数粉丝。爸爸糖还推出了“88 早餐节”，仅仅一个礼拜的时间，相关话题就已经获赞超 60 万。此外，爸爸糖还和哈根达斯、三只松鼠、思念食品等进行联名打造快闪店。

正因为深耕手工吐司赛道，不断创新营销模式，爸爸糖不像其他网红店那般命运多舛，而是在烘焙赛道上占据了一席之地。爸爸糖计划在三年内进攻重要城市及商圈，突破千店，继续巩固手工吐司头部品牌的地位，打造一个更加温暖的品牌。

思考题

1. 请从新产品开发策略的角度分析爸爸糖的产品。
2. 你认为爸爸糖处于产品生命周期的哪个阶段？
3. 你认为爸爸糖未来应该采取什么战略以巩固其地位？

理论思考

1. 产品生命周期的各阶段及其特点有哪些?

2. 简述产品处于成熟期的企业可选择的营销策略。

3. 试述企业新产品构思的来源。

4. 据统计，在美国新产品上市的成功率只有5%左右，试分析新产品上市失败率为什么很高。

5. 简述新产品开发过程中商业分析阶段需要做的工作有哪些。

营销实战

1. 结合比亚迪的成长之路，谈谈其在新能源汽车推出方面带给你的启示。

2. 作为新能源汽车领域的“老将”，结合产品生命周期理论和新产品开发策略谈谈比亚迪未来的路应该怎么走。

实训练习

实训目的：深化学生对产品生命周期的直观理解。

实训内容：要求学生选择一家熟悉企业的产品，分析梳理其产品的生命周期。

实训方式：将学生分成四组，小组内进行明确分工，分别完成产品生命周期梳理、不同阶段企业的营销策略选择，并通过小组内交流讨论，使学生对产品生命周期有更深的理解。

即测即评

扫描二维码可在线自测并查看答案。

第 10 章
价格策略

知识目标

- 熟悉影响定价的因素。
- 掌握定价的一般方法和基本策略。
- 掌握分析价格变动时顾客、竞争者、企业的反应的方法。

能力目标

- 能够灵活运用各种定价方法及技巧。
- 能够灵活运用各种定价策略。
- 能够正确使用价格调整手段，并在竞争者进行价格变动时给出应对之策。

价值目标

培养学生的商业伦理观和道德情操，增强其法律意识，引导学生进行良性的商业活动和市场竞争，避免恶性价格竞争、恶俗营销等损害消费者和国家利益的行为。

关键词

价格　　定价目标　　定价方法　　定价策略

思维导图

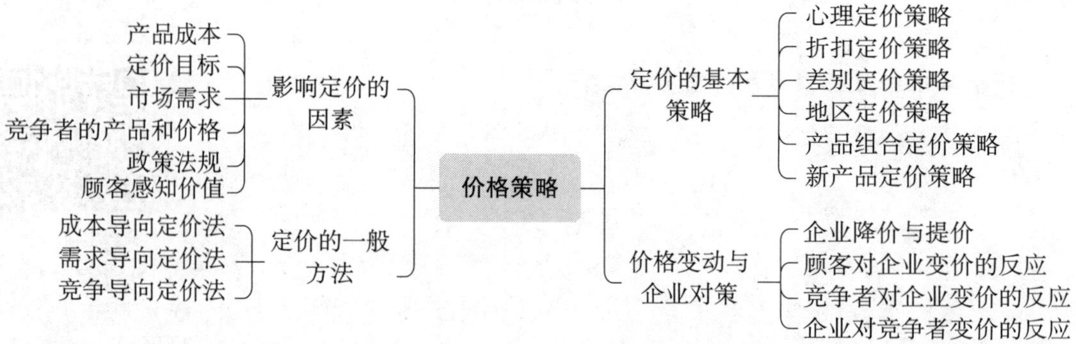

营销观察

定价的奥秘

美国企业沃尔弗林生产一种软质的猪皮鞋，名为“安静的小狗”。这种鞋定价多少合适呢？公司打算将价格定在5美元上下，却不知道消费者是否认可，于是，就先进行试销。公司先把100双鞋无偿交给100位顾客试穿，待8周之后，公司派人登门收鞋，如有人想留下，就交5美元。后来，多数顾客都留下了鞋子。得到这个消息，公司马上把价格定为7.5美元一双，并开始大张旗鼓地生产。这次销售获得了极大的成功。

营销启示

价格是营销组合中一个十分敏感又很难控制的因素，它直接关系着市场对产品的接受程度，影响着市场需求量和企业利润的多少。顾客感知价值决定了产品的最高价格。

第1节 影响定价的因素

《国家发展改革委关于“十四五”时期深化价格机制改革行动方案的通知》指出，到2025年，竞争性领域和环节价格主要由市场决定，网络型自然垄断环节科学定价机制全面确立，能源资源价格形成机制进一步完善，重要民生商品价格调控机制更加健全，公共服务价格政策基本完善，适应高质量发展要求的价格政策体系基本建立。

价格的含义有狭义与广义之分。从狭义上说，价格是为产品和服务收取的货币总额。从广义上说，价格是顾客为获得、拥有某种产品或服务的利益而支付的价值。价格是影响购买决策的重要因素。价格是营销组合中唯一能产生收益的因素，其他营销组合因素都意味着投入。面对日益激烈的市场竞争，价格作为一种营销工具，其作用愈来愈突出和重要。企业要获得经营上的成功，必须重视价格这个敏感又难以控制的因素，并且要掌握科学的定价方法。

影响定价的因素是多方面的，包括产品成本、定价目标、市场需求、竞争者的产品和价格、政策法规、顾客感知价值（见图10-1）。其中产品成本决定了产品的最低价格，顾客感知价值决定了产品的最高价格。

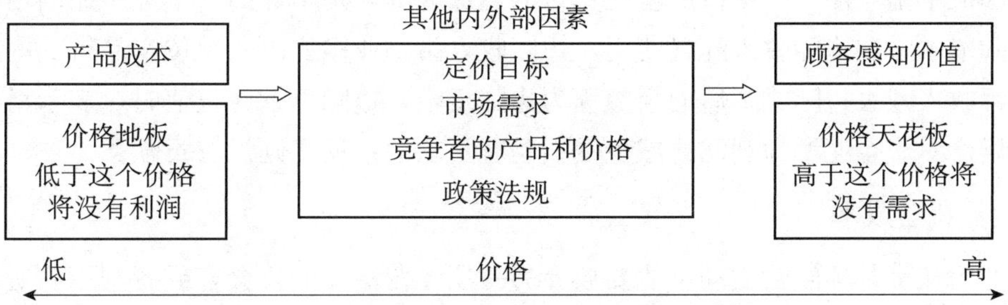

图10-1 影响定价的因素

一、产品成本

产品成本由产品的生产过程与流通过程的物质消耗和支付的劳动报酬等构成。任何企业都不能随心所欲地制定价格，定价必须首先使总成本得到补偿，价格不能低于平均成本。产品平均成本包含平均固定成本和平均变动成本两个部分，固定成本并不随产量的变化而变化，价格在补偿平均变动成本之后的余额总额要超出全部固定成本。产品成本是企业核算盈亏的关键因素，产品售价大于产品成本时企业就盈利，反之则不盈利。一般而言，企业定价中使用比较多的成本指标有以下几种。

（一）总成本

总成本指企业生产一定数量的某种产品所发生的成本总额，是总固定成本和总变动成本之和。

（二）总固定成本

总固定成本指一定时期内产品固定投入的总和，如厂房费用、机器折旧费、一般管理费用、生产者工资等。在一定的生产规模内，产品固定投入的总量是不变的，只要建立了生产单位，不管企业是否生产、生产多少，总固定成本都是必须支付的。

（三）总变动成本

总变动成本指一定时期内产品可变成本投入的总和，如原材料、辅助材料、燃料和动力、计件工资支出等。总变动成本一般随产量增减而增减，产量越高，总变动成本也越高。

（四）单位成本

单位成本指单个产品的生产费用总和，由总成本除以产量得到。同样，单位成本也可分为单位变动成本和单位固定成本。单位变动成本是发生在一个产品上的可变成本，与产量的关系不大，而单位固定成本在一定时期内与产量是成反比的。产量越大，单位产品中所包括的固定成本就越少；反之则越多。

（五）边际成本

边际成本指增加一个单位产量所支付的追加成本，是增加的一单位产品的增量总成本。边际成本常和边际收入配合使用，边际收入指企业多售出一单位产品得到的追加收入。边际收入减去边际成本后的余额称为边际贡献，边际贡献为正值时，表示增收大于增支，增产对于企业增加利润或减少亏损是有贡献的；反之则没有贡献。

（六）机会成本

企业为从事某项经营活动可能要放弃另一项经营活动的机会，或者利用一定资源获得某种收入时要放弃另一种收入，另一种经营活动应取得的收益或另一种收入即为正在从事的经营活动的机会成本。对机会成本进行分析，有助于企业在经营中正确选择经营项目，从而使有限的资源得到最佳配置。

二、定价目标

企业在定价之前，要确定一个与企业总目标、市场营销目标相一致的定价目标，并把它作为确定价格策略和定价方法的依据。企业的定价目标主要有以下几种。

（一）生存导向的定价目标

当企业遇到生产能力过剩、市场竞争激烈等问题或者要改变消费者需求时，维持生存成为主要目标。为了使工厂继续开工和减少存货，企业必然要制定一个低价格，并希望市场对价格十分敏感。对于这类企业而言，只要它们的价格能弥补成本，它们就能够维持企业的生存。

（二）销量导向的定价目标

这是企业为获得某个市场占有率而采用的定价目标。市场占有率是指一个企业产品销售量在市场该类产品销售总量中所占的比重。不断扩大产品销售量是提高市场占有率的主要途径。根据产品需求规律，要增加产品销售量可降低产品价格。这样，从单位产品来说，利润可能降低，但从利润总额看，由于产品销售量增加，有可能弥补单个产品利润减少带来的损失，甚至增加利润总额。此种定价目标要求企业具备的条件是：有额外的生产经营能力，总成本的增长速度低于总销售额的增长速度；产品的需求价格弹性较大，即薄利能够多销。

（三）利润导向的定价目标

利润是考核和分析企业营销工作好坏的一项综合性指标，许多企业都把获取合理利润作为重要的定价目标。利润导向的定价目标是指企业在补偿正常的社会平均成本的基础上，适当地增加一定量的利润作为商品价格，以获取正常情况下合理利润的一种定价目标。合理的利润增加标准往往使企业既能获得一定的利润，又能减少竞争者的加入。在此种定价目标下，商品价格适中，顾客乐于接受，政府也积极鼓励。这一定价目标常常被大型企业所采用。

（四）产品质量导向的定价目标

营销观察　特斯拉的定价

这种定价目标是企业通过在市场上树立产品质量的领先地位而在价格上做出的反应。优质高价是一般的市场供求规则，研究和开发优质产品必然要支付较高的成本，自然要求以较高的价格得到回报。采取这一定价目标的企业必须具备两个条件：第一，具有高质量的产品；第二，能够提供优质的服务。

三、市场需求

市场营销理论认为，产品的最高价格取决于顾客感知价值，最低价格取决于该产品的成本。在最高价格和最低价格的幅度内，企业能把产品价格定多高，则取决于市场需求、竞争者的产品和价格等。而需求又受价格和收入变动的影响。价格和收入等因素引起的需求的变动率，就叫作需求弹性。需求弹性分为需求的收入弹性、需求的价格弹性和需求的交叉弹性。

（一）需求的收入弹性

需求的收入弹性是指收入变动引起的需求的变动率。产品需求的收入弹性大，意味着消费者货币收入的增加会导致该产品的需求量有较大幅度的增加；产品需求的收入弹性小，则意味着消费者货币收入的增加不会导致该产品需求量的大幅度增加。

（二）需求的价格弹性

价格会影响市场需求。在正常情况下，市场需求与价格负相关，需求曲线是向下倾斜的。但也有例外情况，能够显示消费者身份地位的商品，其需求曲线有时是向上倾斜的。需求的价格弹性反映了需求对价格的敏感程度，以需求变动的百分比与价格变动的百分比之比值来计算。在需求富有价格弹性的情况下，企业须考虑适当降价，以刺激需求，促进销售，增加销售收入；反之，则不应降价。

（三）需求的交叉弹性

在为产品大类定价时还必须考虑产品之间相互影响的程度。产品大类中的某一个产品很可能是其他产品的替代品或互补品，此时，一个产品的价格变动往往会影响其他产品销售量的变动，两者之间存在着需求的交叉弹性。交叉弹性对于替代品来说是正值，对于互补品来说是负值。

所谓替代性需求关系，是指在购买者实际收入不变的情况下，某项产品价格的小幅度变动将会使其关联产品的需求量出现大幅度的变动，如一种产品降价可能会使另一种产品销量减少。而互补性需求关系则是指在购买者实际收入不变的情况下，某项产品价格的降低会使其关联产品的需求增加。

四、竞争者的产品和价格

价格竞争是企业经营竞争的重要手段和内容。现实和潜在竞争者的多少及竞争的激烈程度对产品定价的影响很大。竞争越激烈，对价格的影响就越大，特别是那些对资源水平要求不高、容易经营的产品，企业面临的潜在威胁更大。一般情况下，如果企业不是居于竞争主导地位，就不能忽视竞争者的价格。

在顾客感知价值为价格规定了上限，而成本为价格规定了下限的时候，还应该考虑竞争者的价格。竞争者同类产品的价格以及它们对本企业价格变动所做出的反应也是企业定价时需要考虑的一个重要因素，如图 10－2 所示。

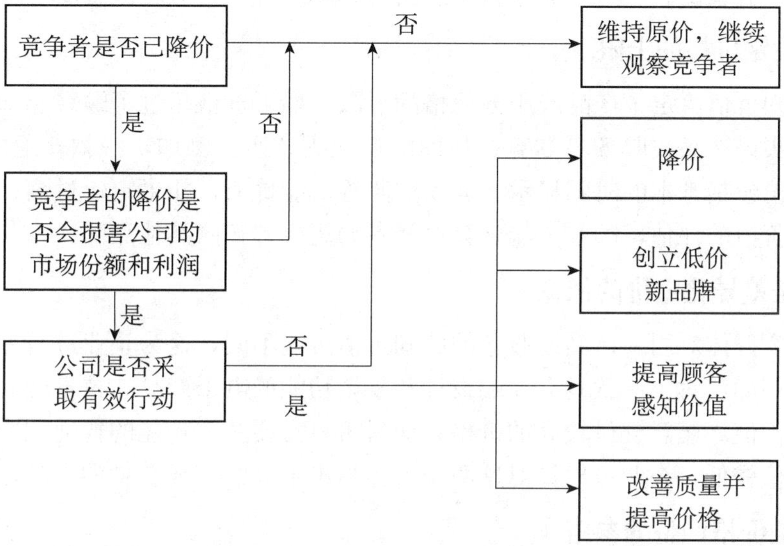

图 10－2　对竞争者降价的估计和反应程序

营销观察　多家车企官宣降价　车市打响年终“价格战”

企业只要了解到竞争者的产品和价格情况，就能把它作为自己定价的重要参考。如果企业的产品与主要竞争者的产品类似，那么企业制定的价格也必须与竞争者差不多，否则就可能失去市场。如果企业的产品次于竞争者的产品，就不能和竞争者制定相同的价格。如果企业的产品优于竞争者的产品，那么价格高于竞争者也无妨。企业还必须清楚竞争者对自己的价格做出什么样的反应。

五、政策法规

由于价格涉及供应商、分销商和广大消费者的利益，同时也会对宏观经济发展产生重要影响，所以有时政府部门会对一些产品的价格实行政策干预。在这种情况下，政策法规就成为企业定价的依据之一。例如，在一些重要农产品（如粮食）供大于求的情况下，为了防止价格急剧下跌，导致“谷贱伤农”，政府会制定最低价格，以保护农产品生产者的利益。一些消费者必需的日常生活用品，若因一时供不应求，或处于垄断状态而价格不断攀升，政府就可能会推出最高价格，以保护消费者的利益，使消费者的基本生活需要得到满足。有时政府部门也会对一些产品提出参考性指导价格，以设法引导生产与需求，对市场起到一定的调节作用。

六、顾客感知价值

顾客感知价值是指顾客对产品或服务所能感知到的利益与其在获取产品或服务时所付出的成本进行权衡后，对产品或服务效用的总体评价。它对定价有以下重要影响。

（一）设定价格的上限

顾客感知价值决定了产品或服务价格的上限。如果价格超过了顾客感知价值，顾客就会认为购买该产品或服务不划算，从而降低购买意愿。例如，一款普通的智能手表，顾客感知价值包括基本的时间显示、运动监测等功能价值，如果定价过高，超出了顾客对这些功能价值的评估，顾客可能就会选择不购买或者转向其他品牌。

（二）是差异化定价的依据

不同顾客群体对同一产品或服务的感知价值可能不同，这为企业进行差异化定价提供了依据。例如，对于一款具有高端设计和复杂功能的电子产品，技术爱好者可能会感知到较高的价值，愿意支付较高的价格；而对于只需要基本功能的普通用户来说，他们感知到的价值较低，企业可以针对这两个群体推出不同配置或套餐的产品，分别定价。

（三）是价格调整的参考

当企业通过改进产品或服务来提升顾客感知价值时，就有了提高价格的空间。例如，一家酒店通过升级房间设施、提供更贴心的服务，让顾客感知到更高的价值，此时酒店可以适当提高价格来匹配增加的价值。相反，如果顾客感知价值下降，例如产品质量出现问题或者竞争对手提供了更有价值的替代品，企业可能需要降低价格来保持竞争力。

第 2 节　定价的一般方法

营销观察　拼多多的定价方法

实际工作中，企业的定价方法很多，一般来说，定价方法的具体运用不受定价目标的直接制约。不同市场竞争能力的企业以及不同营销环境中的企业所采用的定价方法是不同的，就是在同一类定价方法中，不同企业选择的价格计算方法也会有所不同。因此，从价格制定的不同依据出发，可以把定价方法分为成本导向、需求导向和竞争导向三大类。

一、成本导向定价法

成本导向定价法是一种主要以成本为依据的定价方法，具体包括以下几种。

（一）成本加成定价法

成本加成定价法是指在单位成本上加一定百分比的加成来制定产品销售价格，所以成本加成定价公式为：

$$P=C(1+R)$$

式中，P 为单位产品售价；C 为单位产品成本；R 为成本加成率。

例如，某皮鞋公司的单位产品成本为 50 元，加成 20%，则皮鞋的销售价格为 60 元。

（二）目标利润定价法

目标利润定价法即根据估计的总销售收入（销售额）和估计的产量（销售量）来制定价格，也叫投资收益定价法。假设企业的生产能力为 100 万件产品，估计未来能实现 90%的生产能力，即可生产、出售 90 万件产品。生产 90 万件产品的总成本估计为 1 000 万元，若公司想得到 20%的利润，即目标利润为 200 万元，总收入为 1 200 万元，则目标价格约为 13.33 元。这种方法要求企业具有较高的管理水平，能够正确地测算价格与销售量之间的关系，以避免价格过高导致销售量达不到计划水平的被动局面。

二、需求导向定价法

需求导向定价法是一种以市场需求水平及消费者感受为主要依据的定价方法，包括认知价值定价法、需求差异定价法等。

（一）认知价值定价法

营销观察　互联网产品的定价方法

认知价值定价法又称理解价值定价法，是一种顾客导向的定价方法。企业按照消费者在主观上理解的产品价值，而不是产品的成本水平来定价，即企业利用市场营销组合中的非价格变数来影响购买者，在他们的头脑中形成认知价值，然后据此定价。企业在运用此法时，需要正确估计购买者所认可的价值。

认知价值定价法与现代产品定位思想很好地结合起来，成为当代一种全新的定价思想和方法，被越来越多的企业所接受。

（二）需求差异定价法

需求差异定价法指同一质量、功能、规格的产品或服务，对不同需求的顾客采用不同的价格，这种价格差异并非以成本差异为基础，而是依据顾客需求的差异确定的。其主要形式有以下几种。

1. 顾客差别定价

顾客差别定价即企业按照不同的价格把同一种产品或服务卖给不同的顾客。例如，许多博物馆和展览馆对学生和老人给予价格优惠；公园对晨练的人给予价格优惠；某汽车经销商按照价目表把某种型号汽车卖给顾客 A，但以低于价目表的价格把同一型号汽车卖给顾客 B。

2. 产品型号或形式差别定价

产品型号或形式差别定价即企业对不同型号或形式的产品分别制定不同的价格，但是不同型号或形式产品的价格之间的差额和成本之间的差额并不成比例。比如：33 英寸彩电比 29 英寸彩电的价格高出一大截，可其成本差额并没有这么大；一件裙子 70 元，成本 50 元，在裙子上绣一组花，只用追加成本 5 元，但价格可定到 100 元。

3. 产品部位差别定价

产品部位差别定价即企业对处在不同位置的产品或服务分别制定不同的价格，即使这些产品或服务的成本没有任何差异。例如剧院，虽然不同座位的成本都一样，但是不同座位的票价有所不同，这是因为人们对剧院不同座位的偏好有所不同。

4. 销售时间差别定价

销售时间差别定价即企业为不同季节、不同时期甚至不同钟点的产品或服务分别制定不同的价格。例如，一些公用事业公司在一天的不同时间，或者周末和工作日收取不同的费用。航空公司或旅游公司在淡季降价，而旺季一到立即涨价。这样可以促使消费需求均匀化，避免企业资源的闲置或超负荷运转。

三、竞争导向定价法

企业在制定价格时，可参照竞争对手的价格水平。一般有两种方法，分别为随行就市定价法和投标定价法。

（一）随行就市定价法

随行就市定价法指企业按照行业的现行平均价格水平来定价。此法常用于下列情形：难以估算成本；企业打算与同行和平共处；如果另行定价，难以估计购买者和竞争者的反应。

不论是完全竞争的市场，还是寡头垄断的市场，随行就市定价法都是同质产品市场的惯用定价方法。

在完全竞争的市场上，销售同类产品的各个企业在定价时实际上没有多少选择余地，通常只能按照行业的现行价格来定价。某企业如果把价格定得很高，产品就可能卖不出去；反之，则可能会面临降价竞销的局面。在寡头垄断的条件下，企业也倾向于和竞争对手要价相同。因为在这种状况下，市场上只有少数几家大公司，彼此十分了解，购买者对市场行情也很熟悉。如果各大公司的价格有所差异，顾客就会转向价格较低的企业。所以，按照现行价格水平，在寡头垄断的需求曲线上有一个转折点，如果某公司将价格定得高于这个转折点，需求就会相应减少，因为其他公司不会随之提价（需求有弹性）；相反，如果某公司将其价格定得低于这个转折点，需求则不会相应增加，因为其他公司也会降价（需求缺乏弹性）。总之，当需求有弹性时，寡头企业不能通过提价而获利；当需求缺乏弹性时，寡头企业也不能通过降价而获利。

（二）投标定价法

投标定价法指采购组织在报刊上登广告或发出函件，说明拟采购商品的品种、规格、数量等具体要求，邀请供应商在规定的期限内投标。这种价格是供货企业根据对竞争对手的报价的估计而制定的，而不是按照供货企业自己的成本或市场需求来制定的。企业的目的在于赢得合同，所以它的报价应该低于竞争对手的报价。但是，企业也不能将其价格定得低于某种水平，确切地说，它不会将报价定得低于边际成本，以免使其经营状况恶化；反之亦不可行，如果企业报价远远高于边际成本，虽然潜在利润增加了，但会减少取得合同的机会。

第 3 节　定价的基本策略

定价策略是市场营销系统中最活跃的因素。在现在的市场环境下，重视价格以及定价策略，是企业实现良好发展的关键。因此，根据复杂的市场情况，采用灵活多变的定价策略，以适应各种消费者的偏好和环境的变动，争取在竞争中取得主动权，显得尤为重要。

一、心理定价策略

心理定价是指根据消费者的消费心理定价，具体有以下几种形式。

（一）尾数或整数定价

营销观察　定价的技巧

许多商品的价格，宁可定为 0.98 元或 0.99 元，也不定为 1 元，是利用了消费者的购买心理。尾数定价能够使消费者产生一种“价廉”的错觉，消费者反应更积极，有利于促进销售。相反，有的商品采用整数定价，如不定价为 9.9 元，而定为 10 元，同样是为了使消费者产生一种错觉，迎合消费者“便宜无好货，好货不便宜”的心理。

（二）声望定价

此种定价策略有两个目的：一是改善产品的形象，说明其价贵质优；二是满足购买者的地位象征需要，迎合购买者的消费心理。例如，奢侈品通常采用高价，即通过将产品价格定得很高来表明其独特和高端。这种定价策略不仅能增加产品的珍贵感，也能够为品牌带来更高的利润率。

（三）招徕定价

招徕定价指零售商利用消费者求廉的心理，特意将某几种商品的价格定得很低以吸引顾客。某些商店随机推出降价商品，每天都有一至两种商品降价出售，吸引顾客经常来采购，同时也刺激顾客选购其他正常价格的商品。运用招徕定价策略应该注意以下几点：

第一，降价商品应是消费者常用的，否则没有吸引力；

第二，降价商品的降价幅度要大，一般应接近成本或者低于成本；

第三，降价商品应与因残次而削价的商品明显区别开。

二、折扣定价策略

大多数企业通常会酌情调整其基本价格，以鼓励顾客及早付清货款、大量购买或增加淡季购买，这种价格调整叫作价格折扣或折让。其主要类型有以下几种。

（一）现金折扣

这是对及时付清账款购买者的一种价格折扣。例如“2/10 净 30”，表示付款期是 30 天，如果在成交后 10 天内付款，给予 2%的现金折扣。许多行业习惯采用此法以加速资金周转，减少收账费用和坏账。

（二）数量折扣

这是企业给那些大量购买某种产品的顾客的一种折扣，以鼓励顾客购买更多的产品。大量购买能使企业降低成本。例如，顾客购买某种商品 100 单位以下，每单位 10 元；购买 100 单位以上，每单位 9 元。

（三）职能折扣

这种折扣也叫交易折扣，是制造商给予中间商的一种额外折扣，使中间商可以获得低于目录价格的价格。

（四）季节折扣

这是企业鼓励顾客淡季购买的一种减让，以使企业的生产和销售一年四季能保持相对稳定。旅馆、航空公司常用季节折扣的方法让利于顾客。

（五）价格折让

价格折让主要包括以旧换新折让和促销折让两种形式。例如，一台洗衣机的标价为 3 000 元，顾客以旧洗衣机折价 200 元购买，只需付款 2 800 元，这叫以旧换新折让。如果经销商同意参加制造商的促销活动，则制造商卖给经销商的物品可以打折，这叫促销折让。

三、差别定价策略

企业往往根据不同顾客、不同时间和不同场所来调整产品价格，实行差别定价，即对同一产品或服务定出两种或多种价格，但这种差别不反映成本的变化。

实行差别定价的前提条件是：市场必须是可细分的且各个细分市场的需求水平是不同的；商品不可能转手倒卖；高价市场上不可能有竞争者削价竞销；不违法；不引起顾客反感。

四、地区定价策略

所谓地区定价策略，就是企业为卖给不同地区（包括当地和外地不同地区）顾客的某种产品制定不同的价格，也就是制定地区差价。地区定价的形式有以下几种。

（一）FOB 原产地定价

所谓 FOB 原产地定价，就是顾客（买方）按照厂价购买某种产品，企业（卖方）只负责将这种产品运到某种运输工具（如卡车、火车、船舶、飞机等）上交货，交货后，从产地到目的地的一切风险和费用由顾客承担。也就是说，如果在产地的某种运输工具上交货定价，那么每一个顾客都各自承担从产地到目的地的运费。这样定价对企业也有不利之处，即远地的顾客有可能不愿购买这个企业的产品，而购买其附近企业的产品。

（二）统一交货定价

这种形式和前者正好相反。所谓统一交货定价，就是企业对于卖给不同地区顾客的某种产品，按照相同的厂价加相同的运费（按平均运费计算）定价。也就是说，对不同地区的顾客，不论远近，都收取一个价。

（三）分区定价

这种形式介于前两者之间。所谓分区定价，就是企业把全国（或某些地区）分为若干价格区，为卖给不同价格区顾客的某种产品分别制定不同的价格。距离企业远的价格区，价格定得较高；距离企业近的价格区，价格定得较低；在各个价格区范围内实行统一价。企业采用分区定价策略也存在问题：一是同一价格区内，有些顾客距离企业较近，有些顾客距离企业较远，对前者来说就不合算；二是处在两个相邻价格区界线两边的顾客相距不远，但是要按不同的价格购买同一种产品。

（四）基点定价

所谓基点定价，是指企业选定某些城市作为基点，然后按一定的厂价加从基点城市到顾客所在地的运费来定价，而不管货实际上是从哪个城市起运的。有些公司为了提高灵活性，常选定多个基点城市，按照顾客最近的基点计算运费。

（五）运费免收定价

有些企业因为急于和某些地区做生意，愿意负担全部运费。这些卖主认为，如果生意扩大，其平均成本就会降低，足以补偿这些费用。实行运费免收定价，可以使企业加快市场渗透的步伐，并在竞争日益激烈的市场上站稳脚跟。

五、产品组合定价策略

当产品只是某一产品组合的一部分时，企业必须对定价方法进行调整。这时，企业就要研究出一系列价格，使整个产品组合的利润实现最大化，因为各种产品之间存在需求和成本的相互联系，而且会带来不同程度的竞争，所以定价十分困难。

（一）产品大类定价

当企业生产的系列产品存在需求和成本的内在关联时，为了充分发挥这种内在关联的积极效应，需要采用产品大类定价策略。在对产品大类进行定价时，首先要确定某种产品的最低价格，用它来吸引消费者购买产品大类中的其他产品；其次，要确定产品大类中某种产品的最高价格，让它在产品大类中充当品牌质量象征和收回成本者的角色；最后，依据产品大类中的其他产品的角色分别为其制定不同的价格。在许多行业，营销者会为产品大类中的产品事先确定好价格点。例如，某男士服装店经营三个价格点的男士服装——100 元、500 元和 1 000 元，顾客会从三个价格点联系到低、中、高三种质量水平的服装，即使这三种价格同时提高，顾客也会按照自己偏爱的价格点来购买服装。营销者的任务就是使顾客感知到质量差别，从而使价格差别合理化。

（二）选择品定价

许多企业在提供主要产品的同时，还会附带一些可供选择的产品并对其定价，如针对电脑用户可以提供鼠标、显示器、音响等。

（三）补充产品定价

有些产品需要补充产品并需要对它们定价，例如打印机墨盒、剃须刀片和胶卷等，制造商常为主要产品制定较低的价格，而为补充产品制定较高的价格。

（四）分部定价

服务性企业一般除收取固定费用外，还收取可变的使用费。固定费用相对较低，可促使人们购买服务，利润则从使用费中获取，例如游乐园的门票费用和各种游乐项目的额外费用等。

（五）副产品定价

制造商确定的价格必须能弥补副产品的处理费用。副产品的收入有助于企业在难以承受竞争压力时对主产品制定相对较低的价格。

（六）产品系列定价

企业经常以某一价格出售一组产品，这一组产品的价格低于单独购买其中每一产品的费用之和，这样可以吸引顾客购买。

六、新产品定价策略

新产品定价是定价策略中的一个重要问题。产品初上市定价多少，将决定其能否在市场上站稳脚跟，也将影响到企业的发展前景。一般来讲，创新性新产品可采用撇脂定价策略和渗透定价策略。

（一）撇脂定价

新产品上市之初，将价格定得较高，在短期内获取厚利，尽快收回投资，就像从牛奶中撇取所含的奶油一样，称为撇脂定价策略。撇脂定价策略适合需求弹性较小的细分市场，其优点表现在以下几个方面：

营销观察 始祖鸟的定价策略

第一，新产品上市时顾客对其无理性认识，利用较高价格可以提高身价，适应顾客求新心理，有助于开拓市场。

第二，企业掌握主动权，产品进入成熟期后，价格可分阶段逐步下降，有利于吸引新的购买者。

第三，价格高可避免需求量增加得过于迅速，使其与生产能力相适应。

该策略的缺点是：不利于扩大市场，并很快招来竞争者，会迫使价格下降，好景不长。

（二）渗透定价

渗透定价即在新产品投放市场时，价格定得尽可能低一些，其目的是获得最大销售量和最高市场占有率。当新产品没有显著特色、竞争激烈、需求弹性较大时宜采用渗透定价策略。其优点是：第一，产品能迅速为市场所接受，打开销路，增加销量，使单位成本随生产规模扩大而下降；第二，低价薄利，使竞争者望而却步，有利于减少竞争，使企业获得一定市场优势。

对于企业来说，采用撇脂定价策略还是渗透定价策略，需要综合考虑市场需求、竞争、供给、市场潜力、价格弹性、产品特性、企业发展战略等因素来决定。

仿制品是企业模仿国内外市场上的畅销产品而生产出的新产品。仿制品面临着产品定位问题。就新产品质量和价格而言，有九种可供选择的策略：优质高价，优质中价，优质低价；同质高价，同质中价，同质低价；低质高价，低质中价，低质低价。

第 4 节 价格变动与企业对策

企业处在一个不断变化的环境之中，在产品价格确定后，为了生存和发展，企业有时需要主动降价、提价或应对竞争者的变价，对价格进行调整。

一、企业降价与提价

（一）企业降价

企业降价的主要原因有：企业的生产能力过剩，因而需要扩大销售，但是企业又不能通过改进产品和加强销售工作等来扩大销售；在强大竞争对手的压力之下，企业的市场占有率下降；企业的成本比竞争者低，希望通过降价来提高市场占有率，从而扩大生产和提升销售量。

（二）企业提价

成功的提价可以使企业的利润大大增加。企业提价的主要原因有：通货膨胀，物价上涨，企业的成本增加；企业的产品供不应求，不能满足其所有顾客的需求。

二、顾客对企业变价的反应

企业无论提价还是降价，都会影响到顾客、竞争者、经销商和供应商，而且政府对企业变价也不可能完全不关心。衡量价格调整成功与否最重要的标志是企业所确定的新价格能否为顾客所接受，即企业变价时要最先考虑顾客将如何理解其价格调整行为。下面简要分析顾客对企业变价的可能反应。

（一）顾客对企业降价的反应

一般而言，企业旨在向顾客让渡利润、提高市场占有率的降价行为，很有可能会被这样理解：这种产品的式样老了，将被新型产品所代替；这种产品有某些缺点，销售不畅；企业财务困难，难以继续经营下去；价格还要进一步下跌；这种产品的质量下降了；等等。顾客会根据自己的理解做出相应的购买决策。

（二）顾客对企业提价的反应

当某种产品提价时，顾客可能如此理解：这种产品很畅销，很可能数量有限，不赶快买就买不到了；这种产品很有价值，价高自然质优；现在不买的话，价格可能还要涨。顾客同样会根据自己的理解做出是否购买的决策。

由此可见，合理的价格变动是一门学问，它将非常考验企业及其相关决策者的智慧。企业在选择价格调整（降价或提价）策略时一定要充分考虑顾客对其价格变动的独特理解，切忌想当然地只从自我认知和判断出发就轻易降价或提价。

三、竞争者对企业变价的反应

企业在考虑改变价格时，不仅要考虑到顾客的反应，而且必须考虑竞争对手对企业变价的反应。同顾客的反应一样，竞争者也会对企业的变价做出很多种解释。当企业降价时，竞争者可能认为该企业正在试图抢占更大的市场份额，或者企业的经营业绩不佳，或者该企业想要整个行业通过降低价格来增加总需求。

企业必须预测每个竞争者可能的反应。如果所有竞争者的行动大致相同，可一并分析；如果竞争者的行动方式并不相同，就有必要分别分析每个竞争者。当然，如果一些竞争者会做出调整价格的反应，企业就有理由认为其他的竞争者也会进行价格变动。

四、企业对竞争者变价的反应

当竞争者进行价格调整时，企业在做出反应前必须认真分析以下问题：竞争者为何改变价格？价格变动是暂时的还是永久的？其他企业将采取何种策略？对本企业的影响有多大？

通过对这些问题的理性认知和分析后，本企业要先制定反应程序，再迅速按程序做出反应，从而避免由盲动或不动造成的损失。

所以，任何一个受到变价影响的企业在采取具体的价格应对策略时，必须对企业所处的具体情况做具体分析，从而制定出切实有效的应对策略。

（一）不同市场环境下的企业反应

在同质产品市场上，如果竞争者降价，企业必须随之降价；如果某一个企业提价，且提价对整个行业有利，其他企业也会随之提价。在异质产品市场上，企业对竞争者变价有更多的选择余地。

（二）市场领导者的反应

市场领导者往往会遭到一些企业的进攻，这些企业往往通过进攻性的降价来争夺市场领导者的市场阵地，面对此种情形，市场领导者可针对不同情况采用维持价格、降价或提价策略。

（三）企业应对变价须考虑的因素

面对竞争者的进攻，企业须考虑如下因素：第一，产品在其生命周期中所处的阶段及在企业产品投资组合中的重要程度；第二，竞争者的意图和资源；第三，市场对价格变动的敏感程度；第四，成本随着销量和产量的变化而变化的情况。

面对竞争者的变价，企业不可能花很多时间来分析应采取的对策，缩短反应时间的唯一途径是：提前预测竞争者可能的价格变动，并预先准备适当的对策。

素养园地　快递行业的价格战

2021 年 4 月 9 日，因“低价倾销”，百世、极兔被义乌邮政管理局整治，主要措施是停运部分分拨中心，并于当日执行。2021 年 3 月，极兔快递在义乌的发货价格一度低至 0.8 元/单，而大部分快件的价格也仅 1.2～1.3 元/单，远远低于其他快递公司价格。如今一纸处罚令，将极兔和百世打回原形，两大快递公司的价格上调之后，商家纷纷表示弃用。

电商件一直是快递企业的重头戏。有数据显示，快递企业超过80%的业务量来自各大电商卖家。近年来，得益于我国电商市场的飞速发展，我国快递业务量速度持续增长。降低客单价成了部分企业发展新客户、稳定老客户的重要手段。

为了争抢市场份额，一味地降低价格，搞价格竞争，短期内或许可行，但长此以往不仅会扰乱快递市场正常秩序，也会让整个行业的发展陷入恶性循环。

随着快递行业价格战的愈演愈烈，派件费大幅下调，快递员的收入也受到了影响。这使得一些快递员不得不压缩送件的时间，降低配送的服务质量。段想成从事快递行业多年，每天风里来雨里去，忙忙碌碌，辛勤劳作。其工作量越来越大，工资却越来越少。忙碌了几个小时，段想成才派出去4单，这离公司要求的下午3点之前完成75%的派件量相差太远，段想成选择将快递放到快递柜中。段想成的情况并不是个例。许多快递员因派件费下降叫苦不迭。

为了在夹缝中生存，提高派送效率，不经客户同意就将快递放入快递柜或驿站，成了不少快递员的“偷懒”法则，这导致很多消费者不满，吐槽声到处都是。黑猫投诉平台上以“快递到时不通知”“快递不打电话通知”等为关键词的搜索结果超过1 000条。其中，不乏“未经本人同意，将快递放到快递超市”“快递员在配送快递时不通知客户签收就直接放驿站”等投诉。

价格战的恶性循环正在影响快递业的健康发展，然而大量资本的涌入，又让快递业的价格战看不到尽头，你方唱罢我登场的价格战何时才能结束？

资料来源：快递业价格战再起 恶性竞争谁受伤谁获利？.（2021-04-26）. https://jingji.cctv.com/2021/04/26/ARTIvt998TYShYgKKWK6Ddhb210426.shtml. 有改动。

本章小结

价格作为营销组合中的活跃因素，受多方面因素的影响，这些因素主要包括产品成本、定价目标、市场需求、竞争者的产品和价格、政策法规、顾客感知价值。其中，影响企业定价的产品成本包括总成本、总固定成本、总变动成本、单位成本、边际成本以及机会成本等。定价目标一般有：生存导向的定价目标、销量导向的定价目标、利润导向的定价目标、产品质量导向的定价目标等。企业的定价方法可以划分为三大类：成本导向、需求导向和竞争导向。定价策略是市场营销系统中最活跃的因素，也是企业可控制的营销因素中最难把握的因素之一。企业的定价策略归纳起来有：心理定价策略、折扣定价策略、差别定价策略、地区定价策略、产品组合定价策略、新产品定价策略等。

企业制定价格后，还得经常监测环境的变化，并适当降价或提价，以求更好地在市场上生存和发展。面对竞争者的价格变动，企业需要了解竞争者的意图和价格变动可能持续的时间，以及其产品是同质的还是异质的，来选择相应的策略。

案例分析

小米汽车：价格屠夫，这次我拒绝！

在科技与智能的浪潮推动下，新能源汽车市场群雄逐鹿，硝烟四起。曾经以“性价比之王”著称的小米，其1 999元的智能手机一度定义了平价高配的市场标准。当小米宣布进军汽车领域时，人们自然期待它能再次举起价格屠刀，然而迟迟未见小米汽车在价格上大做文章，雷军甚至多次表示小米汽车价格不会低！

一、小米“成也性价比，困也性价比”

小米自诞生之日起便以其极具竞争力的价格策略闻名于世，凭借硬件综合净利润永远不超过5%的承诺，赢得了广大消费者的青睐。但是，低端这个标签也深深烙在小米品牌上，使得其手机进军高端市场十分困难。这种定位在一定程度上影响了小米在消费者心目中的品牌形象，导致其难以与苹果、华为等高端品牌相提并论，以至于现在小米汽车都被调侃为9.9万元的低配版，这反映了市场对于小米品牌价值的认知已经固化。

在新能源汽车领域，小米面临的挑战同样不小。汽车行业的竞争非常激烈，而且用户对于汽车的品质、性能、安全性等有着极高的要求。所以，小米汽车不定低价、不走性价比路线，才能改变公众的“低价”印象标签。

二、小米汽车拒绝低价和性价比

小米汽车以打造理想汽车的标准，进军中高端市场。在中高端市场上，特斯拉、保时捷等品牌已经形成了强大的品牌影响力和较高的用户忠诚度。小米若想在中高端市场中突围，必须提供能与它们匹敌甚至超越它们的产品和服务体验。因而，小米汽车不再强调低价，而是更注重技术创新与用户体验的提升。

小米汽车如果还是复制小米手机的性价比路线，现在只会陷入价格战的旋涡，这是雷军不想看到的。他清楚地认识到，在汽车行业，仅仅依靠性价比是难以长久立足的。汽车不仅是一个技术密集型产品，还涉及安全性、舒适度、服务以及品牌价值等多个维度。用户对于汽车的要求远高于智能手机，因此小米汽车需要采用更为全面的竞争策略。

三、撕掉性价比的标签，雷军还要做得更多

为了改变仅凭性价比取胜的局面，小米汽车在技术创新上下功夫，不断提升汽车的性能，如动力系统、电池续航、自动驾驶技术等。同时，小米也需要在内外观设计、智能化体验、售后服务等方面进行差异化竞争，以此来吸引那些对汽车品质有更高要求的用户。

此外，雷军也意识到品牌形象的重要性。小米需要塑造一个高端的汽车品牌形象，通过营销和品牌故事来传递小米汽车的独特价值主张。这可能需要时间和持续的品牌投入，但这对于长期赢得市场和用户的信任至关重要。雷军希望小米汽车能够打破性价比的束缚，成为一个全方位发展的汽车品牌。这不仅需要在产品和服务上不断创新，还需要在品牌建设和市场营销上精心策划，以实现小米汽车在中高端市场的突破和发展。

小米汽车选择了更为谨慎和长远的发展路线，专注于技术创新和品牌建设，以期在竞争激烈的新能源汽车市场中脱颖而出。未来，随着技术的成熟和规模效应的显现，小米汽车或许能在保证品质的前提下逐渐实现成本优化，价格下探也有极大的可能。但在此之前，小米汽车更可能维持合理的定价策略，以稳固其中高端的定位，逐步构筑起自己的汽车帝国。

资料来源：小米汽车：价格屠夫，这次我拒绝！.（2024-02-23）. https：//mp. weixin. qq. com/s/IAdWsG6fFJJKmY8hGrJtjA. 有改动。

思考题

1. 小米汽车的定价有哪些特征？
2. 影响小米汽车定价的因素有哪些？在面临困境时，小米是如何处理这些影响因素的？
3. 如果你是小米的管理者，你将如何对小米汽车进行定价管理？

理论思考

1. 影响企业定价的因素有哪些？
2. 定价的一般方法有哪些？
3. 需求导向定价法有哪几种形式？
4. 定价的基本策略有哪些？
5. 新产品有哪些定价策略？实行不同策略应具备哪些条件？
6. 企业如何应对竞争者的价格调整决策？

营销实战

1. 近期，许多视频平台的会员纷纷涨价，结合所学内容，谈谈它们是如何定价的。
2. 假如你经营一家奶茶店，你会采用哪些定价方法来提高竞争力？

实训练习

实训目的：培养学生对价格信息进行判断，并在竞争中合理定价的能力。

实训内容：教师给定一个商品，让学生收集该商品相关资料并定价，同时结合市场竞争情况，对此商品进行价格调整。

实训方式：分成四组实地调研并讨论。

即测即评

扫描二维码可在线自测并查看答案。

第11章

渠道策略

知识目标

- 理解分销渠道的含义、功能和类型。
- 熟悉分销渠道设计与管理相关内容。
- 掌握中间商的类型。
- 了解物流的职能。

能力目标

- 能够设计、管理渠道。
- 能够运用中间商的营销策略。
- 能够有效区分不同类型的分销渠道。

价值目标

结合案例，引导学生形成开拓创新的精神。

关键词

分销渠道　　渠道设计　　渠道冲突　　中间商　　物流

思维导图

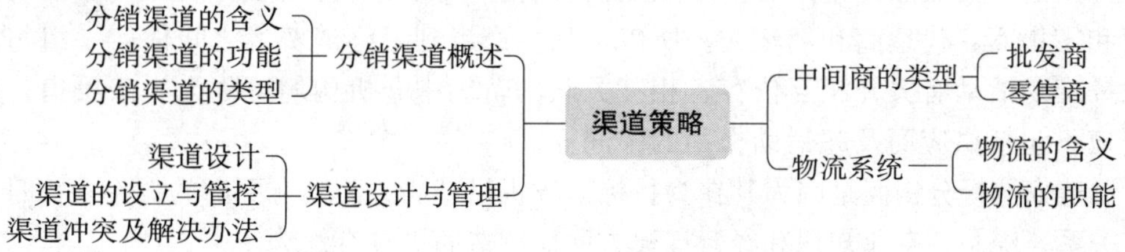

营销观察

各有其用

有一天，眼睛、鼻子及口在开会。大家都对眉毛提出抗议。眼睛说：“眉毛有什么用处？凭什么要在我们的上面？我可以看东西，我要是不看，连走路都不行了！”鼻子听了不服气，道：“我可以嗅香和臭，感觉最灵敏，眉毛算什么？它怎么可以在我们的上面？”

听了这些话后，口也不服了，鼓起嘴说："脸上我最重要，我是最有用的！我一不吃东西谁也活不了。我应该在最上面。眉毛最没用，它应该在最下面才对！"眼睛、鼻子及口都对眉毛提出抗议。眉毛听后，心平气和地对它们说："既然你们都以为自己最有用，那我就在你们的下面吧！"说着，眉毛便先走到眼睛下，然后到鼻子下，再到口下，结果人家都认为难看极了，它们只好决定让眉毛回到原处去，那儿看起来比较适合它。

营销启示

企业的渠道是由各个成员组成的，但是在渠道维护的过程中，很多渠道成员都有一种毛病，即认为自己是最重要的，其他成员无关紧要。事实上在渠道的建设中，渠道成员需共同合作，共同发挥作用。

第 1 节　分销渠道概述

渠道策略（或称分销策略）是高层管理者面临的重要决策之一。商品和服务只有到达消费者和用户的手中，才是现实的产品。在市场经济条件下，产品在流通领域内的这种运动是依赖一系列的中间商转移其所有权来实现的，担负这一职能的就是分销渠道。公司所选择的分销渠道将直接影响其他市场营销决策，谁拥有渠道，谁能使顾客在最方便的地点、时间快捷地购买到产品，谁就取得了市场竞争的主动权。

一、分销渠道的含义

所谓分销渠道，也叫销售渠道或通路，是指某种商品和服务从生产者向消费者转移的过程中，取得这种商品和服务的所有权或帮助转移所有权的所有企业和个人。因此，分销渠道的起点是生产者，终点是消费者，中间环节包括参与商品交易活动的批发商和零售商、代理商和经纪人。所以，从生产者到最终消费者之间任何一组与商品和服务交易活动有关并相互依存、相互关联的营销中介机构均可称为一条渠道。但分销渠道不包括供应商及起辅助作用的中间商。

制造商选择分销商是因为其在为目标市场提供产品方面具有更高的效率，而且分销商在关系、经验、专业知识和经营规模方面比制造商更具有优势。

图 11－1 表明了使用分销商是如何提高交易效率的。图 11－1（a）表示有 3 家制造商分别采用了直销的方式将产品送达 3 个顾客。这一系统需要完成 9 次交易。图 11－1（b）显示了 3 家制造商通过一家联系 3 个顾客的分销商进行销售活动。这一系统只需要 6 次交易。通过这种方式，减少了以往由制造商和顾客完成的大量工作。

营销观察　渠道的重要性

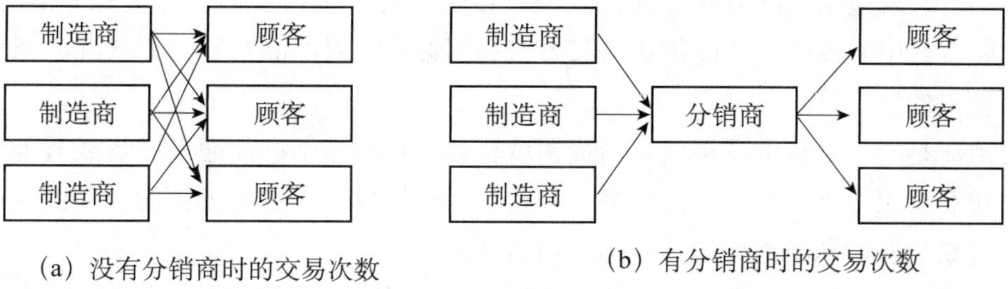

图 11-1　如何通过使用分销商来减少交易次数

二、分销渠道的功能

产品在由生产领域（生产商）向消费领域（消费者）转移的过程中，存在几种物质或非物质的“流”，渠道则表现为这些流的载体，组成分销渠道的各种机构是由几种类型的流联结起来的。按照菲利普·科特勒的归纳，可分为“五流”，即商流、物流、货币流、信息流、促销流（见图 11-2）。

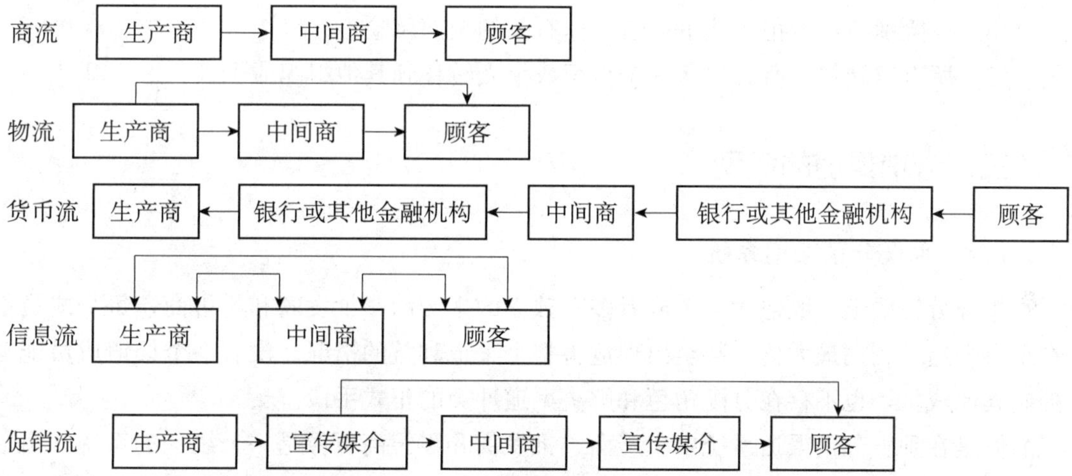

图 11-2　分销渠道中的“五流”

商流是指产品从生产领域向消费领域转移过程中的一系列交易活动。通过这一系列活动，实现的是产品所有权的转移。

物流是指产品从生产领域向消费领域转移过程中的一系列产品实体运动。它包括产品实体储存以及转移的过程，还包括与产品相关的包装、流通加工等过程。物流使产品由生产领域向消费领域转移得到了实质性的保证。

货币流是指产品从生产领域向消费领域转移的交易活动中所发生的货币运动。一般是顾客通过银行或其他金融机构将货款付给中间商，中间商赚取佣金或差价后支付给生产商。一般来说，货币流同商流的运动方向是相反的。

信息流是指产品从生产领域向消费领域转移过程中所发生的一切信息收集、传递和处理活动。它既包括生产商向中间商及顾客传递产品、价格、销售方式等方面的信息，也包括顾客或中间商向生产商传递购买力、购买偏好、对产品及其销售状况的意见等信息。信息流的运动是双向的。

促销流是指产品从生产领域向消费领域转移过程中，生产商通过广告或其他宣传媒介向中间商及顾客进行的一切促销努力。它包括利用广告、人员推销或公共关系等手段向销售对象传递有利于销售的信息的一切活动。

在这五种“流”中，商流和物流是最主要的，是整个产品分销活动得以实现的关键。“五流”的活动，形成了分销渠道的以下功能：

（1）调研：收集制订计划和进行交易所必需的信息。

（2）促销：进行关于所供应货物的说服性沟通。

（3）接洽：寻找可能的购买者并与其进行沟通。

（4）匹配：使所供应的货物符合购买者需要，包括制造、装配、包装等活动。

（5）物流：从事商品的运输、储存等。

（6）谈判：为了转移所供货物的所有权，就其价格及有关条件达成最后协议。

（7）融资：为补偿渠道工作的成本而取得与使用资金。

（8）风险承担：承担与从事渠道工作有关的全部风险。

（9）所有权转移：所有权从一个组织或个人转移到其他组织或个人。

三、分销渠道的类型

（一）垂直分销渠道系统

传统分销渠道一般包含一个或者多个独立的生产商、批发商和零售商，每个成员都在渠道中追求利润最大化，甚至出现危害整个渠道利益的情况。没有一个渠道成员能够控制其他成员，也不存在分配角色和解决渠道冲突的正式手段。

但是在垂直分销渠道系统中生产商、批发商和零售商更像是一个统一的系统，由成员进行不同程度的一体化经营或者联合经营。它往往由某一个企业对相邻流通环节上的企业控股，也可由某一个企业主导，实行实力相对均衡的联营。垂直分销渠道系统可以由生产商主导，也可以由批发商主导或者零售商控制。

垂直分销渠道系统可分为：公司式垂直分销渠道系统、管理式垂直分销渠道系统和合同式垂直分销渠道系统。

1. 公司式垂直分销渠道系统

公司式垂直分销渠道系统是指生产和分销的各个环节都归一方所有并受其控制。这种联合体将生产、批发和零售融为一体。例如，塔吉特（Target）出售的商品中，有50%来自它拥有股权的制造商。日本的经连会（Keiretsu）是垂直分销渠道系统的典范，它可以为用户提供所需要的一切：“如果你想建一座桥，我们的工程公司会给你提供设计，我们的水泥和钢铁厂将给你提供原材料，我们甚至有可以提供融资的银行。”

值得注意的是，企业在采用公司式垂直分销渠道系统时应该以最精简的系统提高效率。很多企业都是因过度膨胀的系统和松散的组织而陷入危机。

2. 管理式垂直分销渠道系统

管理式垂直分销渠道系统是由某一家规模大、实力强的企业出面组织，并协调管理生产与分销的各个环节，但不以所有权或特许权的形式来管理的系统。例如，名牌制造商有能力从销售商那里得到强有力的贸易合作和支持。因此，通用电气公司、宝洁公司等能够在商品展销、货柜位置、促销活动和定价等方面得到销售者的大力合作。

3. 合同式垂直分销渠道系统

合同式垂直分销渠道系统由从事生产和分销的不同层次的相互独立的公司组成，它们以合同为基础来统一行动，以求获得比其独立行动时更好的经济和销售效果。

特许经营组织是其中最常见的模式——特许经营渠道的成员连接生产与分销过程的几个环节。

特许经营有三种形式：（1）生产商创办的零售特许组织，如汽车行业；（2）生产商创办的批发特约代营组织，如软饮料行业；（3）服务类公司承办的零售特许组织，由一个服务类公司组织整个系统，以便将其服务有效地提供给消费者。

（二）水平分销渠道系统

水平分销渠道系统又称横向分销渠道系统，是指同一层级的两个或者两个以上的企业联合起来共同开发一个新的市场机会。它们将财务资源、生产资源和营销资源整合起来，以实现单个企业无法单独完成的目标。

合作的企业可以是竞争者，也可以是非竞争者。合作可能是暂时的，也可能是长久的，也可以共同成立一家新的企业。例如，麦当劳在与中石化合作后，在超过 3 万家中石化加油站内设置了餐厅。这一举动加快了麦当劳在中国市场的扩张，同时也为中石化的加油站吸引了更多的顾客。

（三）多渠道分销系统

过去，很多企业都只采用单一渠道并向单一市场销售产品，而现在，随着消费者细分市场的增加和更多的渠道可能性的出现，越来越多的企业采用多渠道分销系统（常被称为混合分销渠道）。当企业利用两个或者两个以上的分销渠道来接触一个或者多个细分市场时，就会形成多渠道分销系统。

多渠道分销系统指对同一或不同的细分市场采用多条渠道的分销系统。这种系统一般分为两种形式：一种是生产企业通过多种渠道销售同一种产品，这种形式易引起不同渠道间激烈的竞争；另一种是生产企业通过多种渠道销售不同产品。

近年来，几乎所有的企业都采用了多渠道分销系统。例如，2020 年，格力电器以“格力董明珠店”为依托，在全国范围内推广新零售模式，通过“直播带货”携手天猫、京东等六大平台创下了家电行业直播销售纪录。

第 2 节 渠道设计与管理

在渠道设计上，所有的企业都面临着渠道效果如何最大化的问题。由于企业环境与实力是不断变化的，企业可能需要做出不同的渠道决策。当企业规模较小时，它可能只面对零售商；当企业规模较大时，企业可以选择批发商等分销产品，还可以选择线上线下同时销售，因此渠道系统常随着市场机会和条件的变化而变化。

一、渠道设计

为了使渠道效果最大化，企业必须进行渠道设计。渠道设计是指分析消费者需求、设定渠道目标、制订渠道方案、评估渠道方案的过程。

（一）分析消费者需求

企业只有设计合适的分销渠道，才能完成销售目标。设计渠道之前要分析消费者的需求，了解消费者在购买商品时的心理和习惯，以更好地满足消费者的需求，实现销售目标。另外，企业还应该了解消费者的渠道偏好，分析已经存在的购买方式等，随时监控、掌握消费者购买行为的变化。不同消费者的购买行为不同，应该为他们提供不同的选择，所以企业在设计渠道的过程中，应该针对不同目标群体设计不同的渠道，这是渠道策略成功的基础。

（二）设定渠道目标

企业应当根据目标消费者所期望的服务水平来设定渠道目标。通常企业会确定几个需要不同服务水平的细分市场，以便企业决定服务于哪些市场以及用什么渠道服务于这些市场。在每一个细分市场中，企业都希望在成本最小化的前提下为顾客提供最好的服务。

企业在设定渠道目标时应该考虑以下四个方面。

1. 购买的便利性

设立渠道是为了使顾客能顺利而又方便地购买所需的产品。设定渠道目标时应该考虑尽可能使顾客购买便利。例如，企业要决定顾客走多远、等待多久才能买到商品，从而决定整个市场的铺货率。

2. 利润

企业行为的动机是获取利润，渠道目标也必须有相应的销售额及利润指标。当然，利润指标不单是靠提高销售额来实现，还要考虑如何降低渠道成本。

3. 渠道成员支持度

前两个目标的实现，必须以渠道成员的支持为基础。中间商要全力配合企业的各项营销策略，在促销活动、公关活动等方面给予支持。

4. 售后服务

企业必须确定一个基本的售后服务水平。达到它，可以使销售活动正常开展；达不到它，可能影响产品的形象和销路。

（三）制订渠道方案

企业在设定渠道目标之后，就需要通过考虑渠道成员的类型、渠道成员的数量和渠道成员的责权来制订渠道方案。

1. 渠道成员的类型

企业应该识别出能够承担渠道任务的渠道成员的类型。例如，一家生产测试设备的企业准备开发一种音频设备，用于检测在一些带有移动零件的机器中出现的机械接触不良问题。公司高管认为，这种产品有市场，问题在于怎样更加有效地进入不同行业。管理层经过讨论，决定在不同的地区或行业内，寻找那些愿意购买和经营新产品的批发商和零售商，给予它们独家经销权、足够的利润、关于产品知识的培训以及促销支持。

2. 渠道成员的数量

企业还必须决定每个渠道层级上的成员的数量。有三种方式可以选择：密集分销、选择分销和独家分销。

（1）密集分销。这是指制造商让尽可能多的负责任的、适当的批发商、零售商推销其产品。消费品中的便利品通常采取密集分销。

（2）选择分销。这是指制造商在某一地区仅仅通过少数几个精心挑选的、最合适的中间商推销其产品。消费品中的选购品和特殊品最宜于采取选择分销。

（3）独家分销。这是指制造商在某一地区仅选择一家中间商推销其产品，通常双方协商签订独家经销合同，规定经销商不得经营竞争者的产品。

3. 渠道成员的责权

企业和中间商必须就每个渠道成员的责权达成共识。它们应该在价格策略、销售条件、区域权力以及提供的具体服务等方面取得一致。企业应该为中间商建立一个价目表和一个清楚的折扣目录，还应该确定每个渠道成员的销售区域。

对于企业和中间商的责权，必须谨慎地加以界定。尤其是在特许经营和专营性渠道中。例如，麦当劳为特许经销商提供促销支持、数据记录系统、培训以及一般性的管理帮助。相应地，特许经销商要满足麦当劳的实体设施标准、配合新的促销活动、提供麦当劳所需的信息以及购买指定的食品原材料。

（四）评估渠道方案

如果已经制订了几种渠道方案，就要确定哪一种最有利于实现公司的长期目标。公司通常采用经济性、可控制性和适应性三个标准进行考量。

1. 经济性标准

经济性标准，即要比较和评价每个备选的渠道方案可能达到的销售额及费用水平。不同的渠道会产生不同的销售水平。制造商首先要考虑自己的销售队伍和不同的分销商的销售量有多大，同时要比较各自的销售成本。

2. 可控制性标准

可控制性标准，即公司要考虑能否实现对渠道的有效控制。渠道成员是独立的实体，公司对其进行监控的成本很高。如果公司倾向于加强控制，渠道层次越多，中间商越多，越难控制；反之，则越易控制。

3. 适应性标准

适应性标准，即在市场环境多变的情况下，所选择的渠道要能保持一定的适应性。如果公司与所选择的中间商签订的合约期限较长，即使由于外部环境及公司自身需要的变化需要采用其他渠道，公司也不能随意结束合约。

二、渠道的设立与管控

企业在进行渠道设计之后就需要选择渠道成员，在渠道正式运行后还涉及对渠道成员的激励、评估，以及对渠道系统的调整等问题。

（一）选择渠道成员

生产者在招募渠道成员时，有两种极端情况：一是生产者毫不费力地找到特定的渠道成员并使之加入渠道系统。它之所以能吸引渠道成员加入渠道系统，可能是因为它很有声望，也可能是因为它的产品能赚钱。在某些情况下，独家分销或选择分销会吸引大量渠道成员加入其渠道。对于那些毫不费力地得到所需数目的渠道成员的生产者来讲，它所做的工作只是选择适当的渠道成员而已。二是生产者必须费尽心思才能找到期望数量的渠道成员。例如，某一清凉饮料的生产者好不容易才在食品商店找到合适的陈列位置。生产者必须研究渠道成员如何做购买决策，尤其是在它们制定决策时，对毛利、广告与销售促进、退货保证等重视的程度。生产者还必须开发一些能使渠道成员有利可图的产品。

不论生产者遇到上述哪一种情况，它都须明确渠道成员的特性。一般来说，生产者要评估渠道成员经营时间长短及成长过程、清偿能力、合作态度、声望等。当渠道成员是销售代理商时，生产者还须评估其代理的其他产品大类的数量与性质、推销人员的素质与数量。当渠道成员打算授予某家百货公司独家分销权时，生产者还须评估其商店的位置、未来发展潜力以及经常光顾的顾客类型等。

（二）激励渠道成员

尽管促使渠道成员加入渠道的因素和条件已构成部分激励因素，但在分销渠道的运行过程中生产者仍需不断进行监督、指导与鼓励以使渠道成员尽职尽责。由于进入渠道的成员类型多种多样、运营方式各异、与生产者之间的关系不完全相同，因而监督、指导与激励渠道成员的工作非常复杂。

生产者在激励渠道成员以及试图与渠道成员建立长期、稳定的合作关系时，应注意以下问题：

1. 了解各个渠道成员的心理状态与行为特征是激励的基础

生产者激励渠道成员，首先要做到站在他人立场上了解问题，设身处地地为他人着想，而不应仅从自己的观点出发看待问题，这样无助于问题的解决。

2. 生产者应尽量避免激励过多与激励不足两种情况

当生产者给予渠道成员的优惠条件超过取得合作所需条件时，就会出现激励过多的情况，其结果是销售量提高而利润下降。当生产者给予渠道成员的条件过于苛刻以致不能激励渠道成员努力工作时，则会出现激励不足的情况，其结果是销售量降低、利润减少。所以，生产者必须确定采用何种方式以及花费多少来鼓励渠道成员。

3. 生产者可以通过分销规划与渠道成员建立长期、稳定的关系

所谓分销规划，指的就是建立一个有计划的、实行专业化管理的垂直渠道系统，以把生产者的需要与渠道成员的需要更为紧密地结合起来。建立管理式垂直渠道系统，将大大提高分销系统的运行效率，生产者、经销商以及消费者都可以从中受益。

（三）评估渠道成员

生产者除了选择和激励渠道成员外，还必须定期评估它们的绩效。测量渠道成员绩效的方法主要有以下两种：

第一种，将每一渠道成员的本期销售绩效与上期销售绩效进行比较，同时将每一渠道成员的本期销售绩效与整个群体的平均销售绩效进行比较。

第二种，将各渠道成员的绩效与根据该地区销售潜力分析而设立的销售定额相比较，然后将各渠道成员按名次进行排序。

渠道成员的销售绩效低于群体平均水平或未达既定水平而排名偏后，可能是主观原因所致，也可能是一些客观原因造成的，如当地经济衰退、某些顾客不可避免地流失、主力推销员的丧失或退休等。因此，生产者应根据具体情况采取有针对性的措施来扭转局面。

（四）调整渠道系统

生产者在设计了一个良好的分销渠道系统后，不能放任其自由运行而不采取任何措施。事实上，为了适应市场需要的变化，整个渠道系统或部分渠道成员必须随时加以调整。

分销渠道的调整可以从三个层面来考虑：从经营的具体层面看，可能涉及增减某些渠道成员；从特定市场规划的层面看，可能涉及增减某些特定分销渠道；从企业系统计划的层面看，可能涉及整个分销系统构建思路的调整。

三、渠道冲突及解决办法

（一）渠道冲突的含义

渠道冲突是指一个渠道成员阻挠或干扰另一个或几个渠道成员实现自己的目标或有效运作，或一个渠道成员从事某种会伤害、威胁另一个或几个渠道成员利益的活动，从而引发的冲突。

由于独立的企业之间利益不一致，因此，无论怎样进行设计和管理，渠道冲突总会发生。

（二）渠道冲突的类型

1. 垂直渠道冲突

这是指同一渠道的不同层次之间发生的冲突。如某汽车公司为了实行有关服务、价格和广告方面的一系列措施，与它的经销商发生矛盾。

2. 水平渠道冲突

这是指渠道同一层次的不同成员之间的冲突。比如，食品零售环节的超级市场与食品店之间，就会经常因为同种商品售价不同发生冲突。

3. 多渠道冲突

这是指两种或两种以上的渠道同时向同一市场销售产品时发生的冲突。如某服装公司将其牛仔装在特许商店渠道之外分销给百货商场时，会遭到特许商店的强烈反对；当该服装公司开设自己的服装店时，销售其产品的百货商店也会有意见。特别是当一个渠道降低产品售价时，渠道冲突会更加激烈。

（三）产生渠道冲突的原因

渠道之间产生冲突的根本原因，是不同组织对利益的追求不同。过于追求短期利益的企业之间更易发生冲突。渠道之间产生冲突的具体原因有以下几点。

1. 制造商与中间商之间认识上存在差异

由于双方的市场地位不同，站在各自的立场和角度，对同一问题容易产生不同的认识，如制造商出于对经济的乐观分析希望中间商多存货，中间商却对经济前景不看好而不愿承担存货责任。

2. 制造商与中间商目标不一致

一般情况下，制造商希望以低价快速提升市场占有率，而中间商往往更爱高毛利而追求短期的盈利。

3. 渠道成员职责和权利划分不明确

例如，IBM公司通过本公司的销售人员向大客户推销电脑，由于销售职权、地区边界的不清等与中间商产生了渠道冲突。

4. 中间商对制造商存在一定程度的依赖

一些专营性经销商在很大程度上受制造商产品设计和定价的制约，汽车经销商与汽车制造商之间就是如此，这样容易引发渠道冲突。

（四）渠道冲突的管理

渠道中存在适度冲突是有一定积极作用的，但严重的冲突则要认真对待并设法解决。解决渠道冲突的途径有以下几种：

（1）渠道的两个或两个以上层次组织之间通过合资、参股等形式进行联合。通过经济上的联合，可使冲突双方利益相关，从而化解矛盾。

（2）渠道冲突双方共同寻找一致的发展目标。双方以整体、长远利益最大化为行动准则去淡化冲突。

（3）在两个或两个以上渠道层次上互换人员。岗位的互换，能使一方感受到另一方的处境，可以增进相互之间的理解，从而减轻或消除冲突。

（4）通过行业协会的协调来解决渠道冲突。行业协会是同行业或相关行业自律性组织，在协会范围内具有一定权威性，可以在一定程度上调解、消除渠道的冲突。

（5）对于严重的渠道冲突，也可以借助仲裁或法律程序解决。

第 3 节 中间商的类型

中间商是在商品从生产领域转移到消费领域的过程中，参与商品交易活动的专业化经营的个人和组织。中间商按其在流通过程中的地位和作用可分为批发商和零售商。

一、批发商

批发商是把商品出售给那些为转卖商品而购买的组织的中间商。批发商的交易对象除了零售商和其他批发商外，还有进行大宗购买的企业、机构、团体等。一般来讲，批发商在销售渠道中居于较高层次，它向生产企业购进商品，向零售商批销商品，交易结束以后，商品仍在销售渠道中。批发商从事的是大宗商品的买卖活动，每次的交易量比较大，特别是购进商品的批量比较大。

（一）批发商的职能

1. 集散商品

批发商通过采购业务，将各个地区、各个生产企业分散生产的商品集中起来，进行必要的初步加工、整理、包装等处理，再通过商品交易活动，分散供应给零售企业和生产用户等。

2. 根据供需情况储存或投放商品

批发商一方面大批量地从生产者处购进商品，使生产者及时实现商品的价值，提高资金周转率，加速再生产过程；另一方面将商品批售给零售商，减少零售商储存商品的负担。批发商实际上承担了商品“蓄水池”的功能，把市场上一时多余的商品收购储存起来，当市场供应不足时再投放出去。

3. 沟通产销信息

批发商介于生产企业和零售商之间，既可以了解商品的生产情况，又可以了解商品的市场销售动态。因此它可利用这种便利条件，向生产企业提供市场需求信息和消费者反馈意见，同时向零售商做产品情况的介绍和宣传。

4. 承担市场风险

在商品实现价值的过程中存在一定的风险，如市场供求和价格变动带来的风险，商品储存、运输过程中可能发生的风险，以及商品交易中的预购、赊销造成的呆账风险等。批发商在多数情况下是大批量地购进和储存商品，分批少量地销售商品，在这个过程中承担了一定的市场风险。

（二）批发商的类型

1. 商人批发商

商人批发商不同于商品代理商，它们对其经营的商品拥有所有权。按其经营的商品的范围来分类，商人批发商可分为如下几类：

（1）综合批发商。这种批发商经营普通货物，而且经营的商品的范围很广，种类繁多，如同时经营织物、小五金、家具、化妆品、药品、电器、汽车设备等。

（2）大类商品批发商。这种批发商仅经营某一类商品，而且这类商品的花色、品种等齐全；同时经营一些与这类商品密切关联的商品，如食品杂货批发商通常不仅经营罐头、蔬菜、水果等食品，而且经营刀片、肥皂、牙膏等食品杂货商店通常出售的商品。

（3）专业批发商。这种批发商的专业化程度较高，专门经营某一类商品中的某种商品，如食品行业中专营罐头食品的批发商，或者专门经营保健食品的批发商等。

2. 代理商和经纪人

代理商和经纪人是为自己的委托人代购代销商品，按销售额提取一定比例的报酬的批发商。它们对自己经办的商品没有所有权，主要替那些不具备销售力量或没有在某地区派遣销售人员的厂家销售产品，销售对象主要是工业用户、其他批发商和零售商。代理商和经纪人提供的服务项目较少，因此其成本往往比买卖批发商低。

（1）代理商。代理商有多种形式，如制造商代理、销售代理、拍卖公司、进口代理和出口代理等。

（2）经纪人。经纪人是受委托负责双方的买卖合同并在它们之间起沟通作用的批发商。经纪人也不拥有产品的实际所有权，不承担价格变化的风险。与代理商不同的是，经纪人与委托人之间的关系通常不具有持久性，当经纪人促成一项交易之后，这种关系便告终止。经纪人的优势是了解卖方和买方的需求，其服务项目主要是提供市场购销信息。

3. 制造商的销售机构

这种批发商是制造商专门经营其批发业务的独立机构，也是批发商的主要类型之一。制造商的销售机构可分为两种类型，一种是销售业务部，没有仓储设施和产品库存，只销售产品，经营方式类似于直达货运商；另一种是销售经营机构，有仓储设施和产品库存，经营方式类似于提供全面服务的买卖批发商。

（三）批发商的营销策略

1. 目标市场策略

批发商应做到目标市场明确。在确定目标市场时，可以以顾客的规模、顾客的类型以及顾客所需要的服务内容等为标准，从中选择一个目标顾客群。在这个目标顾客群里，找出比较有消费潜力的顾客，设计有效的供应物，同顾客建立良好的关系。具体措施包括：建立自动再订购系统；建立管理培训和顾问制度；创办自愿连锁组织；等等。

2. 产品品种和服务组合策略

对于批发商来说，所经营的产品必须品种齐全，并且要有充足的存货以便随时供应。但这可能会影响企业的盈利。因此，批发商要考虑经营多少品种最为合适，并选择盈利较高的品种。一般采用 ABC 分类法进行控制。批发商也需要考虑服务组合问题，研究在与顾客建立良好关系的过程中，哪种服务最为重要，哪些服务可以取消，哪些服务应该酌情收取费用，形成最佳服务组合。

3. 定价策略

批发商通常采用成本加成定价法确定价格，加成率为各行业中惯例化的比率。也可以采用其他的定价方法，以减少某些产品的毛利，赢得新的重要的顾客，同时要求供应商给予特别的价格折让。

4. 促销策略

批发商的促销策略主要是人员推销。为实现促销目标，批发商把推销当作面向主要客户推销产品、建立联系和提供服务的系统工程来对待。同时也可采取非人员促销手段，像零售商那样采用树立形象的策略，充分利用供应商的宣传材料和计划进行促销。

5. 批发地点策略

批发商一般设在租金低廉、征税较少的地段。为了寻找降低成本的方式，有些批发商进行了货物管理过程中的时间和动作研究，应用了新的技术手段，如自动化仓库。在自动化仓库里，订单被输入计算机，商品由机器自动取出，通过传送带送到平台，在平台集中供货。还有很多批发商充分利用网络和计算机，将信息技术应用到记账、开单、存货控制和市场预测等方面。

二、零售商

零售商是将商品销售给为个人或家庭使用而购买的最终消费者的中间商。零售商的销售对象是众多的消费者，在分销渠道中，零售商居于末端，零售商从生产者或批发商那里小批量购进，再直接向消费者零星销售商品，每次销售的量小、交易频繁，在交易过程中或结束后要向购买者提供相应的销售服务。

（一）零售商的职能

零售商经营活动的基本内容有提供商品组合、分装商品、保有存货和提供服务等。

1. 提供商品组合

零售商为消费者提供丰富多彩的商品和各种各样的商品组合，使消费者在同一交易场所有充分的选择余地，这大大节省了消费者为购买到合适的商品所需要的时间、精力。

2. 分装商品

为降低运输成本，制造商或批发商总是会把整箱的商品运送给零售商。零售商将整箱整批的商品分拆成消费者所需要的小包装，然后卖给消费者。

3. 保有存货

零售商用保有存货的方式，降低了消费者储存商品的成本。消费者储存商品一方面会占用资金，另一方面也要承担在商品储存期间各种原因引发的损失，如商品霉变、物理变形、过时、价格下跌等。通过保有存货，零售商代替消费者承担这部分费用与风险。

4. 提供服务

零售商还为消费者提供许多的售前、售中和售后服务，为消费者购买和使用产品创造便利条件。例如，零售商通过商品陈列，让顾客在购买之前就能看到、触摸到，甚至试用产品；零售商还通过其销售人员，解答顾客提出的疑问，并向顾客传达产品信息。

（二）零售业态

零售业态繁多，并不断有新的形式出现，划分的标准也不统一。根据是不是有店铺进行商品交易，零售业态可分为有店铺零售和无店铺零售两种类型。

1. 有店铺零售

根据所有权的归属不同，有店铺零售可分为专业商店、百货商店、超级市场、便利店、折扣商店、连锁商店、仓库商店七种类型。

（1）专业商店。

这类商店专门经营某一类产品或者某一类产品中的部分品种，经营的商品种类不多，但产品线的深度很大，那些既有一定商品知识，又能提供销售服务的商店，能较好地满足消费者的需要。

（2）百货商店。

百货商店是经营多条产品线的零售店。商店商品种类齐全，但品种不如专卖店多。大型百货商店通常价格较高，服务较周到。

（3）超级市场。

超级市场产生于20世纪30年代，二战后迅速发展，是一种大型综合食品零售店。超级市场开创了自我服务的经营方式。由于采用自助服务，因此可以雇用较少的营业人员，并以大规模、快周转、低成本为其经营特色。现代超级市场的发展趋势是营业面积越来越大，经营的非食品类商品越来越多，鼓励消费者一站购齐。在超级市场的基础上，随着营业面积增加和经营品种增多（非食品类商品加入，如服装、针织品和家电、家具），出现了大型超级市场（hyper-market）或超级商店（super-store），如法国家乐福和沃尔玛超级中心就分别属于大型超级市场和超级商店。

（4）便利店。

便利店是一种以经营最基本的日常消费用品为主，规模相对较小，位于住宅区附近的综合商店。便利店营业时间较长，不少是24小时营业，一般经营周转较快的方便商品，如日用百货、药品、应急商品、即食食品等。由于便利店能满足消费者的即时需要，所以商品的价格相对较高。

（5）折扣商店。

折扣商店是二战之后兴起的有影响力的零售企业，它也是一种百货商店，主要以低价竞销、自助选购的方式出售家庭生活用品。其价格低于一般商店，毛利较少，销售量较大。早期的折扣商店几乎都设在租金较低而交通便利的地方，其主要的服务对象是那些收入不是很高的工薪阶层。这些消费者往往对价格较为敏感，而对服务没有很高要求。

（6）连锁商店。

连锁商店是指由许多零售店通过组织上和经营上的联合而形成的联营网。连锁商店的经营业务在不同程度上受总店的控制。其主要特点在于管理相当标准化、规模适当、数量较多、分布面广，能获得规模经营的各种利益。比如，能通过统一的形象提升品牌声誉；能通过大量采购降低进货成本；市场信息比较充分，有利于随时了解消费者的需求变化，做出相应的变动。当然，由于连锁商店进行统一管理，集中进货，因此在一定程度上降低了各门店的灵活性。

连锁商店的组织形式一般有三种，即正规连锁（公司连锁）、特许连锁（加盟连锁）和自由连锁。

正规连锁，又称公司连锁，是指在同一资本控制之下的众多分散经营的店铺组合。正规连锁的特点是所有的店铺都由其总部直接控制，总部统一采购、统一定价、统一核算、统一配送，各门店实际上只具有销售的功能。正规连锁是一种最紧密的连锁组织形式。

特许连锁，又称加盟连锁，是指连锁公司以签立特许协议的方式，将其店名、经营方式以及所经营的商品交由系统之外的商店使用，对其进行统一配货并加以业务指导，同时要求其按公司的统一要求开展经营。特许连锁的特点是加盟店一般独立核算，在遵守特许协议的前提下有一定的经营自主权。特许连锁是一种相对松散的连锁组织形式。

自由连锁是指由许多独立经营的小店铺自愿联合、统购分销、相互协作的连锁组织形式。自由连锁有的是由零售店铺自行组织而成，有的是由某批发企业牵头，联合一批中小店铺共同组成。自由连锁的特点是各店铺有很大的独立经营权，实际上是一种比较松散的连锁经营形式。

（7）仓库商店。

仓库商店是一种不重形式、价格低廉，而服务有限的商店。仓库商店往往在租金比较低廉的地段租用场地，将其中一部分开辟为展销地点。一旦顾客选中商品，付清价款，即可在仓库取货，自行运走。

2. 无店铺零售

（1）自动售货机售货。自动售货机售货已经用于多种商品，包括冲动型商品（软饮料等）和其他商品（袜子、化妆品等）。自动售货机向顾客提供 24 小时售货服务，提供未被顾客触摸过的商品。但相对而言，自动售货机经营费用较高，所以其产品价格也略高。

（2）电视营销。用电视作为直接媒体，其一是做直接反应广告，对产品进行有说服力的描述，然后给消费者一个免费电话供其订购。其二是通过电视频道进行产品的宣传介绍，提供销售服务。前者较多地用于直销书籍、杂志、小型家电、音像制品、收藏品等；后者较多地用于销售服务、音响、健身器材和家用电器。

（3）购物服务。购物服务是指一种为特定委托人（如学校、医院、协会和政府机构的雇员）服务的无店铺零售方式。购物服务组织的成员有权向一组选定的零售商购买产品，这些零售商同意给予购物服务组织的成员一定的折扣，委托人会付给购物服务组织一些小额费用酬谢其提供的服务。

（4）流动售货。流动售货是一种相当古老的推销方式，近来被越来越多的企业重新采用。

不同的零售业态就像产品一样，会经历不同的发展阶段，新零售业态的出现往往是为了满足顾客对服务水平和具体服务项目的各种不同的偏好。随着时间的推移，新的零售业态不能满足顾客更高的要求时，更新的零售业态就会出现。如此，不断发展，不断更新。

（三）零售商的营销策略

1. 目标市场策略

确定目标市场是零售商最重要的决策。商店是面向哪种消费水平的顾客，高消费水平、中等消费水平还是低消费水平？目标顾客的需要是什么，是侧重多样化、产品组合的深度还是侧重购买和使用方便？零售商必须在确定了目标市场策略后再考虑其他策略。

2. 产品品种策略

这种策略的内容是确定所经营的产品品种的范围，即产品组合的宽度和深度；确定产品的质量水平。当竞争者用相似的品种和质量与零售商竞争时，该零售商可采用产品差异化策略，并在此基础上决定其所需资源、政策和具体做法。

3. 服务组合策略

营销观察　胖东来的服务

服务组合是一家商店区别于另一家商店的主要方面。零售商须确定服务组合，包括售前服务内容、售后服务内容以及辅助服务内容。零售商还可以根据目标顾客的需要和竞争的要求确定产品组合，形成自己的特色。

零售商可以选择以下四种类型的服务组合策略：

（1）自我服务型。一般不提供销售、附加服务，立足于顾客自我服务。

（2）自选型。以顾客自我服务为主，提供少量销售服务。

（3）有限服务型。提供一定的服务。

（4）完全服务型。提供全过程服务。

4. 商店气氛策略

营销观察　星巴克店面的设计

零售商必须考虑商店的布局以及整体形象，制造一种适合目标市场的气氛，使顾客乐于购买。例如，百货商店可以以其种类丰富、各具特色的商品吸引顾客；超市可以利用刺激顾客视觉、听觉、嗅觉的方式，产生预期的促销效果。

5. 定价策略

价格必须根据目标市场策略、产品品种策略以及市场竞争状况来确定。零售商的定价策略一般有两种：高成本低销量（如高级专用品商店）和低成本高销量（如大型综合市场和折扣商店）。

6. 促销策略

促销策略是指零售商利用促销工具促进商品销售的策略。例如在杂志、报纸、电台和电视等大众媒体上做广告，如折扣商店在电台做广告，宣传其产品价格低廉，富有特色。人员推销、销售促进和公共关系等也是常用的促销策略。

7. 销售地点策略

店址选择是零售商吸引顾客的一个重要手段。选择店址须特别谨慎，要考虑在一个国家的哪些城市、哪些具体的场所开店，还要考虑是在许多地区开设许多小店，还是在少数地区开设几个大店。一般来说，大型零售商应在每个城市开设足够的商店，以扩大影响；商店越大，其交易范围也越大。可用四个指标对设店地点进行评估：平均每天经过的人数；来店光顾的人数及比例；光顾的人中购货顾客的比例；每次购买的平均金额。

（四）新零售

1. 新零售的概念

零售的本质是人、货、场的重构，新零售的规则不是“场—货—人”，而是“人—货—场”。

首先是人。传统零售顾客与商家的关系更多的是随机关系或者弱关系。随机关系是指顾客买完即走，商家也难联系到顾客，因此在传统零售时代开店旺铺很抢手。弱关系是指通过短信、微信等联系顾客，但是若顾客没看到信息就难以展开销售。在新零售中，顾客与商家构建了一种强关系，即商家与顾客间建立联系通道，满足顾客在任何时间、任何地点以任何方式接触商品的需求，商家也可以随时随地触达顾客。

其次是货。传统零售商销售店铺现货，但是货架上的商品都是动销率较高的商品，不能满足消费者的个性化需求。在新零售中，商家重塑供应链，零售店与制造商和供应链其他成员紧密合作，形成一个变革的生态系统。此外商品也在改变，有实物商品、虚拟商品、服务等，而且课程、知识都可以是商品。

最后是场。当商家将消费者聚集起来，根据需求为其提供相应商品与服务之后，场就完全改变了。消费者可以到店内消费，也可以在电脑、App、智能音箱上消费，消费场所与场景完全发生了改变。

对新零售概念的解读见图11-3。

2. 新零售的变革

（1）供应链流程优化。新零售时代，供应链管理的本质其实并未发生改变，还是要集成和协同链条上的各个环节，如供应商、各个销售渠道、仓库、门店，使消费者需要

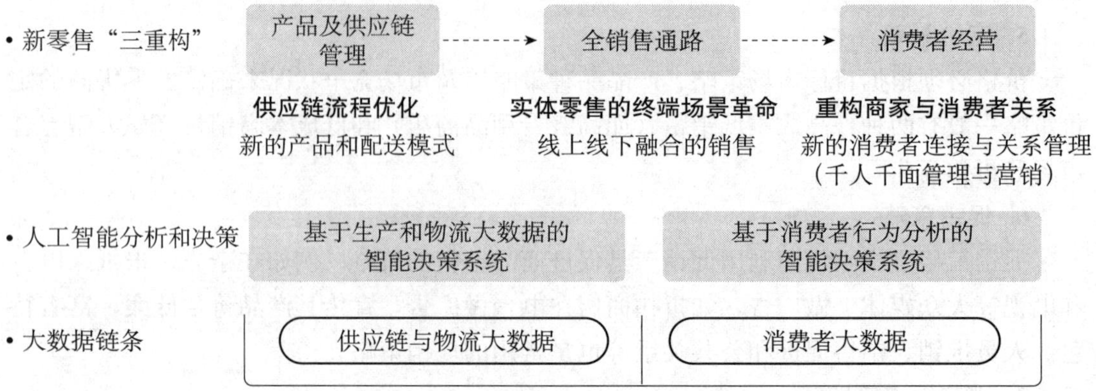

图 11－3　对新零售概念的解读

的商品以准确的数量、在最短的时间内被送到消费者手中，从而实现特定服务水平下整个系统的成本最小化。在数据和技术的助推下，供应链流程的优化变得迅捷高效，供应链流程的建设与改进会在未来的商业中产生正面效应。以阿里巴巴旗下的菜鸟裹裹为例，数据化的物流信息整合能力、立体式智能化的仓储条件、标准化的品控管理，正是菜鸟裹裹在阿里巴巴新零售布局中发挥作用的原因。再以淘工厂为例，工厂跟消费者已经直接互动，工厂的产品可以在互联网上直接售卖，网红、内容和互动成为生产和消费的连接器，形成新的供应链生产制造模式。

（2）实体零售的终端场景革命。传统实体零售商通过建设商场、购物中心，以丰富的商品、良好的服务，以及环境空间、灯光、布置等，给予顾客良好的体验。但是，这样的场景几十年来已经过度“商业化”，体验雷同，对消费者来说，日渐缺乏吸引力。新零售下的场景革命，以“娱乐、互动、体验”为主诉求，将商业环境极大地融入娱乐、艺术、人文等主题，纳入更多的跨界元素，给予消费者人文关怀、多元化的体验，形成新的商业空间和氛围。盒马鲜生选中餐饮业作为新零售的一个重要突破点，是因为新零售业态下的餐饮不单是最直接的体验中心，更是最直接的流量中心。除了专注于“吃”场景的盒马鲜生，永辉的“超级物种”、世纪联华的“鲸选”、上品折扣的“上品十”等新销售空间也都聚集了多元场景。

（3）重构商家与消费者关系。零售的核心是一切以消费者需求为导向，打破技术和渠道等壁垒，创造最好的品牌体验。不管零售业的生态怎么变，这一根本出发点都不会变。在新零售时代，商家和消费者关系重构的重中之重就在于数据。将顾客的支付偏好、消费路径、消费习惯、会员信息、储值信息等数据收集起来，进一步分析、整理，便能够做到运营、营销、服务体验等方面的优化升级。

从零售到新零售，多的不仅是一个“新”字，还多了新的销售场景、新的商家与消费者关系、新的供应链流程，给产业带来变革的同时，消费者也将从新零售中获益，享受更高效的服务，获得更优质的产品。关注效率和消费者体验的商家，才能真正乘着新零售的东风尽情翱翔。

第 4 节　物流系统

一、物流的含义

所谓物流，也称为实体流或实体分配，是指通过有效地安排产品的仓储、管理和转移，使产品在需要的时间送达需要的地点的经营活动。物流涉及产品从起点到最终消费点或使用点的实体转移的规划与执行，并在取得一定利润的前提下，满足消费者的需求。

二、物流的职能

物流的职能就是将产品从其生产地转移到消费地，从而创造地点效用。物流作为市场营销的一部分，不仅包括产品的运输、保管、装卸、包装，还包括在开展这些活动的过程中的信息的传播。它以企业的销售预测为基础来规划生产水平和存货水平。

传统的物流以工厂为出发点，通过有效的措施，将产品送到消费者手中。而从市场营销的观点来看，物流规划应从市场开始考虑，并将所获得的信息反馈到原料的需求来源。首先，企业应考虑目标消费者的位置以及他们对产品运送便利性的要求。其次，企业还必须知道其竞争者所提供的服务的水平，然后设法赶上并超过竞争者。最后，企业要制定一个综合战略，其中包括仓库及工厂位置的选择、存货水平、运送方式，进而向目标消费者提供服务。物流系统如图 11－4 所示。

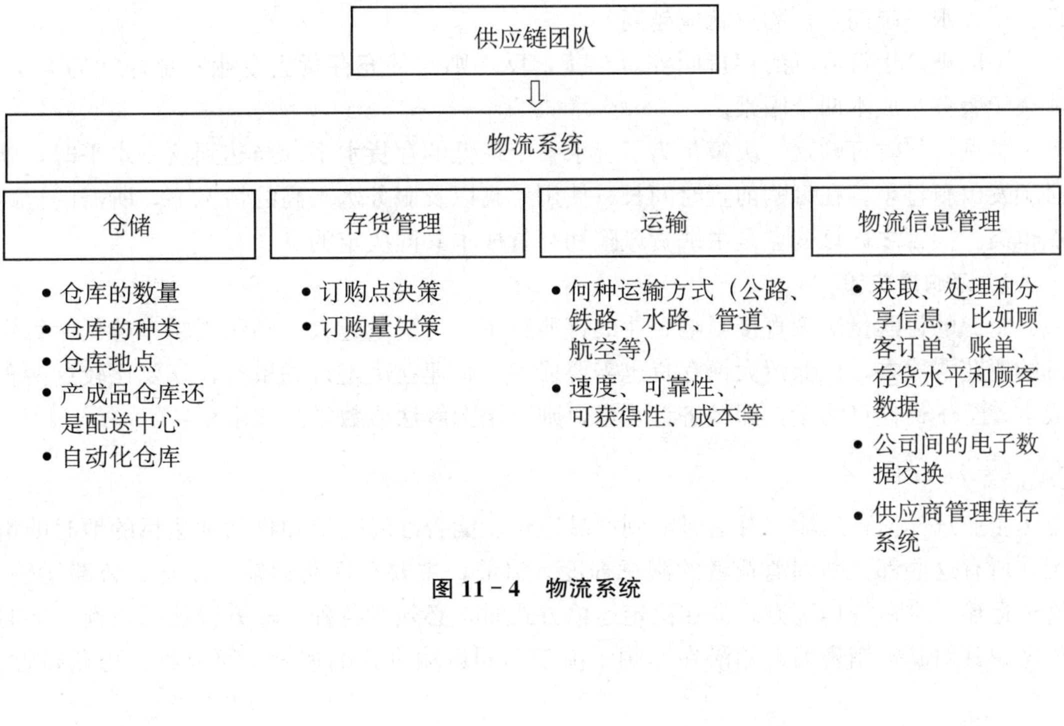

图 11－4　物流系统

（一）仓储

商品的仓储是由商品生产和商品消费之间的客观矛盾造成的。商品从生产领域向消费领域转移的过程中，一般都要经过仓储阶段，这主要是由商品生产和消费在时间、空间以及品种和数量等方面的不同步导致的。仓储是在特定场所储存物品的行为，它连接着供应、生产、销售，对促进生产效率的提高起着一定的辅助作用。

企业必须决定仓库的数量和种类，并决定仓库地点。企业可以选择使用产成品仓库或者配送中心。产成品仓库用来储存产品以满足长期的需求，配送中心则用来配送产品而不仅仅是存储。这些大型的、高度自动化的仓库被用来接收从不同的工厂和供应商处运送来的产品，接受订单并有效地完成订单，然后将产品尽可能快地交付消费者。

（二）存货管理

存货管理影响消费者满意程度。市场营销人员都希望自己的公司存货充足，以便立即为消费者的订单供货。但是，公司如果存货过多，其成本效益就会出现问题。通常，存货管理需要考虑成本与服务两因素的平衡。

1. 订购点决策

企业的管理人员需要决定在处于何种存货水平时必须发出订单，以避免缺货。这个存货水平就称为订购点。订购点的高低受以下因素影响：

（1）订购前置时间。所谓订购前置时间，是指自订单发出到收到物品所需要的平均时间。这段时间越长，订购点就应越高。

（2）使用率。所谓使用率，是指在某一段时间内，消费者的平均购买数量。使用率越高，订购点就应越高。

（3）服务水平。所谓服务水平，是指企业能够直接用存货来完成消费者订单的可能性。服务水平越高，订购点就应越高。

一般把高于订购点的存货叫安全存货，反之则叫补充存货。企业安全存货的大小，取决于服务与成本两个因素。

可见，何时订购这一决策是为了寻求一个最低的存货水平。当达到这一水平时，就必须发出新订单。在订购前置时间长、使用率高以及服务水平高的情况下，所需的订购点也高。换言之，订购点是由缺货风险和存货成本共同决定的。

2. 订购量决策

企业的订购量决策直接影响企业的订购频率。订购量越大，则购买频率越低。每次订购要花费成本，但保留大量存货也需要成本。企业在决定订购量时，就要比较这两种成本。至于最佳订购量，即经济订购量，则可用图解法或数学公式求得。

（三）运输

企业选择何种运输工具会影响到产品定价、能否准时交货和物品到达目的地时的情况，所有这些都关系到消费者的满意程度。目前，主要有铁路运输、水运、公路运输、管道运输、空运等传统方式。在决定运输方式时，必须对各种运输方式加以权衡，同时要考虑其对其他销售因素的潜在影响。由于不同运输方式的速度、可靠性、可获得性、成本等有所不同，企业在探索最佳物流方案时必须思考所做出的选择是否得当。

（四）物流信息管理

目前企业都是通过信息来管理供应链，渠道成员共享信息并共同做出更好的渠道决策。在物流方面，顾客订单、账单、存货水平以及顾客数据等信息流，都是与渠道绩效紧密联系的。企业需要设计出简单、易得、高效的程序来获得、处理与分享物流信息。

共享和管理信息有许多方式，例如邮件或电话，或者以互联网为基础的电子数据交换（EDI）。比如，沃尔玛一直保持同其供应商的直接 EDI。

供应商还可能被要求根据顾客的订单来安排生产和配送。许多大型零售商，比如沃尔玛与其主要供应商（如宝洁）紧密合作，共同建立供应商管理库存（vendor-managed inventory，VMI）系统。通过 VMI 系统，实现了关于销售和存货水平的实时数据分享。供应商对管理存货和配送负全部责任。该系统要求零售商与其供应商紧密合作。

素养园地　数字化时代蒙牛的渠道创新

蒙牛是一家喜欢创新的公司，过去蒙牛做了很多创新的工作，这让蒙牛取得了快速发展，销售额突破 600 亿元。蒙牛感知到渠道的变化，提前布局，拥抱变革。数字化时代蒙牛的渠道创新主要有以下几点：B2B 新零售；线上线下关键客户融合；社区创新；镇村创新；智网系统。

B2B 新零售：蒙牛是第一家与阿里巴巴零售通签署战略合作协议的全国品牌商。2017 年 8 月与阿里巴巴签署了战略合作协议，同年 10 月与惠下单签署了战略合作协议，在 B2B 新零售上，蒙牛率先发力。在 2018 年，蒙牛与零售通和惠下单的合作更加深入，共同开展了世界杯营销、线上平台订货会、系统定制等活动，同时建立了独立团队进行运作。

线上线下关键客户融合：全面拥抱零售新模式，包括盒马鲜生、京东到家、物美多点等等，这些新模式更加贴近消费者，满足了消费者的便利性需求。蒙牛在关键客户系统建立了专职的销售和营销团队来服务这些线上线下关键客户，以做好全渠道的营销工作。

社区创新：蒙牛主要在以下几个方面进行了尝试——社区 App、社区便利店、无人售卖机等。这些可以更快地把产品推送到消费者端。很多人对社区 App 还不是特别了解，很多大型的物业公司都做了自己的社区 App，可以在上面缴物业费、在商城买东西，也可以找装修公司或租房。为了提高社区 App 的黏性，有些开发商在 App 上设置了门禁卡功能。此外，还有社区便利店、无人售卖机。过去很多无人售卖机放在人流量比较大的地方，比如火车站、商业区等，但是现在社区里也有这样的需求，消费者的需求是便利，蒙牛正围绕着社区的这一需求进行探索。

镇村创新：镇村市场同样不能忽视。中国镇村数量及其人口规模庞大，很多地方品牌深耕镇村，业绩增长快。那么大品牌不做镇村市场的原因是什么呢？主要有两点，一是物流成本高。二是业务员人工成本高。一个村只有两三家店，经销商不愿意去跑。蒙牛的主要措施是，在镇里找合作伙伴；用系统解决人工成本问题。在镇上找合作伙伴，大家一起把物流成本降下来。同时使用创新型 App，不用业务员进行门店拜访，店主自主下单，把业务员的人工成本降下来。这样就能快速地在镇村进行拓展。

智网系统：很多品牌商推行自己的销售能力自动化（SFA）系统，但大部分都失败了，主要原因是品牌商更多的是站在自己的角度来开发系统，希望用系统来管理经销商。蒙牛汲取了自己和其他品牌商的教训，开发了智网系统，这套系统的定位为赋能客户，实现业务、财务一体化。它能多品牌兼容，实现多形式分销，从而赋能经销商，真正帮助经销商开展业务，做到终端可视化。蒙牛站在经销商的角度，根据经销商的需要去开发产品，因此只要满足了经销商的需求，经销商就会愿意使用。

资料来源：蒙牛如何在数字化时代下做渠道创新？.（2018－10－13）. https：//www. sohu. com/a/259345681_99890220. 有改动。

本章小结

分销渠道是产品由生产者向最终消费者或用户流动所经过的途径或环节。分销渠道由众多承担营销功能的中间商组成。分销渠道的功能分为五流，即商流、物流、货币流、信息流、促销流。企业在构建分销渠道时，可以选择垂直分销渠道系统、水平分销渠道系统和多渠道分销系统。

在进行渠道设计时，要分析消费者需求、设定渠道目标、制订渠道方案、评估渠道方案。有了一个适用于企业的分销渠道体系之后，企业还必须注意对渠道成员的管理。企业可以通过设置一定的标准来衡量渠道成员；通过给予渠道成员一定的财力、物力、人力支持，激励其发挥积极的作用。同时还要理顺渠道关系，正确处理渠道冲突。

中间商是在商品从生产领域转移到消费领域的过程中，参与商品交易活动的专业化经营的个人和组织。中间商按其在流通过程中的地位和作用可分为批发商和零售商。批发商帮助制造商将其产品销售给遍布全国的零售商和工业用户。批发商根据其是否拥有商品的所有权分为商人批发商以及代理商和经纪人。零售商是负责将最终产品销售给最终消费者供其个人或家庭使用的中间商。新零售的变革体现在：供应链流程优化；实体零售的终端场景革命；重构商家与消费者关系。

渠道离不开物流，物流是指通过有效地安排产品的仓储、管理和转移，使产品在需要的时间送达需要的地点的经营活动。

案例分析

创新突围：百瑞源的营销渠道破局之路

一、我生之初尚无为

1990 年，郝向峰从宁夏农学院毕业后留校工作。几年后，他毅然决然地选择离开高校创业，成就了他和枸杞的不解之缘。1999 年的一天，郝向峰路过一片茂密的枸杞园，偶遇一位老人正在挖树毁林，他很不解，便上前询问，并帮老人一起挖。经过攀谈，得知老人已种了几十年枸杞，不承想枸杞越来越廉价，不得已才挖树改种其他作物。作为宁夏“五宝”之首的枸杞，明明该是农民的致富果，为何却沦为“伤心果”了呢？作为一名农民家庭出身，又主攻农学专业的大学生，郝向峰看到此景象，可谓痛心疾首。他在想是否可以做些什么，以改变枸杞种植户与枸杞行业的现状。这一想法很快就有了明确的答案。2003 年，他毅然决然地拿出全部家当，征地、建厂房、买设备，创办公司，取名“百瑞源”。“百瑞源”诞生之初，枸杞行业尚无为。郝向峰心之所向，就是让宁夏的红果果火遍全国。初心既定，便素履以往。

2005 年，百瑞源成功注册商标，品牌定位为“枸杞养生专家”。他采购了最好的原料，找设计公司设计包装，一切都准备就绪之后，摆在他面前的第一个问题就是枸杞要去哪里卖？刚刚进入枸杞行业的郝向峰，面对整个行业的乱象、渠道的匮乏以及自身经验的不足，销售十分困难。枸杞作为宁夏特产，客户以游客为主。在哪里有客户就去哪里销售这一想法的指引下，郝向峰决定带着销售员走街串巷，希望通过特产店打开市场。然而店铺均要求给予折扣，低价格售卖好枸杞无利润，这种合作方式均以失败而告终。后来，郝向峰将目光移向了商场，百瑞源枸杞好不容易挤进了大卖场，却被摆在最不起眼的货架底层。郝向峰还尝试将枸杞作为地方特产礼品和养生佳品售卖，但主动权总是掌握在别人手里，他不但没有尝到甜头，反而要面对产品的滞销，且由于渠道合作成本较高，产品进入市场后，给郝向峰带来的是更大的资金压力，百瑞源在夹缝中求生。

二、路漫漫兮，上下求索

经历多少痛苦挣扎，就有多少悉心沉淀。在对公司出路备感无力的几年间，郝向峰没有放松，时刻关注政策，埋头研究行业动态和市场形势变化，他发现，来宁夏旅游的人越来越多，而游客最爱买的特产就是宁夏枸杞，如果百瑞源能搭上旅游经济的快车，让产品销售与旅游文化相结合，或许能出现转机。于是，郝向峰将目光移向银川专门接待游客的购物中心，但依然一路碰壁，传统的营销渠道走不通，那就换一条路试试。况且，百瑞源枸杞定位于中高端产品，锁定中高端人群。他的脑海中跳出了一个想法：能不能建一个枸杞馆，让枸杞文化与产品销售相结合，建立自己的营销渠道呢？2007 年，百瑞源建成“宁夏枸杞展馆”，建筑面积达 1 200 平方米。皇天不负有心人，新渠道初见成效。

宁夏枸杞展馆自建立以来的流量与业绩都非常不错，但郝向峰并不满足于此。他紧接着提出，百瑞源应借势开设线下枸杞品牌专卖店，使线下渠道既成为销售通道又成为宣传阵地。他认为，之前整个枸杞行业中传统的代理商渠道散而乱，并不能带来好的销量，且从未有人尝试过以品牌连锁专卖店的形式销售枸杞。因此，郝向峰决心通过线下渠道的布局建立枸杞标准化营销模式，引领枸杞走出宁夏，走向全国。他坚信，这一条与众不同的路终将成功。2008 年，郝向峰正式开始全面布局百瑞源线下渠道，建成“百瑞源枸杞养生馆”，中国枸杞行业第一个品牌专卖店由此诞生，这也标志着百瑞源全新的渠道布局正式开启。自此，宁夏的“土特产”褪去“土”外壳，逐渐蜕变成“养生滋补佳品”。紧接着，百瑞源又陆续投入了大量资金铺设专卖店，统一标识，统一专卖店装修风格，使得专卖店发展得很快。截至 2017 年，百瑞源已开设 57 家枸杞养生馆，而到 2019 年又增长了近一倍，拥有 103 家门店。自此，塞上“红玛瑙”根植本地并不断壮大，百瑞源也建成了自己相对独立的产品销售渠道，大大提升了产品销售额，直营门店的销售占比也逐年上升。

郝向峰发现，宁夏虽是枸杞发源地，却连一个传承与展示枸杞文化的博物馆都没有，因此他从 2009 年开始规划，花费 3 年时间，在 2011 年建成了宁夏枸杞博物馆，宁夏枸杞博物馆的建立使百瑞源成功搭建了自己极具文化和区域特色的销售渠道，并由此开启了“旅游＋直营连锁专卖店”营销模式。借助这一“东风”，郝向峰对产品进行革新与换代，希望能更好地发挥已有渠道的优势，同时满足目标客户群的更高需求。

三、山重水复，云开月明

2012 年，原本顺风顺水的百瑞源再次遇到了业务发展的大危机。郝向峰恍然大悟，以往过于依赖政府采购礼品市场，而这并不是百瑞源真正的市场。2014 年年底，百瑞源成立电子商务部门，正式驶入互联网销售的快车道，开始进行线上销售渠道的拓展。经过近 10 年的电商运营，百瑞源全面布局天猫、京东等电商平台，通过后台老客户数字画像，将产品信息精准投放给不同地区的目标人群，快速开发客户。其产品出口到东南亚、欧美、中东等地方 22 个国家和地区。百瑞源与阿里巴巴合作，将线下门店升级为智慧门店，与顾客建立起紧密的关系，实现企业的价值回报。2018 年，京东与百瑞源联合打造的无界零售体验店在新华百货 CC Park 购物中心开业，开启了宁夏枸杞线上线下体验营销新模式。

百瑞源在 2017 年将品牌定位的核心广告语统一调整为“百瑞源枸杞，好枸杞可以贵一点”。这一定位颠覆了大家对百瑞源的传统认知，却蕴含着对渠道设计的新突破。以此为基础，百瑞源决心通过砍品提价、统一视觉形象、线下门店升级、硬广投入等举措在三年内打通本地市场，开始全面进行渠道扩张布局。

贺兰山巍峨耸立，六月艳阳下，其东麓的百瑞源枸杞基地一片红火。宁夏人在这片土地上，形成了坚忍豪迈的品格。百瑞源董事长郝向峰深知枸杞的价值，创新突围，成为国内枸杞龙头企业。但枸杞行业的发展之路仍充满荆棘，百瑞源需持续创新破局。

资料来源：冯蛟，张淑萍，张艺琼，等．创新突围：百瑞源枸杞的营销渠道破局之路．（2020-10-14）．www.cmcc-dlut.cn/Cases/Select/创新突围：百瑞源枸杞的营销渠道破局之路%7B%7C%7C%7C%7C%7C%7D1/1/1.

思考题

1. 成立初期，百瑞源面临着什么样的营销困境？它选择了哪些传统的营销渠道？
2. 站在旅游经济的风口，百瑞源是如何对其营销渠道进行变革的？变革后的营销渠道具有什么特点？
3. 百瑞源的渠道设计遵循了哪些原则？
4. 百瑞源的电子营销渠道是什么？它是如何进行电子营销渠道探索的？

理论思考

1. 什么是分销渠道？分销渠道的功能是什么？
2. 分销渠道的类型有哪些？
3. 渠道设计包括哪些主要步骤？
4. 什么是批发商？批发商有哪些类型？
5. 什么是零售商？零售业态有哪些类型？
6. 物流的含义和职能是什么？

营销实战

1. “品牌方通常是弱势的，而外部渠道通常都是强势的。强势的渠道通常要求品牌方配合自己的营销活动进行打折、买赠等，品牌方不得不配合，苦不堪言。”请结合你对这句话的理解，谈谈品牌方应如何进行渠道的管理和维护，并进行渠道创新。

2. 消费者出现了只逛不买、主打陪伴的“指点型逛街”。2022 年，上海有超过 40 家百货商场分别发文与消费者告别，2023 年 8 月，经营了 30 年的上海太平洋百货徐汇店正式谢幕，终止经营。结合零售业相关理论，谈谈互联网时代传统零售的出路在何方。

实训练习

实训目的：使教师了解学生对相关知识的掌握情况；帮助学生理解渠道运营的内容及意义。

实训内容：收集身边的企业开展社群营销的具体形式，选取一个企业，分析并讨论其针对的目标人群以及运用的策略。

实训方式：小组讨论。

即测即评

扫描二维码可在线自测并查看答案。

第12章
促销策略

知识目标

- 了解促销的定义与作用。
- 明确促销组合的定义及影响因素。
- 熟悉整合营销传播相关内容。
- 理解各种促销方式。

能力目标

- 能够掌握常见的促销技巧。
- 能够熟练运用各种促销方式实现既定目标。

价值目标

培养学生的创新思维和创新能力。

关键词

促销　促销组合　人员推销　广告　销售促进　公共关系

思维导图

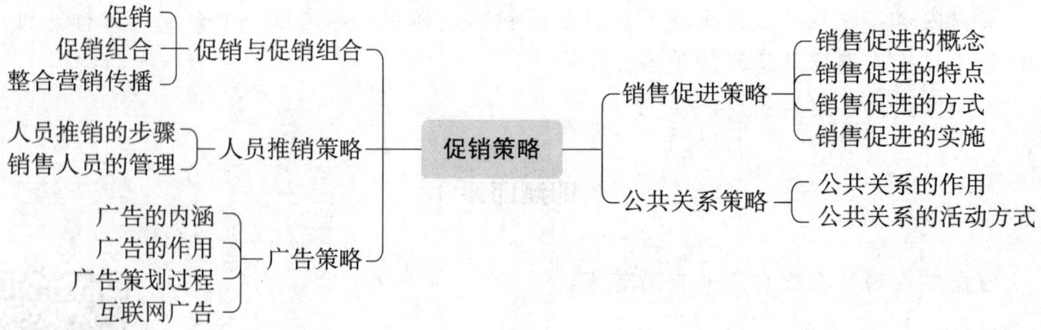

营销观察

服装店的“新计划”

炎炎夏日，俄罗斯某百货商店经理亚图申斯基的心里更燥：防寒法兰绒衬衫大量积压，本季度末的销售计划无法完成。街对面的水果店前排着长队，人们在买香蕉，不断有人叫喊："每人只能买一公斤!"亚图申斯基计上心来。他立即拟写了一张通告，吩咐售货员："未经我签字许可，一人只准买一件!"

5 分钟过后，一个顾客走进经理办公室："我有一大家子人。"

"很抱歉，我实在无能为力。"

顾客正转身要走，经理说："好吧，卖给你 3 件。"并写了一张条子送给喜出望外的顾客。这位顾客刚一出门，一个男人就闯进办公室大声嚷道："你们根据什么限量出售衬衫?"

"根据实际情况，"经理毫无表情地回答着，"我破例给您两件吧。"

有一个年轻人在一个小时内几进几出，买到了大批衬衫。这时，经理的电话铃响了，经理有点应接不暇了。百货商店门口竟然排起了长队，赶来维持秩序的警察优先买了一件衬衫。

下午，亚图申斯基又想出一个方法：衬衫搭售手帕。顾客虽然怨气冲天，但仍争相购买。傍晚，所有积压的衬衫被抢购一空。经理的脸上露出了谁也不易觉察出来的笑容。

营销启示

一个创新的促销策略可以帮助企业突破销售瓶颈，吸引顾客，增强品牌影响力，提升业绩。通过了解目标顾客的需求，灵活调整促销策略，并利用互动与反馈来不断改进促销策略，企业可以建立起长期稳定的客户基础。

第 1 节 促销与促销组合

在激烈的市场竞争中，企业要提高市场竞争力，仅仅有优质的产品、合理的价格以及适当的渠道是不够的，还需要确立其在市场上的形象，设计并传播外观、特色、购买条件以及产品给目标顾客带来的利益等方面的信息，开展促销活动。促销策略是营销四大策略之一，正确使用促销手段至关重要。

一、促销

(一) 促销的定义

关于促销的定义，比较常见的有以下几种说法。

布莱特伯格和内斯林指出：促销是一个聚焦行为的营销事件，它的目的是对顾客的行为产生直接的影响。按照他们的定义，促销包括以下四方面的内涵：(1) 促销聚集于行为；(2) 促销是营销事件；(3) 促销是要对行为有直接的影响；(4) 促销是用来影响消费者或中间商的。

菲利普·科特勒认为，促销包括各种刺激工具，以刺激消费者和中间商迅速和较大量地购买特定的产品或服务。

雅克·朗德维和德尼·林顿指出：开展促销的目的是赋予产品促进或便利消费者使用、购买或销售的临时性好处。如果受益者是消费者，这种促销就称为消费促进；如果受益者是经销商，就称为经销促销。

美国市场营销协会给促销下的定义是：促销是以人员或非人员的方式，帮助和说服顾客购买某种产品或服务，或者使顾客对卖方产生好感。

樊志育的定义是：凡是企业以创造消费者需求和欲望为目的所从事的活动均属于促销范畴。

综合以上观点，本书认为：促销是指企业借助人员推销、广告、销售促进和公共关系等手段向消费者传递有关本企业及其产品的各种信息，以诱发、刺激消费者的购买欲望，驱使其产生购买行为的活动。

一般来说，促销的定义有三层内涵：（1）促销的本质是买卖双方之间的信息沟通；（2）促销的目的是刺激消费；（3）促销包含多种形式，主要可以概括为人员促销和非人员促销两大类。

（二）促销的作用

促销作为市场营销的一个重要环节，有着不可替代的作用，主要表现如下。

1. 传递信息

在一种产品进入市场之前甚至之后，企业为了让更多的消费者了解这种产品，需要通过适当的促销手段，向消费者和中间商传递有关企业及产品的信息，以引起他们的广泛关注。同时，中间商也要向顾客介绍商品，传递信息，以吸引更多的消费者。

2. 激发需求

在消费者可支配收入既定的情况下，消费者是否产生购买行为主要取决于消费者的购买欲望，而消费者购买欲望又与外界的刺激、诱导密不可分。企业无论采取哪种促销方式，都要力求激起潜在顾客的购买欲望，引发他们的购买行为。有效的促销活动不仅可以激发顾客需求，还可以创造需求。

3. 突出产品特点

在同类产品竞争比较激烈的市场上，由于产品品类繁多，彼此之间差异细微，消费者的辨认和选择就显得很困难。企业通过适当的促销活动，可以突出宣传本企业产品区别于同类竞争产品的特点，展示产品向顾客提供的利益，使消费者加深对本企业产品的了解和信任，感受到购买其产品在满足需求的同时能够带来特殊利益。

4. 扩大销售

由于市场竞争日益激烈和企业自身的各种因素，企业各期的销售量呈曲线式波动，有时甚至有持续下滑的趋势。为了提升市场占有率，企业仅有质量上乘的产品和通畅的渠道还不够，还必须通过有效的促销活动建立起企业和产品的良好形象，使消费者产生兴趣，从而促进购买，起到扩大销售的作用。

二、促销组合

(一) 促销组合的定义

促销组合就是企业根据产品的特点和营销目标，综合各种影响因素，对各种促销方式的选择、编配和运用。促销组合示例见图 12-1。

图 12-1　促销组合示例

促销组合体现了现代市场营销理论的核心思想——整体营销。促销组合是一种系统化的整体策略，四种基本促销方式则构成了这一整体策略的四个子系统。每个子系统都包括了一些可变因素，即具体的促销手段或工具，某一因素的改变意味着组合关系的变化，也就意味着形成了一个新的促销策略。

(二) 促销组合的影响因素

在考虑选择何种促销组合达到目的时，企业需要考虑以下几方面的影响因素。

1. 产品的性质

不同类型产品的消费者在信息的需求、购买方面是不相同的，需要采用不同的促销方式。一般来说，工业用品的技术性强、构造复杂，需要由专人示范操作及讲解，因此适宜采用人员推销的形式；而日用消费品销售面广、性能简单，所以用广告和销售促进的方式进行促销更经济。此外，价格低、适用性强的商品，宜采用广告促销；而价格高、利润多的产品，更适合用人员推销的方式。

2. 产品的生命周期阶段

在产品的不同生命周期阶段，企业的营销目标及重点不一样，因此，促销方式也不尽相同。在引进期，要让消费者了解新产品，可利用广告与公共关系广为宣传，同时配合使用销售促进和人员推销，鼓励消费者试用新产品；在成长期，要继续利用广告和公共关系来扩大产品的知名度，同时用人员推销来降低促销成本；在成熟期，竞争激烈，要用广告及时介绍产品信息，同时使用销售促进来增加产品的销量；在衰退期，销售促进的作用更为重要，同时要使用少量的广告来保持顾客的记忆。

3. 市场的特点

企业目标市场的不同特征也影响着不同促销方式的效果。在地域广阔、分散的市场，广告有着重要的作用。如果目标市场窄而集中，则可使用更有效的人员推销方式。此外，目标市场的其他特性，如消费者收入水平、风俗习惯、受教育程度等也都会对各种促销方式产生不同的影响。

4. 促销预算

促销预算的多少直接影响促销方式的选择，如果预算少，就不能使用费用高的促销方式。预算的多少要视企业的财力和市场营销目标而定。不同的行业和企业，促销费用的支出也不相同。

三、整合营销传播

营销观察　迪士尼的整合营销传播

今天的消费者被各种不同来源的信息包围着，在消费者的心目中，所有来自不同媒体的信息整合在一起形成关于企业的信息。不同来源的相互矛盾的信息可能会导致企业形象、品牌定位的混乱。

在大多数情况下，企业无法整合它们的传播渠道，结果消费者面临的是传播信息的大杂烩。广告说的是一回事，价格却传递了另一个信号，而产品标签又在传递不一样的信息，企业的产品使用说明书说的又是完全不同的事情。企业网站、电子邮件、社交媒体账号的信息似乎也与其他渠道传播的内容不一致。来自这些方面的混合内容导致消费者对品牌的认识是模糊的。

在线、移动和社交媒体营销给企业带来了机遇与挑战。虽然它们为企业提供了与顾客接触的机会，使企业对消费者偏好有了新的见解，并提供了更有创意的方案，但它们也使传播环境变得更加复杂。因此，越来越多的企业开始采用整合营销传播（integrated marketing communication，IMC）的概念。整合营销传播要求识别顾客可能接触到企业及其品牌的所有场景。每一次品牌接触都会传递一种信息，企业必须尽一切努力在每一次接触顾客时都传递一致且积极的信息。整合营销传播通过展示企业及其产品如何帮助顾客解决问题，形成了一套完整的传播策略，从而帮助企业建立了牢固的顾客关系。

整合营销传播在传播策略实施的过程中，需要运用多样化的信息传播方式（广告、人员推销、销售促进、公共关系等）并整合丰富的信息接触点（包括大众媒体、网络媒体、新媒体等各式各样的品牌接触点）。除此之外，整合营销传播策略中还包含传播信息的设计，即如何通过文字、图片、音乐、门店、场景、故事等不同要素的整合传播设计，以符合目标受众认知的方式，准确而全面地表达品牌的理念、传播品牌的形象。

有效的整合营销传播设计可分为如下几步：

第一步：确定传播对象。有效的整合营销传播要求营销传播者首先确定其传播对象。传播对象一定是对传递的相关信息感兴趣的人或组织，它们可能是产品的潜在购买者或现实使用者，也可能是购买决策过程的决定者或影响者，还可能是特殊公众或一般公众。

第二步：确定传播目标。在决定购买某一产品之前，顾客大多会经过一系列的准备阶段，如认识阶段、情感阶段和行为阶段，相应地也形成了认识、情感和行为反应层次。因此，从完整的购买决策过程与消费者在购买决策过程中所处的位置来看，确定传播目标，即为确定如何把传播对象从他们目前所处的购买决策过程的层次推向更高的层次。

第三步：设计传播信息。传播信息必须引起消费者的注意，提起其兴趣，唤起其欲望，促使其行动。设计传播信息需要解决四个问题。

（1）确定信息内容，即企业必须了解对消费者、用户或社会公众说些什么才能使其产生预期的认识、情感和行为反应。

（2）确定信息结构，包括结论、论证方式以及表达次序三个问题。

（3）确定信息格式，即选择最有效的信息符号来表达信息内容。

（4）确定信息源，是指那些直接或间接传递销售信息的人或组织。

第四步：选择传播渠道。传播渠道可分为两大类——人员传播渠道和非人员传播渠道。人员传播渠道是指由两个或两个以上的人相互之间直接进行信息沟通。他们可能面对面，也可能通过电话、电视媒介，甚至通过邮寄个人函件等方式进行信息传播。非人员传播渠道是指无须人与人的直接接触来传递信息的媒体，包括印刷媒体（报纸、杂志等）、电子媒体（广播、电视、互联网）和展示媒体（广告牌、招贴等）；为促进购买者对购买的产品的了解而设计的环境；为了给传播对象传递信息而特别设计的活动，如举办新闻发布会、开业庆典等。

第五步：制定传播预算。传播预算是企业为从事传播活动而支出的费用，关系着传播活动能否顺利实施以及传播活动效果的大小。企业在决定传播预算时采用的方法主要有量入为出法、销售百分比法、竞争对等法和目标任务法。这些方法既适用于编制总的传播预算，也适用于编制分项预算，如广告预算。

第六步：建立传播反馈渠道。营销传播者把产品信息传播给传播对象之后，整个传播过程并未结束，还必须通过市场调研，调查这些信息对传播对象的影响。这种调查通常需要与传播对象中的一组样本人员接触，询问他们对信息的反应、对产品的态度和购买行为的变化等。营销人员根据反馈的信息，再决定是否需要调整整合营销传播战略或某个方面的营销策略。为了提升信息传播的效果，企业在传播信息的过程中应当防范各种可能发生的干扰或失误。这些干扰或失误有可能导致目标受众的怀疑、困惑甚至反感。

第 2 节　人员推销策略

人员推销是指企业派出销售人员与可能成为购买者的人进行交谈，说服他们并推销产品的沟通活动。人员推销是一种古老而有效的推销方式。通过人员推销，可以帮助企业建立并保持与顾客之间的联系。

一、人员推销的步骤

人员推销一般需经过七个步骤（见图 12－2）。

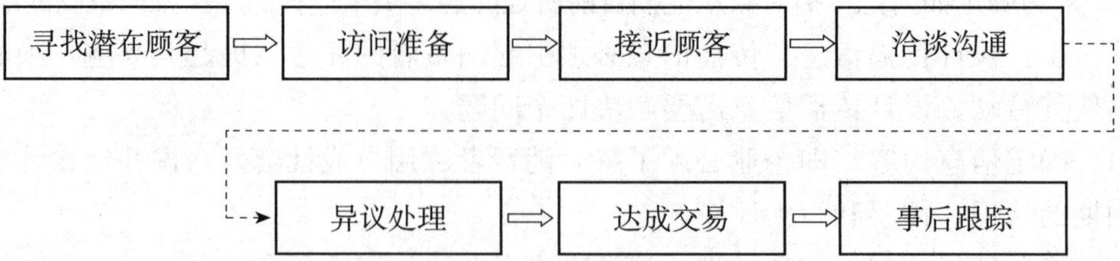

图 12－2　人员推销的步骤

（一）寻找潜在顾客

这是指寻找有可能成为购买者的顾客。寻找潜在顾客通常采用“MAN”原则，即寻找拥有金钱（money）、决策权（authority）和需要（need）的人。寻找潜在顾客的方法主要有：（1）向现有顾客打听潜在顾客的信息；（2）掌握其他能提供潜在顾客线索的来源，如供应商、经销商等；（3）加入潜在顾客所在的组织；（4）从事能引起人们注意的演讲与宣传活动；（5）查找各种资料（工商企业名录、黄页等）；（6）用电话或信件追踪线索；等等。

（二）访问准备

在拜访潜在顾客之前，推销员必须做好必要的准备。具体包括：了解顾客、了解和熟悉推销品、了解竞争者及其产品、确定推销目标、制订推销的具体方案等。不打无准备之仗，充分的准备是推销成功的必要前提。

（三）接近顾客

接近顾客是推销员就洽谈征求顾客同意的过程。成功接近顾客是推销成功的先决条件。接近顾客要达到三个目标：给潜在顾客留下良好的印象；验证在准备阶段所得到的信息；为洽谈打下良好的基础。

（四）洽谈沟通

这是人员推销过程的核心。推销员向潜在顾客介绍商品，不能仅限于让顾客了解商品，最重要的是要激起顾客的购买欲望。

营销观察　三个商贩与老太太的故事

推销员在向潜在顾客展示、介绍商品时可采用五种方法：（1）强调企业的声望和经验；（2）提供专门知识，表明对产品和对方情况有深刻了解；（3）阐明产品所提供的利益和自己的建议；（4）向对方表达善意，加强情感沟通；（5）在对方心目中树立良好的形象。

（五）异议处理

推销员应随时准备应对不同意见。顾客异议表现在多方面，如价格异议、功能异议、服务异议、购买时机异议等。有效地排除顾客异议是达成交易的必要条件。一个有经验的推销员面对顾客的异议，既要采取不蔑视、不回避的态度认真倾听，又要灵活运用有利于排除顾客异议的各种技巧。

（六）达成交易

达成交易是推销过程的成果和目的。在推销过程中，推销员要注意观察潜在顾客的各种变化。当发现对方有购买的意图时，要及时抓住时机，促成交易。为了达成交易，推销员可提供一些优惠条件。

（七）事后跟踪

现代推销理论认为，成交是推销过程的开始。推销员必须做好售后的跟踪工作，如安装、退换、维修、培训等。对于重要顾客，推销员特别要注意与之建立长期的合作关系。

二、销售人员的管理

销售人员是连接企业和顾客的纽带，顾客与销售人员之间的牢固关系将带来企业和顾客之间的牢固关系，如果顾客和销售人员之间的关系不融洽，那么顾客与企业之间的关系往往也不佳。因此，企业有必要对销售人员进行管理。

销售人员管理是指对销售人员的活动进行分析、规划、指导和控制。它包括以下几个步骤（见图 12－3）。

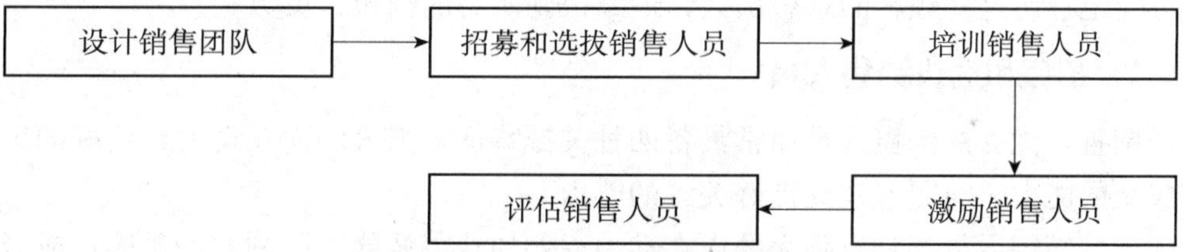

图 12－3　销售人员管理的步骤

（一）设计销售团队

销售人员管理的首要工作是设计销售团队。在设计销售团队时主要应考虑以下几个问题：销售人员及其任务应该如何安排？销售团队的规模应该多大？销售人员应单独推销产品，还是与公司的其他销售人员一起以小组为单位销售产品？他们应该到现场去销售，还是通过电话、网络或者社交媒体去销售？

1. 销售团队结构

公司可以根据产品线来划分销售责任。如果公司只向一个行业销售一条产品线，而且顾客分布于各地，决策就相对简单。在这种情况下，公司可采用区域销售团队结构。然而，如果公司向许多不同的顾客销售多种产品，就可能需要采用产品销售团队结构、顾客销售团队结构或者两者的结合。

在区域销售团队结构中，每个销售人员都被分配到一个地区，并在区域内向所有顾客推销公司的产品。这种组织方式清晰地定义了每个销售人员的工作，并明确其责任和义务，有助于销售人员与当地顾客建立关系，使销售更为有效。同时，因为每个销售人员只在限定的区域内活动，差旅费用相对较低。区域销售团队结构通常由多层级的销售管理职位来支持。例如，每位地区销售代表向区域经理汇报，区域经理向大区经理汇报，大区经理向销售总监汇报。

如果公司的产品种类繁多且复杂，就可能采用产品销售团队结构。在这种结构中，销售人员根据产品线来划分。例如，通用电气公司在其主要业务的不同事业部里雇用不同的销售人员。在基础设施部分，公司有航空、能源、交通以及水处理产品和技术等销售团队。没有哪个销售人员能够成为所有产品的专家，所以根据产品划分销售团队很有必要。

还有很多公司采用顾客销售团队结构，它们按照顾客的类型来组织销售人员。这样能为不同类型的顾客提供精准的服务，可帮助公司与重要的顾客建立更紧密的关系。

2. 销售团队的规模

公司确定好销售团队结构后，就要开始考虑销售团队的规模，公司的销售人员可以是几百名到几千名，甚至更多。例如截至 2023 年 6 月 30 日，中国人寿总销售人力为 72.1 万人。销售人员是公司最具有生产力也是最昂贵的资产之一。因此，销售人员的增加往往会带来公司销售额和成本的增加。

许多公司采用工作负荷法（workload approach）确定其销售人员的规模，即先根据顾客规模、交易数量以及与保持顾客所需努力相关的因素将不同顾客分成不同的等级，然后再确定拜访这些顾客的理想次数，最终得到所需的销售人员数量。

（二）招募和选拔销售人员

据调查，优秀的销售人员通常具备四种关键特征：强大的内在动力、良好的工作方法、成交的能力、与顾客建立良好关系的能力。

优秀的销售人员都具有强大的内在动力，例如获得认同、胜利的满足感，或者对和顾客建立良好关系的渴望。所有优秀的销售人员都具有一个共同点，那就是永无止境地追求卓越。

除了内在动力以外，优秀的销售人员还能够使用良好的工作方法。如果销售人员不能集中精力工作，就无法满足当今顾客提出的各种要求。优秀的销售人员通常都会制订计划，并按照计划完成任务。

另外就是成交的能力。优秀的销售人员从不害怕失败，不达目的决不罢休，而且有自信心，确信自己正在做的事情是正确的。

优秀的销售人员还能够与顾客建立良好的关系。他们理解顾客的需求，善于倾听、富有同情心、有耐心、细致周到、积极响应。优秀的销售人员会将自己置于买家的位置，从顾客的视角来看待问题，他们不仅希望企业的产品为顾客所青睐，更希望可以为顾客增加价值。

在招聘的时候，企业应该分析销售工作本身的需要和那些在企业中最成功的销售人员的特点，从而确定企业所在的行业中一个成功的销售人员需要具备哪些特质。继而，企业必须招聘正确的销售人员。企业的人力资源部门可以通过内部销售人员举荐来招聘新人，也可以通过职业介绍机构、网络搜寻和在线社交媒体招揽人才，或者在企业网站及行业媒体上发布招聘广告。此外，企业还可以直接吸引其他企业优秀的销售人员，这些人不需要太多的培训就能很好地投入工作，并产生效益。

一个职位可能会有很多申请者，企业必须从中选出最好的申请者。筛选方式多种多样，可能仅仅是一次非正式的会面，也可能是一次详尽的测试或面谈。很多企业会对面试者进行正式的测验，考查面试者的销售能力、分析和组织能力、个性特征和其他一些特点。

（三）培训销售人员

新的销售人员通常会接受为期数周或数月，甚至是一年或更长时间的培训。完成培训以后，绝大多数公司会通过研讨会、销售会议和网络学习等方式为销售人员提供持续的培训。

营销观察 西贝如何带人

培训目标如下：首先，帮助销售人员了解顾客以及与顾客建立关系。所以，培训必须让他们熟悉不同类型的顾客及其需求、购买动机和购买习惯，知道如何有效地推销。其次，帮助销售人员了解并熟悉公司及其产品和竞争者。所以，培训必须向他们介绍公司的目标、组织结构、主要产品和市场，以及主要竞争者的策略。

目前许多公司增加了网络培训的方式。网络培训可以提供对产品的简单文字描述，也可以提供用于锻炼销售技能的网络销售练习，还可以提供再现现实中销售访问场景的模拟练习，提高培训效率。

（四）激励销售人员

为了吸引、留住销售人员，公司还需要制订激励计划，例如薪酬计划，以激励销售人员。

销售人员薪酬计划应该既能激励销售人员，又能指导他们的活动。薪酬计划应该激励销售人员从事与销售和营销目标一致的活动。如果企业营销战略旨在获得新业务和实现快速增长，那么薪酬计划可以包括较高比例的佣金和新客户奖金，用来鼓励销售人员提高销售业绩和开发新顾客。薪酬计划应使利润最大化，薪酬计划中底薪所占比例可较高，并根据当前顾客销售额和顾客满意度对销售人员进行额外奖励。

事实上，越来越多的公司不再使用高佣金奖励计划，因为这很容易使销售人员在业务上追求短期业绩。它们担心，过度追求短期业绩的销售人员会过分逼迫顾客，破坏顾客关系。

此外，企业还需要通过营造良好的组织气氛正向鼓励销售人员，为他们提供交流的空间，让他们在集体中找到归属感。同时还应该举办销售竞赛激励销售人员完成预定的销售额。

（五）评估销售人员

销售管理部门可以使用各种销售报告以及其他信息评估销售人员。评估一般围绕两个方面进行：销售人员规划工作的能力和完成计划的能力。正式的评估要求管理层制定清晰的业绩评估标准并及时沟通。评估必须为销售人员提供建设性的反馈，激励他们更努力地工作。

管理层有时还需要评估整个销售团队的业绩，如销售团队是否实现了既定的顾客关系管理、销售额和利润目标？是否与营销部门的其他团队和公司的其他部门有效合作？销售人员产生的成本是否与其产出相匹配？与其他营销活动一样，公司要衡量人员推销投入的回报。

第 3 节　广告策略

广告发展到现代，人们已无法回避其无处不在的影响。在网络里、电视里、广播里，在报纸上，在街头巷尾，在地铁车站……人们无时无刻不在接触各种各样的广告。广告正在影响着人们的消费观念，影响着人们的购买行为，影响着人们的学习、工作和生活。

“企业经营如果忽视广告，就好像在夜幕中向姑娘暗送秋波。”西方流行的这句名言充分体现了广告在营销中的独特地位。

一、广告的内涵

广告是通过付费，运用一定的艺术形式，通过一定的媒体广泛传递商品、服务信息，以增加信任、促进销售的一种经济活动。广告作为一个整体，主要由广告主、广告信息、广告媒体、广告对象和广告费等要素组成。

广告主：将信息传递给大众的当事人，包括各类企业、组织或个人。

广告信息：广告的主要内容，包括产品的性能、质量、功效、价格、品牌等信息。

广告媒体：传播广告信息的中介物，即广告主与广告对象之间的信息媒介。广告媒体的种类较多。传统媒体主要包括电视、广播、报纸、杂志。近年来，网络媒体、新媒体等已经成为重要的媒体。

广告对象：广告信息的受众，在现代广告中，也指广告所针对的特定目标消费者。

广告费：广告活动的费用，利用任何一种广告媒体都需要向其支付费用。

二、广告的作用

（一）传递信息，沟通产需

这是广告在促进销售中最基本的作用。在市场经济中，谁掌握了市场信息谁就掌握了市场的主动权，这既适用于企业，也适用于消费者。如果消费者能够掌握必要的产品信息，就可以根据产品信息做出购买决策，选择物美价廉的产品，使购买效用最大化。

对于企业来说，要想使自己的产品尽快地让顾客知道，必须借助广告向顾客传递自己产品的性能、特点、质量、使用方法、购买地点、购买方式以及售后服务等信息，为顾客做出购买选择提供信息基础。

（二）激发需求，促进销售

激发需求，促进销售是广告的最终目的。很多消费者需求开始时处于潜在状态，这种需求并不能形成直接的购买行为，必须进行宣传说服。广告可以在较大市场范围内，针对众多的潜在顾客进行说服。通过广告宣传能够引起人们的注意，使人们产生兴趣，激发人们处于潜在状态的需求，促成其购买行为。

（三）介绍产品，指导消费

在令人眼花缭乱的产品世界中，消费者购买往往带有盲目性。企业可运用广告来介绍产品，指导消费。广告比人员推销触达的市场范围要大得多，传播范围广。企业可以运用多种广告媒体向消费者介绍产品的种类、功能、款式、使用方法等，帮助消费者选择产品，扩大企业的产品销售。

（四）树立形象，赢得市场

广告是企业开展市场竞争的重要手段。产品进入市场后，企业可通过广告宣传产品的特色、企业的服务，树立良好的企业形象，提高产品的知名度，从而赢得市场。那些市场知名度低的产品，中间商一般不愿意经营。那些经过有效的广告宣传，有了一定市场知名度的产品，中间商往往更愿意进货。

三、广告策划过程

任何一个广告策划，都需要遵循著名的5M法则，分别是：任务（mission）——确定广告目标；预算（money）——制定广告预算；信息（message）——确定广告创意；媒体（media）——选择广告媒体；测量（measurement）——评价广告效果。图 12－4 展示了广告策划过程。

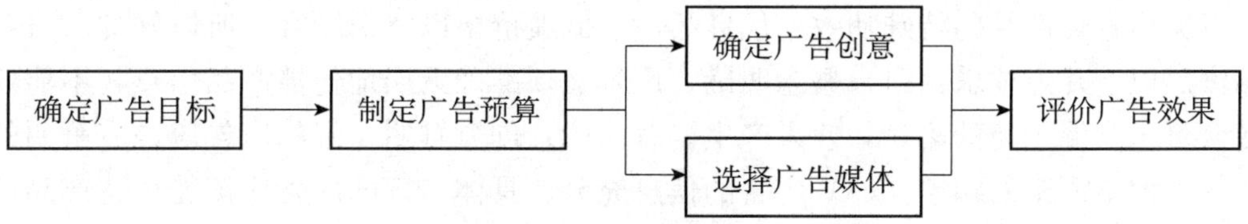

图 12－4 广告策划过程

（一）确定广告目标

广告策划的第一步就是确定广告目标，一个明确的目标应该遵循 SMART 原则，即具体的（specific）、可衡量的（measurable）、可达到的（attainable）、相关的（relevant）和有明确时间限定的（time-bound）。广告的目标取决于企业的总体目标和产品本身的特性，总体来看，广告通常分为通知型、说服型、提醒型和强化型四类。

（1）通知型广告。这类广告的主要目的在于将有关产品的信息告知顾客，使顾客意识到新产品的出现或者告知消费者产品的新的使用方法。

（2）说服型广告。这类广告的主要目的是创造对产品的偏好、信任或者购买意愿；通过对顾客进行说服性的宣传，促使顾客购买产品。企业通常采用比较式广告，对两个或者两个以上的产品的属性进行直接比较，以说服顾客购买。

（3）提醒型广告。这类广告的主要目的是保持顾客对产品的记忆，尤其在淡季提醒消费者不要忘记产品，以此来促进顾客的重复购买。

（4）强化型广告。这类广告的目的是使现有购买者相信他们已经做出了正确的选择。

（二）制定广告预算

营销人员在制定广告预算时通常要考虑如下五个因素：（1）产品生命周期。通常处于引进期的产品需要大量预算来建立品牌知名度，而处于成熟期的产品广告预算占销售额的比例相对较低。（2）市场份额和顾客基础。具有较高市场份额的品牌往往只需花费占销售额较小比例的广告预算即可保住其市场地位，而扩大市场份额则需要较多的广告支出；同样，建立了忠诚顾客基础的企业所需的广告预算要少于那些顾客基础不稳定的企业。（3）市场竞争。如果企业的市场竞争者很多，并且竞争者的广告投入力度也很大，那么企业往往需要加大广告投入力度。（4）产品的可替代性。如果产品可替代性较强，则需要做更多的广告来突出本企业产品的差异性。（5）广告频率。广告重复播出的次数越多，广告的预算越多。

（三）确定广告创意

营销观察　小米的创意广告

广告所要表达的信息，就是广告的诉求点，它是人们看了广告后购买某产品的原因。一个好的广告通常要强调一两个核心卖点，即关键的优势。所以在进行定位之前，广告主还需进行市场调研。为配合企业的产品定位，广告可以突出宣传产品的特殊功效、优良品质、低廉价格以吸引顾客。所以好的广告创意应该满足以下几点要求：（1）概念明确。广告必须准确无误地传播产品信息，不能使用模棱两可、含混不清的语言，使人产生误解。（2）创意鲜明。好的广告应该有鲜明的个性，给人留下深刻的印象。（3）广告的信息充分、具体。好的广告应该能传达产品的具体信息，能对顾客的需求产生影响，促使其购买。

（四）选择广告媒体

广告媒体是广告传播的介质，是广告宣传必不可少的条件。广告媒体并非一成不变，而是随着科学技术的发展而发展。广告媒体策略涉及媒体的类型和选择广告媒体的影响因素。

1. 媒体的类型

(1) 报纸等印刷类广告媒体。印刷类广告媒体是最普遍的传播媒体。其中，报纸广告的优点有：读者比较稳定，覆盖率高；传播迅速；能对产品进行较详细的说明；制作简单、灵活；费用较低。但报纸广告也有一定的局限性：保存性较差；内容庞杂，易分散注意力；清晰度较差。

(2) 电台、电视、电影等视听广告媒体。电台主要是用语言表达来吸引听众，由于它不受文化水平的限制，传播对象较为广泛。电视、电影广告的优点是宣传作用较大，涉及范围广；生动、灵活、形式多样，观众记忆深刻。缺点是费用高，竞争者较多。

(3) 邮寄广告媒体。广告主将印刷的广告物，诸如商品样本、商品目录、商品说明书等，直接寄给消费者、中间商或代理人。邮寄广告最大的优点是广告对象明确，传递较快；缺点是传播面小。

(4) 户外广告媒体。户外广告通常有招贴、广告牌、交通工具广告及霓虹灯广告等。户外广告媒体经常作为辅助性推广媒体使用。

(5) 网络广告媒体。网络已经发展了很多年，网络广告已经渗入了人们的日常生活。

(6) 各种新媒体。新媒体是新技术下出现的新的媒体形态，如微信、微博、移动电视等。

2. 选择广告媒体的影响因素

(1) 商品的特性及信息传递的目标。对于需要表现外观和质感的商品，如服装、化妆品等，应选用电视、杂志、互联网等具有强烈视觉效果的可视媒体，以增强美感和吸引力；对技术含量较高的商品，可能要选用专业性杂志或目录邮寄方式；如果仅仅是一条促销活动的告知性信息的发布，广播或报纸可能是效益较高的选择；对于只需听觉就能了解的商品，则适宜选用广播作为广告媒体。

(2) 目标消费者的媒体习惯。有针对性地选择广告媒体，使用目标消费者易于接受并随手可得的媒体，是增强广告效果的有效措施，也是实现广告效益最大化的必要手段。如果广告信息传播的对象是城市中的家庭主妇，毫无疑问，《都市主妇》之类针对性强的杂志是最佳的媒体选择，而专业性、学术性的杂志就不适宜选为广告媒体。

(3) 媒体的影响力。企业所选媒体的影响力应尽可能触达企业选定的目标市场的每一个角落，而且所选媒体的信誉度越高，社会公众形象及口碑越好，其信息的可信度就越高。报纸、杂志的发行量，广播、电视的听众、观众数量，媒体的声誉，以及各种媒体的覆盖范围等，是媒体影响力的标志。

(4) 媒体成本。从一次性的广告投入总额看，电视是最贵的媒体，相比之下报纸比较便宜。但衡量某一媒体成本的高低，往往要看成本与目标对象的人数之比，而不是成本的绝对数字，因此，若按每千人成本计算，电视又可能是最合算的媒体。企业应慎重考虑广告效果与成本的关系，尽量实现广告成本效益的最大化。

(5) 竞争状况。假如企业基本能够垄断某一市场，则完全可以根据自身实力较为自如地选择媒体。如果企业竞争对手少，并且不能构成大的威胁，则企业只需较少的广告投入。倘若企业被竞争对手重重包围，那么，在财力允许的情况下企业可以进行更多的广告投入，通过地毯式广告来进行正面交锋，以压倒众多竞争对手。当然，如果财力无法支撑大范围、持久的广告投入，则可采取迂回战术。

（五）评价广告效果

广告策划的关键是对广告效果进行评价。企业应先在一个或几个城市开展小规模广告活动，评价其效果，如果效果较好，可投入大笔费用在全国范围内铺开。广告效果评价包括沟通效果评价和销售效果评价两个方面。

1. 沟通效果评价

这是指评价广告是否有效地将信息传递给了消费者。沟通效果评价可分为事前测试和事后评估。

（1）事前测试。事前测试有三种方法，第一种是直接评分法，即让消费者观看本企业产品的各种备选广告，请他们给不同的广告打分，以此来测试广告效果。第二种是组合测试法，即请消费者看或听一组广告，不限制时间，然后请他们回忆广告内容，其结果可表明广告内容中突出的地方以及广告的易懂性、易记性。第三种是实验室测试法，这是用仪器测试消费者对于广告内容的反应。但这类测试只能测量广告的吸引力，无法衡量消费者的态度和意图。

（2）事后评估。事后评估是指在广告发布后对消费者进行测试。一种是回忆测试，即让接触过广告媒体的人回忆最近几次媒体刊播的广告及其产品，其结果可说明广告为人注意和容易记忆的程度。另一种是识别测试，即让接触过广告媒体的人从若干广告中辨认哪个广告是他们过去看过的，由此说明广告在顾客头脑中留下的印象。

2. 销售效果评价

评价沟通效果可以帮助企业了解广告传递信息的结果，但无法揭示其对销售额的影响，而销售效果评价就是直接评估广告使销售额增加了多少。这比沟通效果的测量更为困难，因为销售额的增长不仅受广告影响，还受到其他各种因素的影响，如产品特性、价格、收入水平、渠道等。评价销售效果的难易取决于影响因素的多少，比如在运用品牌广告或企业形象广告时，销售效果很难衡量。

（1）多元回归分析法。这是由研究人员根据同步或滞后的原则，利用多元回归分析求得企业过去的销售额与企业过去的广告支出之间关系的一种方法。在西方国家，不少研究人员在应用多元回归分析法测量广告的销售效果方面取得了重大进展，以测量咖啡等产品广告的销售效果最成功。

（2）实验设计分析法。用这种方法来测量广告对销售效果的影响，可选择不同地区，在其中某些地区开展比平均广告水平强50％的广告活动，在另一些地区开展比平均水平弱50％的广告活动。这样，根据150％、100％、50％三类广告水平的地区销售记录，就可以看出广告活动对企业销售究竟有多大影响，还可以导出销售反应函数。这种方法在美国等国家广为采用。

四、互联网广告

（一）互联网广告的定义

互联网作为现代信息传播的主要媒介，其发展前景不可小觑。互联网广告基于互联网技术进行传播，充分发挥了互联网技术的优势，彰显了其独特的价值，成为一种新的广告媒体形式。

互联网广告以互联网为信息媒体，以商品、品牌、服务、理念等为内容，通过创新的形式，运用文字、图形、音频、视频、动画等方式进行有关信息的传播。

从广义上理解，互联网广告通过互联网技术，利用互联网、宽带局域网、无线通信网等渠道，以及计算机、手机、数字电视机等终端，向消费者提供广告信息。除此之外，互联网广告还可以采取线上广告和线下广告相结合的方式，引起消费者对广告内容的共鸣，使其自发地进行传播。

（二）互联网广告的形式

目前互联网广告已经成为品牌推广、商品促销的重要途径，同时其形式也越来越复杂。

1. 按广告的表现形式分类

随着现代网络技术的不断发展，互联网广告的表现形式更加多样化。按广告的表现形式可将互联网广告分为文字链接广告、图片广告、视频广告、动画广告和富媒体广告，下面进行详细介绍。

（1）文字链接广告。

文字链接广告是指以超链接文字为主的广告。文字链接广告非常简单，它甚至不需要广告设计，只注重广告的文字内容，消费者点击链接时会进入相应的广告页面。文字链接广告对浏览者的干扰较小，广告效果较明显，常见于各门户网站中。

（2）图片广告。

图片广告是指以图片为主要表现形式来传递信息的广告。图片广告主要以图片的美观性、艺术性来吸引消费者，使消费者主动点击广告，了解广告内容。图片广告与文字链接广告相比，具有更好的视觉效果。

（3）视频广告。

视频广告也可以在网络中广泛传播。5G 时代，视频广告将会有更大的发展空间。视频广告分为贴片广告和 App 内置视频广告，下面进行详细介绍。

贴片广告一般分为前贴片广告、中贴片广告、后贴片广告，各广告的时间长短不同。前贴片广告是视频播放前出现的广告，中贴片广告是视频播放过程中出现的广告，后贴片广告是视频播放结束后出现的广告。

App 内置视频广告是指植入 App 内的广告。这类视频广告可以为消费者提供有价值的内容，提升消费者对广告内容的认可度，同时，消费者也可以自行选择是否观看广告，这可以有效地避免消费者产生反感情绪。

（4）动画广告。

动画广告是指以动画技术为基础的广告形式，它在互联网广告中的运用非常广泛。动画广告生动形象、风格多样，强烈的视觉效果很容易吸引消费者的注意。

（5）富媒体广告。

富媒体并不是一种具体的互联网媒体形式，而是包含文字、声音、视频等的一种信息传播方法。富媒体广告具备一定的交互效果，能够与消费者进行互动，为其提供更丰富、细腻的创意展现。与文字链接广告、图片广告等相比，富媒体广告更具趣味性、表现力，信息的传递也更加直接，尤其是以 HTML5 为代表的移动富媒体广告的传播，为富媒体广告的发展带来了新的活力。

2. 按广告的发布形式分类

互联网广告在网络上的传播非常广泛，其发布形式多种多样。一般来说，根据广告的发布形式，可以将互联网广告分为网幅广告、搜索广告、浮动式广告、插屏广告、电子邮件广告和 App 广告，下面进行详细介绍。

（1）网幅广告。

网幅广告的图像文件格式有很多，如 GIF、JPG/JPEG、SWF 等。网幅广告主要出现在各大网站页面中，有静态、动态和交互三种形式，下面进行详细介绍。

①静态形式。静态形式的网幅广告是指网站页面中固定的广告图片，是网站页面中非常常见的一种广告发布形式，其文件格式一般为 JPG/JPEG，制作简单，并且大部分网站都可以投放。但目前互联网技术不断发展，这种广告形式相对于动态图像和视频来说显得有些单一，对设计人员的审美与设计功底提出了更高的要求。

②动态形式。动态形式的网幅广告包含一些动态的效果，如移动、闪烁、变大、变小等，其文件格式一般为 GIF 或 SWF。动态形式的网幅广告能向消费者传达更多的广告信息，同时加深消费者对广告的印象。而且，动态形式网幅广告的制作也非常简单，能满足大多数广告主的需求。

③交互形式。随着互联网的发展，静态形式和动态形式的网幅广告已经不能满足广告主的更多需求，消费者也希望与广告产生互动，而不是单向地接收广告信息，交互形式的网幅广告应运而生。交互形式的网幅广告类型很多，如游戏、问题回答、下拉菜单、表格填写等。

（2）搜索广告。

搜索广告是指广告主根据自己的商品或服务的内容、特点等，确定相关的关键词并投放的广告。当消费者搜索广告主投放的关键词时，相应的广告就会按照竞价排名的原则进行展现，并在消费者点击广告后按照广告主对该关键词的出价进行收费。这种广告的投放非常快捷，效率较高。需要注意的是，常见的搜索广告一般会在该广告页面中加上“广告”字样，以区别于正常的搜索结果。

（3）浮动式广告。

浮动式广告是指消费者浏览网页时，会随鼠标指针移动的广告，该类型的互联网广告会浮动在网页页面上，随着网页页面的上下左右移动而移动，吸引消费者的注意。

（4）插屏广告。

插屏广告是指当消费者打开新的网站页面时，在自动弹出的广告窗口中展示的广告。大多数的插屏广告具有一定的强制性，会引起很多消费者的反感。为了减少消费者的反感，设计人员可以通过动态图片、文字等来制作视觉冲击力强、吸引力大的插屏广告，让消费者对广告内容产生兴趣。

（5）电子邮件广告。

电子邮件广告是指以电子邮件的形式发送到消费者电子邮箱的广告。该类型广告的针对性强、传播面广、信息量大，且表现形式多为视觉效果较强的图片，其优势是可以准确、快速地向目标消费群体投放广告，节约广告成本，且广告内容不受限制，覆盖率也比较高，容易被消费者接受。

（6）App广告。

App指平板电脑、手机和其他设备上的第三方应用程序。App广告的优势明显，如随时随地可看、具有很强的互动性和趣味性、分众识别等。下面对App广告中的开屏广告和内部广告进行简单介绍。

①开屏广告。开屏广告是指当消费者打开App时，以全屏方式出现数秒（一般可跳过）的广告。开屏广告既可以是静态图片，又可以是视频或动画，这种直接呈现广告内容的形式可以更好地加深消费者的记忆。

②内部广告。内部广告可根据广告展现的不同位置呈现不同的形式，也分为静态和动态两种。内部广告推广精准，视觉冲击力强，展现效果较好，如图标广告、横幅广告、积分广告、插屏广告等。

第4节　销售促进策略

一、销售促进的概念

销售促进又称营业推广，是指企业运用除人员推销、广告和公共关系以外的各种短期诱因，鼓励顾客和中间商购买、经销或代理企业产品的促销活动。

二、销售促进的特点

（一）针对性强，方式灵活多样

销售促进的对象是与产品直接相关的顾客、经销商以及推销人员，它通过一系列强有力的宣传和丰厚的优惠条件，来调动相关人员的积极性，促成交易行为。销售促进的方式可根据产品性能、顾客心理和市场情况及时调整，从而具有强烈的吸引力，并能引起相关人员的关注，激发他们的购买欲望，迅速收到效果。

（二）临时性和非正规性

人员推销、广告是比较常规化的促销方式，而销售促进则具有临时性和非正规性，销售促进是其他促销方式的补充。销售促进往往需要与其他促销方式配合使用才能达到较好的促销效果。

三、销售促进的方式

（一）面向消费者的销售促进方式

1. 赠送促销

向消费者赠送样品或试用品，这是介绍新产品最有效的方法，缺点是费用高。样品可以选择在商店或闹市区发放，或在其他产品中附送，也可以入户派送。

2. 折价券

消费者在购买某种产品时，持券可以免付一定金额的钱。折价券可以通过广告或直邮的方式发放。

3. 包装促销

以较优惠的价格提供组合包装和搭配包装的产品。

4. 抽奖促销

顾客购买一定的产品之后可获得抽奖券，凭券进行抽奖获得奖品或奖金，抽奖可以有各种形式。

5. 现场演示

企业派促销员在销售现场演示本企业的产品，向消费者介绍产品的特点、用途和使用方法等。

6. 联合推广

企业与零售商联合促销，将一些能显示企业优势和特征的产品在商场集中陈列，边展示边销售。

7. 参与促销

消费者通过参与各种促销活动，如技能竞赛、知识竞赛等，获取企业的奖励。

8. 展会/会议促销

各类展销会、博览会、业务洽谈会期间的现场产品介绍、推广和销售活动。

（二）面向中间商的销售促进方式

1. 批发回扣

企业为争取批发商或零售商多购进自己的产品，在某一时期内给经销本企业产品的批发商或零售商回扣。

2. 推广津贴

企业为促使中间商购进企业产品并帮助企业推销产品，支付给中间商一定的推广津贴。

3. 销售竞赛

根据各个中间商销售本企业产品的实绩，分别给优胜者以不同的奖励，如现金奖、实物奖、免费旅游、度假奖等，以起到激励的作用。

4. 扶持零售商

生产商对零售商专柜的装潢予以资助，提供售点广告，以强化零售网络，促进销售额的增加；派遣厂方信息员或代培销售人员。生产商这样做的目的是提高零售商推销本企业产品的积极性和能力。

（三）面向内部员工的销售促进方式

主要是针对企业内部的销售人员，鼓励他们热情推销产品，或促使他们积极开拓新市场。一般可采用以下方法：销售竞赛、技术指导等。

四、销售促进的实施

企业进行销售促进活动，应重点做好以下工作。

（一）确定销售促进目标

企业在进行销售促进活动之前，必须确定销售促进目标。销售促进目标因不同的销售促进对象而不同。就消费者而言，销售促进目标主要是促使消费者更多地购买和消费产品；吸引消费者试用产品；吸引竞争品牌的消费者；等等。就中间商而言，销售促进目标主要是吸引中间商经销本企业的产品；进一步调动中间商经销本企业产品的积极性；提升中间商对本企业的忠诚度；等等。就推销员而言，销售促进目标就是激发推销员的推销热情，激励其寻找更多的潜在顾客。

（二）实施销售促进

1. 塑造适宜的商业氛围

适宜的商业氛围对于激发消费者的购买欲望具有极其重要的作用。因此，商店布局必须精心构思，使商店具有一种适合目标消费者的氛围，促进消费者购买。

（1）营业场所设计。在当代，消费者购物的过程越来越成为一种休闲的过程。人们在忙碌之余逛逛商场，享受琳琅满目的商品所形成的色彩斑斓的世界，可以使疲惫的身心得到松弛和愉悦。因此，购物环境的好坏已经成为消费者是否光顾的重要影响因素。

（2）商品陈列设计。商品陈列既可以将商品的外观、性能、特征等信息迅速地传递给顾客，又能起到改善店容店貌、美化购物环境、刺激购买欲望的作用。

商品陈列设计要达到以下要求：①引起顾客的注意和兴趣；②一般来说，商品应允许顾客自由接触、观看和选择；③具有美感，独特的造型和色彩搭配给人以赏心悦目之感，从而激发顾客的购买欲望；④传达的信息简单、明确，使顾客容易理解；⑤陈列的商品丰富，以制造气势，增加顾客的挑选余地。

2. 选择恰当的销售促进工具

企业可以根据市场类型、销售促进目标、竞争情况、国家政策以及各种销售促进工具的特点灵活选择销售促进工具。

（1）生产商对消费者的销售促进。如果以抵制竞争者的促销为销售促进的目的，企业可设计一组降价的产品组合；如果企业的产品具有较强的竞争优势，目的在于吸引消费者采用，则可以向消费者赠送样品。

（2）零售商对消费者的销售促进。零售商销售促进的目的是吸引更多的顾客光顾和购买。因此，选择的销售促进工具必须能够给顾客带来实惠，实惠就是吸引力所在。零售商经常采用的销售促进工具有商品陈列、现场表演、发放优惠券、特价包装、抽奖、游戏等。

（3）生产商对中间商的销售促进。生产商为了得到批发商和零售商的合作与支持，主要运用购买折扣、广告折让、商品陈列折让和经销奖励等销售促进工具。

（4）生产商对推销员的销售促进。生产商为了调动推销员的积极性，经常运用销售竞赛、销售红利等工具对推销员进行直接刺激。

3. 制订合理的销售促进方案

一个完整的销售促进方案必须包括以下内容：

（1）确定最佳的销售促进力度。力度太大，企业的成本就高；力度太小，对消费者又缺少足够的吸引力。因此，营销人员必须认真考察销售额和成本增加的相对比率，确定最合理的销售促进力度。

（2）销售促进对象的范围。企业需要对销售促进对象做出明确规定，比如赠送礼品，是赠送给每一个购买者还是只赠送给购买量达到一定要求的顾客。

（3）销售促进媒体选择。即决定如何将销售促进方案告诉销售促进对象。如果企业将要举办一次赠送礼品的销售促进活动，可以采用以下方式：一是印制宣传单在街上派发；二是将宣传单放在销售终端供顾客取阅；三是在报纸等大众媒体上做广告；四是将活动信息邮寄给目标顾客；等等。

（4）销售促进时机的选择。企业可以灵活地选择节假日、重大活动和事件日等进行销售促进。

（5）确定销售促进期限。销售促进期限要恰当，不可太短或太长。根据西方营销学家的研究，一般而言，比较理想的销售促进期限是 3 个星期左右。

（6）确定销售促进预算。一般有两种方式确定预算：一种是全面分析法。即营销者对各个销售促进方式进行选择，然后估算它们的总费用。另一种是总销售促进预算百分比法。这种比例经常按经验确定，如奶粉的销售促进预算占总预算的 30％左右，咖啡的销售促进预算占总预算的 40％左右等。

4. 测试销售促进方案

为了保证销售促进的效果，企业在正式实施销售促进方案之前，必须对销售促进方案进行测试。测试的内容主要是销售促进对消费者的效力、所选用的工具是否恰当、媒体选择是否恰当、顾客反应是否足够等。发现不恰当的部分，要及时进行调整。

5. 执行和控制销售促进方案

企业必须执行和控制销售促进方案。执行方案时应明确准备时间和实施时间。准备时间是指推出方案到执行方案之间的时间，实施时间是从销售促进活动开始到销售促进商品到达消费者手中这一段时间。销售促进方案实施过程中还需进行有效的控制。

6. 评价销售促进的效果

销售促进的效果影响着销售促进目标的达成。企业必须高度重视对销售促进效果的评价。评价销售促进效果，一般可以采用比较法（比较销售促进前后销售额的变动情况）、顾客调查法和实验法等方法进行。

第 5 节　公共关系策略

公共关系是企业利用各种传播手段，沟通内外部关系，塑造良好形象，为企业生存和发展创造良好环境的经营管理艺术。

一、公共关系的作用

公共关系是一门"内求团结，外求发展"的经营管理艺术，是一项与企业生存发展休戚相关的事业。其作用主要表现在以下几个方面。

（一）搜集信息，监测环境

信息是企业生存与发展必不可少的资源。运用各种公关手段可以采集各种有关信息，监测企业所处的环境。企业公关需要采集的信息包括以下几种。

1. 产品形象信息

这是指消费者对本企业产品的各种反应与评价，如对产品质量、性能、用途、价格、包装、售后服务等的反应与评价。

2. 企业形象信息

企业要了解自己的形象，了解外部公众对企业的评价。一般企业形象由产品形象、媒介形象、组织形象、标识形象、人员形象、文化形象、环境形象和社区形象组成。

3. 企业内部员工的信息

企业的员工作为社会公众的一部分，必然对企业产生不同的反应与评价。通过对企业内部员工意见的了解，能掌握员工对企业的期望，明确企业应树立什么样的形象，才能使员工产生向心力和凝聚力。

4. 其他信息

企业不可能脱离外界而存在，投资者的投资意向、竞争者的动态、顾客的需求变化，以及国内外政治、经济、文化、科技等方面的重大变化，都直接或间接地影响企业的经营决策。公关活动应广泛地收集这些方面的信息。

（二）咨询建议，决策参考

公共关系的这一职能是指对搜集到的各种信息进行综合分析，考察企业的决策和行为在公众中产生的效应及影响程度，预测企业决策和行为与公众可能意向之间的吻合程度，并及时、准确地向企业的决策者提出合理而可行的建议。

（三）舆论宣传，创造气氛

这一职能是指公共关系作为企业的“喉舌”，将企业的有关信息及时、准确、有效地传达给特定的公众，为企业树立良好形象，创造良好的舆论气氛。公关活动能提高企业的知名度、美誉度，给公众留下良好印象；能持续不断、潜移默化地改善舆论气氛，因势利导，引导公众舆论朝着有利于企业的方向发展；在发生有损企业形象的事件时能适当地控制和纠正对企业不利的公众舆论，及时将改进措施公之于众，避免扩大不良影响，从而收到化消极为积极、尽快恢复声誉的效果。

营销观察　著名演员任华为超高端品牌非凡大师品牌大使

（四）交往沟通，协调关系

企业是一个开放的系统，不仅内部各要素之间相互联系、相互作用，而且内部要素与外部环境之间也进行各种交往沟通。交往沟通是公共关系的基础，任何公共关系的建立、维护与发展都依赖于主客体的交往沟通。只有交往沟通，才能实现信息传播，使企业的内部信息有效地向外部输出，使外部有关信息及时地输入企业内部，从而使企业与外部各界实现相互协调。

（五）引导教育，服务社会

公共关系具有教育和服务的职能，公关活动通过广泛、细致、耐心的劝服性教育和优惠性、赞助性服务，来诱导公众对企业产生好感。在企业内部，公关部门介于决策者与各职能部门之间或介于职能部门与基层人员之间，负责沟通和协调决策者与职能部门之间、各职能部门之间以及职能部门与基层人员之间的关系；在企业外部，公关部门介于企业与公众之间，对内代表公众，对外代表企业，协调企业与公众之间的关系。

营销观察　鸿星尔克捐助河南

二、公共关系的活动方式

公共关系的活动方式，是指以一定的公关目标和任务为核心，将若干种公关媒介与方法有机地结合起来形成的一套具有特定公关职能的工作方法系统。按照公共关系的不同功能，公共关系的活动方式可分为五种。

（一）宣传性公关

宣传性公关是指运用报纸、杂志、广播、电视等各种传播媒介，采用撰写新闻稿、演讲稿、报告等形式，向社会各界传播企业有关信息，以形成有利的社会舆论、创造良好气氛的活动。这种方式传播面广，传播企业形象效果较好。

（二）征询性公关

这种方式主要是通过开办各种咨询业务、编制调查问卷、进行民意测验、设立热线电话、聘请兼职信息人员、举办信息交流会等各种形式，连续不断地努力，逐步形成效果良好的信息网络，再对获取的信息进行分析研究，为经营管理决策提供依据，为社会公众服务。

（三）交际性公关

这种方式是通过语言、文字的沟通，为企业广结善缘，巩固传播效果。可采用宴会、座谈会、招待会、谈判、专访、慰问、电话、信函等形式。交际性公关具有直接、灵活、富有人情味等特点，能深化交往层次。

（四）服务性公关

这种方式是通过各种实惠性服务，获取公众的信任和好评，既有利于促销，又有利于树立和维护企业形象与声誉。企业可以以各种方式为公众提供服务，如消费指导、消费培训、免费修理等。事实上，把服务提到公关这一层面，有利于真正做好服务工作，真正把公关转化为企业的全员行为。

（五）社会性公关

社会性公关是通过赞助文化、教育、体育、卫生等事业，支持社区福利事业，参与国家、社区重大社会活动等来塑造企业的社会形象，提高企业的社会知名度和美誉度的活动。这种公关方式公益性强、影响力大，但成本较高。

表 12－1 列举了公共关系的主要工具。

表 12－1　公共关系的主要工具

工具	说明
材料	公司广泛地依靠材料来触达和影响目标市场。这些材料包括年报、宣传册、文章、公司新闻简报、杂志及视听材料。
事件	公司通过安排新闻发布会、研讨会、户外活动、展览、竞赛和周年庆等能够触达目标公众的特殊事件，吸引公众对新产品或公司活动给予关注。
赞助	公司通过赞助体育、文化事件和备受瞩目的公益活动来宣传自己。
新闻	公共关系专业人员的一个主要任务就是发现和创造关于公司、产品及员工的正面新闻，并吸引媒体参加新闻发布会。
演讲	越来越多的公司主管必须在贸易协会或者销售会议上进行演讲，而这能够帮助树立公司形象。
公共服务活动	公司通过将资金和时间贡献给一项好的公共服务活动来建立商誉。
可识别身份的媒介	公司需要一个公众能够识别的可视化的身份。可识别身份的媒介可以是公司的商标、宣传册、符号、企业形象、业务名片、建筑物、制服等。

素养园地　蜂花成功营销的启示：国货品牌的崛起与消费者情感的共鸣

蜂花作为一个日用品品牌，近些年通过巧妙的营销策略，成功地将自己的产品推销给消费者。其推出的79元洗护套餐，借助知名主播与花西子眉笔的热议话题，与消费者形成了情感共鸣。

蜂花营销策略的成功主要归功于以下几个方面：

一是照顾消费者情感。通过对市场的深入了解，蜂花关注花西子眉笔的热议话题，并巧妙地将自己的产品与这一话题联系起来。这种策略不仅吸引了消费者的注意力，更在一定程度上引发了他们的情感共鸣。

二是性价比高的产品。蜂花通过推出79元洗护套餐，向消费者传递了其产品性价比高的信息。这种高性价比的产品策略，不仅满足了消费者的需求，也在一定程度上激发了消费者的购买欲望。

三是借助社交媒体。蜂花营销策略的成功，离不开社交媒体的助力。通过在社交媒体上发布相关消息，蜂花成功地将自己的产品推销给了更多的消费者。同时，消费者在社交媒体上的留言和反馈，也进一步拉近了蜂花与消费者之间的距离。

资料来源：蜂花成功营销的启示：国货品牌的崛起与消费者情感的共鸣．(2023－09－17)．https：//baijiahao.baidu.com/s?id=1777261316933256142．有改动。

本章小结

成功的市场营销活动，不仅需要制定适当的价格、选择合适的渠道向市场提供令消费者满意的产品，而且需要采取适当的方式进行促销。促销的本质在于信息沟通，促销可以通过人员和非人员的方式进行。其中，非人员促销是指企业借助某种媒介传递企业、产品或服务的信息，以促进销售，包括广告、销售促进和公共关系等。在促销活动过程中，企业通常综合运用人员推销策略、广告策略、销售促进策略和公共关系策略。不同的策略，其使用的条件、原则、方式及特点截然不同，企业需要根据现实情况来确定使用哪种策略。

案例分析

双赢：Oriole美甲沙龙的联合促销之旅

一、联合促销初体验

苏菲（Sophie），北美著名商学院工商管理硕士（MBA），毕业回国后在一家国有制药公司工作多年，先后担任总经理助理、财务总监等。2012年初，苏菲选择美甲沙龙作为自己的第一个创业项目。苏菲第一次听说联合促销还是在创业之初，刚刚成立这家美甲沙龙的时候。当时美甲沙龙成立不久，苏菲急需通过促销的方式让更多消费者知道颐堤港购物中心开了一家高端美甲沙龙，从而打开销路。可由于新店开张，启动资金有限，在保证店面运营的前提下，苏菲已没有多少资金能用于宣传和促销了。当时，她唯一能够承担起的促销方法就是发放传单。苏菲印了很多传单找人在购物中心和周边发放，却收效甚微，这让苏菲颇感头疼。在一次与友人的聚餐中，苏菲向自己在广告公司工作的朋友倾诉美甲沙龙经营的窘况，这位朋友向她推荐了一个办法——联合促销。那晚，朋友和苏菲说了很多，而苏菲印象最深刻的就是：联合促销是与其他产品、品牌或者公司合作开展促销活动来帮助企业吸引消费者；联合促销最适合在新店开张、新品推出、资金有限、行业竞争激烈、出现社会热点的时候采用。苏菲觉得这种办法适合自己，于是联合促销这一名词从那一晚起，在她心中打下了深刻的烙印。第二天一大早，苏菲就迫不及待地在网络上搜索“联合促销”的相关资料。她发现联合促销的合作对象主要有两大类型：第一种合作对象是企业的供应商和渠道成员，与它们形成的联合促销被称作纵向联合促销。纵向联合促销最大的优点是联合企业之间的目标市场十分一致，同一产品销量的增加对联合各方都有利，因而较易找到合作伙伴。第二种合作对象是拥有不同产品或品牌的企业，与其形成的联合促销被称为横向联合促销。在横向联合促销中，合作的产品或品牌可以来自不同行业的企业、同行业内的竞争企业或同一企业。苏菲通过分析发现，她的美甲沙龙比较适合横向联合促销，通过与其他产品或品牌的合作，发挥促销效果。对联合促销有了一定了解后，苏菲马上开始行动，并将第一个合作对象确定为美甲沙龙对面的COSTA咖啡。这家咖啡店生意十分火爆。苏菲想，追求情调的女孩子结伴逛街累了，喝着咖啡、做做美甲一定是不错的选择。若能与COSTA咖啡进行联合促销，势必能够为Oriole美甲沙龙引入一部分的客流，取得$1+1>2$的促销效果。随后苏菲与COSTA咖啡商谈联合促销事宜，制订了联合促销方案以及活动流程。与COSTA咖啡的合作，的确为Oriole美甲沙龙引入了客流量。在服务的过程中，顾客也能够感受到Oriole美甲沙龙环境的舒适和美甲师技艺的精湛。这次活动将新顾客极大限度地转化为忠诚顾客，达到了增加客流量、提高知名度和顾客转化率、提升营业利润的预期目标。

二、渐入佳境——多品牌合作

经历了联合促销的初步尝试后，苏菲对开展联合促销充满了信心。正赶上Oriole美甲沙龙所在的颐堤港购物中心迎来了“周年庆”活动，颐堤港购物中心也想通过联合促销刺激消费者的购买欲望，提高商场内的营业额。于是，购物中心向一些商家发出了联合促销的邀请，苏菲的美甲沙龙也在受邀之列。刚刚尝到联合促销甜头的苏菲自然是对此次邀约表现出了极大的兴趣。她向购物中心要了有合作意向的商家名单，发现许多受邀商家都是她想合作的对象，例如电影院、冰激凌店。其中也没有与自己处于同一行业的竞争品牌商家，且邀请对象均为高端品牌，与自身的市场定位相匹配，所以苏菲向商场表示愿意参与联合促销。在确定参与这次联合促销活动之后不久，苏菲便收到了购物中心发给她的联合促销计划，包括与各商家之间的联合促销的具体细节。购物中心在向商家发放促销计划的两周内，邀请参与的商家对该计划进行了反复沟通，敲定各品牌之间的联合促销方案。在方案确定下来之后，在购物中心的主持下，各商家之间签订了联合促销协议。之后在购物中心的主导下，各商家开始了为期一个月的联合促销活动，并获得了非常好的效果。苏菲的美甲沙龙从电影院、冰激凌店等合作商那里获得了更多顾客，很多顾客最终成了 Oriole 美甲沙龙的会员。

三、联合促销之路的滑铁卢

在此前的联合促销中，Oriole 美甲沙龙取得了佳绩，一次次联合促销的成功坚定了苏菲在联合促销上大展拳脚的决心。苏菲认为自己已然是这方面的专家，对联合促销的运用已经十分纯熟了。然而，接下来的一次联合促销却并未像之前一样取得成功，这次失败令苏菲开始重新思考 Oriole 美甲沙龙的联合促销之路。当时，位于顺义的一家大众汽车 4S 店老板找到了苏菲，提出希望与 Oriole 美甲沙龙合作，由 Oriole 美甲沙龙为到店购车客户提供一次美甲服务，并提供美甲优惠券，而大众汽车则为 Oriole 美甲沙龙进行品牌宣传。苏菲听后欣然应允，按照与 4S 店的约定提供了相应的服务。然而，随着时间一天天地流逝，苏菲发现当时在 4S 店享受过美甲服务并获赠优惠券的客户连一次进店消费的记录都没有。这不仅没有给企业创造利润，还浪费了 Oriole 美甲沙龙的人力、物力和财力。经历了这次联合促销的滑铁卢，苏菲才发现，原来自己对联合促销的理解只是皮毛。虽然在这次联合促销中，合作方大众汽车的品牌形象良好，因此没有给 Oriole 美甲沙龙的品牌形象带来什么负面影响，但苏菲依旧对此次合作的失败进行了深入的总结。首先，大众汽车 4S 店和 Oriole 美甲沙龙距离较远，顾客来 Oriole 美甲沙龙美甲非常不方便，因此没有客户来店消费。其次，大众汽车的客户多为男性，而美甲服务是以女性为主要消费群体的行业，这也是合作失败的主要原因。归根结底，Oriole 美甲沙龙和位于顺义的这家大众汽车 4S 店所针对的顾客群并不相同。在这次联合促销中，Oriole 美甲沙龙并没有获得好处，在 4S 店享受过美甲服务的购车客户没有选择在 Oriole 美甲沙龙进行二次消费，这严重背离了联合促销活动的初衷——互惠互利。苏菲意识到此次与 4S 店的合作无法实现优势互补，而之前的联合促销可以做到这一点。合作商家之间的优势互补就是商家可以共享消费者，能够为消费者提供消费的便利，刺激消费，实现销售量的共同提高。经过这次合作，苏菲对联合促销活动有了更全面的认识。

四、丰富多彩的联合促销活动

在与不同行业的不同商家进行联合促销活动，尤其是在与大众汽车合作失败后，苏菲对联合促销有了更加全面而深入的了解，再进行联合促销时也采取更加审慎的态度。后来，Oriole 美甲沙龙与不同品牌举办了各式各样的联合促销活动。其中包括：积极参加慈善募捐活动，通过这些活动来为该美甲沙龙塑造正面的品牌形象，如参加“和睦家母爱汇”慈善展卖会；与冰激凌店、水果店在户外举办画展来进行联合宣传，以共同造势，引起消费者注意；与商场中的其他店铺共同租用商场的广告屏来同时播放几家公司的广告，以达到节省广告费用的目的，同时也能加强各方在消费者心目中的联系，共同提升市场形象；与商场内的美发店、特斯拉汽车等进行了联合销售，吸引对方的消费者，从而扩大自己的消费群体。随着苏菲对联合促销的运用越来越熟练，Oriole 美甲沙龙的顾客明显增多，销售额显著增长，品牌知名度也有所提升。

五、尾声

回忆了在联合促销中的荣光时刻，苏菲的思绪又跳回到现在，自己该如何与网红店铺进行联合促销来带动自己店铺的销售呢？她一抬眼看到了离自己店铺不远的网红冰激凌店那长长的队伍，与网红店铺联合促销的策略已经在脑海中初步形成……

资料来源：王季，肖宇佳，罗莎，等．构建双赢：Oriole 美甲沙龙的联合促销探索之旅．(2020-10-07). www.cmcc-dlut.cn/Cases/Detail/4666. 有改动。

思考题

1. Oriole 美甲沙龙的联合促销合作对象可分为哪几类？

2. 企业进行联合促销的步骤有哪些？Oriole 美甲沙龙在参加颐堤港购物中心组织的联合促销活动时经历了哪些步骤？

3. 联合促销应该遵循哪些原则？根据这些原则，分析苏菲和大众汽车 4S 店合作失败的原因。

4. 联合促销的方式有哪几种？Oriole 美甲沙龙应用的联合促销方式都有哪些？

理论思考

1. 什么是整合营销传播？有效的整合营销传播设计可分为几步？
2. 选择促销组合应考虑哪些因素？
3. 简述人员推销的步骤。
4. 简述广告策划过程。
5. 简述销售促进的方式。
6. 简述公共关系的活动方式。

营销实战

1. 妙可蓝多紧抓妈妈群体的消费痛点，突出营养属性，如奶酪棒的钙、蛋白质含量高等特点。在此基础上，妙可蓝多还实施强势品牌传播，购买动画片《汪汪队》IP，在每根奶酪棒上印制《汪汪队》趣味问答，让小朋友在吃美味的奶酪棒的同时学到知识，寓教于乐。妙可蓝多还根据《两只老虎》改编出了朗朗上口的儿歌，可记忆性强。结合这个案例，谈谈企业如何通过促销加强与消费者的品牌连接。

2. 小红书立足于“生活经验种草”，关注各种爱好者群体，与不同生活方式的用户真诚对话。例如 2023 年 5 月，小红书组织了一次骑行活动，骑行爱好者身着小红书定制的荧光马甲，引来了很多路人拍照，相关视频与话题被分享到微博、抖音平台。同时小红书发布有关笔记 254 万篇，进一步加深了用户对其品牌生活指南定位的认知。基于此谈谈品牌如何通过促销活动拉近与消费者的距离。

实训练习

实训目的：让学生学会运用促销组合。

实训内容：为某自行车品牌提升品牌形象。将学生分成四组，在抖音注册账号，选择合适的方向对抖音账号进行定位，制订品牌账号的打造方案，并策划一个视频拍摄方案，做短视频营销。

实训方式：短视频营销演练。

即测即评

扫描二维码可在线自测并查看答案。

第13章
未来市场营销的发展趋势

知识目标

- 理解营销模式的发展。
- 了解营销组织的演变、类型。
- 理解营销道德和可持续营销相关内容。

能力目标

- 培养对营销模式发展本质特征的认识能力。
- 能够掌握企业营销组织结构网络化、虚拟化、扁平化、柔性化和无边界化的趋势特征。
- 能够认识到营销道德对企业发展所起到的作用。

价值目标

结合案例，引导学生正确看待科技强国与生态环境保护的关系，培养辩证思维。

关键词

数字营销　绿色营销　营销组织　营销道德　可持续营销

思维导图

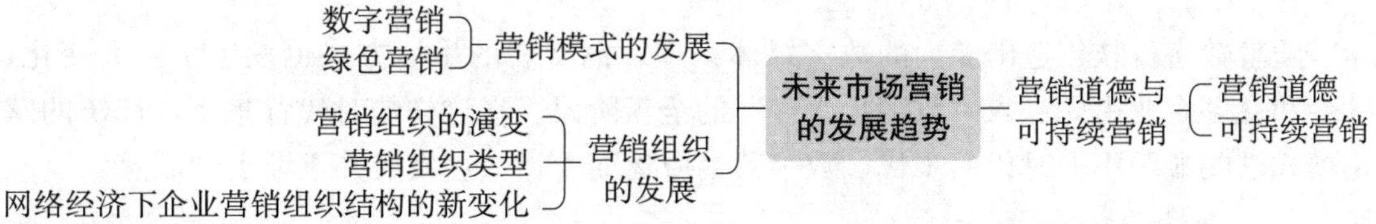

营销观察

蜂农追花

有一家公司叫追花族，本部就在成都高新区。为什么叫“追花族”？因为它是做蜂蜜的。采蜜是要追着花走的，听起来似乎很浪漫，但是这个行业有两个老问题。

一是蜂农这个行当特别苦。哪儿的花开了，就带着蜜蜂奔哪儿去采蜜。这就难免风餐露宿。而且，花是遍布在大地上的，所以，这个行业也非常分散。大部分蜂农都是一个人干或者夫妻两个人一起。因为太苦了，年轻人不愿意干，所以蜂农平均年龄较高，超过了50岁。

还有一个问题，就是蜂蜜质量没法保证。一个蜂农通常按照往年的经验前往花田，但是也许因为寒潮，这片花田花期迟了，蜜蜂只能吃白糖，蜂蜜的质量就要大打折扣。

那“追花族”做了什么呢？它除了收购蜂蜜之外，还在行业中用上了一点点数字化技术。它开发了全国花田的热力图和一些数字化工具。哪个月全国各地哪种花开了，哪片花田上已经有蜂农在那里了，这些信息图上面全有，并且花田的热力图都被开放给了蜂农。这样，蜂农规划起路线就简单了，花多的地方尽量去，人多的地方就尽量不去。于是蜂农的效率提高了，工作量减少了，经验传不下去的问题解决了，而蜂蜜的质量也有了保障。

营销启示

只是利用数字化技术做一张全国花田的热力图，就为产业升级带来了机会。通过数字化技术，蜂农的工作条件得到了改善，蜂蜜的质量也有所提高。数字化是重要的技术，企业在市场营销中要注重对数字化技术的开发和利用。

第1节 营销模式的发展

21世纪全球进入知识经济时代，互联网经济和网络购物迅猛发展，数字技术快速进步——从智能手机、平板电脑等数字设备，到移动商务和社交媒体都迅速发展。受到以上因素的影响，企业的营销模式也发生了诸多变化。现实表明，企业要想在新的全球经济竞争中取得胜利，就必须顺应市场营销发展的新趋势，转变营销观念，探索全新的营销模式，用更先进的营销理论指导企业的营销实践。

一、数字营销

随着数字科技创造出庞大的数字媒体渠道，消费者的生活方式也发生了巨大变化，社会和众多企业由此进入“数字化生存”的全新阶段。在这样的时代背景下，传统的营销模式已明显跟不上时代的步伐，数字营销应运而生，快速发展并逐渐走向成熟。

（一）数字营销的含义

数字营销（digital marketing）基于数字化技术融通市场营销的“道”和“术”，深刻地将数字化基因嵌入企业的营销战略、营销资源、营销能力和营销过程，表现为在数字化时代对传统市场营销“STP＋4P”范式的超越与升级，以更好地服务于“数字化了的顾客”。

从本质上看，数字营销依然关注消费者、企业乃至整个社会的价值创造与交付，依然以识别并满足顾客需求为基础，依然需要在对市场营销环境进行分析的基础上制定和实施有效的市场营销战略。不过，数字技术成为市场营销战略与营销方案中的关键要素。比较而言，在当代市场营销实践中，数字营销往往有更多作为，并凸显出新的营销资源和新的营销能力对市场营销战略实施的支撑作用，而数字技术则进一步促进了“STP＋4P”范式的升级。

（二）数字营销的体系

1. 新的营销资源：数据

营销资源，如品牌、渠道、顾客资产等是企业赢得市场竞争优势的基础。在数字化时代，数据是新的生产资料，它作为营销资源正逐渐成为数字营销的基础。企业在制定市场营销组合 4P 时，通常面临着资源和能力禀赋的约束。这就要求企业结合自身情况和市场营销环境来配置营销资源。在数字化时代，数据已经成为核心的营销资源。因此企业和市场营销战略势必涉及数据的获取、分析和应用。

2. 新的营销能力：多维度的数字营销能力

数字营销能力使企业的综合能力得到了大幅度提升。概括而言，数字营销能力主要包括对内和对外两个方面。在对内方面，主要包括以下三个维度：数字化战略能力、数字化整合能力、数字化控制能力。这些能力决定着企业能否将营销资源转化成现实的市场竞争优势。其中，数字化战略能力指的是企业能够利用数字技术为自身、顾客、合作伙伴创造价值的程度；数字化整合能力指的是企业能够整合数字技术以提升组织流程中的跨边界协同和价值创造的程度；数字化控制能力指的是企业通过数字信息化方式创新监控和评估市场营销活动的形式，进而通过组织流程优化或再造使其适应新的价值体系的程度。在对外方面，企业关注的主要是对市场快速响应的营销敏捷性。在传统市场营销中，环境因素影响着市场营销组织的结构化（如集权和分权）和非结构化（如跨职能协同和顾客导向等）特征，这些特征对企业的市场绩效具有重要影响。在数字化时代，数字技术作为关键的环境因素，不仅可以对企业进行赋能，而且可以对消费者进行赋能，企业与消费者获取信息和处理信息的能力都大大增强，传统的消费者决策链（如需求的产生、对需求的认知、考虑、搜寻、信任、意向、计划、消费、满意、忠诚、宣传）已经不再局限于线性模式，而是由于消费者异质性生成了复杂多样且丰富的消费者旅程，这为理解和满足消费者需求带来了新的挑战和机遇。在这种背景下，企业迅速理解市场并做出市场营销决策，以适应市场的快速变化成为市场营销绩效提升的关键。相应地，快速响应和迭代能力成为高效率营销组织的核心能力维度。

（三）对“STP＋4P”营销范式升级的影响

数字技术不仅为企业带来了更多的数据资源和更强大的数字营销能力，而且大大地推动了“STP＋4P”营销范式的升级。

1. 在 STP 方面

丰富的数据来源和先进的数据分析技术能够帮助企业突破传统顾客细分的局限，即以人口统计指标等有限信息为主要细分数据。数字技术能够帮助企业获取海量的数据资源，同时提供前瞻性的大数据分析技术来精准地刻画消费者行为模式，而且数据的颗粒度越来越小。这种升级使企业的顾客细分工作有了更多的提升空间，并为进一步的目标市场选择提供了十分丰富的材料和更高水平的洞见。数字技术还可以帮助企业的定位决策者识别如何更能引起消费者的共鸣，以便将企业的产品和服务融入消费者的生活和工作。例如，大数据可以根据顾客浏览记录帮助企业精准地推送产品信息。

2. 在产品策略方面

在数字化时代，数字技术能够为管理人员提供全面且实时的产品数据，为管理者的产品策略决策提供实时且深入的多维度分析材料。例如，对于拥有多个子品牌和产品的企业而言，在过去，开展一次产品分析往往需要大量的人力成本，而现在的大数据技术却能够实时地提供细分市场中有关产品数据的分析结果。同时，在产品迭代方面，传统企业通常难以在与消费者对话的基础上改良产品，相对缺乏来自消费者视角的准确数据（包括态度的和行为的）。比较而言，社群则提供了这种可能性。例如，小米在初期研发手机产品时，就建立了在线消费者社区，可以实时地获取有关消费者的需求痛点和产品诉求数据。类似地，一些社交媒体（如微博和微信等）也可以为企业提供广泛的数据来源。

3. 在价格策略方面

数字化时代，企业的价格策略有了更多选择。除了基于大数据的市场分析来进行定价以外，数字技术也为企业提供了自动的智能定价服务。例如，一些航空公司通常不会采用固定定价模式，而是基于市场变化进行动态定价，这背后显然离不开数字技术的应用和智能分析。这种定价模式通过对市场的监控以及信息的搜集和分析，动态地优化价格，以确保企业具有更高的盈利性。一些平台服务商，如去哪儿旅行网，还会为消费者提供最低价格监控的提醒服务：基于消费者设定的价格期望，实时监测航班价格的变动，一旦发现相符的航班，会马上通过 App 提醒消费者机票的信息。由此可见，这些功能的实现都与市场中价格数据的实时监测和分析能力密不可分。

4. 在渠道策略方面

在数字化时代，传统实体行业面临着电子商务的巨大冲击，但若将企业渠道整体迁移至线上，企业不仅可能面临风险，而且可能失去以往线下渠道所累积的优势。因此，对企业而言，获取不同渠道的数据并展开分析显得尤为重要。例如，企业通常需要思考，哪些产品应该在线上渠道进行售卖，哪些应该在线下渠道进行售卖，或者企业应该如何规划整体的渠道策略，即如何实施全渠道营销。

5. 在促销策略方面

数据的价值主要体现在个性化和精准化方面。传统的促销往往十分依赖传统媒介（如电视、广播、平面媒体等），但这些媒介的一大缺陷就在于无法准确量化和评估促销策略的有效性，这显然不利于企业优化和调整其促销策略。在数字化时代，数据的生成无处不在，特别是互联网平台中的数据，在可追溯和可量化方面有着明显的优势。企业在实施促销策略之后，网络媒体能够实时监测促销活动的数据指标（如活跃用户数、访问次数、点击率等），并在促销活动实施的过程当中和之后，通过进一步的数据分析，帮助市场营销和数字平台技术的管理人员优化未来促销策略的制定和实施。

（四）数字营销的常见形式

从企业的视角来看，数字营销是使用数字传播媒介或渠道来推广产品和服务的活动，其本质在于以一种及时、精准和高效的方式与消费者进行沟通。数字营销的形式包含但不限于一切能够与消费者有效沟通并帮助企业实现价值的数字技术支撑下的营销实践。数字营销的常见形式见表 13 - 1。

表 13 - 1　数字营销的常见形式

名称	概念	特点
社交媒体营销	以互动为基础，允许个人或组织生产和交换内容，并能够建立、扩大和巩固关系网络的一种网络组织形态	平台化：社交媒体是信息发布与传播的基础 全民化：社交媒体是一种生活方式 一体化：社交媒体平台可实现信息发布与传递 分散化：均等的网络信息传递机会 动态化：信息传播的动态性和快速衰减性
微博营销	基于微博这一新媒体平台的营销，是与微博新媒体特点紧密联系，并与其他媒体有效整合的营销方式	立体化、低成本、便捷、互动性强
微信营销	在手机或者平板电脑中的微信客户端进行的营销，商家通过微信平台创建微官网、微会员，进行微推送，支持消费者使用微支付等功能	低营销成本、强大的支撑后台、精准的营销定位、信息交流的互动性、信息传播的有效性
社会性网络服务（SNS）营销	基于社交网络平台，如脸书等进行的营销活动。目的是建立品牌形象，提高品牌知名度和美誉度，增强用户黏性，促进产品或服务的销售	传播速度快、传播范围广、影响力比较大、互动性强、体验性强、营销成本低、精准营销
移动营销	基于移动智能终端，利用移动网络而开展的各种形式的营销活动，包括二维码营销、LBS（基于位置的服务）营销、微电影营销、虚拟游戏营销、搜索引擎营销、电子商务营销	浏览人群年轻化、互动性强、投放更精准

二、绿色营销

近年来随着经济的发展，环境污染问题愈发严重，全球气候变暖、大气污染、土壤污染等问题逐渐成为限制经济发展的因素，如何实现可持续发展成为 21 世纪人们迫切需要解决的问题。“绿水青山就是金山银山”的理念让人们意识到环境保护的重要性。“双碳”目标提出，可持续发展、绿色发展被提到战略高度，“资源型城市”“新能源”等关键词也逐渐走入人们的视线。这些政策和实践都表明，践行绿色发展理念，实现经济可持续、高质量发展对中国的经济发展十分重要。在营销愈发受到重视的今天，企业进行绿色营销，充分发挥绿色营销的优势也就更有现实意义。

（一）绿色营销的含义

绿色营销是指将绿色发展、保护生态环境、推动可持续发展作为企业的战略思想，从绿色消费出发，最终回到绿色消费中去的一种新型的营销理念。绿色营销不仅要求企业考虑自身的发展，更要求企业考虑利益相关者的利益，将利益相关者的利益和自身利益相结合。绿色营销将企业自身利益、消费者利益与生态环境效益结合起来，是三者的有机统一。

绿色营销的观念应贯穿于企业经营管理的全过程，即绿色营销应贯穿企业产品的设计、生产、销售等环节，并且在企业产品回收中也应注重绿色营销的理念。绿色营销与传统营销的区别主要体现在：从供给侧角度迎合了消费者在消费市场中逐渐发展起来的绿色消费理念；从市场需求角度迎合了消费者的消费需求，设计并生产更符合消费者绿色消费理念的产品，通过相应的营销手段加以宣传，从而提升新时代下企业的竞争力。绿色营销的目的在于通过改善人与自然环境的关系、推动企业可持续健康发展，帮助企业改善自身形象，维护企业经济利益和实现企业社会价值，进而推动中国经济健康发展。

（二）绿色营销的特征

绿色营销与传统营销相比，具有以下特征。

1. 绿色消费是开展绿色营销的前提

消费需求由低层次向高层次发展，是不可逆转的客观规律。绿色消费是较高层次的消费观念。人们的温饱等生理需要基本满足后，便会产生提高生活综合质量的要求，产生对清洁环境与绿色产品的需要。

2. 绿色观念是绿色营销的指导思想

绿色营销以满足需求为中心，为消费者提供能有效防止资源浪费、环境污染与损害的产品。绿色营销所追求的是人类的长远利益与可持续发展，重视协调企业经营与社会发展的关系，力求实现人类社会与自然环境的和谐发展。

3. 绿色体制是绿色营销的制度保障

绿色营销是着眼于社会层面的新观念，所要实现的是人类社会的协调、可持续发展。在竞争性市场上，必须有完善的政治与经济管理体制，制定并实施环保方针、政策，管理各方面的短期行为，维护全社会的长远利益。

4. 绿色科技是绿色营销的技术保证

技术进步是产业变革和升级的决定性因素，新兴产业的形成必然要求技术进步。但技术进步若背离绿色观念，就有可能加快环境污染的过程。以绿色科技促进能源节约、资源再生以及无公害绿色产品的开发，是绿色营销的技术保证。

（三）绿色营销的实施

绿色营销实施的步骤，一般包括树立绿色营销观念、收集绿色信息、分析绿色需求、制定绿色营销战略和确定绿色营销组合。下面主要介绍制定绿色营销战略和确定绿色营销组合这两个步骤。

1. 制定绿色营销战略

全球绿色浪潮兴起的时代，企业应基于环境和社会利益，在搜集绿色信息、分析绿色需求的基础上，制定能够体现绿色营销内涵的战略，以有利于长期发展。绿色营销战略应列明企业研制绿色产品的计划及必要的资源投入，具体说明环保的努力方向及措施。绿色营销战略应以满足绿色需求为出发点和归宿，既要清楚现有与潜在绿色需求，又要促进绿色消费意识和绿色需求的发展。绿色营销战略如果导入企业识别系统，获得绿色标识，制定绿色企业形象战略，将带来更高的边际收益，实现合理的"绿色盈利"，从长远看这是绿色营销战略实施的必然结果。

2. 确定绿色营销组合

（1）首先要重视绿色消费需求的调查与引导。产品开发和经营不仅要对社会发展或环境改善有所贡献，而且要能有效地树立企业的良好形象。

（2）产品生命周期分析。主要考虑在产品生命周期各阶段，产品与包装对环境所造成的影响，力求在生产、消费及废弃物回收过程中，最大限度地减少资源消耗和对环境的污染。

（3）正确有效的绿色渠道是绿色营销的关键环节。不仅要选绿色、信誉好的中间商，而且要选择能避免污染、减少损耗和降低费用的储运方式。

（4）绿色价格应反映生态环境成本，包括产品消耗及环境改善支出，确立环境与生态有价的基本观点，贯彻"污染者付款"原则，促进生态化、低污染、低能耗的绿色技术的开发和应用。

（5）绿色促销。要利用媒体和社会活动，传播企业及产品的绿色信息，为企业的绿色表现做宣传。通过赞助、捐赠等对环保组织及活动给予经济上的支持。广告要突出绿色产品的特点，突出环保靠全社会的力量、靠每个人的贡献的观点。广告频率要适度，防止因广告而造成资源浪费和声、光等污染。

（6）绿色管理是融环境保护观念于企业营销活动的管理方式。通过全员环保教育，可提高公众的环保意识，使企业自觉地实施绿色营销，切实做好环保工作。

第 2 节　营销组织的发展

在全球经济一体化、竞争无国界的崭新格局下，国际市场营销环境发生了重大变化。传统工业文明时代的营销规则已无法适应新经济的发展，营销规则发生改变。从长远发展的角度来看，企业对营销组织的认知从以前的线性思维转变为现在的网状思维；营销组织结构从以前的结构化发展到现在的无边界化，从以往的层级化、规范化发展到现在的扁平化、柔性化，从过去的实体化、单一化发展到现在的虚拟化、网络化等。

一、营销组织的演变

营销组织是指企业内部涉及营销活动的各个职位及其结构。营销组织主要受宏观营销环境、企业营销管理哲学，以及企业自身所处的发展阶段、经营范围、业务特点等因素的影响。企业的营销组织随着营销管理哲学的不断发展而演变，大致经历了单纯的销售部门、兼有附属职能的销售部门、独立的营销部门、现代营销部门和现代营销企业五个阶段。

（一）单纯的销售部门

20 世纪 30 年代以前，西方企业以生产观念作为指导思想，大都采用这种形式。一般来说，所有企业都是从财务、生产、销售和会计这四个基本职能部门开始发展的。财务部门负责资金的筹措，生产部门负责产品制造，销售部门负责产品的销售，会计部门则负责记账和计算产品的成本。销售部门通常由一位管理者负责，管理销售人员，并兼管若干市场调研和广告宣传工作。在这个阶段，销售部门的职能仅仅是推销生产部门生产出来的产品。产品生产、库存管理等完全由生产部门决定，销售部门对产品的种类、规格、数量等问题，几乎没有任何发言权。

（二）兼有附属职能的销售部门

20 世纪 30 年代大萧条以后，市场竞争日趋激烈，大多数企业以推销观念作为指导思想。在这个阶段，企业需要进行经常性的营销调研、广告宣传等，这些工作逐渐变成专门的职能，当工作量达到一定程度时，便会设立一名营销主管，负责这方面的工作。

（三）独立的营销部门

随着企业规模和业务范围的进一步扩大，营销调研、新产品开发、广告促销和客户服务等营销职能的重要性日益增强，营销部门成为一个相对独立的职能部门，营销部门主管同销售部门主管一样直接受总经理的领导，销售和营销成为平行的职能部门。但在具体工作中，这两个部门是需要密切配合的，这种安排被许多企业采用，它使企业总经理能够从各角度分析企业面临的机遇与挑战。

（四）现代营销部门

尽管销售部门主管和营销部门主管需要默契配合和互相协调，但是他们之间实际形成的往往是一种彼此敌对、互相猜疑的关系。销售部门主管趋向于短期行为，侧重于眼前的销售量；而营销部门主管则多着眼于长期效果，侧重于制订适当的产品计划和营销战略，以满足市场的长期需要。销售部门和营销部门之间矛盾冲突的解决过程，奠定了现代营销部门的基础，即由营销部门主管全面负责，统辖营销职能和销售职能。

随着公司组织的发展，现代营销部门的功能越来越复杂。随着市场营销在现代企业经营中的作用日趋重要和显著，以及随着市场的不断变化，营销组织及其功能也将不断变化和发展。

（五）现代营销企业

一个企业有了现代营销部门，并不意味着其就是现代营销企业了。是否是现代营销企业取决于企业内部各种管理人员对待营销职能的态度。只有当所有的管理人员都认识到企业一切部门的工作都是“为顾客服务”，“营销”不仅是一个部门的名称而且是整个企业的经营哲学时，这个企业才能算是一个“以顾客为中心”的现代营销企业。

二、营销组织类型

公司制订的营销计划最后必须被有效地执行，这是营销管理的核心职能所在。它要求公司建立一个能够成功执行计划的组织，制定对计划实施起支持作用的政策和运作程序。从这个意义上讲，营销组织在很大程度上决定了营销战略和计划能否被有效执行。在现在这个“赢在执行”的时代，为了实现企业目标，营销经理必须学会选择合适的营销组织。营销组织大体可分为专业化组织、结构型组织和共生型组织三种。

(一) 专业化组织

专业化组织包括以下四种类型。

1. 职能型组织

职能型组织是最古老也是最常见的营销组织类型。它强调营销各种职能（如销售、广告、产品管理和调研）的重要性。该组织类型把销售当成营销的重点，而广告、产品管理和调研则处于次要地位。当企业只有一种或少数几种产品，或者企业产品的营销方式大体相同时，按照营销职能设置组织结构比较有效。但是，随着产品品种的增多和市场的扩大，这种组织类型就暴露出发展不平衡和难以协调的问题。既然没有一个部门能对某产品的整个营销活动负全部责任，那么，各部门就会强调各自的重要性，以便争取到更多的预算和更高的决策权，致使营销经理无法对营销进行协调。

2. 产品型组织

产品型组织是指在企业内部建立产品经理组织制度，以协调职能型组织中的部门冲突。在企业所生产的各产品差异很大、产品品种太多，以致按职能设置的营销组织无法处理的情况下，建立产品经理组织制度是适宜的。其基本做法是，由一名产品经理总体负责，下设几个产品大类经理，产品大类经理之下再设几个具体产品经理负责各具体的产品。

3. 市场型组织

市场型组织的基本形态是：一名市场管理者管理几名市场经理。市场经理开展工作所需要的职能型服务由其他职能型组织提供并保证。其职责是负责制订所负责市场的长期计划和年度计划，分析市场动向及企业应该为市场提供什么新产品等。他们的工作成绩常根据市场占有率的变化，而不是根据市场现有盈利水平来判断。市场型组织的优点在于营销活动可以根据不同顾客的需要来组织和安排，这有利于企业加强销售和开拓市场。其缺点是权责不清和多头领导。

4. 地理型组织

如果一个企业的营销活动面向全国，那么它可以按照地理区域设置其营销组织。这种组织的结构包括一名负责全国营销业务的经理和若干名区域营销经理、地区营销经理和地方营销经理。为了使整个营销活动更有效，地理型组织通常与其他类型的组织结合使用。

（二）结构型组织

专业化组织只是从不同角度确立了营销组织中各个职位的形态，至于如何安排这些职位，还要分析组织结构与职位之间的相互关系。企业建立组织结构不是最终目的，而只是实现营销目标的一种手段。既然各个企业有不同的目标、战略、目标市场、竞争环境和资源条件，那么可以建立起不同类型的组织结构。结构型组织主要有以下几种类型。

1. 金字塔型组织

金字塔型组织是一种较为常见的组织类型。它由经理至一般员工自上而下建立垂直的领导关系，管理幅度逐步增宽，下级只向自己的上级直接负责。按职能专业化设置的组织结构大都是金字塔型。其特点是上下级权责明确，沟通迅速，管理效率较高。不过，由于每个员工尤其是下层员工权责范围有限，往往缺乏对总体营销状况的了解，因而不利于他们的晋升。

2. 矩阵型组织

矩阵型组织是职能型组织与产品型组织相结合的产物，它以原有的垂直领导系统为基础，又建立一种横向的领导系统，两者结合组成一个矩阵，在营销管理实践中，矩阵型组织的产生大体有两种情形。

第一，企业为完成某个跨部门的一次性任务（如产品开发），从各部门抽调人员组成由经理领导的工作组来执行该项任务，小组的有关人员一般受本部门和小组负责人的双重领导。任务完成后，小组解散，其成员回到各自的岗位。这种临时性的矩阵型组织又称为小组制。

第二，企业要求个人对某个产品或品牌的利润负责，把产品经理的位置从职能部门中分离出来并加以固定，同时，由于经济和技术因素的影响，产品经理还要借助各职能部门实施管理，这就构成了矩阵型组织。

（三）共生型组织

营销观察　拼多多打造百亿生态

共生型组织是一种基于顾客价值创造和跨领域价值网的高效合作组织形态，其网络成员实现了互为主体、资源共通、价值共创、利润共享，可创造任何单个组织都无法实现的高水平发展。

在共生的过程中，各个组织都有自己的独立性和特性，但同时各组织之间又是一种共同发展、成长的状态，以共同的价值目标为合作基础，达成合作共识。各个组织基于整体价值创造的最高追求来选择合作伙伴，合理安排各个环节的组织活动，协调组织之间的分工。

三、网络经济下企业营销组织结构的新变化

随着网络经济下企业营销的特点以及营销组织的环境、战略、职能等因素的变化，

企业营销组织在结构上也发生了变化。企业营销组织结构的变化主要体现在管理层次与幅度、分工形式、关键职能、集分权程度、规范化程度、制度化程度、工业化程度以及人员结构等因素上，总的来看有以下特点。

（一）网络化

随着信息技术的发展，信息的传递不必再遵循自上而下或自下而上的层级顺序，就可实现部门与部门、人与人之间直接的信息交流。企业内部无差别、无层次的复杂的信息交流方式，极大地促进了企业中信息的载体和运用主体——组织的网络化发展。

组织结构网络化主要表现为企业内部结构网络化和企业间结构网络化。企业内部结构网络化是指在企业内部打破部门界限，各部门及成员以网络形式相互连接，使信息和知识在企业内快速传播，最大限度地实现资源共享。企业间结构网络化涉及纵向网络和横向网络。纵向网络即由行业中处于价值链不同环节的企业共同组成的网络，例如供应商、生产商、经销商等上下游企业之间组成的网络，这种网络打破了传统企业间明确的组织界限，大大提高了资源的利用效率及对市场的响应速度。横向网络指由处于不同行业的企业所组成的网络。这些企业之间发生着业务往来，在一定程度上相互依存。最为典型的例子是日本的财团，大型制造企业、金融企业和综合商社之间在股权上相互关联，管理上相互参与，资源上共享，在重大战略决策上采取集体行动，各方之间保持着长期和紧密的联系。

网络化使传统的层次性组织和灵活机动的计划小组并存，使各种资源的流向更趋合理化。通过网络凝缩时间和空间，能够全方位加速企业的运转，提高企业组织的效率和效益。同时，营销组织也可借此方便地实现与客户的双向沟通。

（二）管理层级减少，组织结构扁平化

组织结构的扁平化，就是通过减少管理层次、裁减冗余人员来建立一种紧凑的扁平组织结构，使组织变得灵活、敏捷，提高组织效率和效能。彼得·德鲁克曾预言：未来的企业组织将不再是一种金字塔式的等级制结构，而会逐步向扁平式结构演进。

扁平化组织结构的优势主要体现在以下几个方面：第一，信息流通畅，使决策周期缩短。组织结构的扁平化，可以减少信息的失真，增加上下级的直接联系，信息沟通与决策的方式和效率均可得到改善。第二，创造性、灵活性加强，能提高员工士气和工作积极性，从而提高生产效率。第三，可以降低成本。管理层次和员工人数的减少、工作效率的提高，必然带来产品成本的降低，从而使公司的整体运营成本降低，市场竞争优势增加。第四，有助于增强组织的反应能力和协调能力。企业的所有部门及人员更直接地面对市场，减少了决策与行动之间的时滞，增强了对市场和竞争变化的反应能力，从而使组织变得更柔性、更灵敏。

（三）无边界化

无边界化是指企业各部门间的界限模糊化，目的在于使各种边界更易于渗透，打破部门之间的沟通障碍，促进信息的传送。在具体的模式上，现在比较有代表性的无边界模式是团队组织。团队指的是职工打破原有的部门边界，绕开中间各管理层，组合起来

直接面对顾客和对公司总体目标负责的以群体和协作赢得竞争优势的企业组织形式。团队一般可以分为两类：一类是专案团队。成员主要为公司各单位的专业人员，是为解决某一特定问题而组织起来的，问题解决后即宣告解散。另一类是工作团队。可以进一步把它分为高效团队和自我管理团队，工作团队一般是长期性的，常从事日常性的公司业务。

由此可见，无边界思想是一种非常具有新意的企业组织结构管理思想，它完全是跨国界、跨部门、跨阶层的。

（四）虚拟化

虚拟化是指用技术把人、资金、知识或构想聚集在一个无形（指没有实物形态的统一的办公大厦、固定资产和固定的人员等）的组织内，以实现一定组织目标的过程。虚拟化的企业组织不具有常规企业所具有的各种部门或组织结构，而是通过网络技术把实现企业目标所需要的知识、信息、人才等要素聚集在一起，组成一个动态的资源利用综合体。虚拟化的企业组织的典型应用是虚拟化的办公空间和虚拟化的研究机构。前者是指同一企业的员工可以置身于不同的地点，但通过信息和网络技术连接起来，仿佛在同一办公大厦内，共享和交流信息；后者是指企业借助通信技术，建立一个与世界各地属于或不属于本企业的研究开发人员、专家或其他人员联系在一起的跨越时空的合作联盟，实现一定的目标。

（五）柔性化

柔性化是指根据环境的变化，调整组织结构，建立临时的以任务为导向的团队式组织。组织结构柔性化的本质是保持变化与稳定之间的平衡，它需要管理者具有很强的管理控制能力。

柔性化组织最显著的优点是灵活便捷、富有弹性，可以充分利用企业的内外部资源，增强组织对市场变化与竞争的反应能力，有利于组织较好地实现集权与分权、稳定与变革的统一。除此之外，还可以大大降低成本，促进企业人力资源的开发，并推动企业组织结构扁平化发展。很显然，柔性化的组织结构强化了部门间的交流合作，使不同方面的知识共享后形成合力，有利于创新。

第 3 节　营销道德与可持续营销

随着人类社会对可持续发展观念认识的不断深入及消费者对环境因素的日益关注，可持续营销越来越受到重视。可持续营销要求企业以对社会和环境负责的态度来满足消费者和企业的当前需求，同时保持和提高后代满足其需求的能力。可持续营销适配于运作顺畅的系统。在这个系统中，消费者、企业、政策制定者和其他人共同努力，确保企业营销活动符合社会责任和道德。

然而营销系统并不总是运作顺利，会出现一些不道德事件影响企业的发展。例如，相关企业和机构商业伦理缺失、过度追求短期利益，没有基本的商业道德感与社会责任感。由此可见，企业遵循基本的营销道德并积极履行社会责任，不仅是维护自身健康稳定发展的客观要求，也是维护社会经济金融稳定的必然要求，还是企业着眼于未来发展的营销之道。

一、营销道德

营销活动对公众和社会的影响日益加深。在人们享受有益的营销活动所带来的好处的同时，营销活动也受到了越来越多的非议。特别是企业在营销活动中的不道德行为，造成了全社会的信任危机、引起了全社会的广泛关注。

遵循营销道德的营销行为，使营销人员个人、企业和顾客利益保持一致，从而有利于提高企业的经济效益和社会效益。违背营销道德的营销行为，使企业的利益与顾客的利益相悖，虽使企业一时受益，但不利于企业的长远发展，更有损社会公众的利益。因此，使营销行为沿着营销道德的轨道进行，对企业和社会双方都是大有裨益的。

（一）市场营销活动中的道德问题

营销道德是调整企业与所有利益相关者之间的关系的行为规范的总和，是客观经济规律及法规以外制约企业行为的另一要素。市场营销活动始于营销调研，企业通过营销调研了解现实和潜在顾客的需求，发现市场营销机会，然后选择目标市场，针对目标市场需求特点，制定市场营销策略组合。在营销活动的每个环节都存在营销道德问题。

1. 营销调研中的道德问题

对于调研人员来讲，要为客户保守业务秘密；要保证调研工作质量，如问卷设计要认真，收集的资料要真实可靠；要尊重受访者，并对其身份进行保密，未经许可，不能随意公布受访者提供的资料。对委托调研一方来说，要依约支付调研费，要公正全面地发布调研成果，不能断章取义等。如果违背以上原则，就属于道德问题，必然会引起人们的谴责。

2. 产品策略中的道德问题

第一，不能存心欺骗消费者，将假冒伪劣产品充作优质产品出售给消费者；第二，不能操纵消费者的需要，过分刺激消费者的欲望，导致社会成本的增加；第三，产品的包装及标签必须提供真实的信息；第四，产品在生产过程中不能给员工带来身心的伤害，要尽可能减少环境污染，避免危及居民的正常生活；第五，产品在使用过程中不能给消费者带来人身和财产安全方面的危害，要尽可能减少产品废弃物对环境的污染。违反以上任何一项都属于道德问题。

3. 价格策略中的道德问题

第一是存在欺诈性定价。如先故意抬高标价，然后声称酬宾大减价或对无货的产品故意定低价，以造成低价的错觉，行高价之实。第二是制定掠夺性价格。即把产品的销售价格定得远远高于生产成本。第三是制定垄断性价格。有些同类产品的生产商或销售商为了阻止产品价格的下降而实行价格共谋，要求此类产品必须按协议价格销售。以上这些都严重地损害了消费者的利益，扰乱了正常的市场经济秩序。

4. 渠道策略中的道德问题

生产商与经销商不履行双方签订的合同，或生产商不按时、如数供货给经销商，或经销商不按期付款给生产商，或生产商与经销商相互推卸产品售后服务的责任等，都属于渠道策略中的道德问题。另外，还存在零售商为了自身利益不顾合约的规定，销售其他企业的产品，或生产商利用自己的垄断地位，损害中间商的利益等不道德行为。

5. 促销策略中的道德问题

在信息时代，企业之间的竞争越来越激烈，各个企业为了自身的生存和发展，过分地注重所谓的“注意力经济”，片面强调吸引消费者的“眼球”，因此在促销策略中存在的道德问题尤为严重。第一，产品包装“金玉其外，败絮其中”，包装上的产品宣传言过其实或言不符实，或过度包装，增加成本，造成资源浪费。第二，在广告宣传方面播放欺骗性广告推销产品，使消费者做出错误的购买决策；或为了搞垮竞争对手以提高自己产品或企业的地位，而播放攻击竞争者的广告；或为了诱惑消费者购买自己的产品而制作夸大其词或隐瞒缺陷的广告；或是采用含糊其词、模棱两可的广告做宣传，引起消费者对广告真实含义的误解。一些企业在广告宣传中做出欺诈性承诺，一些企业不负责任地向消费者开“空头支票”，结果很难兑现或压根就不想兑现。第三，在人员推销中诱惑消费者购买不需要的产品或不想买的产品，或推销伪劣产品和滞销产品，或在交易中贿赂客户等。第四，在销售促进中不道德问题更突出。有的商家有意安排“托儿”，制造产品“紧俏”的假象，诱使不明真相的消费者上当；或搞虚假有奖销售，如“买一赠一”时赠送的并非同一商品；或炒作概念，利用人们对新科技产品的追求，故意将开发的新产品冠以科技新概念，以蒙骗消费者，促进产品销售。

6. 市场竞争中的道德问题

随着市场竞争的加剧，许多企业为了谋求竞争优势，采取各种不道德的竞争手段，既破坏了正常的市场秩序，损害了同行利益，又增加了成本。第一，以不道德的方式获得竞争对手的知识产权和商业秘密。近年来出现了许多商标抢注事件，有的抢注并非为了生产、销售产品，而是为了投机、非法获利。有的企业以合作、洽谈、考察为幌子，乘机获取对手的商业秘密；有的在对手处安插“侦察员”；有的贿赂、收买对方工作人员；有的使用商业间谍；有的利用高新技术窃取对手商业秘密；等等。第二，开展恶性竞争。有的开展价格战或有奖销售战；有的相互攻击、诽谤，制造谣言，诋毁竞争对手。第三，进行“权力营销”，不仅污染社会风气，为各种腐败现象提供了温床，而且对正当经营造成了冲击。

（二）现代营销中不道德行为带来的影响

市场营销活动中存在的不道德行为，给社会、消费者和企业带来了不良影响。

1. 对社会造成了不良影响

一是对环境的污染。如产品本身及产品包装物的污染，以及制造过程对环境的污染。二是对社会价值观的误导。如不少广告强力灌输的“物质主义”“地位”“高消费”等观念造成对人们价值观的误导，使人们相互攀比，超前消费。有的营销活动还造成恶劣的社会影响。三是增加社会成本。如有些产品在满足人们需要的同时，也损害了人们的身体健康。

2. 对消费者利益造成损害

一是产品对消费者利益的损害。有的产品本身是有害的；有的产品质量不合格，会对消费者造成人身和财产安全的损害，如家电漏电、啤酒瓶爆炸等；还有的产品是假冒伪劣产品，不仅使消费者经济上、心理上、人身上受损，而且对同行、对社会造成不利影响，如假名牌产品。二是欺诈性营销对消费者利益的损害。如漫天要价、欺诈性包装、促销过度等都使消费者的利益受损。另外，产品使用说明书不详所造成的消费者误用事件也时有发生。

3. 对企业造成不良影响

随着市场经济体系的逐步完善，越来越多的企业认识到，采取不道德的营销手段能欺骗顾客一时，却欺骗不了顾客一世。这种行为虽然可能在短期内给企业带来一定的利益，但从长远来看必定有损企业形象。在现代企业营销活动中必须讲求营销道德。声誉是企业的生命线，一旦声誉受损，企业将很难翻身，最终很有可能会走向消亡。因此，有远见的企业和营销人员都能够诚恳地对待顾客，获得顾客的信任，并重视与顾客建立长期的关系，提高顾客的重复购买率，在顾客心目中树立起良好的企业形象，最终实现企业的经济效益。

（三）现代营销中企业必须讲求的基本道德

守信、负责、公平是现代营销最主要的也是最基本的道德要求。营销人员在营销过程中应时刻牢记自己所肩负的社会责任，使自己的行为有利于社会公众的利益。

1. 守信

在现代营销中，守信居于举足轻重的地位。守信就是要求营销人员在市场营销活动中讲究信用。在当今日益激烈的市场竞争中，良好的信誉成为赢得竞争优势的必要条件。只有守信，才能为企业和营销人员带来良好的信誉。谁赢得了信誉，谁就有可能在竞争中立于不败之地。谁损害了自己的信誉，谁就有可能被市场所淘汰。守信要求企业不仅信守书面承诺，还信守口头承诺。口头承诺虽然无法律约束力，却是营销人员帮助顾客建立购买信心的重要依据。聪明的营销人员都不会冒着丧失信誉的风险违反向顾客许下的口头承诺。此外，承诺还有明确的承诺和隐含的承诺之分。明确的承诺是合同、协议等明确规定的应履行的义务。隐含的承诺则没有明确规定，如“合格产品”本身就隐含了对该产品所应具有的质量负责的含义。一旦营销人员由于某种原因未能履行承诺，则有义务做出解释，请求顾客的谅解，必要时应主动赔偿损失。

2. 负责

负责即要求营销人员在营销过程中对自己的一切经济行为及其后果承担政治的、法律的、经济的和道义上的责任。任何逃避责任的行为都是不道德的，并且是非常愚蠢的。在市场经济条件下，营销人员要对自己独立自主的营销活动及其可能带来的一切短期和长期的后果承担责任。营销人员在营销过程中的一言一行都代表着企业，不仅要对企业负责，而且要对顾客负责。因此，营销人员在营销过程中应向顾客讲实话，如实地为顾客介绍产品的优点和不足，向顾客提供能真实有效地满足其需要的产品，千方百计地为顾客排忧解难，赢得顾客的信赖，提高企业的声誉和社会效益。坚持负责原则，要求营销人员具有高度的履行责任的自觉和承担责任的勇气，必要时甚至要牺牲自己的利益。

3. 公平

公平是社会生活中一种普遍的道德要求，它基于每个社会成员在法律上和人格上平等。在营销过程中，坚持公平原则主要有两方面的含义：一是营销人员对待营销对象，即顾客必须公平。营销对象不论男女老幼、贫富尊卑，都有权享受他们应得到的服务。各种以次充好、缺斤短两、弄虚作假的行为都是违反公平原则的，因而也是不道德的。二是在与对手的竞争中应坚持公平的原则。营销活动中不可避免地存在竞争。竞争是提高产品质量、改善服务态度的动力，因而市场经济鼓励营销人员之间展开竞争，但竞争也不可避免地带来一些负面效应。许多营销人员为了在竞争中战胜对手，不择手段地置对方于死地，这种营销行为是十分不道德的。营销人员应充分发挥自己的聪明才智，开展公平合理、光明正大的竞争，这才符合市场经济鼓励竞争的初衷。

企业要立足市场，长期稳定发展，就必须坚持守信、负责、公平的营销基本道德准则，并坚持适度营销，努力实现企业、社会、消费者的共赢。企业在不断创新的营销策略中应该始终坚守良知，以一种认真负责的态度行事。

营销道德是企业生存之本。再好的营销策略，如果失去道德基础，也不可能成为成功有效的营销策略。

二、可持续营销

在可持续营销理念下，企业要注重长期的发展。它分为五个方面：以消费者为导向的营销、顾客价值营销、创新营销、使命感营销和社会营销（见图 13-1）。

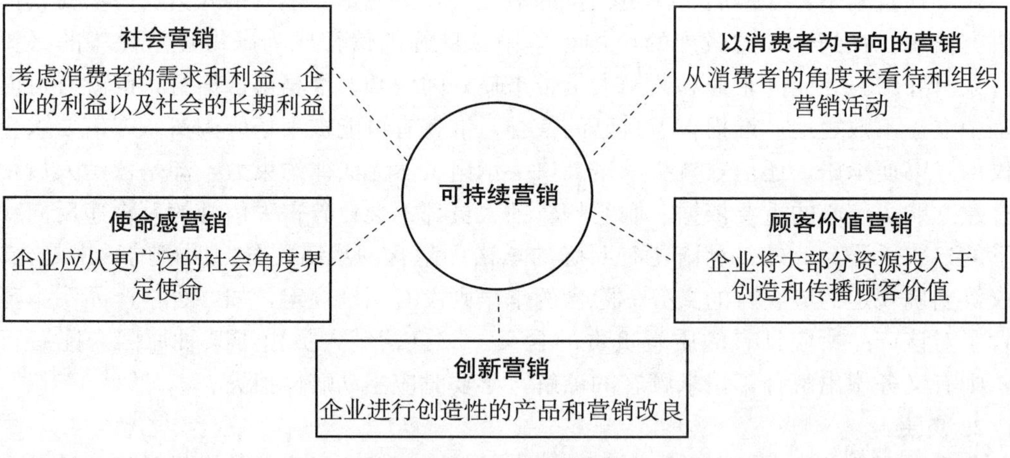

图 13-1 可持续营销

（一）以消费者为导向的营销

以消费者为导向的营销（consumer-oriented marketing）是指企业从消费者的角度来看待和组织营销活动，努力感知、服务和满足特定顾客的需求。优秀的企业都有一个共同的目标，即为顾客提供优质的服务。只有设身处地地为顾客着想，企业才能建立持久的、有利可图的顾客关系。

（二）顾客价值营销

在顾客价值营销（customer-value marketing）中，企业将大部分资源投入于创造和传播顾客价值。营销人员做的许多事情——一次性促销、产品包装的改变、能直接回复的广告，可能会在短期内提高销售额，但是企业需要给顾客提供长期的价值，通过为顾客创造价值而获得长远的利益。

（三）创新营销

创新营销（innovative marketing）要求企业不断寻求真正的产品和营销改进方案。如果一家企业忽视了创新，最终就会把顾客拱手让给另一家找到更好方法的企业。创新营销的一个很好的例子是耐克。从 1972 年第一个耐克标识出现在跑道的那一刻起，耐克就致力于用创新科技制造满足甚至超越每一位运动员需求的产品并进行创新营销。而运动员也始终是耐克的灵感来源，与运动员的紧密合作为耐克提供了源源不断的创新灵感。耐克坚持用创新科技拓展人类潜能，引领潮流，创造未来。

（四）使命感营销

使命感营销（sense-of-mission marketing）意味着企业应该用广泛的社会术语来定义自己的使命，而不是用狭隘的产品术语。当企业定义了一项社会使命时，员工往往对自己的工作感觉更好，方向感也更清晰。与更广泛的使命相联系的品牌可以服务于品牌和消费者的最佳长期利益。例如，蒙牛的使命凝练为“点滴营养，绽放每个生命”，指蒙牛的产品涵盖了所有生命周期，无论是婴儿、少年、青年还是中老年，无论在城市还是在乡村，无论是贫困还是富裕，每个人都能在蒙牛的努力下获得营养滋润，拥有健康体魄，享受美好生活，绽放人生光彩。

（五）社会营销

社会营销（societal marketing）要求企业通过考虑消费者的需求和利益、企业的利益以及社会的长期利益来做出营销决策。企业必须意识到忽视消费者和社会的长期利益对消费者与社会来说都是有害的，有警惕心的企业会将社会问题视为机遇。

以社会为导向的营销人员所设计的产品不仅令人愉悦而且能带来长期利益。产品可以根据顾客即时满意度和长期顾客利益进行分类，如图 13－2 所示。缺陷产品（deficient product），比如疗效不好的药物，既不会起到立竿见影的效果从而产生高顾客即时满意度，也不会带来较多的长期顾客利益。取悦型产品（pleasing product）会给顾客带来很高的即时满意度，但从长远来看所带来的利益较少，甚至可能会损害顾客的利益，例如垃圾食品。有益产品（salutary product）顾客即时满意度低，但从长远来看有利于顾客，比如安全带和安全气囊。期望产品（desirable product）提供高顾客即时满意度和较多长期利益，如 LED（发光二极管）灯，提供良好的照明，同时具有寿命长和节能的特点。

		顾客即时满意度	
		低	高
长期顾客利益	多	有益产品	期望产品
	少	缺陷产品	取悦型产品

图 13-2　产品的分类

企业应该努力把它们的产品变成期望产品。缺陷产品应该慢慢淘汰。取悦型产品带来的挑战是，它们卖得很好，但最终可能会伤害消费者。因此，企业应在不降低产品令人满意的质量的前提下增加产品为顾客带来的长期利益。有益产品应添加一些令人愉悦的品质，从而在消费者心目中变得更加令人满意。

素养园地　**和路雪的可持续发展理念**

近年来，和路雪积极落实减碳目标，将可持续发展理念落实到原料、生产、包装等环节。

一、绿色原料

和路雪旗下品牌梦龙的巧克力制作需要多道工序。梦龙的可可制品使用的可可豆源自“雨林联盟”(Rainforest Alliance) 认证的可持续农场。同时，和路雪与选定的供应商合作，发展其符合“雨林联盟”认证体系的可持续农业实践能力。通过对可可产地农民的培训，打造可持续的绿色农场，帮助农民实现收入稳定增长。如今，梦龙冰激凌中可可制品使用的可可豆已实现100%来自“雨林联盟”认证的农场。

二、绿色生产

和路雪在建设和运营太仓生产基地时，始终秉持可持续发展理念，以LEED绿色建筑认证系统为指导标准，建设绿色工厂。在能源利用方面，和路雪太仓工厂使用“绿色电力”，并充分利用当地垃圾焚烧蒸汽等可再生能源，助力循环经济的发展，现已实现碳排放减少83%以及能源和水消耗减少14%。

三、绿色包装

和路雪响应可持续发展号召，在迷你可爱多、千层雪棒、绿舌头等系列产品包装上选用FSC认证的纸质包装材料，确保材料来自可持续发展的、合法的且允许采伐的森林资源，以健康低碳引领生活新风尚。

此外，和路雪还与上游供应商合作，推出了适用于冷链储运和陈列的纯纸张花盒，这种材质具有防水功能，将覆膜材质变成可回收利用的纯纸张材质，解决了传统冰激凌彩盒使用塑料覆膜不利于纸张回收再利用的问题。通过这项创新设计，可爱多棒棒产品家庭装的塑料使用量减少了91%，充分助力了产业链的可持续发展。

资料来源：安全食报：和路雪携手京东青绿计划 积极助力绿色消费．(2023-04-03). baijiahao. baidu. com/s?id=1762140563946454179.

本章小结

21世纪全球进入知识经济时代，互联网经济和网络购物迅猛发展，数字技术快速进步——从智能手机、平板电脑等数字设备，到移动商务和社交媒体都迅速发展。受到以上因素的影响，企业的营销模式也发生了诸多变化，主要表现为数字营销和绿色营销。

数字营销基于数字化技术融通市场营销的“道”和“术”，深刻地将数字化基因嵌入企业的营销战略、营销资源、营销能力和营销过程，表现为在数字化时代对传统市场营销“STP+4P”范式的超越与升级，以更好地服务于“数字化了的顾客”。绿色营销是指将绿色发展、保护生态环境、推动可持续发展作为企业的战略思想，从绿色消费出发，最终回到绿色消费中去的一种新型的营销理念。绿色营销不仅要求企业考虑自身的发展，更要求企业考虑利益相关者的利益，将利益相关者的利益和自身利益相结合。绿色营销将企业自身利益、消费者利益与生态环境效益结合起来，是三者的有机统一。

竞争无国界的发展趋向使得企业对营销组织的认知从以前的线性思维转变为现在的网状思维；企业营销组织结构从以前的结构化发展到现在的无边界化，从以往的层级化、规范化发展到现在的扁平化、柔性化，从过去的实体化、单一化发展到现在的虚拟化、网络化等。

在社会营销观念的影响下，越来越多的企业意识到：基本的营销道德是现代企业必须具备的。同时，可持续营销包括以下内容：以消费者为导向的营销、顾客价值营销、创新营销、使命感营销和社会营销。

案例分析

康师傅绿色消费布局

“双碳”作为“2021年度中国媒体十大流行语”之一，正在成为越来越多企业履责的重要赛场。康师傅饮品在拥抱“双碳”的路上亮出了一个大动作：无标签产品——无糖版冰红茶和柠檬口味冰红茶正式上线，并在上海举办无标签产品发布会。会上汇聚了环保领域诸多重量级嘉宾，大家对于如何在可持续发展方面逐绿而行，见仁见智。康师傅的这次减碳绿色行动对于带动更多企业向绿而行，堪称一个极有意义的范式。

一、裸装上阵背后：可持续发展大文章

何谓“双碳”？简而言之，就是“碳达峰”与“碳中和”，倡导绿色、环保、低碳的生活方式。“双碳”目标作为国之大计，是我国向世界做出的庄严承诺，彰显了中国积极应对气候变化、走绿色低碳发展道路、推动全人类共同发展的坚定决心。

减碳，无处不在，即使是一张小小的饮料标签，也可以在减碳方面做出大文章。

据了解，在目前国内PET（聚对苯二甲酸乙二醇酯）瓶的热收缩膜标签中，PVC（聚氯乙烯）占有相当大的比例。在回收PET饮料瓶过程中需要对PVC标签进行分拣，增加了回收成本。因此，减小饮料标签使用面积、使用更环保的非PVC标签，或者推出无标签瓶装饮料，都是行之有效的减碳路径。康师傅作为行业龙头企业，此次推出无标签 PET 瓶包装，让产品“裸装”上阵，就是企业自身对于绿色生产、绿色经营的积极探索。

3 月 3 日，在康师傅无标签产品发布会现场，“一个瓶子的精彩旅程”讲述了“无标签 更减碳”的环保故事。包装瓶被回收后，拥有了新的生命：一种叫作 RPET 的新型环保再生材料，以新的使命继续参与新的发展进程。

为了让更多瓶子的旅程更加精彩，康师傅已经将 RPET 专案纳入日程，以实现废 PET 循环利用。据了解，康师傅后续将在全国各地的工厂全面推广 RPET 专案，预计每年可实现约 6 000 吨废 PET 循环利用。而这份由回收塑料瓶制成的“特别的礼物”，作为现场嘉宾、媒体伴手礼，完美地传递出品牌的减碳环保理念，获得一致好评。

二、低碳网红上线：无标签包装有望成消费新潮流

发布会上，上海市消费者权益保护委员会副秘书长唐健盛在“可持续发展理念造就消费趋势”的主题分享中指出，“碳中和”等可持续发展观念及消费者对于减碳产品的新需求将推动更多消费品的创新和迭代。对于康师傅推出的无标签产品，唐健盛副秘书长认为，当下的时尚是由品牌和消费者共同定义的，年轻一代对于环保的推崇有望使无标签产品创造新消费趋势并引领新消费潮流，极有可能使之成为新的网红。

全球市场调研公司欧睿国际发布了《2022 全球十大消费者趋势》，该报告对 2022 年的消费趋势进行了预测，预测的趋势之一便是追求环保。报告显示，2021 年，约 65%的全球消费者担心气候变化问题，消费者逐渐意识到个人行动对于气候变化的影响，以及气候变化对日常生活的影响，生态焦虑促使消费者开始更加关注环保行动和购买决策。

当消费者将环保纳入消费决策，无标签产品掀起“潮范儿”，也就有了更强大的市场基础。康师傅推出无标签产品，背后也有着对于消费潮流的洞察，康师傅行政总裁陈应让在发布会上表示：“康师傅坚持一切以消费者为中心，一切为消费者服务。我们推出国内行业首款无标签低碳环保包装产品，是为了顺应广大消费者的低碳生活需求，让我们的低碳环保产品成为广大消费者绿色消费、绿色生活的一部分。”

三、绿色消费效应：品牌更易赢得年轻人的投票

年轻人是消费生力军，品牌如何赢得年轻人正在成为众多企业面临的重要问题。随着时代的发展，消费者更具大局观，可持续发展不失为一个行之有效的解题思路。

康师傅无标签产品在电商平台刚刚上线，已有消费者关注到这款具有环保低碳理念的产品，并在社交平台给予支持。不难推测，随着无标签产品进入更广阔的市场，康师傅饮品将进一步赢得更多年轻人的好感。

此前，康师傅饮品已经尝试用可持续发展与年轻一代消费者对话，并带动消费者也加入可持续发展的行动。在上海迪士尼度假区举办的名为“迪士尼分类再创奇妙行”的环保项目中，康师傅设置了饮料 PET 空瓶回收机，消费者参与空瓶回收，达到一定的积分就可兑换由回收的 PET 材料制成的纪念品。此举获得了青少年以及年轻一代消费者的认可。

在赢得年轻消费者选票的背后，是康师傅对可持续发展始终如一的践行，康师傅积极带动全产业链节能减排。据了解，2020年康师傅每万箱产品温室气体排放同2017年相比下降了22%。

当下，“双碳”战略下的可持续发展已然是大势所趋，此次，康师傅率中国食品饮料行业之先推出无标签产品，将减碳的理念付诸企业行动，尝试让产品包装也成为减碳的试验场。其引领绿色消费的作为，为我国饮料行业企业践行绿色、低碳环保理念开了一个好头，具有积极的示范意义。正如唐健盛所言：“无标签行动这个小小的改变，有望带来整个行业的巨变。”

资料来源：当包装走起极简风：康师傅的绿色营销有点看头．(2022-03-10). www.cntvsp.cn/shipingnews/zh/2022/0310/032022_47590.html.

思考题

1. 结合案例，分析康师傅为何要进行绿色消费布局，以及绿色消费理念对其营销有何意义。

2. 在未来发展中，康师傅面临怎样的困局？该如何破局？

理论思考

1. 如何理解数字营销的内涵？它与传统营销模式相比有哪些不同？
2. 什么是绿色营销？绿色营销如何实施？
3. 简要说明营销组织的演变，并预测未来企业营销组织结构的发展趋势。
4. 可持续营销可分为哪几个方面？

营销实战

1. 根据小红书、抖音等平台的资料，运用相关技术对奶茶用户进行消费者画像，分析其特点，并给出对应的营销方案。

2. 党的二十大报告指出：“完善支持绿色发展的财税、金融、投资、价格政策和标准体系，发展绿色低碳产业，健全资源环境要素市场化配置体系，加快节能降碳先进技术研发和推广应用，倡导绿色消费，推动形成绿色低碳的生产方式和生活方式。”根据以上内容谈谈企业如何实现绿色低碳生产以及促进绿色消费。

实训练习

实训目的：培养学生对营销道德的全新理解。

实训内容：要求学生结合营销道德的相关理论，搜集国内外相关案例进行深入分析，并展开辩论。

实训方式：案例分析+主题辩论。

即测即评

扫描二维码可在线自测并查看答案。

参考文献

［1］凯林，哈利特．市场营销：第 13 版．北京：九州出版社，2022.

［2］科特勒，凯勒，卢泰宏．营销管理：第 13 版·中国版．北京：中国人民大学出版社，2009.

［3］科特勒，阿姆斯特朗．市场营销原理：第 17 版．北京：清华大学出版社，2021.

［4］吴健安，聂元昆．市场营销学．7 版．北京：高等教育出版社，2022.

［5］郭国庆，陈凯．市场营销学．7 版·数字教材版．北京：中国人民大学出版社，2019.

［6］杨洪涛，等．市场营销网络时代的超越竞争．3 版．北京：机械工业出版社，2019.

［7］谭文曦，张敏．市场营销学．北京：人民邮电出版社，2015.

［8］朱金生，张梅霞．国际市场营销学．2 版．南京：南京大学出版社，2019.

［9］陆克斌，沈洁．市场营销．北京：人民邮电出版社，2015.

［10］曹旭平．市场营销学．北京：人民邮电出版社，2017.

［11］波特．竞争优势．北京：华夏出版社，2001.

［12］科特勒．营销管理．上海：上海人民出版社，2003.

［13］吴宪和．市场营销．上海：上海财经大学出版，2003.

［14］贾涛，牛海鹏，贾保军．营销战略策划．北京：中国商业出版社，1994.

［15］伍应环，刘秀．市场营销理论与实务．北京：北京理工大学出版社，2019.

［16］朱金生，张梅霞．国际市场营销学．2 版．南京：南京大学出版社，2019.

［17］郭国庆．市场营销学通论．6版．北京：中国人民大学出版社，2014.
［18］郑宗成，陈进，张文双．市场研究实务与方法. 广州：广东经济出版社，2011.
［19］张青辉．市场营销实务．2版．北京：北京理工大学出版社，2018.
［20］赵俊仙，褚颜魁．市场营销学．北京：北京理工大学出版社，2018.

图书在版编目（CIP）数据

市场营销学：数字教材版 / 冯蛟，张淑萍，康凌翔编著. -- 北京 ：中国人民大学出版社，2024. 12.

（新编 21 世纪市场营销系列教材）. -- ISBN 978-7-300-33600-8

Ⅰ. F713.50

中国国家版本馆 CIP 数据核字第 2025BR7503 号

新编 21 世纪市场营销系列教材

市场营销学（数字教材版）

冯　蛟　张淑萍　康凌翔　编著

Shichang Yingxiaoxue

出版发行	中国人民大学出版社		
社　　址	北京中关村大街 31 号	**邮政编码**	100080
电　　话	010－62511242（总编室）		010－62511770（质管部）
	010－82501766（邮购部）		010－62514148（门市部）
	010－62515195（发行公司）		010－62515275（盗版举报）
网　　址	http://www.crup.com.cn		
经　　销	新华书店		
印　　刷	天津鑫丰华印务有限公司		
开　　本	787 mm×1092 mm　1/16	**版　　次**	2024 年 12 月第 1 版
印　　张	18 插页 1	**印　　次**	2024 年 12 月第 1 次印刷
字　　数	410 000	**定　　价**	49.00 元

中国人民大学出版社　管理分社

教师教学服务说明

中国人民大学出版社管理分社以出版工商管理和公共管理类精品图书为宗旨。为更好地服务一线教师，我们着力建设了一批数字化、立体化的网络教学资源。教师可以通过以下方式获得免费下载教学资源的权限：

★ 在中国人民大学出版社网站 www.crup.com.cn 进行注册，注册后进入“会员中心”，在左侧点击“我的教师认证”，填写相关信息，提交后等待审核。我们将在一个工作日内为您开通相关资源的下载权限。

★ 如您急需教学资源或需要其他帮助，请加入教师 QQ 群或在工作时间与我们联络。

中国人民大学出版社　管理分社

教师 QQ 群：648333426(工商管理)　114970332(财会)　648117133(公共管理)
教师群仅限教师加入，入群请备注（学校+姓名）

联系电话：010-62515735，62515987，62515782，82501048，62514760

电子邮箱：glcbfs@crup.com.cn

通讯地址：北京市海淀区中关村大街甲 59 号文化大厦 1501 室（100872）

管理书社　　人大社财会　　公共管理与政治学悦读坊